新时代两岸关系和平发展与交流展望

——纪念《告台湾同胞书》发表 40 周年

主编◎冯霞

副主编◎杨倩

获『中央高校基本科研业务费专项资金』资助

Supported by『The Fundamental Research Funds for the Central Universities』

九州出版社 | 全国百佳图书出版单位

JIUZHOUPRESS

图书在版编目（CIP）数据

新时代两岸关系和平发展与交流展望：纪念《告台湾同胞书》发表40周年 / 冯霞主编. -- 北京 : 九州出版社，2019.11

ISBN 978-7-5108-8453-5

Ⅰ．①新… Ⅱ．①冯… Ⅲ．①海峡两岸－关系－文集
Ⅳ．①D618-53

中国版本图书馆CIP数据核字(2019)第254131号

新时代两岸关系和平发展与交流展望：纪念《告台湾同胞书》发表40周年

作　　者	冯　霞　主编
出版发行	九州出版社
地　　址	北京市西城区阜外大街甲 35 号（100037）
发行电话	(010)68992190/3/5/6
网　　址	www.jiuzhoupress.com
电子信箱	jiuzhou@jiuzhoupress.com
印　　刷	北京九州迅驰传媒文化有限公司
开　　本	720 毫米×1020 毫米　16 开
印　　张	26.5
字　　数	429 千字
版　　次	2019 年 12 月第 1 版
印　　次	2019 年 12 月第 1 次印刷
书　　号	ISBN 978-7-5108-8453-5
定　　价	89.00 元

序

    2019 年 1 月 2 日，在《告台湾同胞书》发表 40 周年纪念会上，中共中央总书记、国家主席、中央军委主席习近平发表题为《为实现民族伟大复兴　推进祖国和平统一而共同奋斗》的重要讲话。习近平总书记在新中国即将迎来成立 70 周年的重要时间节点，在中华民族迎来从站起来、富起来到强起来伟大飞跃的新时代，全面阐述我们立足新时代、在民族复兴伟大征程中推进祖国和平统一的重大政策主张，具有划时代意义，是指引新时代对台工作的纲领性文件，对我们进一步坚定信心，继续汇聚起包括广大台湾同胞在内的全体中华儿女的磅礴力量，共同致力两岸关系和平发展、中华民族伟大复兴、完成祖国和平统一大业，具有重大指导意义和深远影响。

    为了纪念《告台湾同胞书》发表 40 周年，落实党的十九大报告和习近平同志在对台工作方面的相关要求，坚持"和平统一、一国两制"的正确主张，共谋两岸关系和平发展之道，增进相互理解，进一步深化两岸学者之间的交流，凝聚共识，在中共中央台湾工作办公室和中共北京市委台湾工作办公室及中国国民党北京市委的指导下，由中国政法大学、中央民族大学共同主办，中国政法大学台湾法学研究中心、台湾丝路文化协会、北京联合大学北京学研究所共同承办，于 2018 年在中国政法大学以"新时代两岸关系发展和京台交流展望"为主题召开了"第三届京台学者共研会"，会议由开幕式主旨演讲及"和平统一、一国两制"、新时代推动中华文化在台湾传承与发展、大陆发展对台湾青年的磁吸效应等三个主题四场研讨会组成。

    "京台学者共研会"是两岸学者交流的一项重要品牌活动，从"共研共商共同关注的话题，共谋两岸发展之道"切入，为两地学者搭建了话友谊、解心结、谋共识的沟通平台，2016 年创办以来，分别在京台两地举办，凝聚了台湾学者坚持"九二共识"、维护两岸关系和平发展、推动祖国和平统一的认同。本论文集是"第三届京台学者共研会"的论文成果，为了能再现研讨会两岸学者"共研共商共同关注的话题，共谋两岸发展之道"的学术风格，在论文的编排上按照主旨发言论文及四场研讨三个议题中学者发言的顺序进行编辑，以期使读者在感受共研会风格的同时便于获得两岸学者论文成果的互动。

我们相信，"京台学者共研会"将成为宽边界、专业化、常态化的两岸学者交流互动的学术平台，中国政法大学台湾法学研究中心也将会在学校和各级政府的领导下继续在两岸高校中主办后续会议和活动，为实现"和平统一、一国两制"，为"两岸一家亲"的心灵契合，携手两岸学者贡献自己的专业智慧，

中国政法大学台湾法研究中心
冯霞
2019 年 3 月 1 日于学院路校区
（编者注：会议论文照原文印发，文中用语和观点均系作者个人见解）

目　录

第四部分：新时代大陆发展对台湾青年的磁吸效应

《告台湾同胞书》与大陆对台政策发展

尹宝虎[*]

1979年1月1日，全国人大常委会发表《告台湾同胞书》，这是两岸关系经历三十多年敌对后的重大转折。《告台湾同胞书》至少包含四项核心内容和精神。一是以民族大义、同胞情呼吁对岸。以台湾的"父老兄弟姐妹"来称呼台湾同胞，以元旦佳节的问候和"每逢佳节倍思亲"的亲情开篇。强调"统一是全民族的意志和历史潮流，统一祖国，人人有责"。只有结束分裂、实现统一，"才可告慰列祖列宗"。二是号召两岸结束对峙状态，走向和平合作，人民解放军从即日起停止对金门等岛屿的炮击。呼吁破除两岸同胞交往障碍，实现通航、通邮、通商，开展文化学术交流。三是承诺在解决统一问题时，"尊重台湾现状和台湾各界人士意见，采取合情合理的政策和办法，不使台湾人民蒙受损失"。四是展望国家统一的美好前景，呼吁两岸携手共兴"建国大业"，"共创我国空前未有的光辉灿烂历史，实现我国与世界先进强国并驾齐驱，并共谋世界和平、繁荣和进步"。上述四个方面，即民族大义与同胞情、和平合作、合情合理安排和谋求民族强盛，构成一个有机统一的整体。而民族大义、同胞情是其中的核心和灵魂。正是因为两岸是同属中华民族的骨肉同胞，共担民族大义，我们才可能不计恩怨，从对抗走向和平合作；才可能克服差异，采取合情合理办法解决问题；两岸共同谋求国家与世界先进强国并驾齐驱的呼吁也才更加具有感召力。

今天时移世易，两岸关系和国际局势已经出现重大变化，然而重读《告台湾同胞书》，依然感受到一股震撼人心的力量！可以说我们依然生活在告台湾同胞书时代，《告台湾同胞书》所体现的上述四点精神和基本原则依然具有旺盛的生命力。四十年来，大陆对台方针政策可以视为《告台湾同胞书》的不断丰富、

---

* 尹宝虎，海峡两岸关系法学研究会秘书长。

发展与落实，既体现了对台政策根据实际情况变化与时俱进，更体现了对台大政方针的一脉相承和持续稳定。从大陆的历届领导人谈话、重大决策和立法均可以清楚看出这一点。

一、合情合理安排：以"一国两制"方式实现祖国和平统一

《告台湾同胞书》发表两三年内，大陆领导人陆续发表对台重大政策宣示，就如何实现和平统一提出了日益明确和具体的政策。1981年9月31日，叶剑英委员长发表"叶九条"谈话（《叶剑英委员长关于台湾回归祖国、实现和平统一的谈话》），提出：1.中国国民党与中国共产党两党可以对等谈判；2.双方在通邮、通商、通航、探亲、旅游及开展学术、文化、体育交流方面达成协议；3.统一后的台湾可保留军队，作为特别行政区，享有特别自治权；4.台湾社会、经济制度、生活方式与同其他外国的经济、文化关系不变；私人财产、房屋、土地、企业所有权、合法继承权和外国投资不受侵犯；5.台湾政界领袖可担任全国性政治机构领导，参与国家管理；6.台湾地方财政有困难时，可由中央政府酌予补助；7.台湾人民愿回大陆定居者，保证妥善安排、来去自如、不受歧视；8.欢迎台湾工商界人士到大陆投资，保证合法权益与利润；9.欢迎台湾各界人士与团体，提供统一的建议，共商国是。"叶九条"谈话里，"一国两制"的构想内容已经初露端倪。

1982年1月10日，邓小平在接见来华访问的美国华人协会主席李耀基时说："在实现国家统一的前提下，国家的主体性实行社会主义制度，台湾实行资本主义制度。"在这次谈话中，邓小平第一次正式提出了"一个国家、两种制度"的概念。1983年6月25日，邓小平同志在会见美国西东大学教授杨力宇时，又进一步阐述了实现台湾和祖国大陆和平统一的六条具体构想，内容包括：（一）台湾问题的核心是祖国统一。和平统一已成为国共两党的共同语言；（二）制度可以不同，但在国际上代表中国的，只能是中华人民共和国；（三）不赞成台湾"完全自治"的提法，"完全自治"就是"两个中国"，而不是一个中国。自治不能没有限度，不能损害统一的国家的利益；（四）祖国统一后，台湾特别行政区可以实行同大陆不同的制度，可以有其他省、市、自治区所没有而为自己所独有的某些权力。司法独立，终审权不须到北京；台湾还可以有自己的军队，只是不能构成对大陆的威胁。大陆不派人驻台，不仅军队不去，行政人员也不去。台湾的党、政、军等系统都由台湾自己来管。中央政府还要给台湾留出名额；（五）和平统一不是大陆把台湾吃掉，当然也不能是台湾把大陆吃掉，

所谓"三民主义统一中国"不现实；（六）要实现统一，就要有个适当方式。建议举行两党平等会谈，实行国共第三次合作，而不提中央与地方谈判。双方达成协议后可以正式宣布，但万万不可让外国插手，那样只能意味着中国还未独立，后患无穷。从"叶九条"到"邓六条"，"一国两制"科学构想的内容更加完备、明确和系统化，以什么样的制度和办法解决两岸统一问题已经有了较为清楚明晰的答案。"一国两制"的构想体现了民族大义、同胞情、和平合作和民族振兴目标，更体现了照顾台湾现状的合情合理安排。台湾保留军队、司法制度和政治制度，非对等参与大陆政治生活等等，都是国际政治史上鲜有的灵活安排。

《告台湾同胞书》以及随后"叶九条""邓六条"的发表，和大陆一系列鼓励两岸交往合作的举措，促使两岸关系从对峙、敌对走向缓和。正是以此为基础和起点，台湾当局也逐步放弃"三不政策"和对大陆的敌意，于1984年停止对大陆的炮击，1986年起解除"戒严"、开放党禁和报禁，1987年决定开放台湾老兵赴大陆探亲。今天两岸各领域交往合作的规模和频率绝非当年可以想象，可以说是《告台湾同胞书》开创了两岸关系的另一个时代。

二、承担民族大义：坚持"一个中国"、反对"台独"、维护两岸关系和平发展

随着两岸交往合作不断扩大，两岸关系政治基础问题浮出台面。1992年两岸通过谈判达成各自以口头方式表述"一个中国"的"九二共识"。李登辉执政后，"台独"势力逐步抬头。大陆开始意识到两岸统一进程的长期性和艰巨性。1995年1月30日，中共中央总书记、国家主席江泽民在涉台单位共同举办的迎新茶话会上发表《为促进祖国统一大业的完成而继续奋斗》的讲话，重申坚持一个中国的原则立场，台湾是中国领土的一部分，就发展两岸关系、推进祖国和平统一进程提出八项主张：1. 坚持一个中国的原则，是实现和平统一的基础和前提；2. 对于台湾同外国发展民间性经济文化关系，我们不持异议。但是，我们反对台湾以搞"两个中国""一中一台"为目的所谓"扩大国际生存空间"的活动；3. 进行海峡两岸和平统一谈判，是我们的一贯主张。在一个中国的前提下，什么问题都可以谈。谈判过程中，可以吸收两岸各党派、团体有代表性的人士参加；4. 努力实现和平统一，中国人不打中国人；5. 面向21世纪世界经济的发展，要大力发展两岸经济交流与合作，以利于两岸经济共同繁荣，造福整个中华民族；6. 中华各族儿女共同创造的五千年灿烂文化，始终是维系全体

中国人的精神纽带，也是实现和平统一的一个重要基础；7. 两干一百万台湾同胞，不论是台湾省籍还是其他省籍，都是中国人，都是骨肉同胞、手足兄弟。要充分尊重台湾同胞的生活方式和当家作主的愿望；8. 我们欢迎台湾当局的领导人以适当身份前来访问；我们也愿意接受台湾方面的邀请，前往台湾。"江八点"实际上提出了分步骤进行两岸谈判、逐步实现和平统一的构想，体现了新形势下的"合情合理"安排。同时提出两岸共同继承弘扬传统文化，以中华文化作为维系两岸的精神纽带和实现和平统一的重要基础，实际上是对民族同胞情的进一步深化。"江八点"突出强调坚持"一个中国"和"一个中国的前提"，反对"两个中国""一中一台"，恰恰体现了新形势下大陆坚持民族大义的担当和责任，是民族大义内涵的必然延伸。

由于李登辉和陈水扁长期执政的恶意操弄和恶劣影响，"台独"分裂势力不断对两岸关系政治基础发起一波接一波的挑战。"两国论""一边一国论""法理独立""正名制宪""入联公投"纷纷出笼。2005 年 3 月 4 日全国政协十届三次会议期间，胡锦涛总书记就新形势下发展两岸关系提出四点意见，一是坚持一个中国原则决不动摇，二是争取和平统一的努力决不放弃，三是贯彻寄希望于台湾人民的方针决不改变，四是反对"台独"分裂活动决不妥协。体现了大陆一方面坚决反对"台独"，一方面矢志维护两岸关系和平发展的政策思路逐步明细，体现了勇担民族大义和胸怀同胞情的平衡兼顾。2005 年 3 月 14 日，第十届全国人民代表大会第三次会议通过《反分裂国家法》，并于通过当日签署生效。《反分裂国家法》强调坚持一个中国原则是实现祖国和平统一的基础，绝不允许"台独"分裂势力以任何名义、任何方式把台湾从中国分裂出去。该法第八条规定"台独"分裂势力以任何名义、任何方式造成台湾从中国分裂出去的事实，或者发生将会导致台湾从中国分裂出去的重大事变，或者和平统一的可能性完全丧失，国家得采取非和平方式及其他必要措施，捍卫国家主权和领土完整。

《反分裂国家法》以法律形式明确了大陆对实现祖国统一的历史担当和民族责任。同时也规定国家以最大的诚意、尽最大的努力实现和平统一。国家和平统一后，台湾可以实行不同于大陆的制度，高度自治。等于将和平统一和"一国两制"从政治承诺变成了法律承诺。对于如何维护台湾海峡地区和平稳定、发展两岸关系，该法第六条也做了详细规定，包括 1. 鼓励和推动两岸人员往来，增进了解，增强互信；2. 鼓励和推动两岸经济交流与合作，直接通邮通航通商，密切两岸经济关系，互利互惠；3. 鼓励和推动两岸教育、科技、文化、卫生、体育交流，共同弘扬中华文化的优秀传统；4.鼓励和推动两岸共同打击犯罪；
5.鼓励和推动有利于维护台湾海峡地区和平稳定、发展两岸关系的其他活动。
并强调国家依法保护台湾同胞的权利和利益。尽管有海外人士误将《反分裂国
家法》简单理解为"武统法"，但我们依然不难看出其与《告台湾同胞书》的精
神连结。《反分裂国家法》实际上是以法律形式将反"台独"的民族大义、历史
责任，与同胞情、和平合作、合情合理安排有机结合。该法固然将"不承诺放
弃使用武力"法律化，但也同时将大陆政府维护两岸关系和平发展和尽最大努
力实现和平统一的责任法律化。

2007年11月党的十七大总结一个时期以来的涉台工作，提出在新形势下
要牢牢把握两岸关系和平发展的主题，真诚为两岸同胞谋福祉、为台海地区谋
和平，维护国家主权和领土完整，维护中华民族根本利益，共同开创两岸关系
和平发展新局面，共同促进中华民族伟大复兴。2008年12月31日，胡锦涛总
书记在纪念《告台湾同胞书》发表30周年座谈会上，全面系统阐述了两岸关系
和平发展的思想，提出了推动两岸关系和平发展的六点意见。应该说，这一个
时期，大陆坚持反对"台独"，牢牢把握两岸关系和平发展主题，重挫了"台
独"分裂势力气焰，取得了反"台独"斗争的一系列胜利，岛内的各种"台独"
操弄最终都归于失败。

三、两岸一家亲：习近平新时代对台工作论述的重大发展

2008年，支持"九二共识"和两岸关系和平发展的国民党重新上台执政，
两岸关系迎来难得的发展机遇，两岸交往合作走向健康发展道路，并通过协商
谈判陆续签署23项协议和多项共识文件，极大扩大了两岸交往合作广度深度，
提升了两岸关系和平发展法制化水平。特别是中共十八大以来，两岸关系和平
发展进入深水区，习近平总书记牢牢掌握两岸关系主导权和主动权，推动两岸
关系取得重大进展，两岸政治交往取得历史性突破。2015年11月7日，习近
平总书记在新加坡同台湾地区领导人马英九会面，开创了两岸领导人直接对话、
沟通的先河。此前的2014年11月，两岸事务主管部门还建立了双方联系沟通
机制。在理论上，习近平总书记站在实现中华民族伟大复兴的战略高度，敏锐
洞察各方面形势变化，高屋建瓴，提出了一系列对台工作论述和政策主张，丰
富和发展了新时代大陆对台工作方针政策。

理解习近平总书记对台工作论述的核心是把握"两岸一家亲"理念。2012
年以来，习近平总书记多次在不同场合动情地表示：两岸同胞是血脉相连、命

运与共的骨肉兄弟，是血浓于水的一家人。两岸一家亲，家和万事兴。2013年10月6日，习近平会见萧万长时表示，两岸应该"倡导'两岸一家亲'的理念，加强交流合作"。2017年10月党的十九大明确将"两岸一家亲"理念纳入十九大报告。习近平"两岸一家亲"理念既是对《告台湾同胞书》发表以来大陆秉持民族大义、同胞情、和平合作、合情合理安排、民族强盛等思想的继承，更有新形势下十分丰富的思想内涵和政策内涵。

首先，习近平总书记将"两岸一家亲"提升到中华民族整体利益的高度，将"两岸一家亲"与中华民族伟大复兴结合起来，强调"中国梦是两岸同胞共同的梦，需要大家一起来圆梦"，"台湾同胞的福祉离不开中华民族的强盛"。提出"国家统一是中华民族走向伟大复兴的历史必然，是实现中华民族伟大复兴的必然要求"。正是基于这一思想，习近平总书记指出必须从党和国家工作全局角度来谋划和推进新时代对台工作，强调祖国大陆发展进步是决定两岸关系走向的关键因素。要团结广大台湾同胞顺应历史大势，共担民族大义，推进祖国和平统一进程，共圆中华民族伟大复兴的中国梦。充分体现出对解决台湾问题的历史担当、高度自信和长远眼光。

秉持"两岸一家亲"理念更需要两岸同胞共担民族大义，坚决反对"台独"分裂图谋。2016年台湾民进党上台执政后，拒不承认"九二共识"，在"去中国化"道路上越走越远。域外势力也加大利用台湾遏制中国发展的操作力度，两岸关系出现新的复杂局面。习近平总书记明确提出，"台湾的前途系于国家统一"。为此，要坚决遏制任何形式的"台独"分裂行径；坚持"九二共识"政治基础，继续推进两岸关系和平发展；坚决遏制任何形式的"台独"分裂行径，维护国家主权和领土完整，绝不让国家分裂的历史悲剧重演。

同时，为落实"两岸一家亲"理念，党的十九大报告提出愿意率先同台湾同胞分享大陆的发展机遇，逐步实现为台湾同胞在大陆学习、创业、就业、生活提供与大陆同胞同等待遇。大陆各地近年来先后出台一系列政策举措，加大落实同等待遇力度，进一步促进两岸经济社会融合发展。习近平总书记强调，"和平统一、一国两制"是我们解决台湾问题的基本方针，也是实现国家统一的最佳方式。我们所追求的统一不仅是形式上的统一，更重要的是两岸同胞心灵的契合。为此，要持之以恒做台湾人民工作，增进同胞亲情和福祉，拉近同胞心灵距离，促进两岸同胞在交流合作中相识、相知、相亲，增强对命运共同体的认知。只要两岸同胞以心相交，以诚相待，就没有什么心结不能化解，没有什么困难不能克服。在这里，落实两岸一家亲观念，既是对台湾执政当局"去中国化"的逆势操作，更体现了对台湾同胞在任何情势下都不离不弃、坚持以阳光融化坚冰的深切民族情怀。

可以看出，习近平总书记对台工作论述不仅体现了对《告台湾同胞书》的继承，更体现了新形势下应对两岸关系一系列挑战的新论述、新主张和新政策，必然成为当前和今后相当长一个时期指导对台工作的总方针。

淺論習近平的和平統一觀

紀　欣[*]

　　1979 年元旦全國人大常委會發布《告台灣同胞書》至今，即將屆滿 40 年，這代表國家的統一方針，由和平解放台灣轉向和平統一，也已將達 40 年之久。

　　40 年來，中國大陸不論在經濟實力、國際影響力、國防及科技實力上都突飛猛進，堪稱人類歷史上的奇蹟，唯獨兩岸關係幾經台灣島內政黨輪替起伏轉折，至今仍面臨嚴峻挑戰，但《告台灣同胞書》及之後以鄧小平的"一個國家、兩種制度"為基礎，形成的"和平統一、一國兩制"構想，始終是國家統一政策的大政方針，尤其習近平 2012 年出任中共中央總書記後，在原有的方針政策上與時俱進地做出適度的調整與創新，這使新時代推動"和平統一、一國兩制"工作有了新的方向。

　　習近平表示"和平統一、一國兩制"是解決台灣問題的基本方針，也是實現國家統一的最佳方式。其道理何在，是本文探討的重點。為顯示習近平的諸多論述延續及傳承了國家統一政策，本文除綜合整理了中共十八大及十九大報告、習近平過去五年多來在會見台灣重要訪客時的講話，也簡略摘錄了 2012 年以前的重要相關論述及《反分裂國家法》。

　　同時，香港實踐"一國兩制"已逾 20 年，習近平如何評價"一國兩制"在和平解決香港問題上所發揮的作用，以及香港實踐"一國兩制"20 年來的成效，對他的統一觀有密切關係。本文因此採用了習近平 2017 年 7 月 1 日在香港回歸 20 周年大會上的講話，也提及十九大報告中有關港澳部分的內容。

一、"一國兩制"是解決歷史遺留問題的最佳方式

　　2005 年 3 月 14 日，全國人大通過的《反分裂國家法》第三條指出，台灣

---

　　* 紀欣，《觀察》雜誌發行人兼總編輯。

問題是中國內戰的遺留問題。2008 年 12 月 31 日，胡錦濤發表《攜手推動兩岸關係和平發展，同心實現中華民族偉大復興》六點意見，提出兩岸尚未統一，是上個世紀 40 年代中後期中國內戰遺留並延續的政治對立。

2012 年 11 月 29 日，習近平在參觀《復興之路》展覽時表示，實現中華民族偉大復興是中華民族近代以來最大的夢想，並且表示這個"中國夢"一定會實現。之後，他把兩岸長期隔絕進一步歸之於歷史因素，並認為應以"一國兩制"來解決歷史遺留問題。

2014 年 2 月 18 日，習近平在會見國民黨榮譽主席連戰（下稱"習連會"）時，以"兩岸一家親 共圓中國夢"為題作了以下發言：台灣同胞因自己的歷史遭遇和社會環境，有著自己特定的心態，包括特殊的歷史悲情心結，有著強烈的當家作主出頭天的意識。尊重台灣民眾自己選擇的社會制度和生活方式，也願意首先同台灣同胞分享大陸發展的機遇。歷史不能選擇，但現在可以把握，未來可以開創。

2014 年 9 月 26 日，習近平會見台灣和平統一團體聯合參訪團（下稱 9.26 會見）時說，國家統一是中華民族走向偉大復興的歷史必然。當前，我們比歷史上任何時期都更接近中華民族偉大復興的目標，都更有信心、有能力實現這個目標。對台灣來說，這是福音、是歷史機遇。我們理解台灣同胞因特殊歷史遭遇和不同社會環境而形成的心態，尊重台灣同胞自己選擇的社會制度和生活方式。

2015 年 11 月 7 日，習近平在新加坡與馬英九歷史性會晤（下稱"習馬會"）時說，用什麼方式來解決歷史遺留問題，化解衝突紛爭，是世人普遍關注的問題。

2017 年 7 月 1 日，習近平在香港回歸 20 周年大會的講話（下稱 7.1 講話）指出，一國兩制偉大構想，通過同英國的外交談判，順利解決了歷史遺留的香港問題；20 年來的實踐充分證明，一國兩制是歷史遺留的香港問題的最佳解決方案，也是香港回歸後保持長期繁榮穩定的最佳制度安排。

十九大報告說，一國兩制是解決歷史遺留的香港、澳門問題的最佳方式。實現祖國統一是中華民族偉大復興的歷史必然。必須繼續堅持"和平統一、一國兩制"方針，推動兩岸關係和平發展，推進祖國和平統一進程。完成祖國統一是三大歷史任務之一。

綜上可知，習近平依據歷史，把港、澳回歸前及目前台灣問題定位為歷史遺留問題；要想撫平歷史傷痛，必須以和平方式解決，也必須尊重當地居民自己的選擇，因此，"一國兩制"是不二選擇。

或有人以為，台灣早在 1945 年就脫離了日本 50 年的殖民統治，重回中國版圖，與港澳在回歸前皆屬殖民地不能相提並論。其實，台灣光復僅僅四年，兩岸同胞就因國共內戰長時間隔絕，各自經歷了不同的政經發展，導致意識形態及生活方式大不相同，這也成為台灣民眾對統一心存顧忌的最大理由。再加上李登輝、陳水扁執政 20 年間，不斷修改歷史教科書，一步步切割台灣與中國的紐帶關係，導致年輕人的國族認同發生錯亂扭曲，馬英九卻未在任內積極撥亂反正，令人遺憾。

基此，要想爭取台灣民心，一方面必須設法儘速還原歷史真相，讓台灣人民知道兩岸同文同種，命運與共，而且台灣人曾英勇抗日、素有愛國主義精神。一方面則要讓台灣民眾知道，統一後能維持現有生活方式，而且可以分享大陸發展的機遇，共用作為中國人在世界上的尊嚴與榮耀。

二、"一國兩制"可促使兩岸以和平方式統一

《告台灣同胞書》至今的 40 年間，大陸從未放棄和平統一的目標，也為此努力不懈。1995 年 1 月 30 日，江澤民提出〈為促進祖國統一大業的完成而繼續奮鬥〉八點意見（下稱"江八點"）強調，努力實現和平統一，中國人不打中國人。2005 年 3 月 4 日，胡錦濤提出〈關於新形勢下發展兩岸關係的四點意見〉強調，和平統一，不是一方吃掉另一方，而是平等協商，共議統一。只要和平統一還有一線希望，我們就會進行百倍努力。《反分裂國家法》第五條指出，以和平方式實現祖國統一，最符合台灣海峽兩岸同胞的根本利益。國家以最大的誠意，盡最大的努力，實現和平統一。

2012 年 11 月 18 日，中共十八大報告強調，和平統一最符合包括台灣同胞在內的中華民族的根本利益。實現和平統一首先要確保兩岸關係和平發展；鞏固和深化兩岸關係和平發展的政治、經濟、文化、社會基礎，為和平統一創造更充分的條件。

習近平在 9.26 會面表示，我們將以最大誠意、盡最大努力爭取和平統一的前景，因為以和平方式實現統一，最最符合包括台灣同胞在內的中華民族的整體利益。我們所追求的國家統一不僅是形式上的統一，更重要的是兩岸同胞的心靈契合。

"習馬會"上，習近平對馬英九說，只要兩岸雙方採取對話溝通、平等協商的方式，就一定可以創造以和平方式解決重大難題的最佳範例。習近平曾在

"習連會"上呼籲政治家"要迎難而上，有破解兩岸政治難題的勇氣和歷史責任感"，此時又親自激勵馬英九為所當為，切勿辜負歷史賦予他的重大使命。

習近平為何堅持以和平方式統一，理由詳述如下。

（一）從大陸戰略思維來看。鄧小平強調"發展是硬道理"，習近平說"從根本上說，決定兩岸關係走向的關鍵要靠自身的發展"。從國際社會對中國印象的轉變及台灣民意走向，可充分證明，解決所有問題包括台灣問題的關鍵要靠自身的發展。而經濟建設需要和平的環境，尤其，中共十九大確定新時代的最重要目標是全面建成小康社會及社會主義現代化強國，要順利達成這兩項目標，更須確保國內外及台海之間都能維持一個和平環境。

（二）從台灣人心轉變來看。隨著大陸崛起壯大，對台政策更加清晰堅定，幾乎所有人都認知統一是大勢所趨，但仍心存僥倖、以拖待變。不過，民進黨2016年二度執政後施政不力，又堅不接受"九二共識"，導致經濟不振、政治亂象叢生，被四個"邦交國""斷交"，也進不了 WHA 及 ICAO 大門，這些都使民進黨政府的滿意度急遽下滑，也使統一成為台灣社會的熱議話題，新黨2017年提出的"兩岸一中，和統保台"得到一定迴響。另外，由於民進黨以粗暴手段整肅國民黨、退職軍公教人員及統派政團，民眾對台灣的美式民主開始失去信心。相反的，大陸在經濟上的快速成長，向世人證明其政治制度的合理性和競爭力，也使台灣民眾對大陸的好感度屢創新高。兩岸和平統一指日可期，大陸沒有必要急於武統。

（三）從國際社會期待來看。"一中原則"雖早已成為國際共識，但仍有不少國家，特別是美國，堅持台灣問題應以和平方式解決。作為倡導和平發展與天下大同的領頭羊，中國理應盡量避免以非和平方式解決台海問題，以免傷及形象，製造地區緊張。

不過，必須知道，兩岸統一是中國的內政，中國沒有必要承諾，也從未承諾要放棄非和平方式統一。1979 年 1 月 5 日，《告台灣同胞書》發布四天後，鄧小平就對美國記者說，"卡特總統曾表示一種願望，希望能夠用和平方式解決台灣問題"；"我們當然力求用和平方式來解決台灣回歸祖國的問題，但我們不能把自己的手捆起來，如果我們把自己的手捆起來，反而會妨礙和平解決台灣問題這個良好的願望。"《反分裂國家法》第三條明定，解決台灣問題，實現祖國統一，是中國的內部事務，不受任何外國勢力的干涉。習近平在"習馬會"上表示，兩岸中國人完全有能力，有智慧解決好自己的問題。

綜上可知，中國會繼續堅守和平統一立場，但決不會讓統一的歷史任務無限期拖延下去，任由兩岸對峙分立長期固化，更不會坐視島內外台獨分子企圖聯手把台灣從中國分割出去。因此，統一雖無時間表，但從習近平把實現中華民族偉大復興指標訂為"兩個一百年"（2021 及 2049），而國家統一是民族復興戰略的組成部分，可預估兩岸統一的時間不會晚於 2049 年。

三、樹立一國意識、堅守一國原則

長期以來，大陸恪守一個中國原則。《反分裂國家法》第三條第二段明定，世界上只有一個中國，大陸和台灣同屬一個中國，中國的主權和領土完整不容分割。

習近平在"習連會"上提及，願在一個中國框架內，同台灣方面進行平等協商，做出合情合理安排。2015 年 3 月 4 日，習近平在看望全國政協三次會議民革、台盟及台聯委員時說"九二共識的核心是認同大陸和台灣同屬一個中國"。同年 5 月 4 日，在會見國民黨主席朱立倫時又重複此話。這使"九二共識"的內涵更加明確化。不過，習近平在之後的幾次談話有更大的突破與創新。

"習馬會"閉門會議上，習近平對馬英九說：兩岸關係不是國與國關係，也不是"一中一台"，而是一個國家內部的關係。

2016 年 11 月 1 日，習近平在會見國民黨主席洪秀柱時說，"承不承認體現一個中國的九二共識，關係認定兩岸是一個國家，還是兩個國家的根本問題"，在回應台灣國際活動問題時又說："關鍵在於兩岸到底是一個國還是兩個國；如果是一國，有什麼事情不能談？"

7.1 講話強調，一國是根，根深才能葉茂；一國是本，本固才能枝榮。一國兩制的提出就是為了實現和維護國家統一，中國在中英談判時期旗幟鮮明提出主權問題不容討論；在具體實踐中，必須牢固樹立一國意識，堅守一國原則，正確處理香港特別行政區和中央的關係。

"一國兩制"的基礎就是"一個國家、兩種制度"，1983 年 6 月 26 日鄧小平提出《大陸和台灣和平統一的設想》（下稱"鄧六條"），就開宗明義說，解決台灣問題的核心是祖國統一。因此，在台海兩岸之間，不論是統一前或統一後，都應樹立一國意識、堅守一國原則。理由如下。

（一）不論在大陸或在國際社會，"一中"原則指的都是"大陸與台灣同屬一個中國"，唯獨在台灣，藍營承認兩岸有歷史、文化、血緣關係，但不少人認為一個中國不是現在式，而是"兩岸未來共同締造的中國"，綠營則認為兩岸根本是"一中一台"。

　　相較之下，"兩岸同屬一國"有具體的地理界線與法理基礎，可清楚表明兩岸是一個國家的本質。而且，馬英九早在 2005 年 8 月就對媒體說，"憲法增修條文第十一條，很明顯定好框架，既非一邊一國，也不是兩個國家，而是一國兩區：大陸地區、台灣地區。"2012 年 3 月 22 日又委請國民黨榮譽主席吳伯雄面見胡錦濤時說，台灣依據"兩岸人民關係條例"，以"一國兩區"的概念來處理兩岸關係。這顯示馬英九認同兩岸是在一個國家之下的兩個地區，那他有何理由反對"一國兩制"？又為何在任內八年始終堅持"不統不獨不武"，錯失歷史賦予他的重大使命？

　　（二）馬英九當政八年，每提"九二共識"，總不忘強調"一中各表""一中是中華民國"，這使得"各表"壓過"一中"，也使"一中"在台灣逐漸被模糊異化了。"一國"則沒有這個問題，它可簡單清楚地檢驗台灣朝野政黨是否真正反對台獨，是否真正支持"九二共識"。

　　（三）"一國"標示出兩岸政治分歧是一個國家內部的事務，是中國的內政，當然不應受到外部因素的干擾，這可排除美、日等國對兩岸關係的不當干預，也可杜絕台灣有人幻想以美日作為"抗中""拒統"的靠山。

　　（四）台灣及海外一直都有政學界人士提議以邦聯、歐盟、國協或大屋頂一中作為統一模式，但該些模式均有先把中國拆成兩個國家，再來進行統合之虞，這只能以"兩岸同屬一個國家"加以化解。

　　不可否認，"兩岸一國論"勢必引發國號之爭、"一國兩府"辯論，但誠如習近平所說，兩岸長期存在的政治分歧終歸要逐步解決，總不能將這些問題一代一代傳下去，而確立"兩岸同屬一國"可以排除平等協商、共議統一的最大障礙。

四、兩制尊重差異、相容並蓄

　　《告台灣同胞書》首先指出，在解決統一問題時尊重台灣現狀和台灣各界人士的意見，採取合情合理的政策和辦法。同年 1 月 30 日，鄧小平訪美期間，在美國參眾兩院發表演說時說，"只要台灣回歸祖國，我們尊重那裡的現實和現行制度。"

　　1981 年 9 月 30 日，葉劍英《關於台灣回歸祖國實現和平統一的方針政策》的九點意見（下稱葉九條）保證統一後，台灣可作為特別行政區，享有高度的自治權，現行社會、經濟制度不變，生活方式不變等等。"鄧六條"更明說台灣可以保留軍隊等大量權利。"江八點"指出，要充分尊重台灣同胞的生活方式和當家作主的願望，保護台灣同胞一切正當權益。《反分裂國家法》第五條明定，國家和平統一後，台灣可以實行不同於大陸的制度，高度自治。

習近平在9·26會面時提出："一國兩制"在台灣的具體實現形式會充分考慮台灣現實情況，充分吸收兩岸各界意見和建議，是能充分照顧到台灣同胞利益的安排。這一段"三個充分"論，言簡意賅地詮釋了"一國兩制"的核心精神，也指明了今後研討、推動"一國兩制"應注意的幾個面向。

習近平在"習馬會"上指出，我們尊重台灣同胞自己選擇的社會制度和生活方式，也願意首先同台灣同胞分享大陸發展的機遇；兩岸雙方應該相互尊重彼此對發展道路和社會制度的選擇，避免讓這類分歧干擾兩岸交流合作，傷害同胞感情。

7·1講話指出，"一國兩制"包含了中華文化中的和合理念，體現的一個重要精神就是求大同、存大異。十九大報告指出，保持港澳長期繁榮穩定，必須全面準確貫徹"一國兩制"、"港人治港"、"澳人治澳"、高度自治的方針。針對台灣方面，十九大報告表示，我們秉持"兩岸一家親"理念，尊重台灣現有的社會制度和台灣同胞生活方式。

綜上可知，習近平認為"一國兩制"的可貴處，在於順應民心、相容並蓄，做到原則性與靈活性高度統一。而這些特質對當前解決台灣問題尤為重要，理由如下。

（一）台灣在經濟上長期實行資本主義制度，在政治上採多黨政治、普選制度，雖已產生諸多致命的弊端，但大多數人仍相當堅持維持現有制度及生活方式。而大陸，"習近平新時代中國特色社會主義思想"已被正式納入中共黨章及憲法中，這代表兩岸未來會繼續走不同的道路，它使台灣一些人長期堅持要以西方資本主義價值為主的"一國良制"統一中國的幻夢破碎，但要台灣立即實行中國特色社會主義仍困難重重。因此，只有實行"兩制"，制度之爭才不會再是台灣民眾"拒統"的理由。

（二）台灣絕大多數人反對"一國兩制"，除因"一國兩制"被不分藍綠的政黨及政治人物刻意汙名化外，主要在於對"一國"或統一有所疑懼，而非對"兩制"有意見。也有人擔心"兩制"是暫時的，例如，國民黨主席吳敦義曾表示："今天談一國兩制，明天可能被改為一國一制"。這些都說明，務實的台灣民眾一旦知道"一國"不可能迴避，勢必會審時度勢、權衡輕重，轉而支持"一國兩制"，為自己爭取最大程度的自主性及權益。大陸則有必要讓台灣民眾知道，兩岸一旦實踐"一國兩制"，會依法照章行事。

（三）兩岸既實行不同制度，任何一方就不得對他方的制度說三道四，台灣尤不應受外部勢力利用，刻意干擾大陸的中國特色社會主義道路。為促使台灣民眾對中國特色社會主義有所了解並加以尊重，建議大陸相關單位應更積極，以深入淺出方式介紹大陸當代政治體制、社會主義民主、政治協商制度、領導人與公務人員養成教育，人權及少數民族保障等政策。

（四）台灣有人因香港近年來遭遇不少問題，而懷疑"一國是真，兩制是假"，其實，香港問題有其歷史及社會背景，也受到外力不當影響，將其歸罪於"一國兩制"實踐發生問題並不公允。何況吾人可把香港經驗當作教材，避免未來類似問題發生。更重要的是，"兩制"指的是台灣將與大陸實行不同的政經制度，跟港澳關係不大。在此舉一最淺顯例子，香港為維持原有制度，回歸20年後仍沿用英美法，始終未恢復死刑，這與大陸和台灣均採大陸法，均未廢除死刑決然不同，說明沒有"台灣香港化"的問題。

五、"一國兩制"符合台灣同胞利益，也符合國家根本利益

"習連會"上，習近平說，實現國家富強、民族振興、人民幸福，是近代以來中國人的夙願。要努力辦好有利於增進台灣民眾福祉的事，使台灣同胞更多受益，讓兩岸中國人都過上更加美好的生活。習近平在9·26會面說，台灣的前途繫於國家統一，台灣同胞的福祉離不開中華民族的強盛；希望台灣同胞為過上和平安寧、幸福美好生活，為在世界上共用中華民族尊嚴和榮耀而攜手奮鬥。7·1講話指出，深入推進一國兩制實踐，不僅符合香港居民利益，也符合國家根本利益，符合全國人民共同意願；既要把實行社會主義制度的內地建設好，也要把實行資本主義制度的香港建設好。

十九大報告強調，保持港澳繁榮穩定，實現祖國完全統一，是實現中華民族偉大復興的必然要求。還強調願意率先同台灣同胞分享大陸發展的機遇，將擴大兩岸經濟文化交流合作，逐步為台灣同胞在大陸學習、創業、就業、生活提供與大陸同胞同等的待遇，增進台灣同胞福祉。

綜上可知，習近平認為"一國兩制"不僅符合台灣同胞利益，也符合國家根本利益。這有兩層涵義，一是他對大陸的經濟發展有信心，所以深信台灣在統一後可以過得比現在好，二是他對大陸目前實行的中國特色社會主義充滿信心，不希望推進兩岸統一干擾到實行社會主義制度的大陸建設。

（一）統一符合台灣同胞利益。不可否認，當鄧小平說統一會讓台灣同胞過上更好的生活時，沒有多少台灣民眾相信，甚至有人公開消遣不願認大陸這個

窮親戚，但隨著大陸改革開放、崛起壯大，兩岸政經實力日益消長，大陸對台政策更加清晰堅定，台灣幾乎所有人都認知統一是大勢所趨，但因知道主導權不在台灣這邊，多數人對於"被統一"不免感到焦慮。不過，如前所述，民進黨政府二度執政至今，民眾普遍認知現狀不可能維持，民調顯示，截至2018年5月，認為統一對台灣最有利的人日益成長已超過六成。

習近平不僅認為台灣在統一後可以比現在好，他承諾現在就要努力辦好有利於增進台灣民眾福祉的事，使台灣同胞更多受益。2018年2月28日，國台辦公佈31項惠台措施，讓到大陸學習、創業、就業、生活的台胞享有與大陸同胞同等待遇，這不僅吸引了台灣青年爭先恐後前往大陸升學，中壯年優秀人才前往大陸教書任職，而且使台灣民眾對大陸及其領導人好感度大幅增加，證明個人的切身利益確實決定著民心之走向。

在此人心思變之際，吾人應加快腳步研討宣導"一國兩制"，讓台灣民眾知道"一國兩制才能維持現狀"，而且可以過上更好的生活，這勢必會再一次炒熱統一及統一模式的話題。

（二）兩制符合國家根本利益。中共十八大報告提出堅定中國特色社會主義三大自信：道路自信、理論自信、制度自信。2013年3月，習近平在莫斯科國際關係學院發表演講時說：鞋子合不合腳，自己穿了才知道。一個國家的發展道路合不合腳，只有這個國家的人民才最有發言權。

習近平在9·26會面時說，台灣同胞也需要更多瞭解和理解大陸13億同胞的感受和心態，尊重大陸同胞的選擇和追求。"習馬會"上，習近平針對島內有些人在兩岸發展道路不同和社會制度差異上大做文章表示，"道路和制度效果如何，要由歷史去檢驗，讓人民來評判。"

而且，2018年3月11日第十三屆全國人大一次會議通過修憲案，憲法第1條第2款寫入"中國共產黨領導是中國特色社會主義最本質的特徵"，第33條最後一句寫著"中國共產黨領導的多黨合作和政治協商制度將長期存在和發展"。這標誌著中國正堅定地走向一條與西方資本主義完全不一樣的道路，決不會改旗易幟，也不希望受到干擾。

而台灣，一向以實施美式民主，包括普選及政黨政治為傲，特別在大陸躍升為世界第二大經濟體，不能再以"不願認窮親戚"排斥統一後，民主就成了朝野"拒統"的神主牌，蔡英文甚至說"台美共同的價值是民主"。因此，兩岸若不採行"一國兩制"，統一後確實會出現諸多難以處理之處。對此，北京學者王英津認為『一國兩制』是一道必要的防火牆，既能防止大陸對台灣的『侵蝕』，也能防止台灣對大陸的『侵蝕』。

作為中共中央總書記及國家領導人，習近平對社會主義道路充滿自信，當然不希望因台灣問題打亂這一條適合中國發展的道路，因此，他說"一國兩制"符合國家根本利益，也符合全國人民共同意願。

六、"一國兩制"內涵有待充實、具體化

有人說，鄧小平提出"一國兩制"，是為了促成國共第三次合作，和平解決台灣問題。又有人說，鄧小平提出"一國兩制"，是因為當時和平統一是國共兩黨的共同語言，隨著島內政權輪替、政治生態轉變，現今已不再具有該條件。這些或許都是事實，但重要的是，中國大陸在40年間發生翻天覆地的躍進，這使兩岸統一的物質條件，也是必要條件，終於趨於成熟。當前有待努力的是加強統一的充分條件，也就是台灣人民對和平統一的嚮往之心、對"一國兩制"的認同。

因此，建議大陸在積極遏制"台獨"勢力、直接爭取台灣民心的同時，加強研討宣導"一國兩制"，讓兩岸的"一國兩制"及早成為一套具有說服力、吸引力、魅力，也具體可行的統一藍圖及說帖。

當然，不論是兩岸政治定位或兩制具體內涵，都需由兩岸雙方共同協商議定，而台灣朝野政黨及政治人物目前似無心開展此工作。不過，《告台灣同胞書》把"寄希望於1700萬台灣人民"，放在"寄希望於台灣當局"之前，並說"統一祖國，人人有責"，"江八點"表示"歡迎台灣各黨派、各界人士，同我們交換有關兩岸關係與和平統一的意見"，習近平在9·26會面時更提出要"充分吸收兩岸各界意見和建議"，這些都表示兩岸學者及統派團體可先行討論，並公開徵詢民眾意見，凝聚社會共識，最後再以民意向朝野政黨及政治人物施壓，促成平等協商、共議統一。

"一國兩制"的研討工作涉及範圍極廣又千頭萬緒，有必要先針對各式各類問題進行梳理，以提綱挈領方式，分門別類，由不同領域的專家學者一一研討，再加以彙整、修訂。以下是筆者想到的幾點問題，就此拋磚引玉。

（一）兩岸本是一國，領土與主權從未分裂，但要化解兩岸政治難題，不能再迴避中華民國定位、"一國兩區"、"一國兩府"等政治問題。港澳回歸時用的是"中國在香港、澳門恢復行使主權"，兩岸復歸統一應非恢復主權行使，但是否改為中央恢復在台行使治權，或恢復主權的行使權，值得研討。

（二）大陸對於兩制的具體內容，先有"葉九條""鄧六條"，後有2001年

7月3日錢其琛提出的"錢七條"。但隨著時間久遠，島內政治生態丕變，國際形勢又發生巨變，以上內容是否應全部或部分保留，必須深入討論其利弊得失及可能後果，再做定奪。另，由於台灣方面從未接受以上條件，因此，未來共議統一時即使不納入某些內容，並無不遵守承諾的問題。

（三）有鑒於台灣年輕人受到李扁20年的"去中國化"影響，國族認同問題不亞於香港，應如何矯正台灣青年的錯誤認同，如何轉換台灣歷史教科書中錯誤的"台獨"史觀，實有必要詳加研討、提出對策，並為未來的教科書內容預作準備。至於要如何激勵兩岸同胞共同弘揚中華文化，加速兩岸經濟社會融合發展，發展壯大島內的愛國愛台力量，更須詳加討論，並提出具體辦法。

（四）台灣的政黨政治、普選制度應可保留，但必須防堵弊病，以免後患無窮。該注意的有：如何排除有"台獨"黨綱的政黨繼續活動？如何禁止"台獨"主張列入競選政見？如何規範民意代表在問政時不以非理性態度批評大陸？至於台灣選民選出來的行政長官，是否仍須中央認命，或改採報備形式？這些問題攸關"一國兩制"實踐、台灣的長治久安，必須先有所規範。

（五）習近平不僅談到統一模式，還談到在統一前該努力的工作。例如：如何讓台灣民眾自發性地遏止民進黨當局分裂國家的行徑；如何在兩岸交流的基礎上不斷推動兩岸融合發展，推進兩岸關係和平發展，並為和平統一創造條件；如何發展壯大島內民間愛國愛台力量，改變主流民意，並向台灣當局施壓，及早接受"九二共識"，在一個中國框架下通過平等協商，爭取合情合理安排。

七、結語

十九大後的今天，比以往任何一個時間更接近國家完全統一、中華民族偉大復興。在此關鍵時刻，吾人應堅守一國之本，善用兩制之利，加緊做好研究推廣"一國兩制"的各項工作，積極爭取台灣民心，為早日實現國家統一、台灣長治久安盡心盡力、獻言獻策。

第一部分：

"和平统一、一国两制"（一）

两岸交流与国家统一内生动力的强化
——纪念《告台湾同胞书》发表 40 周年

陈 星[*]

20 世纪 70 年代末期，两岸关系出现了结构性的变化。1979 年元旦，全国人大常委会发表《告台湾同胞书》，呼吁开放两岸交流。在大陆的大力推动之下，两岸交流从小到大发展起来，现在已经形成多层次、大纵深、全方位的交流格局，两岸交流成为推动国家统一的内生动力源。随着两岸交流的继续深化，国家统一的内生运动系统也会进一步加强。

一、两岸交流是民心所向

《告台湾同胞书》发表至今已经历四十个年头。在这四十年的历程中，大陆逐步形成并完善了促进国家统一的"和平统一、一国两制"方针，两岸交流成为两岸互动的应有之义以及推动两岸关系良性发展和实现国家统一的可欲路径。70 年代末 80 年代初，两岸学者在海外开始初步接触和交流。台湾一些南音艺术家不顾当局禁令，悄悄来大陆进行文化艺术交流。暗中来避风的台湾渔民，或绕道来探亲的台胞明显增多。到 1987 年台湾当局开放探亲前，累计达 4 万人次。[①] 在民间的压力之下，台湾当局被迫松动了对两岸交流的限制，两岸交流的规模也随之日益扩大。

可以看出，两岸交流与沟通是在较为特殊的情境下出现的事物与现象，即两岸交流一直是两岸政治对立大环境的一个组成部分。自 1979 年以来，两岸虽然没有军事冲突，不过两岸对立的政治状态却一直存在，作为历史遗留问题的两岸内战状态也一直没有从法律上得到解决。换句话说，两岸虽然交流的规模

---

* 陈星，北京联合大学台湾研究院教授。

① 冰蓝《两岸交流回顾与展望——戴肖峰局长访谈录》，《两岸关系》2007 年 8 月。

不断扩大，层次也不断拓展，但是一直面对着不稳定的政治环境。上述情形不可能不影响到两岸交流，但两岸交流仍能不断发展，并以此不断改变两岸关系的基本结构。笔者认为，这种情况的出现与两岸交流所具有的内在逻辑是密切相关的。

两岸交流的发展是祖国大陆大力推动的结果。从两岸交流的源头上来看，大陆对台政策的调整以及国家统一路径的设计事实上成为两岸交流不断发展的原动力。自1979年中国大陆调整国家发展战略，全面推进经济建设的背景下，国家统一战略也出现了调整并逐步系统化。两岸交流的出现以及不断扩张反映了这种战略的调整，同时成为这种战略调整的必要路径之一。也正是因为这样，祖国大陆的推动成为两岸交流不断扩大的核心因素。如果说这种情形在两岸交流之门打开初期并不明显的话，后面四十年的发展则非常鲜明地体现出战略框架稳定的重要性，否则非常难以想象在两岸政治对立情况下尚能产生如此庞大的交流规模与深度。

两岸交流与台湾民众福祉密切相关，因此能获得持久不衰的推动力。从历史经验来看，两岸交流是两岸民众实现双赢的必要路径，自然能得到两岸民众的支持。以几十年来台湾民众的反应而言，对两岸诸多问题大都意见分歧，但在交流的问题上却在绝大部分情况下都保持着较高的支持率。从根本上说，两岸交流符合民众追求自身福祉的深层需求，从而构建出了两岸交流能够持续不断向前发展的重要民意基础，也是两岸交流能够在政治互动模式不稳定的情况下持续不断向前发展的重要原因。上述情况也意味着，一旦两岸交流之门打开，就很难再度关闭。

两岸民众的历史同源性及文化同质性成为两岸交流扩大的重要支撑因素。共同的文化遗传决定了共同的文化心理结构，共同的文化积淀又增加了两岸文化心理的亲和性。这里的文化心理结构和观念结构并不是同一个概念，前者系指文化认识的基本结构和心理表征，而后者则更强调形而下的认知结构，相比较而言前者更为基础，也更加处于无意识状态。也就是说，虽然两岸民众在观点上可以有差异，但在认知模式上却存在着较大的相似性，具有迅速扩大亲和感的心理基础。这些情形加上两岸之间血缘、地缘等联系，使两岸交流具有优越的先天条件。以简单的投资为例，两岸之间这种文化的亲和性相对语言不通以及文化歧异的情境，显然可以使投资更加具有效率。笔者认为这种文化和心理上的亲和性可以在一定程度上解释两岸经济交流与合作快速发展的事实，也是对未来两岸交流可以抱持乐观态度的重要条件。

可见两岸交流具有强大的内生动能。也正是因为如此，两岸交流本身具有自组织和保持自我发展态势的趋势，具体而言有两个方面的意涵，一是两岸交流在相当长的时间内能够保持自我扩张的动能，只要条件许可，两岸交流的规模会持续扩大，这已为两岸交流四十年的历史所证实；二是两岸交流在相当大的程度上可以为自身的发展创造并保持稳定的发展环境，能够在相当程度上抑制两岸重新进入冲突的趋势，就台湾岛内来说，能够抑制"台独"势力破坏两岸和平与稳定的冲动。两岸交流的这种内生动能是持续的，同时随着时间的推移会不断自我强化，成为维护两岸和平发展和国家统一的内在逻辑基础。

二、两岸交流的层次及其互动

以最简单的分类标准来看，两岸交流可以分为公权力部门的互动和民间交流两个层次，两者相互影响，构成了两岸交流的基本内容。以两岸四十年发展历程来看，两岸交流滥觞于两岸关系的结构性变化，沿着公权力部门的互动与民间互动两条互相影响又互相交织的主线不断向前推展。相比较而言，民间交流处于更加基础的位置，是两岸交流中最为活跃的部分。不过应该提及的是，在两岸政治对立尚未消除的情况下，民间交流与公权力部门的互动存在着内在的张力。两岸公权力部门的互动状态往往会对两岸民间交流产生影响，而在特定时期民间交流则又会对公权力部门的互动产生压力，推动着公权力部门互动样态的变化。

两岸交流首先表现为民众的经济行为。自1979年以来，两岸交流中经济交流一直是占比相当大的部分，而且也是最为基础性的部分，也是最为符合人性的部分。民众对两岸交流的态度并非取决于行政当局的鼓励或者是反对，而是依据于自己的经济诉求。事实上，自1979年以来两岸经济交流问题上台湾当局大部分时间均是持消极反对的态度，尤其以李登辉时期最为典型，不过这并没有阻挡住台资西进的步伐，台资反而通过各种规避措施不断流入大陆，成为两岸交流的大宗。目前情况也是如此，民进党当局对两岸交流的消极态度并不能得到台湾民众的认同。

自2008年马英九执政以来，两岸经济交流与合作出现了一波快速发展。2008年两岸基本实现"三通"后，两岸贸易实现两个"千亿"的突破：一是台商到大陆协议投资金额突破1000亿美元，二是两岸贸易总额从年500多亿美元到突破 1000 亿美元。约 80000 家台商在大陆投资发展。① 国民党执政期间，两岸经济交流与合作无论在规模上还是范围上都有发展，同时两岸公权力部门的互动也出现了新的形态，两岸关系进一步缓和，为两岸经济交流创造了良好的外部环境，这也是经济交流与政治互动同向良性发展的时期。及至民进党重新上台，开始对两岸交流采取紧缩政策，不过即使如此，两岸经济交流现在仍维持着相当的规模。

随着两岸经济交流的扩大，其他形式的民间交流也快速发展。进入 21 世纪 10 年代以来，两岸在教育、医疗、卫生、体育、影视方面的交流不断增加，涵盖文学、音乐、舞蹈、戏剧、杂技、曲艺、美术、摄影、文物等各个艺术门类的文化交流也迅速扩大。两岸交流呈现出全方位、多层次的发展态势，成为两岸关系良性发展的重要推手。

两岸民间交流经过过去近四十年的发展，基本上已经形成了比较稳定的行进路径以及稳定的联结和运作方式，这些结构性的架构短期内不会出现较为剧烈的变化。在过去的近四十年的发展历程中，两岸民众经过长期交流，已经形成了对两岸和平发展以及两岸合作共赢的共同认知，这是两岸交流能够长期持续的心理和认知基础。同时，在长期的交流与合作中，两岸民众已经形成了共处与合作的基本规范框架，双方的分歧与共识都容纳于这一规范框架之中，而民众之间的情感联结也正是在这一框架中产生并不断加固。在一定程度上说，双方已经形成了共同的生活圈，以及基于经济合作与亲情联结而产生的共同生活习惯，这种联结并非骤然就可以消除的，这是未来两岸交流与合作能够持续的强劲推动力。

两岸交流的发展推动了两岸民众互动模式的改变，两岸的社会融合逐步推进，这事实上意味着两岸交流向更高层次的方向发展。台湾民众在大陆就学及就业者越来越多，两岸社会彼此的交融与渗透逐步加深。以就学的情况为例，仅福建一省，截至 2008 年 10 月，福建省高校招收台生人数累计达 3767 人，在闽高校学习的台生有 805 人，其中博士研究生 97 人、硕士研究生 54 人、本科 606 人、预科 24 人、成人大专 24 人。② 2008 年以后，随着两岸交流的发展，在大陆就学、就业及定居的人数都有增加，两岸社会融合的速度逐步加快。

就公权力部门沟通与民间交流两个层次的互动而言，公权力部门的态度变

① 周忠菲：《论"一中原则"与两岸政经关系的互动——从"汪辜会谈"到"张王会"》，《两岸关系》2014 年 4 期。
② 赵叶珠、郑蔚：《闽台高等教育生源互动的现状与问题》，《教育与考试》2012 年第 1 期。

化在一定程度上会影响到两岸民间交流，前者的政策变化对后者会具有或多或少的影响，不过这种影响并不是绝对的，否则也不会出现 80 年代初期虽然当局不支持但大量台资仍是西进的情况。而对于台湾民众来说，两岸交流确实已经带来了切切实实的利益，这在过去几年中已经看得很清楚，特别是南部的农村地区，这种情形更为典型。再如台湾的旅游业者，因两岸民间交流和交往扩大获得的收益也是实实在在的。对于这些为数并不算少的民众而言，两岸交流的中断事实上意味着生计的中断，对他们来说自然是相当大的冲击，其与当局之间关于两岸交流之间产生的冲突自然也会越来越明显。

三、两岸交流推动两岸关系发展

两岸交流的实现与两岸关系紧密相连，但在一定情况下两岸交流却又独立于两岸关系的发展而呈现出独立变化的状态，其发展结果反而对两岸关系会产生更加重大的影响。一般来说，在两岸高度对抗的情况下，两岸交流无从谈起，这种极端情况在 1949 年到 1979 年的两岸关系中是最常见的形态，也正是因为这样，在 1979 年之前，也基本不存在两岸交流及其语境下的两岸关系互动问题。

两岸民间交流一直是两岸交流的大宗，也是两岸关系发展中的重要组成部分。以历史的经验来看，行政当局的政策取向固然可以对民间交流产生影响，但民间交流自有其存在的基础与基本的发展逻辑。尽管民间交流的发展速度在各个时期有所不同，但民间交流一直处于向前的发展的正向过程之中，无论深度还是广度都保持正向发展的势头。在两岸和平发展势头可能出现逆转的情况下，民间交流在两岸交流和两岸关系的发展中将会扮演更加重要的角色，更加凸显其对两岸关系发展的基础性作用。

台湾当局两岸政策的变化显然是在内部变化的推动下展开的。苏起认为，经过近四十年的发展，台湾培养出旺盛的经济力，经济力又孕育出多元的社会力，社会力再催化出澎湃的政治力，发展对大陆的关系即是上述各种力量综合作用的重要结果之一。[①]从因果关系上说，可以认为是台湾社会寻求发展的强烈民间意愿推动了台湾当局两岸政策的变化，而这种情况在一定程度上也意味着两岸交流本身应有相对于两岸政治关系的独立性。

两岸交流的大门一旦打开，立即形成了民间交流的洪流，并对台湾的政策

---

① 苏起：《危险边缘：从两国论到一边一国》，（台湾）天下远见出版有限公司 2003 年，5 页。

结构产生了极大的冲击。"李登辉上台时恰逢台湾当局开放台湾同胞赴大陆探亲不久，两岸隔绝状态被打破，民间的交流交往出现前所未有的热潮。"[①]这一时期的交流主要表现形式为民间交流，具体内容则涵盖了两岸民众探亲以及台湾民众到大陆投资的增加。随着时间的推移，后者在两岸交流中所占的比例大幅增加，以制造加工与出口为导向的台资企业对大陆的投资强劲增长。这些交流带动了两岸民间交流的全面展开，两岸的文教、学术、宗教等交流迅速发展起来，两岸交流的广度与深度都在不断拓展，及至2008年国民党重新执政，两岸交流的速度进一步加快，已经出现了两岸经济与社会融合的初步雏形。

相比较民间交流的热情，台湾当局对两岸交流的政策在大部分时间内是消极与保守的。李登辉时期面对两岸交流的快速发展，提出了"戒急用忍"的指导原则，即强调对中国大陆的投资应该限制在特定产业、技术水准与金额。民进党上台以后，虽然顽固坚持"台独"立场，却无法抵挡来自民间要求开放两岸交流的压力。2001年9月，民进党当局迫于民众强烈要求，不得不以"积极开放，有效管理"松绑"戒急用忍"，在两岸贸易、台商对大陆投资方面有所放宽。但一年后就以"有效开放，积极管理"而代之，加大对两岸经贸交流的限制。通观台湾当局两岸政策的发展历程，可以看出其两岸政策的制定在相当大程度上是被两岸交流的情势推着走的，而且在这个过程中防范多于推动，特别在民进党当政期间，这种情形更加明显。

两岸民间交流对两岸公权力部门开始接触也具有很强的推动作用。两岸民间交流自然会产生一系列的问题，这些问题很多时候都需要公权力部门出面去处理，诸如海上救助，联合打击犯罪等问题如果没有公权力部门的介入根本无法形成规制性的框架。在这种情形下，两岸公权力部门的接触是势所必然。1990年11月21日台湾成立了得到公权力部门授权的负责与大陆联系与协商的民间性中介机构海峡交流基金会（海基会），出面处理公权力部门"不能或不便出面处理的事务"。中共中央台办、国务院台办也于1991年12月16日成立了海峡两岸关系协会（海协会），被授权在一个中国原则下同海基会商谈处理两岸关系事务。两岸开始就涉及公权力的事务性问题开始展开协商。

两岸关系发展历程中，两岸交流具有基础性的地位，自两岸交流之门开启以后，两岸交流逐渐成为汤汤大潮，尽管台湾经历了数次政党轮替，政治环境跌宕起伏，但在两岸交流的挟持下，两岸关系总体上来说仍保持了相当程度的

---

① 刘国深等著：《台湾政治概论》，九州出版社2006年，202—203页。

稳定。当然这种两岸交流的发展与当时中美关系、世界格局均有莫大的关系，与世界经济格局的调整也密切相关。但不管如何，两岸交流不屈不挠发展的历程只能说明追求两岸民众福祉是民心所向、众意所归，单纯依靠政治力量的强制显然是无法阻挡的。

四、小结

两岸交流是两岸关系中最具活力的部分。自1979年以来，两岸交流的广度与深度不断扩大，建构出了两岸关系良性发展的深厚基础，同时也为台湾行政当局海峡政策调整施加了持续不断的压力，使两岸关系的基本结构发生了根本性改变。从整个两岸关系的发展历史脉络来看，两岸交流已经成为两岸关系发展的重要路径选择，无论在过去还是现在都一如既往地对两岸关系的走向发挥着基础性影响。民进党再次上台后，虽然竭力想关小两岸交流的大门，但两岸民间交流却表现出了顽强的抵抗力。可以预见的是，不管民进党如何限制两岸民间交流的发展，两岸交流会表现出顽固的生命力，并继续在推动两岸关系发展的过程中扮演重要角色。

論"和平統一、一國兩制"
——孫中山思想的視角

龐建國 *

壹、前言

人類社會在上個世紀 80 年代末到 90 年代初出現了國際局勢的大幅度變化，蘇聯瓦解，波蘭、匈牙利、捷克、羅馬尼亞和阿爾巴尼亞等共產黨領導的國家，原有政權或者下台或者改弦易轍。柏林圍牆在 1989 年 11 月 9 日倒塌，東西德統一；南斯拉夫分裂之後，陷入了長期戰亂和種族屠殺；蘇聯則在 1991 年底宣告解體。

在某些學者的解讀中，蘇東波變天意味著以美國為首的資本主義陣營已經取得了全面勝利。第二次世界大戰之後，長達將近半個世紀的東西對抗和冷戰局面結束，人類世界意識形態爭鋒和制度安排對壘的時代就此告一段落。法蘭西斯·福山（Francis Fukuyama）以"歷史終結"來形容此一局勢，認為以美國為榜樣的自由民主加市場經濟的體制，已經是人類社會制度安排的最終形態，這個世界上的所有國家都會以美國為範式，向美國的體制看齊。如果將歷史界定為人類社會制度的變遷和完美制度之追求的話，那麼，美國體制就是人類社會變遷或國家發展的共同歸趨，人類社會制度已經出現了終極形式，所以，歷史到此終結。[1]

但是，福山的老師山繆爾·P. 杭廷頓（Samuel P. Huntington）則看到了另外一種景象和趨勢。杭廷頓認為，社會主義陣營瓦解固然結束了意識形態的對抗，降低了美國與俄國以及各個國家之間發生戰爭的可能性，但是，新的衝突或戰

---

　　* 龐建國，（台灣）中國文化大學國家發展與中國大陸研究所教授兼代理所長、台灣競爭力論壇學會理事長。

　　① Francis Fukuyama, 1992, *The End of History and the Last Man*.New York: The Free Press.

火卻沿著不同文明交界之處的文明斷層線開啟，特別是基督教文明和伊斯兰文明之間的矛盾，並沒有因為冷戰結束而告一段落，反而有越演越烈之勢。[①] 在此同時，中國大陸改革開放以來迅猛的發展勢頭，和蘇聯及東歐陷入低迷的轉型表現形成強烈對比，這使得中國大陸的發展經驗開始受到重視，"中國模式"的探討逐漸成為熱門的學術研究課題。

進入 21 世紀之後，2001 年的 911 恐怖攻擊、2008 年的金融海嘯以及 2016 年英國脫離歐盟和特朗普（Donald Trump）當選美國總統等等事件，讓世人對於人類社會既有的發展經驗和後續的發展道路有了更多反思。本文作者認為，與當代人類社會變遷大勢相印證，我們可以看到孫中山思想豐富的時代意義，也可以發現其與"習近平新時代中國特色社會主義思想"彼此契合會通之處。因此，海峽兩岸不妨以孫中山思想作為和平發展溝通對話的參考框架，闡釋"和平統一、一國兩制"與時俱進的積極意涵，為海峽兩岸的經濟社會融合發展鋪陳殊途同歸的康莊大道。

貳、當代人類社會變遷之大勢與挑戰

人類社會變遷或者國家發展到底是會邁向"歷史終結"，還是會陷入"文明衝突"？我們可以從社會經濟、政治體制、以及族群和國際關係這三個面向來總結一下當代人類社會變遷之大勢與挑戰，以下分別論列。

一、社會經濟面向

在社會經濟的脈絡中，蘇東波變天意味著教條馬列主義在價值位序、制度安排和政策措施上經不起實踐的檢驗。事實上，當 1978 年 12 月中共十一屆三中全會提出了"對內改革、對外開放"的發展戰略之時，中國大陸就率先掙脫了教條馬列主義的束縛，透過"社會主義初級階段"的論述，探索"中國特色社會主義"的道路，逐步往"社會主義市場經濟"的方向推進。

以簡單的左派和右派做區分，第二次世界大戰之後，資本主義陣營裡凱因斯經濟學的興起，意味著承認市場失靈和要求政府干預的思維抬頭，右派思潮向左派思潮做了某種程度的靠攏。1970 年代石油危機和停滯性通貨膨脹發生之後，美國總統里根（Ronald Regan）和英國首相柴契爾夫人（Margaret Thatcher）

---

① Samuel P. Huntington, 1996, *The Clash of Civilizations and the Remaking of World Order*.New York: Simon and Schuster.

牽頭的經濟新自由主義風潮，則是強調政府失靈和主張市場萬能的思維抬頭，右派壓倒左派。蘇東波變天進一步擴大新自由主義的波瀾，大衛·哈維（David Harvey）甚至將鄧小平啟動的改革開放，也視為新自由主義的擴張。[1] 這些消長起伏讓強調自由化、私有化、和市場化的"華盛頓共識"，成為世界各國因應經濟危機的藥方，也助長了"歷史終結"論調的聲勢。

不過，2008 年湧現的金融海嘯讓情勢再度轉折。由美國次級房貸引發的全球性金融危機，突顯了全球化下世界各國連帶關係的緊密，也打破了美國經濟體制可以作為終極榜樣的神話。在此同時，中國大陸的優異表現，包括撐持住經濟成長，並在 2010 年超越日本成為世界第二大經濟體，則讓"中國特色社會主義"和"中國模式"的論述，取得了國家發展比較研究的話語權。

美式資本主義除了釀成金融海嘯的災難之外，另外一個嚴重問題就是如同湯瑪斯·皮凱提（Thomas Piketty）透過長期統計資料的分析梳理所指出的，資本主義市場經濟具有惡化分配的內生本質。[2] 在美國主導下，以自由貿易為主軸的全球化，一方面固然促成了國際經貿活動成本下降，資源配置效益提升；但是，另一方面卻也造成了少數人進入"贏者圈"，多數人落入"輸者圈"，使得不平等在各個國家內部以及國際之間蔓延。曾經對全球化有期許的約瑟夫·史帝格里茲（Joseph E. Stiglitz），就對美式資本主義和全球化提出了批判，認為美國社會已經走上了貧富分化的道路，頂尖百分之一的人透過金錢影響政治運作，擴大尋租空間和積累財富，犧牲其他百分之九十九的人。同時，缺乏適當治理機制的全球化，讓發展中國家難以翻身。[3]

不平等持續惡化造成了國家與國家之間、階級與階級之間乃至於世代與世代之間，矛盾衝突不斷擴大加深，仇富心理在全球各個角落發酵，也使得許多國家的年輕世代陷入了徬徨與憤懣。劉鶴帶領的研究團隊比較了 1930 年代的大蕭條和 2008 年的金融海嘯之後認為，兩次全球大危機都是資本主義內生矛盾積累到無法自我調節的程度之後，集中爆發所致。危機爆發之後，決策者總是面臨著民粹主義、民族主義和經濟問題政治意識形態化的三大挑戰。決策者若是提不出令人信服的論述與政策，情勢就會越弄越糟。[4]

---

① David Harvey,2005, *A Brief History of Neoliberalism*. New York: Oxford University Press.
② Thomas Piketty,2014, *Capital in the Twenty-First Century*. Cambridge, MA: Belknap Press.
③ Joseph E. Stiglitz, 2012, *The Price of Inequality*.New York: W. W. Norton and Company.
④ 劉鶴主編，《兩次全球大危機的比較研究》。北京：中國經濟出版社 2013。

二、政治體制面向

在政治體制方面，國家發展的比較研究顯示，戰後發展中國家民主化的過程並非坦途。杭廷頓早就指出，政治秩序是民主建設的先決條件，[①]對發展中國家來說，經濟成長、分配公平、政治參與和政治穩定等國家發展目標之間，卻經常出現矛盾衝突，如何安排它們的優先順位，是不容易的抉擇。[②]雖然 1970年代中期由南歐發端，逐步漫延到拉丁美洲、亞洲、東歐和蘇聯的民主化現象，曾經掀起杭廷頓宣稱的"第三波"民主化浪潮。[③]但是，1990 年代中期的時候，杭廷頓就發現，第三波民主化已經出現了逆流，他認為，在這種情況下，大家關注的重心應該放在新興民主國家的民主鞏固，而非讓更多國家捲入這波民主化浪潮。[④]

在此同時，曾經對於美國式自由民主有著高度信心的福山，也開始提出比較保留的論述。美國總統小布希（George W. Bush）以反對恐怖主義為名，在2003 年 3 月出兵伊拉克，造成了尾大不掉的戰事綿延和伊拉克的社會動盪及民生凋敝。福山發現，就算自由民主是可欲的，它也需要許多社會條件支撐，條件不足的情況下，形式上的制度安排，只是重蹈政治衰退的覆轍而已。[⑤]2010年底在北非和中東國家掀起的"阿拉伯之春"，其悲劇性的後續演變，再次證明了發展中國家移植自由民主的不易。

事實上，民主的困境不只出現在發展中國家，也出現在已發達的社會。早在 1970 年代的時候，學者們就發現，自由民主體制在因應福利國家的困境上相當無力。因為，社會福利政策需要支出經費，當時的停滯性通貨膨脹卻讓政府能夠採取的景氣刺激手段有限，疲弱的經濟無法提供足夠的稅收來支應社會福利。然而，選票考量卻讓執政者既不敢刪減社會福利，又不敢加稅，於是，不斷積累的預算赤字使得經濟困頓長期持續。這種選票壓力造成財政左支右絀，

---

① Samuel P. Huntington, 1968,*Political Order in Changing Societies*,New Haven, CT: Yale University Press.

② Samuel P. Huntington and Joan M. Nelson, 1976,*No Easy Choice: Political Participation in Developing Countries*.Cambridge, MA: Harvard University Press.

③ Samuel P. Huntington, 1991,*The Third Wave: Democratization in the Late Twentieth Century*,Norman, OK: University of Oklahoma Press.

④ 薩繆爾 杭廷頓（Samuel P. Huntington），廖益興譯，1997，《民主的千秋大業》，在田弘茂、朱雲漢、Larry Diamond、Marc Plattner 主編，《鞏固第三波民主》。台北市：業強出版社，頁48-64。

⑤ Francis Fukuyama,2006,*America at the Crossroads: Democracy, Power, and the Neoconservative Legacy*. New Haven, CT: Yale University Press.

政府陷入失能的狀態，有人稱之為"不可治理性"（ungovernability）。①

自由民主體制的不可治理性在進入 21 世紀之後愈趨嚴重。福山就發現，美國式的自由民主導致政府失能、分配惡化和中產階級萎縮，其結果，已經傷害到了自由民主體制的正當性。② 於是，福山重新審視杭廷頓早在 1960 年代就提出來的政治秩序的重要性，他的心得是，良善治理（good governance）需要滿足三個條件，分別是有效能的國家（effective state）、法治（rule of law）、監督問責（accountability）。其中，他特別強調政府效能的重要性，在他看來，如果少了一個有效能的國家，民主和市場都難以適切運轉，而一個有效能的國家，卻未必需要經由自由民主體制和不受管控的市場才能促進國家發展，最明顯的案例，就是改革開放之後的中國大陸。③ 所以，良善治理之道應該要配合各別國情因時因地而制宜。

三、族群與國際關係面向

在族群與國際關係的脈絡上，全球化固然使得這個世界上諸多國家的互動與連結更為頻繁緊密，但是，有如杭廷頓所說，"文明衝突"卻使得這個世界的紛爭依然層出不窮。蘇東波變天之後，先是分裂後的南斯拉夫爆發族群戰爭，出現種族屠殺；其後，又有俄羅斯出兵攻占原屬烏克蘭的克里米亞，掀起北約國家和俄國之間的緊張情勢；非洲地區的盧旺達、蘇丹和葉門等地也不斷出現種族內戰和宗教衝突。

更嚴重的衝突則是發生在回教勢力和基督教國家之間。2001 年的 911 恐怖攻擊事件，使得美國和回教勢力的衝突急遽升高。其後，美國聯合與其他國家出兵阿富汗和伊拉克，導致戰火綿延將近 10 年。直到今天，中東地區的情勢仍然很不穩定。"阿拉伯之春"爆發後，從中東和非洲湧向歐洲的難民潮，形成了回教文明和基督教文明另外一種形式的衝突。大量信奉回教的難民湧入歐洲，

---

① Michel J. Crozier, Samuel P. Huntington and Joji Watanuki,1975,*The Crisis of Democracy: On the Governability of Democracies*.New York: New York University Press.

② Francis Fukuyama,2012, "The Future of History: Can Liberal Democracy Survive the Decline of the Middle Class?" *Foreign Affairs*. Vol. 91, No. 1, pp.53-61.

③ Fukuyama 將他這方面的研究分成兩段人類歷史和兩本書來呈現，第一本書從史前談到 18 世紀，第二本書從工業革命談到當代時空，這兩本書分別是 Francis Fukuyama, 2012,*The Origins of Political Order: From Prehuman Times to the French Revolution*. New York: Farrar, Straus and Giroux. 和 Francis Fukuyama, 2014,*Political Order and Political Decay: From the Industrial Revolution to the Globalization of Democracy*. New York: Farrar, Straus and Giroux., 有關大陸發展模式的探討出現在第二本書。

對歐洲國家造成了經濟和社會壓力，導致反移民的右派民粹主義興起。同時，英國脫離歐盟和川普當選美國總統，掀起了逆全球化的貿易保護主義波瀾。

除此之外，另一個國際衝突的焦點，就是美國想要阻擋中國大陸崛起的動作。歐巴馬（Barack Obama）時期美國高喊"重返亞洲"，推動"亞洲再平衡"戰略，就是瞄準了中國大陸。特朗普上台之後，對中國大陸擺出貿易戰爭的姿態，以及玩弄"台灣牌"，也導致太平洋兩側和台灣海峽兩岸關係緊張。

總結來說，冷戰結束之後，意識型態上左右陣營的對抗固然告一段落，但是，文明衝突、恐怖主義、族群對立的事件卻不斷出現。當代人類社會仍然面對著傳統文化與現代文明、國家利益與全球正義、以及弱勢群體和主流社會彼此之間，無法有效調和利益與會通觀念的諸多挑戰。

叁、孫中山的國家發展觀

進入 21 世紀之後的人類社會，已經出現了許多否證"歷史終結"說法的經驗事實，那麼，人類社會變遷或者國家發展是否會因而陷在"文明衝突"中無法自拔呢？對此，我們發現，孫中山的國家發展觀在價值位序、制度安排和政策措施上，具有相當豐沛的時代意義，足以作為我們規劃海峽兩岸發展建設和推動兩岸關係和平發展的參考，以下略做說明。①

一、民生主義與社會經濟發展

當代人類社會變遷的大勢告訴我們，過分激進的路線已經被實踐經驗否證了可行性；但是，過度自由放任的資本主義路線，也同樣被實踐經驗證實了其中的偏差謬誤。所以，國家發展建設的方案顯然還是要基於本國國情，務實地理順自由、平等和效率等核心價值的位序和相互關係，把握好國家、市場和社會的角色功能，找到適當的制度安排，推動符合時空需求的政策措施。孫中山的民生主義就提供了社會經濟發展上的諸多洞見，可以概括歸納如下。

孫中山曾經在《民生主義第二講》中表示："民生主義就是共產主義，就是社會主義"；不過，他也說："師馬克思之意則可，用馬克思之法則不可。"所

---

① 台灣的孫中山紀念館建置了孫中山思想原典和有關研究的資料庫，其網址為 http://sunol-ogy.culture.tw/cgi-bin/gs32/gsweb.cgi/login?o=dwebmge&cache=1526433829881。另外，從當代國家發展理論來闡釋孫中山思想的著作，可參閱龐建國：《孫中山思想的時代意義：國家發展研究的視角》，新北市：韋伯文化國際出版公司，2012 年版。

以，社會經濟發展不宜走階級鬥爭的激進路線，要在提升資源配置效率的前提下，拿捏自由與平等之間的平衡點，採取因時因地而制宜的經濟體制，並配合發展程度來調整國家、市場和社會的關係，讓有能的政府、有效的市場和有活力的社會相輔相成，在追求富裕的過程中"思患預防"地避免分配惡化。

在對內社會經濟治理上，政府要制定適當的法律規範並有效執行，維護公平交易，打擊特權尋租，消除市場障礙，完善市場機能，並保護私人合法產權，促成"人盡其才，地盡其利，物盡其用，貨暢其流"；同時，政府可以透過土地改革措施和國有企業經營作為宏觀調控工具，實施"平均地權"和"節制資本"，避免財富過度集中；另外，透過公平的租稅制度、教育投資和社會福利，來打造立足點平等的環境，以均富作為發展建設的目標。

在對外經貿關係上，要採取開放心態，勇於引進來和走出去，撤除不必要的人為障礙，歡迎外國資金、人才、貨品和服務進入本國市場。不過，在引進外來資源和參與國際市場的同時，要能充份掌握產業發展的主導權，建立符合本身利基的產業體系，避免淪為外國經濟勢力的附庸。政府有責任做好基礎設施，提供公共服務，將本國市場打造成公平合理且對外開放的投資環境，讓境內的資源和境外的資源形成優勢互補的組合，為全民創造最大的利益。

二、民權主義與民主化及良善治理

發展中國家民主化的顛簸反覆和已發達國家的"不可治理性"告訴我們，政治體制的安排和民主化的道路，仍然是人類社會需要謙虛以對的課題。孫中山的民權主義針對中國國情，設計了相關的制度安排與發展路徑，可以作為海峽兩岸發展建設的參考。

依據民權主義中"全民政治""權能區分""萬能政府""平等精義""五權憲法"和"建國大綱"等等論述，孫中山認為，建立民有、民治、民享的政治體制是世界潮流，應該作為國家建設堅定不移的目標。但是，中國傳統政治哲學裡的"中庸"之道，也應該被融入此種世界潮流中。就此而言，以維護個人權利為先的自由主義（liberalism），並非民主政治制度安排唯一的價值基礎，儒家思想所蘊含的的社群主義（communitarianism）也可以作為民主體制運作的理念支撐。[①] 在實現全民參政和問政機會平等之際，人們應該建立"服務的人生觀"，自求多福之餘並造福他人，為大我做出貢獻。

---

① 此一論點可參閱金耀基：《中國的現代性與民主發展的前景：論民主與文化之關係》，於殷海光基金會主編：《民主·轉型? 台灣現象》，台北市：桂冠圖書公司 1998 年，頁 1—22。

民主化的過程必須有合乎國情的方法步驟，如依照軍政、訓政和憲政的階段進程，在維持政治秩序的前提下循序漸進。先求政治穩定以利經濟發展，再順應經濟發展所帶來的社會條件改善，透過地方自治的實施，培養民眾擁有成熟的政治文化，有序地推動民主轉型，逐步邁向民主鞏固的境界。

同時，廉能的政府是良善治理的先決條件。政府固然要順應民意，但也要避免被民粹綁架，造成政府失能。人民有權透過制度性的安排，監督執政者的施政表現，決定執政者的去留；執政者依多數人利益行使公權力時，則應該獲得民眾的支持與配合。人民的權和政府的能不是對立的兩端，而是託付和信賴的組合。優質的民主政治或者良善的治理，需要培育人民具有一定的知識能力和民主素養，並搭配適當的人才考選與晉用甄拔管道，以建立起有能力的政府團隊來為民服務。

另外，五權憲法的制度安排是結合西方民主政體和中國傳統政治智慧的設計。人民有權方面，民眾可以透過選舉、罷免、創制和複決等等基本權利，選賢舉能，影響決策，實現全民政治。政府有能方面，執政者可以透過行政、立法、司法、考試和監察等五院的運作，以及中央和地方依功能需要而"均權"的作法，彼此協調，相輔相成，發揮政府的效能。

三、民族主義與族群和國際關係

21世紀以來的歷史演進固然否證了"歷史終結"的預測，但是，沉溺在"文明衝突"的論述中，甚至於將之變成為自我實現的預言，也顯然不是人類社會發展的正道，孫中山的民族主義思想為我們指陳了跨越"文明衝突"的坦途。

依據孫中山的民族主義，在族群關係和國際關係的處理上，發揚"王道"、反對"霸道"是主旋律。無論是一國境內不同族群的相處，或者是國際之間各個主權國家的相互對待，都應該講求中國正統思想的王道，多發揮軟實力，尋求互利共贏；避免較量硬實力的霸道作為，防止各個國家和族群陷入零和式的競爭衝突。儘量尋求以合作代替對抗的可能性，來消除國家和國家之間以及族群和族群之間的嫌隙怨懟。

狹隘的國族主義思維固然無助於社會和諧及世界和平，但是，跳脫國家利益考量的國際關係想像也難以築夢踏實。尤其是發展中的國家，在成為發達國家之前，需要有民族主義來凝聚國人的向心力，推動國家的發展建設，在促成國內族群平等相待的同時，追求整個國家民族在國際境遇中的自主解放。只是在國家富強之後，不能將民族主義擴張成帝國主義，而應該致力於維護世界和平與推動全球正義。要先奠定愛國主義的基礎，才能談世界主義的理想。國家的統一與富強是邁向民族復興的先決條件，不過，在追求民族復興之時，要保有世界大同的胸懷，採取敦親睦鄰、濟弱扶傾的作為，為全球正義做出能力所及的貢獻。

在推動國家發展之時，對於本身的文化傳統宜保持應有的敬意，在國際交往和族群對待上，要能傳承優秀的中華傳統文化，發揚良好的固有倫理道德，同時，學習外國的長處，引進有益於國家發展建設的觀念、制度和技術。讓外來元素和本土元素能夠形成在地化的融合與創新，以促成族群的和諧相處，文明的交流共享，進一步安定國際秩序，增進世界和平，邁向大同理想。

肆、孫中山思想與海峽兩岸發展經驗

對照孫中山的國家發展觀和當代人類社會發展大勢，我們發現，儘管孫中山的思想體系構建在百年前的時空，但是，他的見識博大平正、高瞻遠矚，分析問題的立場兼容並蓄、調和持中，解決問題的方案符合人性、切實可行，所以，能夠具有歷久彌新的時代意義。以海峽兩岸的發展經驗來說，兩岸分治之後，蔣經國去世之前的台灣和鄧小平啟動改革開放以來的大陸，都可以作為孫中山思想時代意義的註腳。[①]

一、台灣的發展經驗

中國國民黨曾經在台灣締造了輝煌燦爛的發展成就。在社會經濟的建設脈絡上，蔣介石記取大陸失敗的教訓，改造國民黨，擺脫了地主階級和權貴資本主義的羈絆，建立起一個頗為廉能的當局，以"建立三民主義模範省"為職志，善用日本人遺留的物質和制度基礎，以及美國提供的援助，有效地推動了土地改革，促成農村的繁榮。以繁榮的農村為基礎，國民黨當局在美援顧問的協助下，依據台灣的要素稟賦，逐步推動符合比較優勢的工業發展，從進口替代的勞力密集產業先行，再經由匯率改革和獎勵出口措施，建立起具有出口擴張能力的產業隊伍，積極開拓對外貿易。這些作為讓原先風雨飄搖的台灣，能夠逐

---

① 龐建國，2012，第三、四、五章。

步趨於穩定，並且在兩岸嚴峻對峙的情勢下，邁出發展建設的步伐。[①]

　　承繼蔣介石奠定的安穩大局，蔣經國進一步理順了当局、市場和社會的關係。在他任內，大量啟用青年才俊之士，強化了行政職能；進行反貪腐的行政革新，釐清政商關係分際，提升了当局的自主性。領導著自主有能的当局，蔣經國開展 "十大建設"，改善台灣的基礎設施；推動市場化，鼓勵民間企業發展。同時，成立科學園區和工業技術研究院等高新技術產業聚落和研發單位，讓產業結構以中小企業為主的台灣，也能形成產業集聚效應和從事科技創新。[②]此一時期，社會部門雖然相對被壓抑，不過，國民黨当局創造了成長與公平攜手並進的社會經濟發展成就，[③]為台灣民間社會力量的茁壯提供了比較好的土壤。

　　立足在良好的社會經濟基礎上，台灣的民主化過程也走得較為平順。在1980年代中期以前，因應當時海峽兩岸嚴峻對立的形勢，國民黨曾經採行 "動員戡亂" 體制，限縮了民眾言論、集會和結社的自由權與參政權，壓抑了民間社會力量的成長。不過，也在這一段時期裡，藉著穩定的政治秩序，國民黨当局採取適當的發展政策，發揮市場效率，締造了成長和公平攜手並進的經濟奇蹟。再以經濟奇蹟所奠定的社會條件為基礎，蔣經國晚年順應民間社會力量的茁壯，啟動了台灣的民主化。這個由当局主導的市場與社會穩健發展的過程，因為走得相當平順，讓台灣能夠用比較少的社會代價獲得比較大的發展成就。[④]

　　可惜的是，蔣經國過世之後，繼位的李登輝開始操弄市場和社會，把台灣帶入了歧途。為了鞏固本身權位，市場上，李登輝打破了政商之間應有的分際，向財團商賈靠攏；社會方面，李登輝運用選舉提名作為交換籌碼，不分葷素地攏絡地方派系。這使得國民黨沾染上了黑金色彩，政風走向腐敗，導致台灣民主的品質向下沉淪。同時，李登輝還鼓吹 "去中國化" 的台灣 "本土意識"，試

　　① 有關蔣介石如何領導中國國民黨在台灣建立起一個廉能的机构，安定大局再邁向發展，可參閱 Chien-kuo Pang (1992), *The State and Economic Transformation: The Taiwan Case*, New York: Garland Publishing Inc.。

　　② Joel D. Aberbach, David Dollar and Kenneth L. Sokoloff eds., 1994, The Role of the State in Taiwan's Development, Armonk, NY: M. E. Sharpe.

　　③ John C. H. Fei, Gustav Ranis and Shirley W. Kuo,1979,*Growth with Equity: The Taiwan Case*, New York: Oxford University Press.

　　④ Hung-maoTien, 1989,*The Great Transition: Political and Social Change in the Republic of China*,.Standford, CA: Hoover Institution Press, Standford University.

圖透過"台灣人的悲哀"這一類民粹主義的訴求，[①] 鼓動台灣民間社會的族群仇恨意識，意圖切斷兩岸之間歷史與文化的淵源和紐帶，導致台灣社會出現了族群分裂並造成兩岸關係緊張對峙。

前述情況到了陳水扁時代更為變本加厲，除了延續李登輝時期的民粹主義路線之外，扁當局在政商關係上更無節制，成為外國觀察者眼中的"惡治"（bad governance）"政權"。[②] 陳水扁還刻意透過製造兩岸緊張情勢和鼓動台灣社會藍綠對立，來凝聚綠營的支持，掩飾其惡質的施政。結果，在這段時間裡，台灣的經濟表現一路下滑，由亞洲四小龍的龍頭落到了龍尾。[③]

馬英九擔任台灣地區領導人期間，雖然本身以孫中山的信徒自居，卻無力"撥亂反正"，更談不上"脫胎換骨"，對於兩岸關係的處理尤其保守，不敢大開大闔。謹小慎微的結果，是台灣無法有效運用大陸的資源活水，經濟成長低迷，有限的和平紅利又落入了少數人手中，大多數人無感，甚至於產生相對剝奪感。於是，台灣的市場和社會困在政府失能、經濟疲軟和社會憤懣之中，找不到出路。這種"悶經濟"的狀態，讓整個社會變得理盲而濫情，為"太陽花學運"鋪設了溫床，使得"政權"再次輪替勢不可擋。

然而，"政權"再度輪替並沒有改變台灣向下沉淪的趨勢，反而每下愈況。在對內社會經濟治理方面，民進黨執政之後，以挑撥社會矛盾來鞏固其支持者，結果是把台灣的市場和社會拖入不斷內耗的惡性循環中。在對外經貿關係方面，蔡英文不肯接受"九二共識"，又主張"避免過於依賴單一經濟體"，以致於兩岸關係冰冷僵持，台灣經濟更加欲振乏力，只能眼睜睜地看著海峽兩岸此消彼長。

二、中國大陸的發展經驗與"中國模式"

中國大陸改革開放 40 年以來，創造了許多奇蹟式的成就。這 40 年來，大陸的平均經濟增長率達到了 9.5%，[④] 2008 年金融海嘯造成全世界衰退蕭條之時，大陸撐持住了本身的經濟情勢，開始成為全球經濟增長的火車頭。除了在 2010

---

① 這是 1994 年 3 月，李登輝接受日本作家司馬遼太郎訪談時的說法，他在該次訪談中將國民黨說成是外來政權，認為"中國"這個詞是含糊不清的，並反覆強調"台灣人的悲哀"。

② Tak-Wing Ngo, 2004, "'Bad Goverance' Under Democratic Rule in Taiwan",in JolleDemmers, Alex E. Fernandez Jilberto and Barbara Hogenboom eds., *Good Goverance in the Era of Global Neoliberalism: Conflict and Deplitisation in Latin America, Eastern Europe, Asia and Africa*, London: Routledge, pp.224-245.

③ 于宗先：《龍頭到龍尾——台灣經濟何去何從？》，台北：五南圖書公司 2006 年。

④ 鄭京平：《中國經濟做對了什麼—改革開放 40 年回顧與思考》，《中國發展觀察》，2018 年第 10 期。2018 年 5 月 30 日檢索，http://www.chinado.cn/?p=6249。

年超越日本成為世界第二大經濟體之外,從 2012 年至今,大陸對於全球經濟增長的貢獻率都不低於 30%,大於美國加日本與歐盟的總和。①

中國大陸改革開放以來的奇蹟式表現,與蘇聯和東歐國家的經濟轉型不順形成了強烈對比,②也使得探討大陸發展經驗的"中國模式",成為國家發展研究的熱門課題。包括原先認為美國模式是當代社會變遷大勢所趨的福山,雖然對於"中國模式"的可持續性與可移植性仍然多所保留,卻承認中國大陸的崛起是 21 世紀地緣文明發展的大事,中國的發展模式有其一定的優越性,可能足以形成美國模式之外的另一條現代化之路,值得其他發展中國家乃至於已發達國家參考借鏡。③

對於"中國模式"的內涵或特色,學者們有不同的解讀。有的人站在"自由派"的立場,認為"中國模式"是中國大陸作為一個發展中國家,透過改革開放而逐漸摸索出來的一整套應對全球化挑戰的發展戰略和治理模式。其基本特徵有四:一、根據自己的國情,主動積極地參與全球化進程,同時始終保持自己的特色和自主性。二、正確處理改革、發展與穩定的關係,先求穩定再求發展,然後以發展來促進穩定,再以改革來促進發展。三、堅持市場導向的經濟改革,同時輔以強有力的政府調控,在大力推進市場經濟的同時,維持政府的強勢地位。四、推行增量的經濟與政治改革,以漸近改革為主要發展策略,同時,進行必要的突破性改革。④

前述立場的解讀,不排斥普世價值的說法,認為中國大陸的後續發展有朝向自由民主體制趨同的可能。另外有一些學者,則採取"新左派"的立場,強調中國的發展模式必須基於中國本身的特殊國情,認為在可見的未來,中國大陸仍然需要中國共產黨的一黨專政。在此同時,以美國為首的西方政治體制敗象已露,普世價值的說法並不足取,中國應該走出自己的道路,不必向自由民

---

① 陳煒偉,《厲害了!中國對世界經濟增長貢獻率超 30%》,《新華網》,2018 年 5 月 30 日檢索,http://www.xinhuanet.com/fortune/2018-02/01/c_1122354105.htm。

② 林毅夫:《解讀中國經濟》。台北市:時報文化 2009 年。

③ Francis Fukuyama and Chang Weiwei, 2014. "The China Model," *New Perspectives Quarterly*. Volume 31, Issue 1, pp.60-83.

④ 這是俞可平的見解,參見俞可平:《"中國模式":經驗與鑒戒》,於俞可平、黃平、謝曙光、高健主編,《中國模式與"北京共識":超越"華盛頓共識"》。北京:社會科學文獻出版社 2006 年,頁 13—15。

主體制屈服靠攏。①

但是，無論是"自由派"或"新左派"的解讀，雙方都承認，在創造了優越表現的同時，中國大陸的發展過程也付出了相當的代價，並出現嚴峻的挑戰。特別是長期以來的粗放發展方式，造成了資源浪費和環境污染；改革開放的不徹底，形成了特權尋租空間，製造出權貴資本主義的利益區塊，並擴大了分配的差距；城鄉二元的戶籍制度，縮減了農村人口上進的機會，造成了立足點的不平等。這些制度安排或者政策措施的缺失，使得中國大陸的發展出現了"不平衡、不協調、不可持續"的問題，需要改變發展方式，轉換增長動力，進行結構調整，推動制度創新。

另外，在族群關係和國際關係的處理上，中國大陸在平穩發展的同時，面對著一些隱憂和挑戰。在族群關係方面，大陸上絕大多數的少數民族都能和漢族和睦相處，但是，"疆獨"和"藏獨"的問題較為棘手。在國際關係方面，伴隨國力的提升，國際間不乏圍堵中國崛起的論調，因此，如何與美國構建新型大國關係，與世界其他國家友好往來，是大陸必須審慎處理的重要課題。另外，就是兩岸關係方面，台灣的民進黨當局在高喊"維持現狀"的同時，卻不斷推出"去中國化"的動作，所以，如何遏制"漸進台獨"的把戲，需要大陸拿捏分寸。

不過，雖然有著這樣那樣的挑戰，我們相信，中國大陸仍然可以在"形有波動、勢仍向好"的大形勢下往前邁進，維持相當一段時期中高速度的經濟增長，跨越"中等收入陷阱"，在不久的將來，進入高所得國家行列，逐步實現中華民族的偉大復興。主要的原因是中國大陸已經建立了一個有效能的國家，並且凝聚出"習近平新時代中國特色社會主義思想"的改革共識，足以進一步完善市場機能，帶動社會活力，加強保護環境，理順經濟成長、社會公平和環境保護的輕重緩重，改進"不平衡、不協調、不可持續"的缺失。本文作者認為，審視習近平思想，其中有著不少和孫中山思想契合會通之處，應該予以指陳和說明。

---

① 例如潘維和張維為等人所持之觀點，參見潘維：《當代中華體制——中國模式的經濟、政治、社會解析》，香港：三聯書店 2010 年；和張維為：《中國震撼》，上海：上海人民出版社 2011年。

伍、孫中山思想與習近平思想

何謂習近平思想？我們可以概括為依據"五位一體"（全面推進經濟建設、政治建設、文化建設、社會建設、生態文明建設）的總體布局，推動"四個全面"（全面建成小康社會、全面深化改革、全面推進依法治國、全面從嚴治黨）的發展戰略，在本世紀中葉之時，建成富強、民主、文明、和諧、美麗的社會主義現代化強國，以實現中華民族的偉大復興。依據這樣的理解，筆者發現，孫中山思想和習近平思想有著許多會通契合之處，對照海峽兩岸的發展建設，他們應該會有以下一些共同的看法。

首先，在民生主義或社會經濟的面向上，台灣方面應該務實地認知到自身市場規模不夠大的既定限制，善用大陸市場規模龐大的先天優勢和成長快速的強大動能，在產業發展和對外貿易上，扣緊與大陸地理距離鄰近、語言文化相同、社會網絡親密的有利條件，去除兩岸之間不必要的人為障礙，降低兩岸之間要素流通的交易成本，促成雙方優勢互補的組合，開拓互利共贏的機遇，攜手賺全世界的錢。

大陸方面應該繼續推動全面深化改革，讓有能的政府和有效的市場相輔相成地推動發展建設。一方面，在基礎設施、公共服務、公平交易、和產業政策等領域，政府必須責無旁貸地有所作為；另一方面，則需要"簡政放權"地有所不為，讓市場在資源配置上起到決定性的作用。同時，基於創新、協調、綠色、開放、共享的理念，投資教育，鼓勵研發，消除城鄉隔閡，縮減貧富差距，完善社會福利，追求"健康中國"，力行節能減排，推動綠色產業，拓展"一帶一路"，接軌全球市場，大膽地探尋有中國特色的可持續發展模式，先全面建成小康社會，再邁向現代化強國。

其次，在民權主義或政治體制的面向上，台灣方面需要面對自由民主政體已經出現的缺失，包括金錢滲透無孔不入，選舉淪為操弄信息的競技場，民眾容易受到民粹氛圍鼓動，選賢舉能的作用大打折扣。同時，檢視以強調個人權益為先的自由主義作為民主政體理念基礎的缺陷，探索以儒家思想或中華文化作為民主政體基本精神的組合，避免財政失衡、社會紛亂、政府失能的窘境。

大陸方面則需要面對經濟成長帶來社會條件改善之後，人民當家作主意識必然提高的趨勢。在中國共產黨執政行之有效之際，全面推進依法治國並全面從嚴治黨。然後，參考其他國家民主化的經驗，特別是台灣的案例，見賢思齊，見不賢而改之，把握好政治秩序和民主化進程之間的平衡點，尋求兩者之間相輔相成的可能。同時，從孫中山"權能區分"的學說和五權憲法的設計中汲取養份，構思有中國特色的制度安排，以保障人民權益並提升政府效能。

最後，在民族主義或族群和國際關係的面向上，台灣方面應該真誠面對海峽兩岸地理鄰近的不可挪移，血緣與文化的不可分割，以及產業發展無法繞開大陸市場的經濟規律，懂得"小事大以智"的道理，接受"九二共識"，認同兩岸同屬一中。以"兩岸一家親"的認知，破解退縮閉鎖的心理障礙，全面開展兩岸交流合作。在接受"和平統一"的承諾下，讓"一國兩制"能夠兼容兩岸分治的現狀，換取大陸方面的諒解和善意，在打開國際活動空間的同時，攜手大陸推進兩岸經濟社會融合發展。

大陸方面則需要思考，在綜合實力日盛之際，如何透過硬實力和軟實力的結合，做"王道的干城"，不做"霸道的鷹犬"，讓世界各國"近悅遠來"。大陸需要避免國際間對於"黃禍"的疑慮，經營出互利互信的國際關係，以突破美國的圍堵戰略，開拓更廣濶的涉外天地。習近平高舉自由貿易的大旗，反對逆全球化的保護主義傾向，強調國際之間互利共贏的可能，主張構建"人類命運共同體"，就表現出了泱泱大國之風。至於兩岸關係方面，在台灣接受"九二共識"的前提下，大陸應該展現"大事小以仁"的胸懷，尊重台灣民眾的感受，將兩岸關係導向和平發展、相向而行的路徑，先行融合，再求統一。

陸、結語

"和平統一、一國兩制"是鄧小平在 1980 年代初期所提出來的處理兩岸關係的指導方針，30 多年之後的今天，情況已經大為不同。曾經風光輝煌過的台灣，如今光芒盡失；曾經貧窮落後的大陸，如今即將邁入小康且趨近富強。總結改革開放經驗的"中國模式"，不僅挑戰了"歷史終結"，還可能跨越"文明衝突"，為人類社會發展提供"中國方案"，成為國家發展研究上探索價值位序、制度安排和政策措施的公共財。因此，習近平可以提出"四個自信"（道路自信、理論自信、制度自信、文化自信）的宣示，期許中國大陸繼續往自主創新的道路邁進，在促進世界和平、邁向大同理想上做出積極的貢獻。就此而言，孫中思想和習近平思想頗有契合會通之處，值得兩岸有志之士一起努力，闡揚孫中山思想和習近平思想承先啓後、相互輝映的共同元素。

對於鄧小平"和平統一、一國兩制"的呼籲，蔣經國曾以"一國良制"作為回應，期勉兩岸之間透過社會制度的競賽，形成良性的競爭，讓兩岸價值理念、制度安排和生活方式能夠逐步磨合並趨同。此一主張和習近平強調的擴大兩岸經濟文化交流合作，深化兩岸經濟社會融合發展，理念相同，目標一致。因此，我們誠懇地提出呼籲，海峽兩岸不妨以孫中山思想作為和平發展溝通對話的參考框架，闡釋“和平統一、一國兩制”與時俱進的積極意涵，為海峽兩岸的經濟社會融合發展，以及從“一國兩制”邁向“一國良制”的制度會通，鋪陳殊途同歸的康莊大道。

试析"一国两制"台湾模式的未来生命力

王英津*

"一国两制"本来是为解决台湾问题而提出的创造性构想,却率先用之于解决香港问题,继而用之于解决澳门问题,从而形成了"一国两制"的香港模式和澳门模式(通常称之为"港澳模式")。大陆方面也一贯表示,"一国两制"将继续适用于台湾问题的解决。可是,曾有一段时间,大陆官方在一些正式场合里却较少提及"一国两制",以至于有人认为大陆方面已经放弃了将"一国两制"作为未来两岸统一的方案,甚至有人认为大陆的"一国两制"在台湾问题上已经失败了。鉴于台湾方面对"一国两制"的各种误解和歪曲言论,以及当时台湾政局的基本情势,2014 年 9 月 26 日习近平总书记会见台湾和平统一团体联合参访团时重申了大陆方面的"一国两制"主张[1]。那么,该如何看待"一国两制"的未来生命力呢?

一、"一国两制"是未来两岸统一的最佳选择

对于大陆来说,和平发展的目的指向是最终实现两岸和平统一,或者说,和平发展仅仅是迈向和平统一的一个过渡阶段,大陆方面从来没有把和平发展与和平统一割裂开来。但是,在大陆方面看来,目前跟台湾商谈统一的时机尚不成熟。在当下的台湾岛内,赞成与大陆统一的民众尚属少数,即使是主张"统"的政治人物为了选举也不敢言"统",统一问题在岛内成为一个令人忌讳的字眼。在此情形下大陆方面倘若过多地提及作为两岸统一方案的"一国两制",不仅于事无补,而且反而不利于两岸关系和平发展。所以,大陆官方的有关论述便更多地集中到了两岸关系和平发展方面,而较少在公开场合提及"一

---

*　王英津,中国人民大学两岸关系研究中心主任、教授。
[1]　《人民日报》2014 年 9 月 26 日版。

国两制"了。但毋庸置疑,大陆从来没有放弃"一国两制",其较少论及"一国两制",既是权宜之计,亦是策略之举。笔者坚信,当两岸经过一段时间的和平发展,待统一问题被提上议事日程后,对于"一国两制"的关注和研究肯定会有一股新的热潮。笔者亦认为,在未来两岸和平统一模式中,"一国两制"仍是最佳选择,此论断绝非意识形态的话语表述,而是笔者在将各种统一方案进行比较研究后所得出的基本判断。

(一)"一国两制"较"德国模式"的独特优势

从时间上看,邓小平是在 20 世纪 80 年代(早于德国统一之前)就提出了"一国两制"构想,所以说,尽管"一国两制"的提出并非基于两德统一后的经验教训,但后来德国统一后出现的经济动荡,以及西德的不堪重负,均反衬出"一国两制"的优越性。众所周知,德国统一是以西德吸纳或吞并东德的方式来实现的。在两德统一后的最初几年里,用于体制改造的支出大量增加,而总产出却没有立即增加,而且急剧的制度变换还使社会产生巨大震荡,并伴随着经济衰退、失业严重、通胀加速、社会秩序混乱等一系列问题。在经过一段过渡时期以后,这些不利影响才逐渐消失,统一的正面积极效应才逐渐显示出来。与德国吸纳或吞并式统一模式相比,"港澳模式"不是立即用一种制度去改造另一种制度,而是让两种制度同时并存,共同发展。它通过最大限度地"维持现状",来减少统一后因制度差异而产生的制度碰撞,从而避免社会动荡。在此,需要澄清一个问题,很多人认为 2014 年香港出现的"占中"事件是"一国两制"在香港失败的表现,其实这是一种严重误解,"占中"事件并非由"一国两制"所导致。

目前海内外对"港澳模式"都给予了高度的评价,认为"一国两制"的实施避免了用一种体制去改造另一种体制所带来的痛苦和混乱。从政治实践来看,"港澳模式"与德国的吸纳式统一模式相比较,不仅风险小,而且成本低,其优点是显而易见的。众所周知,"一国两制"本身不是目的,它仅仅是为早日实现国家统一,以及保持统一后的稳定与繁荣而做出的一种制度设计。在实现统一后,通过"一国两制"的安排,可以让两种不同性质的制度在几十年(至少 50年)内并存互动、自然融合。至于将来(特别是 50 年之后)的制度状况,则取决于两种制度的自我演化过程,究竟是内地体制影响港澳体制,还是港澳体制影响内地体制,抑或两者相互影响并共同演变为一种新的体制,那是一个自然的历史演化过程,不是人为强制的结果。

（二）"一国两制"台湾模式会有区别于港澳模式的独特设计

笔者认为，"一国两制"仍是未来两岸实现统一的模式选择，只不过其模式内容与"港澳模式"有所差别，以更好地体现两岸关系的特殊性。大陆方面并未将"一国两制"凝固化，即非要台湾方面接受港澳版本的"一国两制"，而认为"一国两制"是一个政策、一个原则、一个方案、一个开放的体系，其具体内容与操作模式需与台湾方面协商。大陆官方曾在不同场合多次声称，两岸统一的事宜（包括国名等政治符号）需要由两岸协商来解决。台湾问题与港澳问题的最大不同在于，港澳与中央政府之间不存在主权争议，所以，港澳就较容易接受"一国两制"；而台湾与大陆之间存在着主权争议，在主权争议没有得到解决的情况下，台湾方面很难接受大陆方面提出的"一国两制"。

"一国两制"之于港澳，其关键在于"两制"。因为港澳居民担心回归后他们的利益会受损，于是希求通过"两制"来保障他们的既有利益和生活水准，在"一国"问题上，港澳居民从来没有挑战过，也从来没有人提出过香港和澳门是主权国家或中央政府之类的诉求，因而对于港澳回归，他们认为是自然而然的事情，"一国两制"正好满足了港澳两地居民维持现状的愿望。而"一国两制"之于台湾，其关键在于"一国"。由于历史原因，台湾政权具有一定的"国家外观"，台方有自己的"中央政府"架构、"宪法"、"国旗"、"国徽"和"国歌"等一整套政治符号，台湾民众有强烈的"国家意识"。自1949年以来两岸之间一直存在主权行使权争议，甚至部分台湾人士还主张台湾是一个"主权独立的国家"。所以，"一国两制"适用于台湾问题，其难点是如何解决两岸"同属一国"的问题，这也是"一国两制"适用于台湾的最大困难所在。

（三）两岸应共同参与"一国两制"台湾模式的设计

习近平总书记在2014年9月26日会见台湾统派团体时指出，"和平统一、一国两制"是实现国家统一的最佳方式，"一国两制"在台湾的具体实现形式会充分考虑台湾现实情况，充分吸收两岸各界意见和建议，是能充分照顾到台湾同胞利益的安排。[①]"'一国两制'台湾模式既是需要两岸共同缔造的统一模式，也是需要两岸共同建构的国家治理和发展模式。当前的两岸和平发展架构、未来的统一模式和国家现代化新模式，应由两岸共同来构建，不应当是某一方的责任和义务。台湾应主动应对，参与到构建'一国两制'国家统一和国家发展模式中来。"[②]尽管两岸目前尚处于和平发展阶段，但学界应该未雨绸缪，提前

---

① 《人民日报》2014年9月26日版。

② 李义虎等著：《"一国两制"台湾模式》，人民出版社2015年版，第49页。

为未来的和平统一进行规划,设计出力争使两岸人民都能接受的统一模式方案。在两岸学界,已有不少学者尝试从不同角度对"一国两制"台湾模式进行了丰富、发展和创新,以使其具有更大的包容性和适用性。譬如,大陆方面,学者王丽萍曾将"一国两制"扩大解释为单一制和联邦制,认为"一国两制"和一个中国原则在理论上并不排斥以联邦制实现国家统一①;笔者也曾设计过具有联邦精神但不同于联邦制的"一国两制"台湾模式②;学者李义虎作为主持人的课题组对"一国两制"在台湾的具体实现形式进行了深入探索,并提出了有价值的思考③。台湾方面,纪欣曾提出了"一国两制"在台湾实施的六条建议④;王晓波、杨开煌以及加拿大籍华人学者郑海麟等曾提出过"一国两制、和平统一"方案;⑤江炳伦曾提出过介于"一国两制"和"一国两体"之中间地带的折衷方案⑥。两岸学者在"一国两制"台湾模式的探讨上付出的诸多学术努力,尽管目前尚未达成共识,但这种创新精神值得肯定,况且,两岸学者有分歧也是很正常的,毕竟两岸已经隔绝了六十余年。

后续的工作仍仰仗两岸学界继续共同努力。大陆官方也多次表示要在一个中国框架下考虑台湾民众的政治要求。因此,如何在一个中国框架下,运用"一国两制"方案来解决两岸分歧,以最终实现两岸统一,就成为了摆在两岸学者面前的一项重大历史使命。为此,建议两岸学者应加强对话与交流,在总结现有港澳模式经验的基础上,最大限度地深挖"一国两制"的可供资源,同时吸收和借鉴其他各种模式或构想中的积极合理因素,为共同完成"一国两制"台湾模式的建构而努力。笔者坚信,凭借着两岸中国人的政治智慧,只要大胆构思,敢于创新,就一定能够在一个中国框架下找到让两岸双方都能接受的"一国两制"台湾模式。

---

① 王丽萍著:《联邦制与世界秩序》,北京大学出版社2000年版,第216—217页。

② 王英津:《关于"一国两制"台湾模式的新构想》,载《台湾研究集刊》2009年第2期,第1—7页。

③ 李义虎等著:《"一国两制"台湾模式》,人民出版社2015年版,第233—265页。

④ 纪欣著:《一国两制在台湾》,台湾海峡学术出版社2004年版,第285—288页。

⑤ 王晓波:《中国的和平统一一定要实现——有关"一个中国"和"一国两制"的若干问题》,载台湾《海峡评论》1999年2月号,第98期,第1—2页;杨开煌著:《困局——论陆台香澳》,台湾海峡学术出版社,2000年版,第36页;郑海麟著:《两岸中国和平统一国是建言》,台湾海峡学术出版社2006年版,第250页。

⑥ 江炳伦:《自治、联邦、一国两制——论解决族群与国家之间冲突及分裂国家问题的方案》,载台湾《华冈社科》2000年第9期,第32页。

二、大陆关于"一国两制"台湾模式的几种设想

大陆官方和学界均已经意识到，虽然"一国两制"是未来两岸实现统一的最佳选择，但两岸关系的特殊性决定了其模式必定与"港澳模式"有所差别。为此，已有不少学者在官方"一国两制"台湾模式构想的基础上，尝试从不同角度对"一国两制"台湾模式进行了丰富、发展、挖掘和创新，以使其具有更大的包容性和适用性。截至目前，大陆关于"一国两制"台湾模式的设计方案主要有以下三种：

（一）港澳版"一国两制"台湾模式

该模式是大陆官方于 20 世纪 80 年代初提出来的基本构想。由于两岸政治谈判没有正式启动，所以迄今为止，大陆方面没有一个具体宣布两岸统一后台湾方面究竟应享有哪些权力的法律文书，官方所提出的"一国两制"台湾模式拟赋予台方的权限，通常反映在大陆领导人发表的一系列谈话和官方所宣布的有关规范性文件之中。按照迄今大陆官方的表述，"一国两制"的台湾模式与港澳模式具有很大的相似性，目前港澳特别行政区所享有的权力，台湾在两岸统一后均会享有，只是台湾比香港、澳门特别行政区所享有的自治权限更大。香港基本法和澳门基本法关于"高度自治"的具体法律规定虽然只适用于香港特别行政区和澳门特别行政区，但在法理上同样适用于将来和平统一后的台湾。邓小平在 1983 年的《中国大陆和台湾和平统一的设想》一文中指出，"统一后，台湾特别行政区可以有自己的独立性，可以实行与大陆不同的制度。司法独立，终审权不须到北京。台湾还可以有自己的军队，只是不能构成对大陆的威胁。大陆不派人驻台，不仅军队不去，行政人员也不去。台湾的党、政、军等系统，都由台湾自己来管。中央政府还要给台湾留出名额。"① 邓小平在这里所说的"高度自治"的程度显然要高于香港、澳门特别行政区自治程度。但是，大陆方面反对台湾"完全自治"，因为"自治不能没有限度，既有限度就不能'完全'。'完全自治'就是'两个中国'，而不是一个中国"。② 按照大陆官方现行"一国两制"模式的构想，未来台湾的法律地位基本上等同于目前香港、澳门特别行政区的法律地位，它与中央政府的关系也如同香港、澳门特别行政区与中央政府的关系一样，是单一制下地方政府与中央政府的关系。

---

① 《邓小平文选》第三卷，人民出版社 1993 年版，第 30 页。
② 《邓小平文选》第三卷，人民出版社 1993 年版，第 30 页。

（二）大行政区版"一国两制"台湾模式

大陆台湾问题专家李家泉先生曾提出"台湾大特别行政区"的构想,[1] 按照该构想,两岸统一后,不是在台湾设立相当于省一级的特别行政区,而是设立带有我国建国初期下辖数省的大行政区性质的特别行政区,其行政地位明显地高于普通地方行政区和港澳特别行政区。与我国建国初期大行政区不同的是,"一国两制"下的大行政区（即台湾特别行政区）享有高度的自治权（而建国初期的大行政区不享有高度自治权）。与港澳特别行政区不同的是,其地位高于港澳特别行政区,其位阶界于中央和港澳特别行政区之间,对此,李家泉先生指出:"将台湾视同过去的大行政区一级,……并保留现有'院'、'部'、'会'机构,管辖所属几个省级单位,又有何不可？台湾与港澳的一个重要不同之处,就是在它的'行政院'下辖台北市、高雄市、台湾省和福建省四个省级单位,尽管后二者早已有名无实,但毕竟还保留有这样的机构。"[2] 但依据自治权性质理论,大行政区版"一国两制"台湾模式所赋予台方的自治权限虽然很大,但其性质仍是授权性自治权（而非分权性自治权）,从这点来说,该模式构想并未脱出港澳版的原形,它与港澳版的不同无非是台湾的自治程度和行政地位更高一些而已。

（三）复合版"一国两制"台湾模式

在台湾方面看来,"一国两制"属于"垂直统一模式",该统一模式在事实上把台湾变成了香港、澳门一样的地方行政单位,这与他们所一贯主张的"两岸对等"是不相容的。所以,他们明确表示不接受大陆的"一国两制"模式。在现行"一国两制"构想用来解决台湾问题遇到阻力的情况下,笔者提出了一种既能体现一个中国原则,又能兼顾"两岸对等",同时还在整体上不改变中国单一制国家结构形式的"一国两制"台湾模式构想,笔者将其称为复合版"一国两制"台湾模式。该模式构想的特点主要是:

其一,主张借鉴联邦主义的某些经验。提倡跳出传统"一国两制"的单一制思维,可考虑安排统一后的台湾享有部分主权行使权[3] 或分权性自治权,以此区别于原来设想的制度安排。倘若安排统一后的台湾享有部分主权行使权或分权性自治权,这实际上是在中央与台湾之间贯彻部分联邦主义的分权原则。

---

① 李家泉著:《台海风云六十年（1949—2009）》,九州出版社2010年版,第282—283页。
② 李家泉著:《台海风云六十年（1949—2009）》,九州出版社2010年版,第283页。
③ 承认台湾享有部分主权行使权,并不意味着承认台湾拥有主权,更不意味着承认台湾是一个主权国家。关于该问题的详细分析,请参见黄嘉树、王英津:《主权构成研究及其在台湾问题上的应用》,载《台湾研究集刊》2002年第2期,第28—36页。

笔者认为，我们在设计"一国两制"台湾模式的时候，尽管不可以去采用联邦制（备注：联邦制模式行之不通，笔者曾有专文论述 ①），但这并不妨碍我们借鉴和吸收联邦制的某些经验和做法。该模式构想的一个重要特点，就是它使我国的单一制国家结构形式在真正意义上具有了联邦制的某些特点（备注：关于"带有联邦制特点的单一制"之表述，大陆学界自 20 世纪 80 年代以来一直沿用，大陆官方也予以认可）。

其二，统一后的制度安排。该模式构想主张，不再按"一国两制"的传统解释，像"一国两制"的香港模式和澳门模式那样，将台湾方面的有关权力收回中央，② 再由中央以基本法的形式授权给台湾特别行政区，然后让台湾特别行政区实行高度自治；而是照顾现实，承认或认可台湾方面目前正在掌握和运用的权力是其 2300 万人民所固有的本源性权力（即主权行使权）。在此基础上，两岸通过协商，台湾方面向中央政府交还一部分能体现国家统一的主权行使权（如外交权等），其余未交还的部分由台湾方面作为"剩余权力"（备注：在政治实践中，剩余性权力与授予性权力的区分不是先天的，而是人为设定的，不存在不可变动的问题，这在学理上说得通，在国外现实中亦有很多实例）予以保留。也就是说，中央和台湾之间在本源性权力层面上实行分权，而不再是中央对台湾在过程性权力层面上实行授权。倘若转换成自治权的话语来表述，那就是：通过某种法律方式，让台湾享有分权性自治权，而不是像香港、澳门一样享有授权性自治权。这样的制度安排的结果是，台湾方面在其自治范围内的事务不必向北京的中央政府负责，而只需向台湾岛内的人民负责即可。因为台湾方面行使的权力既然属于主权行使权范畴，那么他们怎样行使权力，那是他们自治范围内的事情。就像联邦制国家内的成员单位（州、邦等）一样，他们在自己的权限范围内并不向联邦政府负责，只向其辖区的人民负责。这样一来，未来台湾地区领导人就不必像香港、澳门的行政长官一样每逢年底都来北京向中央政府述职，以示对中央政府负责。另外，在这一模式下，统一后的"台湾基本法"（注：具体名称要由两岸协商，笔者在此暂用）不再像香港基本法和澳门基本法一样由中央制定，而应由台湾人民自己制定。

其三，中央与台湾特别行政区的关系。按照该模式构想，在中央和台湾特

---

① 王英津：《论联邦制模式不适于中国统一》，载香港《中国评论》2004 年 2 月号，第 14—19 页。

② 这里所说的"中央"，不是指国内通常所说的中共中央，而是指依照宪法规定，行使最高国家权力的立法机关——全国人大及其常委会，最高国家行政机关——国务院，以及中华人民共和国中央军事委员会。

别行政区之间实行联邦分权原则后，中央和台湾特别行政区的关系，就不再是一般意义上的中央与地方关系，但也不是联邦整体与成员单位意义上的中央与中央的关系，而是一种中央与准中央的关系。换言之，它仅仅带有联邦政府与成员单位政府关系的某些性质，但本身并不是联邦政府与成员单位政府的关系，因为这里贯彻的是联邦原则或联邦精神，而不是联邦制。正因如此，该模式构想中的中央政府还是以前在北京的中央人民政府，这一点很重要，它是该模式构想与通常所说的联邦制模式的根本不同之处。假如这里贯彻的不是联邦原则，而是联邦制的话，该模式构想中的中央政府就不再是以前的中央人民政府，而是重组的联邦中央政府（注：这种模式不可行）。① 理解这一问题的关键是从理论上将"联邦主义原则"与"联邦制"区分开来。

该构想的优长有二：一是能给予台湾一定程度的对等地位。该构想是一个界于我方的"中央—地方"方案与台方的"中央—中央"方案之间的折衷方案。按照该方案，中央政府与台湾的关系，不再是一般意义上的中央与地方关系，而是带有联邦政府与联邦成员单位关系的性质，故可以模糊地处理两岸关系定位问题上的纷争。加之，该方案意味着大陆方面认可台湾方面拥有并行使部分主权行使权，这在一定程度上给予了台湾方面某种对等感，避免了"矮化"之嫌，并在一定程度会满足台湾方面多年来对于尊严的政治诉求。二是该构想仍能体现一个中国原则。该版本的"一国两制"模式贯彻了一个中国原则，体现了世界上只有一个中国，中华人民共和国政府是代表中国的唯一合法政府，台湾是中国的一部分。在该模式下，"一个中国"不是一个虚化了的历史、地理、文化、血缘上的理念国家，而是一个拥有实体性制度架构的主权国家（备注：关于该构想，笔者曾发表专文做过论述②）。

三、"一国两制"适用于台湾社会的阻力

纵观目前的三种"一国两制"台湾模式，就提出主体而言，港澳版是大陆官方提出的构想，大行政区版和复合版是大陆学界提出的构想；③ 从自治程度和

① 关于用联邦制模式实现两岸统一，笔者认为有两种具体模式，但这两种具体模式都不具有可行性。参见王英津著：《国家统一模式研究》，九州出版社2008年版，第238—245页。
② 王英津：《关于"一国两制"台湾模式的新构想》，载《台湾研究集刊》2009年第2期，第1—7页。
③ 从现实因素来看，由于大陆官方提出的港澳版"一国两制"台湾模式在适用于两岸统一时面临着较大阻力，大陆学界为了将"一国两制"适用于两岸统一问题，在此基础上又设计出了大行政区版和复合版两种"一国两制"台湾模式。

行政地位上看，港澳版、大行政区版和复合版呈现依次递升的特点。就目前而言，虽然后两个版本的自治程度已较官方港澳版的自治程度更高，但依然缺乏可行性。

大陆提出的"一国两制"之所以在台湾遇到了很大的阻力，原因是多重而复杂的，具体而言，主要有二：一是台湾不愿意跟大陆统一。"一国两制"作为实现统一的手段，是基于统一的目的而设计出来的制度安排。在台方缺乏统一意愿的情况下，我方提出再好的统一模式也会被拒绝。这是"一国两制"在台湾受阻的主要原因。"一国两制"从提出至今已经三十多年，台湾当局主要领导人对其均秉持坚决反对和拒绝接受的态度。二是"一国两制"在台湾被污名化。台湾当局长期以来的误导宣传及其它一些客观原因，使得一些台湾民众对"一国两制"产生了刻板印象和种种误解，在他们眼里，"一国两制"是"吞并台湾""矮化台湾"的统一方案。当然，这里也有大陆方面对"一国两制"宣传力度不够的问题，特别是没有大力宣传"一国两制"会给台湾人民带来的好处，使台湾民众不了解"一国两制"的真相。所以，对台湾民众来说，首先要区分意识形态化了的"一国两制"和原初意义上的"一国两制"，只有将前者还原为后者之后，方能以客观、冷静、中立的态度来审视"一国两制"，进而发现"一国两制"的真正意义和价值。

不过，虽然目前这三种版本的"一国两制"台湾模式均不具有可行性，但并非意味着将来也不具有可行性，其可行与否主要取决于我方是否具备统一台湾的实力。具体分析如下：其一，随着我国的日益崛起，我国综合国力将大大增强，在国际政治格局（特别是中美之间的力量对比格局）中处于强势地位，中华民族复兴大业进入后半程或基本完成，外国势力（特别是美国）也无力再插手台湾问题。届时，大陆方面解决台湾问题的能力将大为增强，国家统一问题也将随之被提上议事日程。其二，尽管目前两岸未统一状态已对中华民族复兴大业构成了妨碍，但尚未达到严重妨碍的程度；但当中华民族复兴大业达到一定程度时，两岸未统一状态便将会变成中华民族伟大复兴的严重障碍，成为制约中国成为世界强国的重要因素。届时如果大陆方面不及时解决台湾问题，就无法实现世界强国的下一个目标。在此情形下，解决台湾问题将成为大陆的首要政治任务。其三，届时将与我国的世界强国形象和地位严重不符。目前我国还是一个发展中大国，内部存在分裂尚可容忍；但将来随着中国的日益强大和国际地位的不断提升，内部分裂就会与我国的强国形象严重不符。一个连自己内部分裂都不能解决的大国，谈何世界强国？单从中国的未来国际形象和地位来讲，也不允许台湾问题无限期拖延下去。

四、复合式"一国两制"台湾模式的续建

基于前文的论述，未来两岸统一后，中央和台湾之间可以在本源性权力层面上实行分权，而不是中央对台湾在过程性权力层面上实行授权。沿循这一思路，笔者在先前研究的基础上，继续做出如下制度设计，以期抛砖引玉，共同建构"一国两制"台湾模式。

（一）与港澳模式在具体制度安排上的异同

基于权力来源及流程的变化，使得中央—台湾自治政府的关系与中央—港澳特别行政区政府的关系存在着重大不同，主要表现在：其一，台湾基本法由台湾居民自己制定，而不是由全国人大制订。其二，全国人大常委会对台湾基本法的实施没有解释权、监督权。因为释法权是与立法权相对应的权力，由于这部法律并非由全国人大制定，全国人大常委会也就没有解释的权力。其三，中央与台湾之间的权力关系并非如同中央与港澳之间的监督—负责关系。中央人民政府不履行对台湾地区领导人的任命手续，即台湾的领导人无须经过中央政府来任命，仅仅由自选产生即生效，台湾岛内主要官员的任免也无须经过中央政府批准，与此相对应，台湾地区领导人也不必每年来北京向中央政府述职以表示对中央政府负责。其四，台湾基本法并非像港澳基本法是全国性法律，而是与联邦成员单位的宪法相类似的区域性宪法。其五，在港澳，中华人民共和国宪法是原则性地适用于这两个地区；而在台湾，中华人民共和国宪法则是仅部分事项适用于该地区（类似联邦制）。其六，中央与港澳特别行政区是授权—负责的关系[①]，而中央与台湾特别自治区则是准分权—合作关系。全国人大及其常委会与台湾立法机关之间的关系，带有联邦议会与州议会关系的性质；国务院与台湾特别自治政府之间的关系，带有联邦政府与州政府关系的性质。为了体现中央政府与台湾特别自治政府的连结，可以考虑让台湾特别自治政府领导人兼任中国国家副主席职务。

（二）复合式"一国两制"台湾模式构想的具体问题

1. 台湾政权名称问题

如前所述，为了体现与港澳模式的不同，在行政区划上不称台湾地区为

---

① 中央政府与港澳特别行政区的关系是一种授权关系，而不是分权关系。港澳特别行政区政府隶属于中央人民政府，港澳特别行政区享有高度自治权，但它不能与中央政府平起平坐。这种授权关系表明，中央既可以授予香港特别行政区高度自治的权力，也可以调整和改变这种授权关系。

"台湾特别行政区"，可以考虑"台湾特别自治区"。但今后到底是采用何种称谓（譬如"台湾省""台湾自治区""台湾特别政治区"，甚至其他更敏感的政治称谓），需要通过双方的协商谈判来解决。笔者认为，这个问题不难解决，因为国务院前副总理钱其琛曾公开表示过，只要坚持"一个中国"这一原则，什么问题都可以谈，"谈判的议题是开放的，谈判的地位是平等的，即使是敏感的政治问题，也都可以充分讨论，以找到双方均可以接受的解决办法。"①

台湾民众对 60 多年来一贯的政权称谓业已习惯并抱有深厚感情，怎样的称谓才能既体现出两岸同为一个主权国家，同时又能让台湾人民容易接受？这需要认真研究。那么，两岸统一之后，台湾政权名称中是否可以带有"国"之字样？如"中华民国""台湾自治共和国"等等。这是一个复杂的政治问题，现在抽象地讨论这个问题意义并不大，需要根据当时的具体情势，由双方协商谈判来解决。但根据笔者的判断，未来两岸统一后，如果考虑到台湾 2300 万人民的政治习惯和对某种政治符号的感情，而允许台湾政权经改造后保留"国"之字样的话，这里的"国"也只能是"中国"内部的成员单位意义上的"国"（即"state"）。在这一意义上，允许两岸统一后的台湾政权改造后保留"国"之字样，并非是一个不可以讨论的问题。②

2. 两岸统一后的国号问题

海协会已故会长汪道涵先生曾讲过："一个中国并不等于中华人民共和国，也不等于'中华民国'，而是两岸同胞共同缔造的统一中国。"③汪老的这一主张，其实就是可以通过修改国号的方式，来体现两岸共同走向统一，大陆不再使用中华人民共和国，台湾也不再使用"中华民国"，以避免让台湾民众感到被"吞并"。未来具体如何称谓，需要双方协商。但在国际场合不用改变两岸统一之后的国名，仍用"中国"（China），只是在国内法层面上修改"国号"即可，因为中国在国际场合（1971 年之前和之后）一直是一个主权国家，即使在 1971 年台湾当局被逐出联合国之后，也没有改变中国在国际场合的称谓，所以，未来两岸统一不会涉及国际场合称谓的变更。

需要指出的是，这一方案尽管大陆官方领导人先前曾多次说过，但时至今

---

① 海峡两岸关系协会编：《两岸对话与谈判重要文献选编》，九州出版社 2003 年版，第 42 页。

② 这从理论上可以解释为，这是借鉴了联邦制国家的某些做法，但又不是联邦制下的成员国，因为我们没有搞联邦制，只是借鉴了其精神。

③ 张亚中：《追忆汪道涵先生的共同缔造论》，载香港《中国评论》（月刊网络版），2009 年 12 月 28 日。

日，这么重大的问题，官方也会考虑大陆民众对于修改国号的态度。如果大陆民众坚决反对，那么大陆官方就不会修改国号。长期以来，大陆民众接受中华人民共和国的政治教育，已经接受并习惯了中华人民共和国的称谓，并对中华人民共和国抱有感情，一旦修改，大陆民众能在多大程度上接受？修改国号果然是为了国家统一大业的需要，大陆民众也能予以理解，但仍不可低估大陆民众对修改国号的抵制力。

3."中华民国宪政体制"问题

华裔学者萧元恺认为，在台湾地区法理归属中国及两岸共同维护中国主权和领土完整的前提下，让"中华民国"有限存续，以"中华民国"名义实现在台湾的有序有效治理，要比让台湾陷入无政府政治混乱更有意义，这在一定的历史时期内，也符合中国整体利益。[①] 其实，保留"中华民国"的"宪政"体制和"宪政"制度，并不是搞"两个中国"，仅仅是在一个中国框架内保留"中华民国"在台湾地区特殊的"宪政"体制和制度。这没有挑战中华人民共和国的国际代表权，在两岸关系发展到成熟阶段后，完全可以通过政治特许的方式予以保留，这是两岸统一的初级阶段，即形式统一。[②] 对于萧先生的上述观点，笔者虽不完全苟同，但认为有启发意义。统一后继续保留"中华民国宪政体制"，并不等于承认"中华民国仍然存在"，更不等于承认"台湾是一个主权独立的国家"。既然实现了统一，必定会有关于统一的法律文件，而其中必定会载明相关的保留附加条件，这些条件之一就是保留"中华民国宪政体制"只是为了"照顾台湾民众的中华民国情结"而做的让步。一旦台湾方面利用这一被承认的"宪政体制"来从事"台独"活动，就违背了当初双方约定的保留条件，就要承担违约责任，双方关系就要回到统一前的原初不承认状态。

4.台湾国际活动空间问题的安排

如何解决两岸统一后的台湾"国际活动空间"问题，是一个非常棘手的问题。要研究台湾的国际活动空间必然涉及国际法问题，其解决思路也必须从国际法的相关理论来寻找。通常而言，一个国家只有一个国际法主体，其在国际社会中的权力通常由其中央政府来行使。中国作为单一制国家，其主权行使权（对内和对外）均由中央政府来行使，但处理大陆与台湾的关系时，应注意到对

---

① 萧元恺著：《台湾问题：政治解决策论》，香港三联书店有限公司2010年版，第80页。
② 萧元恺著：《台湾问题：政治解决策论》，香港三联书店有限公司2010年版，第80页。

内主权行使权与对外主权行使权的权力特性具有很大不同。① 对内主权行使权可以由两岸分享，但对外主权行使权只能由两岸共享，至于怎样共享，即共享的具体模式，则需作进一步的探讨和设计。否则，如果台湾方面也拥有对外主权行使权，就会破坏"一个中国"，损伤国家主权，正如邓小平所说，"制度可以不同，但在国际上代表中国的，只能是中华人民共和国"②。关于两岸统一后台湾"国际活动空间"的处理原则和方案，基本设想如下：

第一，共享成为国际组织成员的权利，主要有两种情况：其一，凡是香港或澳门已经参与的国际组织，原则上不反对台湾以不超过香港和澳门在该国际组织中的成员身份的形式参与，但要在名称、旗帜和"国歌"等方面作出体现一个中国原则的安排。台湾参与香港和澳门已经参与的国际组织，既不违背一个中国原则，又能体现"一国两制"的精神，是一个中国原则和"一国两制"在国际组织中的具体体现和实践，大陆方面不必过于担心。其二，香港或澳门没有参与的国际组织，若该组织本身允许非主权国家以完全会员的身份参与，那么原则上也不反对台湾在不违背一个中国的前提下按照该国际组织的相应要求参与。

第二，共享中国外交权。可以考虑在中国外交部中给台湾特别自治政府专开一个窗口，让台湾通过中国外交部进行对外活动。内容要点包括：其一，可以将该窗口称为"中华人民共和国外交部台湾事务分部"，因为在国际社会，目前只有中华人民共和国与中国具有同一性，所以，台湾当局只能通过中华人民共和国的窗口来实现其某些国际活动。其二，可以将外交部常务副部长的位置留给台湾方面。其三，还可以探讨重组两岸外交机构之方式。可考虑按照三种原则和方式来组织：一是比例原则。按照台湾人口占中国人口的比例来分配其外交人员的数量，符合人民主权原则。二是加权原则。按照台湾GDP和大陆GDP的比例来分配外交人员的数量，带有股份制的特点。三是混合原则，即先比例原则，再在此基础上按照加权原则重组。

分析至此，不难发现，"一国两制"其实是一种"合中有分、分中有合"的制度安排。未来两岸统一其实就是从形式上统一，进入实质上统一的过程。所

---

① 在联邦制国家里，主权所有权由整个国家的人民共享，而在主权行使权方面则分两种情况：在对外主权行使权方面，联邦政府和成员政府共享；而在对内主权行使权方面，则是联邦政府和成员政府分享。在单一制国家里，其主权所有权是由其国内的全体人民共享，而其主权行使权则是由其中央政府独享的（不论是对内主权行使权，还是对外主权行使权）。这对于我们处理两岸关系非常有意义。

② 《邓小平文选》第三卷，人民出版社1993年版，第30页。

谓两岸的"合中有分、分中有合"就是指在国际社会只有一个中国,外交权必须"合一",在一个中国的框架下,两岸的内政则可以继续"分治"。其实,香港、澳门回归也就是形式上的统一。

(三)复合式"一国两制"台湾模式下仍需继续探讨的问题

这几个问题比较复杂,笔者并没有考虑成熟,但这几个问题又是将来一定会遇到的问题。故笔者将其列举出来,供学界一起探讨。

1. 中央与台湾地区产生冲突后的解决机制

从中央与港澳特别行政区在这个问题上的现行做法来看,双方的争执是通过全国人大常委会"释法"的途径来解决的,也就是说,中央最终掌握着解决问题的主导权。从实践来看,这一做法有利有弊。在复合式"一国两制"台湾模式的新框架下,是继续实行中央与港、澳特别行政区的冲突解决模式,还是借鉴联邦主义的有关做法,将冲突诉诸第三方(笔者注:在联邦制国家里这个第三方通常为司法机关)来解决? 这就涉及一系列问题,例如,怎样设立解决冲突的第三方机构? 这个第三方机构的性质是由双方共同组成的专门司法机构,还是成立专门协调和解决双方争议的政治机构? 等等。这些问题极其敏感和复杂,需要我们认真研究。

另外,还可以按照双方所发生冲突事务的不同性质而采取不同的解决机制。倘若双方所发生的冲突属于事务性范畴,可依循有关法律来解决;若双方所发生冲突属于政治性范畴,解决起来就相对复杂,双方应积极协商解决。但问题是,协商不成怎么办? 历史上不同政治力量(如国共两党)因协商不成而诉诸武力的案例比比皆是,这启示我们,政治性事务冲突的解决更为复杂,双方除了要有耐心,更需要探讨制度性的解决办法。

2. 台湾民意在中央政权的体现问题

既然统一之后的中央政权是海峡两岸 13 亿中国人的中央政权,那么统一后的台湾民意如何在中央政权中得以体现? 目前香港、澳门特别行政区的做法是,它们在全国人大代表团中设有专门代表团。那么,台湾像香港、澳门一样设立一个专门代表团? 台湾会同意吗? 如果同意,这个问题则容易解决;若不同意,而要求在全国人大中实施"两院制"(目前已经有台湾学者提出过),大陆会同意吗? 大陆学界无须回避台湾方面的这些主张,而应先行深入研究两院制是否具有可行性。依笔者目前的认知,两院制不具有可行性,因为这个问题很复杂,涉及面很广,特别是涉及大陆政治体制的变革,牵一发而动全身。如果大陆拒绝"两院制",是否能够找到其他替代方案? 均需先行展开研究。

以上复合式"一国两制"台湾模式方案，台湾方面或许仍不予接受，但笔者在此的分析，不仅仅在于让台湾同胞接受，更重要的是告诉台湾同胞大陆在一个中国框架能给台湾方面所能提供的最大容量和空间是什么。即使台湾方面不接受，大陆也没有多大空间可以继续让步，这就是"一国两制"的"底线"，否则就破坏"一个中国"了。

五、结语

海峡两岸"分裂"的特殊性，决定了两岸的未来统一不可能照搬任何一种现有的模式，必须立足于我国现行的单一制，同时又借鉴联邦制等政治形式的有益成分，进行制度创新，使统一架构具有更大的包容性。"实际上，国家结构形式没有优劣之分，单一制国家为实现国家主权和领土完整而吸收（获得）联邦制国家的某些特征，虽然模糊了国家结构的两种基本形式之间的界线，但其价值在于有利于实现国家的统一和主权的完整。"[①] 要进行制度创新首先要进行理论创新，理论创新是制度创新的先导和基础。可以说，单靠目前的任何一种理论都不能解决两岸关系问题，必须建构一套混合型的新理论。横观当今世界，大陆法系与英美法系、单一制与联邦制、总统制与内阁制，以及三权分立架构下的立法、行政与司法，无不在向着借鉴和交融的方向发展。我们从中得到的启示是，两岸关系的复杂性决定了未来解决两岸关系的理论一定是混合理论。实际上，"一国两制"理论就是一种混合理论。唯有混合理论及体制才能解决两岸统一问题，因为它具有更大的弹性和更宽松的架构，如此方能包容两岸差异，共同走向统一。

---

① 王丽萍著：《联邦制与世界秩序》，北京大学出版社 2000 年版，第 217 页。

從雙層賽局看兩岸談判演變

袁鶴齡 [*]

壹、前言

2016 年臺灣島內民主政治中第三次政黨輪替，但這樣的島內民主政治的深化卻不能外溢到改善兩岸關係。回顧過去兩岸關係的演變，兩岸自 1949 年分裂分治、衝突對抗、僵峙對立，直到 1987 年臺灣宣布解除戒嚴，並開放人民赴大陸探親，係處於"軍事衝突"與"僵持對峙"的敵對狀態（袁鶴齡，2008），這種兩岸不是"你死我活"就是"我輸你勝"的零和狀態，實不足以道為兩岸關係。兩岸真正出現"交流互動"乃始自李登輝繼任"總統"，這也是兩岸關係非零和式互動的開始。一般認為，民主愈深化，就愈能改善雙方彼此的關係，但從兩岸關係看來並不必然。事實上，初步檢視從"李登輝時期"、"陳水扁時期"、"馬英九時期"、到現在"蔡英文時期"的兩岸關係，發現隨著臺灣島內民主化的愈加快速，兩岸關係卻無愈加的改善，反而產生顯著的起伏變化。這樣的兩岸關係演變實值得本文進一步的探究與討論。

透過島內政治來理解兩岸關係的變化，實為本文第一個研究目的。本文嘗試進一步釐清"雙層賽局"邏輯（two-level game）（Putnam，1988：427—460）的談判架構，並探究在雙層賽局談判架構中，各層次細部間之互動關係為何？其次，嘗試重新檢視兩岸談判更實質與細緻的變化，亦即探討兩岸不同談判時期間，官方與民間社會互動之差異。最後，嘗試理解影響兩岸談判變化的關鍵因素，亦即影響兩岸談判變化的關鍵因素為何？

本文首先將進一步釐清"雙層賽局"的細部架構，其次，依據臺灣島內

---

* 袁鶴齡，中興大學國家政策與公共事務研究所教授。

"總統"任期的劃分，以檢視兩岸不同時期的談判演變。最後，根據兩岸不同時期的談判演變，提出對兩岸談判作為的分析說明與結論。

貳、研究架構

1988 年 Putnam 提出 "雙層賽局"（two-level game）的國際談判分析架構，明顯打破 "國內"、"國際" 二元論的結構框架。這種分析框至少提供以下二大貢獻：第一，依據 Putnam 的雙層賽局邏輯，第一層次國際談判協議結果的生效，必須先獲得國內第二層次的認可批准（Putnam，1988：438—439）；第二，他提出國內 "獲勝集合"（win-set）的概念。[①] 這個集合是國內利害關係人透過一種民主機制的運作，對國際談判協議獲得一致共識的議價範圍，並依此形成與它國談判時可能獲致協議的區間（zone of potential agreement，ZOPA）。這樣的分析框架，可以形成如下圖 1 的兩階段談判圖（吳秀光，2001：67）。

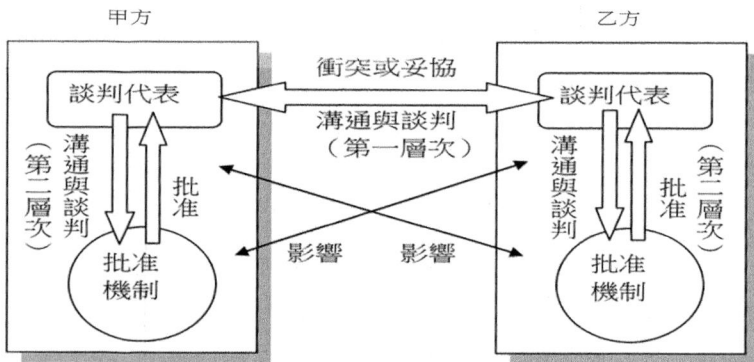

圖 1：兩階段談判圖　資料來源：吳秀光，2001：67。

依據上述雙層賽局的概念基礎，為了進一步釐清雙層賽局的談判邏輯，本文嘗試提出更廣泛概念與更細部架構的補充。首先，關於 "獲勝集合"（win-set）概念的部分，不應僅如上述只限於一組國內所有利害關係人透過民主機制的運作所形成的議價空間（ZOPA）。因為，第一，獲勝集合不僅出現於國內層

---

① 事實上雙層賽局的另含一項貢獻乃在於它所提出的談判 "政治無異曲線"（political indifference curves），它可以對國內 "獲勝集合" 的邊界曲線加以補充說明，惟通常以形式化的圖式表示，請參閱：袁鶴齡、沈燦宏，《動態的臺海兩岸談判：雙層賽局與認知因素研究》，《東吳政治學報》，第 32 第 3 期（2014 年），頁 173—239。本文為了簡約說明，在此主要採以文字描述的詮釋途徑。

次的部門，任何一組雙方的談判過程，都將出現獲勝集合，所不同的是獲勝集合的大小；第二，獲勝集合應強調雙方彼此交集的部分，而不僅是單一方的獲勝集合；第三，若將談判協議的過程擴大視為雙方協商交流的溝通過程，本文認為以"共識區間"（consensus zone）替代"獲勝集合"，將更為廣泛與適用。

其次，關於雙層賽局的架構，一般而言，其定義為："第一層次國際談判協議結果的生效，必須獲得國內第二層次的認可批准"，然而這樣的邏輯架構過於重視第一層次談判代表的協議結果，而可能忽略了第二層次談判策略作為的相關闡述，例如，缺少了雙方內部之間協商互動的說明。事實上，若將雙層賽局的架構重新定義為："未獲得國內第二層次的認可批准，第一層次談判代表的協議結果無效"，則可發現前後二個定義雖然是全等的邏輯（王志弘，2011：143），但後者已將焦點移轉至第二層次的談判。因此，本文嘗試以第二層次的談判為先，並增列第二層次中的細部架構，以較廣義的概念重新增補雙層賽局的邏輯架構，並說明如下：

一、第二層次談判

（一）組織談判代表—組織內部（相關部門或利害關係人）

組織的談判代表通常為官方或形式的受委託人或代理人，他們與其組織內部相關部門或利害關係人的談判關係，是在獲取一致性的共識區間，兩者愈一致，內部干擾與衝突愈少，則愈有助於未來組織內部共識區間的擴大。反之，兩者愈不一致，內部干擾與衝突愈多，則將更危害未來組織內部共識區間的形成。一般而言，為提高內部共識區間一致性的程度，可以採用"自我設限"或"放寬立場"等策略作為加以影響改變（Moravcsik，1993：31-32）。

（二）組織談判代表—它方組織內部（相關部門或利害關係人）

組織談判代表與它方的組織內部的談判關係，在於有無作為使它方內部共識區間對我方讓步擴大的狀況。一般而言，一方的作為愈多，將有助於另一方共識區間範圍的擴大。而這些相關的作為至少包括：向對方組織代表採取之抗議或施壓的作為、釋出對方可資接受的善意等作為。

（三）組織內部—它方組織內部（相關部門或利害關係人）

組織內部與他方組織內部的談判關係，在於形成相互共識區間交集的大小，因為相互交集的共識區間愈大，代表雙方之間合作可能性愈高，反之，亦然。一般而言，最有利於形成擴大兩者共識區間的作為，是形成雙方內部之跨組織性社會聯盟。

二、第一層次談判

第一層次的談判指的是，雙方談判代表之間的互動關係。一般而言，雙方的主要策略包括：向對方施加限制或壓力，以及兩者之間的共謀，其目標除了各自爭取較多的獲益外，最主要的目的是在促成雙方簽署協議。組織間協商交流的雙層賽局架構，可如圖2所示：

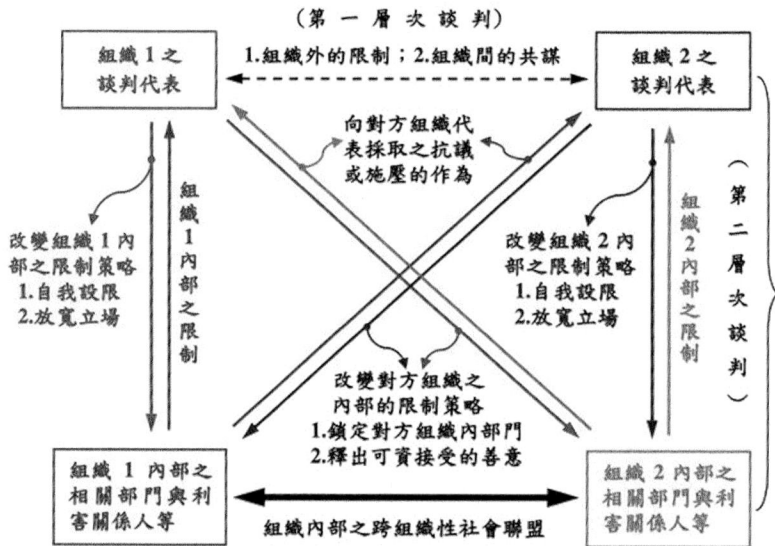

圖2：組織間協商交流的雙層賽局架構

資料來源：自行繪製。

叁、李登輝階段

一、階段過程

（一）1987年11月2日台灣正式開放民眾赴大陸探親，這是兩岸關係中衝突與和緩之間最大的轉捩點。在1987年以前兩岸幾乎互不往來，並隨時可能發生衝突或戰爭關係。之後，兩岸之間才開始出現相互交流的和緩關係。1991年台灣當局訂定"兩岸人民關係條例"、"國統綱領"，成立"國家統一委員會"（"國統會"）、"財團法人海峽交流基金會"（海基會）、"行政院大陸委員會"（陸委會）等單位，而中國大陸亦成立"海峽兩岸關係協會"（海協會）予以回應。1992年海峽兩岸海基、海協兩會在香港舉行會談並形成"一個中國、各自表述"

共識後，在翌年便於新加坡舉行了第一次的"辜汪會談"。① 此一時期為李登輝繼任"中華民國總統"之初，"兩岸和平統一"仍是台灣當局處理兩岸關係的高指導原則。在海峽兩岸當局皆有意願的狀況下，海基會、海協會成為雙方"準官方"的接觸與會談單位。1993年的首次"辜汪會談"中，除就兩岸經濟與文化科技交流等問題交換意見，更簽署了《辜汪會談共同協議》、《兩岸公證書 使用查證協議》、《兩岸掛號函件查詢、補償事宜協議》與《兩岸聯繫會談制度協議》等四項具實質官方效力的文件（海峽交流基金會。2012）。此一時期，以兩會為代表的"辜汪會談"似乎已成為兩岸官方之間協商對話的主要橋樑，而先事務性再政治性協商的共識也成為彼此之間互動的默契。但此一良好的互動關係卻隨著1995年李登輝的"訪美"而告一段落。

（二）1995年6月李登輝赴美國康乃爾大學訪問，此為臺灣有史以來第一位"訪問"美國的"總統"。此次的"訪美"雖然造就了李登輝個人的聲望，但是兩岸關係卻開始惡化。同年3月起中國大陸即對臺展開一連串的"文攻武嚇"（包宗和，1999：352-356），更於7月21日開始對台進行飛彈試射的"威脅"。中國大陸於是在1995年6月16日函告臺北推遲海基會、海協會二次會談時間，並同時對臺展開文攻武嚇，讓兩岸關係迅速跌入谷底。1998年6月美國柯林頓總統訪問中國大陸之後，海基及海協兩會雙方雖然重啟"辜汪會晤"之門，但從所達成的1.加強對話，促成恢復制度化商談契機；2.促成兩會各層級人員互訪；3.就交流衍生個案積極相互協商處理；4.汪道涵先生於適當時機來臺訪問等四點共識的內容看來，僅是流於空泛形式而無任何實質意義的宣示。

（三）1999年7月9日，李登輝在接受"德國之聲"媒體訪問時，對於兩岸關係的定位做出了"兩岸關係是特殊的國與國關係"的聲明時，動搖了好不容易建立起來的兩岸互信。雖然臺灣海基會董事長辜振甫隨後舉行說明會，強調"特殊的國與國關係"就是在兩岸1992年所達成"一個中國、各自表述"共識中的立場表達，並隨即將談話稿傳真給大陸海協會，但是在二個小時之內，大陸海協會即以辜振甫談話稿"嚴重違背一個中國原則"為由，退回予海基會。顯然，李登輝在他結束"總統"任期之前所提出的"兩國論"，不但為兩岸對話協商畫下限制的句點，也使兩岸的互動關係進入了"寒冬期"。

---

① 1991年2月，臺灣由当局及部分民間人士共同捐助成立的財團法人海峽交流基金會（簡稱海基會）正式成立，推選辜振甫先生擔任董事長。同年12月，中國大陸也成立了相似性質的機構海峽兩岸關係協會（簡稱海協會），由汪道涵先生擔任會長，做為與海基會互動的窗口。隔絕近半世紀的兩岸關係，因為此一聯繫與溝通管道的正式啟動，而進入了新的階段（"行政院大陸委員會"，2010）。

二、架構解釋

(一)第二層次：官方代表與其內部的協商互動

在中國大陸方面，由海協會會長汪道涵所組成之大陸談判代表與大陸內部之間的關係，因中國大陸的黨國一體的制度，故實質上的關係是一體的兩面。換言之，大陸官方代表與其內部之間存在高度且固定的一致性共識區間（全國人民代表大會，2012；朱光磊。2004）。

在臺灣方面，對成立初期的"海基會"而言，同時具有半官方與半民間的特性，這種特性使得由海基會董事長辜振甫所組成之臺灣官方代表與臺灣內部之間的關係，也具有某種程度的一致性。換言之，如同中國大陸方一樣，對整個李登輝階段而言，臺灣當局代表與內部之間則也能維持相互支持與相同一致性的共識區間。

(二)第二層次：官方代表與他方內部的協商互動

1.李登輝階段的初期

在中國大陸方面，從 1988 年至 1995 年之間的李登輝階段初期，兩岸官方之間協商互動良好，使得大陸官方代表對臺灣內部的作為不多，故想獲得臺灣內部共識區間的擴大讓步成效有限。而在臺灣方面，在李登輝階段的初期，一方面對大陸內部的作為有限，一方面想要改變大陸內部，其實是想改變中共黨內，故也不易獲得大陸內部的讓步。

2.李登輝階段的中期

在中國大陸方面，從 1995 年 6 月李登輝赴美國康乃爾大學"訪問"至1999 年 7 月止，中國大陸對台施行"文攻武赫"，這是一種中共鎖定對臺灣內部施壓的一種作為，期望獲得臺灣內部共識區間的讓步。在臺灣方面，1998 年10 月間，海基及海協兩會雙方重啟"辜汪會晤"之門，其中對於汪道涵先生於適當時機來臺訪問的安排，事實上，是一種臺灣當局對大陸內部釋放善意的一種作為，以期獲得大陸內部共識區間的讓步。

3.李登輝階段的後期

在中國大陸方面，1999 年 7 月在接受"德國之聲"媒體訪問之後的李登輝後期，海協會對海基會的"兩岸關係是特殊的國與國關係"的說明傳真稿，以其"嚴重違背一個中國原則"為由即予以退回，此為一種中共鎖定對臺灣內部施壓的一種作為。在臺灣方面，對於"兩岸關係是特殊的國與國關係"媒體發布後，臺灣海基會董事長辜振甫隨即舉行說明會，強調"特殊的國與國關係"就是在兩岸 1992 年所達成"一個中國、各自表述"共識的意涵，這樣的補充說明，似乎也無助大陸共識區間的讓步。

（三）第二層次：兩岸內部之跨組織性的協商互動

1.李登輝階段的初期：此一時期，雖然形式上無兩岸內部之間的跨組織性聯盟，但海基、海協兩會代表民間交流合作關係的良好，故存在較大的兩岸內部共識區間。

2.李登輝階段的中期：此一時期，中國大陸對台施行"文攻武赫"，造成兩岸社會關係倒退，海基及海協兩會雙方雖然重啟"辜汪會晤"之門，但仍未能彌補兩岸之間的社會關係。顯然，雙方一正一反抵銷後，對產生兩岸內部相互之間充分的共識區間有限。

3.李登輝階段的後期：此一時期，在李登輝接受"德國之聲"媒體訪問，提出"兩岸關係是特殊的國與國關係"之後，不論是海基、海協兩會，或是其他兩岸之間的民間社會關係都陷入凍結，減損了兩岸內部之間的共識區間。

三、結果檢證

（一）李登輝階段的初期：1993 年兩岸在雙方"準官方"（或半官方半民間）之接觸與會談下促成了首次"辜汪會談"，在第一層次談判上共達成了《辜汪會談共同協議》等四項協議的簽署。

（二）李登輝階段的中期：除了產生"汪道涵先生於適當時機來臺訪問"等四點流於空泛形式而無任何實質意義的宣示外，在第一層次談判中僅有一項《台港海運商談紀要》達成簽署。

（三）李登輝階段的後期：除了對"兩岸特殊國與國關係"各自以文書來往解釋、退回說明外，實無任何實質的協商交流，在第一層次談判中無任何談判協議簽署。

肆、陳水扁階段

一、階段過程

（一）2000 年 5 月至 2002 年 8 月，臺灣"總統"大選第一次政黨輪替的初期，兩岸雙方官方皆採戒慎小心的態度因應，雖然陳水扁在其"總統"就職演說中提到，"保證在任期之內，不會宣布獨立，不會更改國號，不會推動兩國論入憲，不會推動改變現狀的統獨公投，也沒有廢除國統綱領與國統會的問題"，以嘗試延續辜汪會晤之後而開展正常交流，但中共以"聽其言、觀其行"做為基調來決定與陳水扁當局的互動方式與程度，實際上官方交流的效果卻不大。然而，民間社會的交流，仍存在某種程度的互動，例如，金門、馬祖、澎湖對中國大陸直接通郵、通航、通商的"小三通"；"金門協議"的再度恢復運作；兩岸"定點包機直航"等。

（二）2002 年 8 月 3 日陳水扁當局提出臺灣與大陸"一邊一國，要分清楚"，隨後並推動"防衛性公投"的主張（"總統府"，2002；林正義，2009）。這不但強烈激怒了大陸，亦使兩岸關係急轉直下。自此至 2008 年 5 月陳水扁卸下"總統"職位止，兩岸官方之間幾乎未有任何的交流互動。然而，此一時期在兩岸民間社會的交流互動上，卻有 2005 年中共總書記胡錦濤與中國國民黨主席連戰會晤後發表新聞公報並達成五項共識；胡錦濤和親民黨主席宋楚瑜舉行正式會談；2008 年 4 月胡錦濤在"博鰲亞洲論壇"，與臺灣"副總統"當選人蕭萬長的會面，雙方均同意"正視現實、開創未來、擱置爭議、追求雙贏"。此外，值得一提的是，陳水扁"總統"參加"2007 年全國大學校院暨研究所博覽會"致詞時表示：在"總統"任期結束之前，不承認中國大陸大學的學歷，不開放大學校院到中國大陸招生，這對兩岸民間社會之間的交流產生負面的影響。

二、架構解釋

（一）第二層次：官方代表與其內部的協商互動

在中國大陸方面，在陳水扁階段的初期，國務院臺灣事務辦公室（國台辦）的角色，相較於"海協會"有逐漸凸顯的趨勢，然而以中國大陸非西方國會的民主體制而言，國台辦與海協會之間，或與其組織內部之間，事實上不存在與內部的協商談判的問題。換言之，對中國大陸而言，第二層次之官方代表與其內部的共識區間是一致而重疊的。這種關係對中國大陸而言是始終存在的，不會因階段時期的不同而有所轉變。

在台灣方面，在陳水扁的階段，同樣的臺灣"陸委會"等官方的角色，相較於"海基會"也有逐漸凸顯的趨勢，所不同的是臺灣官方對於海基會等民間社會，施加較多的壓力而產生限制，例如，未准島內的大學學校招收陸生、不承認 1992 年兩岸海基、海協兩會的"九二共識"，使得臺灣方面在第二層次之官方與其內部之間，減損了共識區間的一致性。

（二）第二層次：官方代表與它方內部的協商互動

1. 陳水扁階段的前期

在中國大陸方面，此一時期，中國大陸官方代表對於臺灣內部施加的作為，雖然已認知到作為的重要性，卻未完全施行，僅以避開兩岸雙方官方代表的直接協商溝通為主。因此，對促使臺灣內部的共識集合讓步擴大的效果不大。相對於臺灣官方代表方面，對於大陸內部的作為更是有限，甚至連欲維持與海協會的正常交流，都尚屬不易，顯見，亦無作為讓大陸共識區間對臺灣的讓步。

2. 陳水扁階段的後期

在中國大陸方面，此一時期，中國大陸官方代表對於臺灣內部施加的作為，已逐漸擴大，其對臺內部鎖定的部門更加多元，除了民間台商企業部門外，臺灣在野的政黨組織等，亦為大陸官方鎖定施放善意的對象，使臺灣民間社會的共識區間擴大讓步。反觀在臺灣官方代表方面，此一時期，不但對於大陸內部的作為實際有限，甚至以不承認大陸學籍施壓於大陸的學生，這樣的作為反而限縮了與大陸內部的共識區間。

（三）第二層次：兩岸內部之跨組織性的協商互動

1. 陳水扁階段的初期：此一時期，除了兩岸的海基、海協幾乎停止交流互動外，其他的民間社會團體也僅維持低程度的互動。

2. 陳水扁階段的後期：此一時期，兩岸的海基、海協交流互動，更是停止凍結，企業赴陸投資限制更多，其他的民間社會團體也僅維持低程度的互動。。

三、結果檢證

（一）陳水扁階段的初期：此一時期，兩岸雙方不論是在內部，或是官方代表之間的共識區間均限縮而不存在，換言之，無第一層次談判協商互動故無簽署任何談判協議。

（二）陳水扁階段的後期：此一時期，雖然兩岸雙方在內部的民間交流有漸增的趨勢，但因第一層次官方談判代表之間完全無協商，故亦無達成任何談判協議的簽署。

伍、馬英九階段

一、階段過程

（一）八年綠色執政之後，國民黨重新取得“政權”，馬英九當局除了積極恢復與美國良好關係外，第一任期（2008 年 5 月至 2012 年 5 月）的馬英九當局在與中國大陸的“九二共識”原則之下，與大陸方面進行了全面性的交往互動。

（二）2012 年 5 月之後，馬英九獲得"總統"連任，直至 2016 年 5 月第二任"總統"任期屆滿為止，此一時期，兩岸雙方不但繼續維持全面交往，更於 2015 年 11 月 7 日在新加坡舉行兩岸領導人（馬英九與習近平）的會面（俗稱"馬習會"），這是海峽兩岸自 1949 年政治分立以來（將近 70 年），雙方最高領導人的首次會晤，象徵著兩岸史上交流互動的最大突破。

二、架構解釋

（一）第二層次：官方代表與其內部的協商互動

1. 馬英九階段的前期

此一時期，不論是在中國大陸方面，或是在臺灣方面，雙方均夾持著對內部民意的多數（國民黨立委比例占 67.2%），因此雙方在第二層次之官方代表與其組織內部之間均容易取得一致性的共識區間。

2. 馬英九階段的後期

此一時期，不論是在中國大陸方面，或是在臺灣方面，雙方同樣均挾持著對內部民意的多數（國民黨"立委"比例占 56.6%）（"立法院"，2018a），因此雙方在第二層次之官方代表與其組織內部之間，均容易取得一致性的共識區間。然而，所不同的是在臺灣方面，官方過於輕忽，致缺乏"國會"以外的內部的溝通。例如，2014 年 3 月 17 日"內政委員會"中，國民黨"立法委員"張慶忠以 30 秒時間宣布完成《海峽兩岸服務貿易協議》的委員會審查，引發一群大學與研究所學生以及社會人士的反對，並於 3 月 18 日在"立法院"外舉行"守護民主之夜"晚會，抗議草率的審查程序，隨後有 400 多名學生非法進入"立法院"內靜坐抗議，進而引發了"太陽花學運"，造成兩岸《服務貿易協議》的擱置審查與中止了《貨物貿易協議》後續的談判協商。顯然，此一時期，在臺灣方面，隨著"執政黨""國會議員"比例的減少，呈現出內部民間社會組織，對於當局過於依賴中國大陸有所質疑，造成臺灣方面在第二層次之官方代表與其組織內部之間一致性的共識區間有所限縮。

（二）第二層次：官方代表與他方內部的協商互動

在整個馬英九階段的任期中，不論是在中國大陸方面，或是在臺灣方面，均因為兩岸雙方的全面交往交流，所涉及的內部組織團體、議題均呈現多元性，因此各方的內部對他方的官方代表，均有一定程度的良好關係。因此，兩岸雙方官方在對他方的內部而言，均可促使對方內部的共識區間擴大讓步。尤其在馬英九階段前期，大陸官方受到臺灣內部對支持"九二共識"的認同，而在兩岸經濟合作上有所謂的讓利之說（李英明，2010）。

值得一提的是，在馬英九第二任期開始時期的 2008 年 11 月 6 日，海協會會長陳雲林訪臺的期間，民進黨號召的圍城抗議，爆發警民流血衝突。示威民眾投擲包括汽油燃燒彈在內的物品，而警方也被指責毆打民眾和記者成傷。衝突至少造成了 40 多名警察受傷、多名民眾和記者被送醫治療（中文 BBC，2008）。此一抗議可視為臺灣內部民眾對大陸官方的反施壓行為，目的在企圖獲取大陸官方更大的讓步空間。

（三）第二層次：兩岸內部之跨組織性的協商互動

在整個馬英九階段的八年任期中，雙方的內部民間交流互動熱絡，均有高度的良好關係。因此，兩岸雙方的內部亦均維持了高程度的共識區間。

三、結果檢證

（一）馬英九階段的前期：此一時期，兩岸雙方官方代表之間均維持全面的正常交流互動，在第一層次談判中，計共簽署了《海峽兩岸食品安全協議》等 19 項談判協議（海峽交流基金會，2012）。

（二）馬英九階段的後期：此一時期，兩岸雙方官方代表之間均維持正常的交流互動，在第一層次談判中，除了擱置兩岸《服務貿易協議》與《兩岸避免雙重課稅及加強稅務合作協議》外，計共簽署了《海峽兩岸海關合作協議》（包含相關的補充修正協議）等 11 項談判協議（海峽交流基金會，2018）。

陸、蔡英文階段

一、階段過程

2016 年 5 月臺灣當局再次政黨輪替，由民進黨蔡英文當選第十四任"總統"，再次迫使國民黨成在野。也因蔡英文當局"臺獨"色彩的鮮明，使得兩岸官方原本建立起全面交流互動的關係，嘎然而止。雖然，蔡英文在其"總統"就職演說中提到："1992 年兩岸兩會會談的歷史事實與求同存異的共同認知，這是歷史事實"，但也因始終不承認兩岸之間存在"九二共識"，迄今 2018 年 5 月止，"執政"逾任期時間一半，已造成二年多來兩岸之間官方或海基、海協兩會的交流全面中斷。

二、架構解釋

（一）第二層次：官方與其內部民間社會的協商互動

此一時期在中國大陸方面，如同前述各階段時期所述，中國大陸在第二層次之官方與其內部民間社會之間，均一直維持著一致性的共識區間。臺灣方面，此一時期，民進黨當局在"國會委員"的人數比例雖高達 61.1%（69 席 /113 席），占有超過一半的絕對多數（"立法院"，2018b），臺灣民間社會對於與中國大陸維持持續交流的看法，卻與"執政"的民進黨不同。

（二）第二層次：官方與中國大陸民間社會的協商互動

在蔡英文當局的前二年任期中，兩岸官方雖無接觸，中國大陸官方對臺灣民間社會針對性的直接施加善意的作為，卻愈加明顯。例如，國臺辦主任張志軍表示，本著"兩岸一家親"的理念，繼續推動兩岸各領域交流合作，為兩岸經濟合作和臺商在大陸發展提供更多機遇和空間，即提供臺灣青年在大陸學習、就業、創業、生活提供更多便利（"陸委會"，2016b）。又如，2018 年中國大陸針對"關於促進兩岸經濟文化交流合作的若干措施"，提出 31 條具體措施中，其中 12 條措施涉及加快給予臺資企業與大陸企業同等待遇；另 19 條措施涉及逐步為臺灣同胞在大陸學習、創業、就業、生活提供與大陸同胞同等待遇（"陸委會"，2018）。

而在臺灣方面，不論是檢討修正陸生來臺就學相關措施，積極推動陸生納入健保（陸委會，2016c），或是嚴審陸人來臺的作為，對大陸內部共識區間向臺灣方的讓步擴大而言，並無助益。

值得一提的是，中國大陸限制陸客來臺，影響臺灣民間觀光業的經營，其實是間接對臺灣內部施加限制，以迫使臺灣當局讓步。雙方比較之後，以大陸作為的有效性大於臺灣的有效性，故有助於臺灣內部共識區間的擴大讓步。

（三）第二層次：兩岸民間社會間之跨組織性協商互動

在蔡英文任期的前二年，雙方的內部企業或民間團體之間交流仍繼續維持著（"陸委會"，2017）。[①] 因此，兩岸民間社會間，仍存在一定程度的共識。值得一提的是，在此一時期，最能代表兩岸之間內部民間交流互動的，可以民間企業鴻海集團旗下工業富聯（FII，掛牌代碼601138-SH）在大陸 A 股掛牌案例加以說明。工業富聯（FII）於 2018 年 5 月底假大陸 A 股掛牌後，由於本益比低價掛牌，引爆大陸股民的抽籤搶購熱潮，有 1432 餘萬戶上網申購抽籤，申購

---

① 2017 年 9 月 20 日，"106 年民間團體兩岸交流研討會"在台舉行，會中指出絕大部分民眾認為開展健康有序的兩岸交流，共同推動多元良性的交流互動，才能有助於兩岸關係向前發展。

股數是抽籤股數的 711.06 倍，於是引發台灣上市公司或是臺商 A 股掛牌，對臺商而言，若能善用兩地雙掛牌的機會，的確有可能為公司營運格局再上一層樓，擺脫台灣與大陸此消彼長的零和疑慮，創造股東員工與客戶三贏的棋局。顯然，此一時期，兩岸民間社會間，存在一定程度的共識區間（工商社論，2018）。

三、結果檢證

蔡英文執政的初期，國臺辦發言人安峰山即表示，未來因臺灣方面未能確認 "九二共識"、體現一個中國原則的共同基礎，兩岸之間的聯繫溝通機制已經停擺（"陸委會"，2016a）。顯見，兩岸雙方在第一層次官方間互動完全停擺，即使雙方內部存在某一程度共識區間，仍無任何代理人簽署任何談判協議。這種結果也體現在後續兩岸官方外交國爭奪戰中，造成聖多美普林西比、巴拿馬，多明尼加與布吉納法索等四國與臺灣 "斷交"。

柒、兩岸政策與談判策略分析

一、政策與談判作為

兩岸談判策略的運用，除了雙方官方談判代表之間，直接在談判桌上的戰略技術運用，相互謀取可能的協議簽署外，兩岸官方與對方民間社會之間、兩岸官方與己方民間社會之間、及兩岸民間社會之間是否產生能產生正向互動關係，亦是關鍵。

（一）"官方與內部社會之間"

一般而言，官方若能取得內部民間社會之間的認同與肯定，則將具較大談判優勢。以兩岸談判而言，中國大陸方能在此作為上取得優勢，因為以大陸的政黨體制而言，可以掌控官方與內部社會之間共識區間的一致性。事實上，從李登輝時期開始至今，中國大陸這樣的談判優勢始終固定存在著。

然而對臺灣而言，此種官方與民間對於兩岸互動之一致性看法，並不存在。"執政黨" 對於兩岸關係的看法總是與在野黨相左，而民間社會對於兩岸關係的發展與互動的看法也出現明顯的不同。例如當馬英九積極主張兩岸更緊密互動時，又被反對黨扣上 "親中賣台" 的帽子；而當蔡英文弱化兩岸關係之際，民間社會對於要求積極交流的呼聲則持續擴大。

（二）"官方與它方內部社會之間"

此一層次的談判策略作為，主要是一方官方對另一方內部社會施壓或拉攏；

以及一方民間社會對另一方官方的抗議施壓，使其官方代表讓步。

從大陸方來看，多以前者的策略為主，例如，大陸官方對臺企業的讓利、對臺農民的施惠等作為，多能見於馬英九、蔡英文階段。[①] 又如在陳水扁後期，大陸拉攏當時臺灣"在野黨"（國民黨、親民黨）的領袖等。唯一大陸官方對臺灣民間社會造成負面壓力的作為，是在李登輝階段的中後期，大陸以"文攻武嚇"施壓於臺灣社會而產生負面影響。

從臺灣方面來看，臺灣當局可以採施惠的方式與大陸內部社會建立起友善的關係。例如，在政策上開放陸客、陸生來台的人數，或是官方接見來自中國大陸各地民間交流參訪的團體等。至於施加壓力的方式亦有可能，即當大陸官方代表訪臺時對其施以的抗議行動，例如，在馬英九第二任初期，海協會會長訪臺時，台灣社會出現的流血抗議作為即是。

二、兩岸互動及其結果

依據李登輝、陳水扁、馬英九、蔡英文任期作為檢視階段，以雙層賽局作為分析架構，嘗試對兩岸不同階段的談判策略演變進行綜整比較。在第二層次談判關係上以"官方—內部社會"、"官方—它方內部社會"、"兩岸民間社會間"區分；而在第一層次談判上就是"官方—官方"。在差異性比較上，第二層次談判的比較，分別以⊕、○、⊖之符號，表示"有助"、"不影響"、"損害"顯示兩岸內部共識區間是否形成。在兩岸第一層次談判的比較中，則以有、無官方交流與雙方達成談判簽署的協議數量做比較基礎。綜整兩岸不同階段的談判策略互動演變，如下表1所示：

表1：兩岸不同階段的談判策略互動演變

	第二層次談判				第一層次談判	
	官方—內部		官方—他方內部		兩岸社會間	官方—官方	協議數
	大陸方	臺灣方	大陸方	臺灣方			

---

① 中國大陸對台灣民間社會，施以"磁吸策略"的加強運用，直至目前蔡英文時期為最高峰，甚而有外媒諷刺比喻臺灣民間社會被磁吸的效果有如"脫北者"（比喻逃離朝鮮者）般地成為"脫台者"（黑白集，2018；中文BBC，2018）。

李登輝	前	○	⊕	○	○	是	有	4
	中	○	⊕	⊖	⊕	是	有	1
	後	○	⊕	⊖	○	否	無	0
陳水扁	前	○	⊖	○	○	否	無	0
	後	○	⊖	⊕	⊖	否	無	0
馬英九	前	○	⊕	⊕	○	是	有	19
	後	○	○	⊕	⊕	是	有	11
蔡英文		○	⊕	⊕	○	是	無	0

資料來源：作者自繪。

捌、結論

一、在談判架構的運用

原本雙層賽局架構的定義："第一層次國際談判協議結果的生效，必須獲得內部第二層次的認可批准"，但本文進一步定義為："未獲得內部第二層次的認可批准，第一層次國際談判協議結果無效"，這樣的思維更加重第二層次互動對於談判結果的影響。換言之，本文嘗試以第二層次的談判為先，並增列第二層次中的細部架構，以較廣義的概念重新增補雙層賽局的運作邏輯，並強調（一）官方與內部社會之間；（二）官方與它方內部社會之間；及（三）兩岸民間社會之間的重要性。研究發現在兩岸"官方與內部社會間"，臺灣方面的作為較多；而在兩岸"官方與它方內部社會之間"的作為上，則以大陸方面的作為較為積極。

自 1988 年 Putnam 提出 "雙層賽局"（two-level game）的國際談判分析邏輯以來，雖然打破了 "國內"、"國際" 二元論的結構，但卻尚未提出一個清晰的理論架構。本文認為增補後的雙層賽局框架，雖然尚未能解釋國際談判的結果如何，卻能解釋國際談判達成協議簽署的可能性。進一步而言，本文所嘗試建立的理論框架，係對第二層次協商交流是否形成雙方內部共識區間為變項，以解釋第一層次雙方達成協議簽署的可能性。本文認為這樣的理論架構較為清晰與完整，也是本研究的第一項推論與貢獻。

二、在兩岸實質談判的結果

本研究以臺灣 "總統" 任期劃分，來觀察兩岸不同時期談判的演變。對臺灣而言，以這種劃分的方式，可以呈現內部民意的變化，也能符合雙層賽局架構中，第二層次內部共識區間的變化。研究發現，兩岸簽署協議數量的變化，受到兩岸友善程度變化的影響。換言之，觀察不同階段時期談判結果的實質變化，以馬英九階段前期達成簽署協議數最多（19 項），其次是馬英九階段後期的 11 項，再其次是李登輝階段初期的 4 項，再其次是李登輝階段中期的 1 項，其餘不論是李登輝階段後期、陳水扁階段或是蔡英文的前期等所達成簽署協議數均為 0。據此推論，兩岸友善關係最佳時期是在馬英九階段前期，其次是馬英九階段後期，再其次李登輝階段初期，再其次李登輝階段中期，其餘李登輝階段後期、陳水扁階段或是蔡英文的前期等，都是兩岸關係凍結的時期。

在中國大陸方面，由於黨政合一，中國大陸的內部共識區間可以視為中共黨內的共識區間，換言之，中國大陸官方代表的共識區間與民間社會所認知的共識區間是完全重疊。這種特性所呈現的結果是，改變中國大陸民間社會的共識區間，即是對大陸官方共識區間做改變。然而，在現階段，除非發生對其意識形態或認知上的重大變化，否則欲對大陸官方共識區間施加改變實在不容易。因此，雙層賽局架構中第二層次的各項策略作為，有利於中國大陸對臺灣政策作為改變，卻不利於臺灣對大陸決策的改變。據此可解釋，2016 年蔡英文執政後，大陸對臺施以 "官冷民熱"（或硬的更硬、軟的更軟）的策略（陳君碩，2018），即在企圖改變擴大臺灣內部的共識區間。

三、在談判關鍵的影響因素

在比較兩岸不同階段的談判策略後發現，能達成談判協議簽署的不同時期，皆具有以下的共同特徵：（一）存在官方之間的交流互動（官方—官方）；（二）

存在雙方民間社會間的共識區（民間社會—民間社會）。

本研究發現，在蔡英文時期，第二層次的談判不論是在"官方—內部民間社會"，或"官方—它方內部民間社會"在共識區間的讓步，均有助於兩岸"民間社會間"共識的形成，惟因無"官方—官方"協商交流，故無任何談判成果。顯然，兩岸雙方內部共識區間的充分滿足，僅為兩岸談判達成協議簽署的必要條件，問題在於民間社會對於兩岸互動的看法是否能夠影響台灣當局適度的擴大談判協議的空間。

最後，在第二層次談判中，"官方—內部民間社會"關係中是否達成一致性的共識，以及"官方—它方內部民間社會"關係中作為的多寡，雖然無法直接影響協議的簽署，但卻會影響談判雙方是否能形成內部共識區間的關鍵。

玖、參考書目

工商社論，2018，《台商 A 股掛牌可以創造多贏棋局》，中時電子報，http://opinion.chinatimes.com/20180531000279-262113。2018 年 5 月 31 日。

王志弘，2011，《學會思考 你贏定了》，臺北市：所以文化事業有限公司。

中文 BBC。2008。《台灣抗議陳雲林到訪爆發流血衝突》，BBC 中文網，http://news.bbc.co.uk/chinese/trad/hi/newsid_7710000/newsid_7714400/7714446.stm，2008 年 11 月 6 日。

中文 BBC，2018，《遊走兩岸之間的"脫台者"》，BBC 中文網，http://www.bbc.com/zhongwen/trad/chinese-news-44257712，2018 年 5 月 28 日。

全國人民代表大會，2012，《文獻資料》，全國人大網，http://www.npc.gov.cn/npc/xinwen/newwxzl.htm。

包宗和，1999，《戰略三角角色轉變與類型變化分析——以美國與臺海兩岸三角互動為例》，包宗和、吳玉山編，《爭辯中的兩岸關係理論》：335-364，臺北市：五南圖書出版股份有限公司。

"立法院"，2018a，《歷屆"立委"第八屆》，"立法院"全球資訊網，https://www.ly.gov.tw/Pages/List.aspx?nodeid=139，2018 年 5 月 30 日。

"立法院"，2018b，《本屆"立委"》，"立法院"全球資訊網，https://www.ly.gov.tw/Pages/List.aspx?nodeid=109，2018 年 5 月 30 日。

朱光磊，2004，《中國政府與政治》，新北市：揚智文化事業股份公司。

陸委會，2010，"臺灣地區與大陸地區人民關係條例暨施行細則"，臺北市：

"行政院"大陸委員會。

陸委會，2016a，《兩岸大事記》，"行政院"大陸委員會，https：//www.mac.gov.tw/News_Content.aspx?n=FF87AB3AC4507DE3&sms=4A22C80D8C659C54&s=2901327D192651D3，2016 年 6 月 25 日。

陸委會，2016b，《兩岸大事記》，"行政院"大陸委員會，https：//www.mac.gov.tw/News_Content.aspx?n=FF87AB3AC4507DE3&sms=4A22C80D8C659C54&s=2901327D192651D3，2016 年 11 月 15 日。

陸委會，2016c，《兩岸大事記》，"行政院"大陸委員會，https：//www.mac.gov.tw/News_Content.aspx?n=FF87AB3AC4507DE3&sms=4A22C80D8C659C54&s=2901327D192651D3，2016 年 11 月 30 日。

陸委會，2017，《兩岸大事記》，"行政院"大陸委員會，https：//www.mac.gov.tw/News_Content.aspx?n=FF87AB3AC4507DE3&sms=4A22C80D8C659C54&s=0211FF1C2F1D91F6，2017 年 9 月 20 日。

陸委會，2018，《兩岸大事記》，"行政院"大陸委員會，https：//www.mac.gov.tw/News_Content.aspx?n=FF87AB3AC4507DE3&sms=4A22C80D8C659C54&s=FA74D51B3F9B9462，2018 年 2 月 28 日。

李英明，2010，《ECFA 的讓利與對等發展》，財團法人國家政策基金會，https：//www.npf.org.tw/1/8059，2010 年 9 月 8 日。

吳秀光，2001，《政府談判之博弈論分析》，臺北市：時英出版社。

林正義，2009，《台灣防衛性公投與美國對台政策調整》，《歐美研究》39，2：333-388。

海峽交流基金會，2012，《兩岸協議》，海峽交流基金會網站，http：//www.sef.org.tw/lp.asp?CtNode=3810&CtUnit=2083&BaseDSD=7&mp=19&nowPage=1&pagesize=15，2012 年 4 月 1 日。

海峽交流基金會，2018，《兩岸協議》，海峽交流基金會網站，http：//www.sef.org.tw/lp.asp?ctNode=3810&CtUnit=2083&BaseDSD=7&mp=19，2018 年 5 月 29 日。

陳君碩，2018，《兩岸民間互動 且行且珍惜》，中時電子報，http：//www.chinatimes.com/newspapers/20180529000054-260301，2018 年 5 月 29 日。

黑白集，2018，《兩岸制度之爭》，聯合新聞網，https：//udn.com/news/story/7338/3173554?from=udn-catelistnews_ch2，2018 年 5 月 31 日。

袁鶴齡，2009，《兩岸協商談判之回顧與展望》，《研習論壇月刊》98：3-14。

袁鶴齡、沈燦宏，2014，《動態的臺海兩岸談判：雙層賽局與認知因素研究》，《東吳政治學報》32，3：173-239。

"總統府" 2002，《"總統" 以視訊直播方式於世界台灣同鄉聯合會第二十九屆會中致詞》，"總統府" 新聞網，http：//www.president.gov.tw。2011 8 月 3 日。

Moravcsik, Andrew. 1993. "Integrating International and Domestic Theories of International Bargaining." In Peter B. Evans, Harold K. Jacobson, and Robert D. Putnam, eds. *Double-Edged Diplomacy*: *International Bargaining and Domestic Politics*: 1-42. London: California University Press.

Putnam, Robert D. 1988. "Diplomacy and Domestic Politics: The Logic of Two-Level Games." *International Organization* 42, 3 (Summer 1988): 427-460.

"中华民族"载入宪法的重大意义

熊文钊 [*]

2018年3月11日第十三届全国人民代表大会审议通过的《中华人民共和国宪法修正案》，是我国宪法发展史上的一件大事。这次《宪法》修正案在序言部分将"中华民族"概念正式作为一个宪法范畴确立下来，为中华民族伟大复兴奠定了坚实的宪法基础。"中华民族"伟大复兴载入宪法是重大"宪法时刻"。

从此次《宪法》修正案内容来看，两处修改确立了"中华民族"的概念。第一，宪法序言第七自然段中"推动物质文明、政治文明和精神文明协调发展，把我国建设成为富强、民主、文明的社会主义国家"修改为"推动物质文明、政治文明、精神文明、社会文明、生态文明协调发展，把我国建设成为富强民主文明和谐美丽的社会主义现代化强国，实现中华民族伟大复兴"；第二，宪法序言第十自然段中"包括全体社会主义劳动者、社会主义事业的建设者、拥护社会主义的爱国者和拥护祖国统一的爱国者的广泛的爱国统一战线"修改为"包括全体社会主义劳动者、社会主义事业的建设者、拥护社会主义的爱国者、拥护祖国统一和致力于中华民族伟大复兴的爱国者的广泛的爱国统一战线"。

一、"中华民族"概念的提出

我国自古以来就是一个统一的多民族国家。各民族在几千年的历史交往过程中形成了守望相助、深度融合的中华民族大家庭。这种中华民族大家庭的真实写照就是中华民族"多元一体"关系格局的形成。特别是近代以后，在外来侵略寇急祸重的严峻形势下，我国各族人民手挽着手、肩并着肩，英勇奋斗，浴血奋战，打败了一切穷凶极恶的侵略者，捍卫了民族独立和自由，共同书写了中华民族保卫祖国、抵御外侮的壮丽史诗。可以说，中华民族共同体的意识

---

* 熊文钊，中央民族大学法治政府与地方制度研究中心主任。

已经积淀为我国各族人民的一笔精神财富，得到了我国各族人民的一致认同。

（一）"家国天下"遭遇"民族国家"

在现代民族国家组成的国际法体系尚没有形成之前，维系族群与国家认同主要依靠文明体系的力量，中华文明体系在制度层面形成的是一种"家国天下"构成的宪制传统。但是晚清以来，中国的现代国家建构却又与全球世界的深刻变化紧密地联系在了一起。当尼德兰革命与法兰西革命悄然燃起民族国家（nation state）战争从而构筑起现代政治秩序体时，借由"民族主义"这一强大组织力量而重新组织国家叙事的做法，却爆发出前所未有的能量。在这套新的国际话语体系之下，民族国家作为一种新的政治叙事方式，正逐步取代那些松散的国家形态并且试图建构起民族与国家之间的稳定边界。作为其结果，"民族主义"生产了民族和民族国家新秩序。

（二）从"民族"到"中华民族"

按照民族主义的逻辑，民族必然导向国家实体，即"一个民族，一个国家。"西方意义上的民族概念，受限于其强调不同民族之间的区隔而极具内在张力和排外属性。当民族概念进入中华文明体系之初，由于其不能很好地适应本土文化的环境而难免引发关于民族在认识论上的种种争论，这同时为彼时西方国家企图借由民族概念的歧义来分化中国制造了温床。但民族主义的先进性一面在中国仁人之士的卓越远见下却得到较好的发扬。从"种族"到"民族"（大小民族主义）进而"中华民族"观念之形成表明，中国现代国家的转向并非对西方民族国家的亦步亦趋，也非一个伪装成民族国家的文明（civilization），而更似两者的结合体。

（三）"中华民族"概念的提出具有重要意义

"中华民族"概念的提出在当时无疑体现出历史的进步意义。其一方面通过积极动员和整合各民族促进和实现了对外的民族独立与解放，对内方面则积极实现对大清王朝遗产的整体继受，因而避免了一国内各民族像西方国家一样纷纷走向独立的道路；另一方面，晚近"中华民族"概念的提出，不仅顺应了近现代国际法体系的理念，使中国获得与其"国格"相对应的"族格"，同时也在促使这一观念逐渐深入人心的同时，大大增强了整体国人的民族自信心和自豪感。从某种程度上说，中华民族概念的最终形成，为当时提出"振兴中华"这一伟大目标奠定了坚实的观念基础。

二、"中华民族"之于《宪法》

新中国成立以来，我国识别出 56 个法定的民族，且这些民族的合法地位业已得到宪法和法律的确认。然而，囿于国家建构的"未完成式"，"中华民族"作为一个政治概念未能载入宪法文本，成为我国宪法发展史上的一大缺憾。纵观世界各国宪法，都在序言部分或明或暗地阐述了该国制宪权的主体。例如，在宪法民族主义的想象之下，美国用"我们人民"（we the people）的表述来构建"美利坚民族"的宪法民族观；德国用"我德意志人民"（sich das Duetsche Volk）这类主观性较强的词汇来统合一种明确的"德意志民族"。法国、日本、俄罗斯皆如此。

（一）"中华民族"在我国历部宪法中的演变

回顾我国制宪史，"中华民族"的概念只在为数不多的几部宪法或宪法性文件中若隐若现。民国时期，限于国家建构和革命任务的特殊性，其几部宪法中都只出现了"各民族"的表述。1934 年 1 月，代表工农民主政权的根本法——《中华苏维埃共和国宪法大纲》首次提出超民族的"中国民族"概念。如其第 8 条规定"中华苏维埃政权以彻底的将中国从帝国主义榨压之下解放出来为目的，宣布中国民族的完全自主与独立……"；中华民国"五五宪草"（1936 年 5 月 5 日）虽然在其第 5 条规定"中华民国各民族均为中华民族之构成份子，一律平等。"但这部宪法草案公布以后，遭到了全国人民的反对，最终未能正式生效。此后，"中华民族"一直没有入宪。

（二）理解宪法语境中的"中华民族"

以往宪法文中虽然没有直接明确"中华民族"概念，其只有在《国歌法》等宪法性法律得以间接性的表达。但是从规范宪法学的角度来看，实际上"中华民族"并非一个"非宪法概念"。在宪法解释学的语境中，中华民族概念的存在却是隐含于宪法文本当中的。2018 年《宪法》修正案通过之前，我们以 1982 年《宪法》为文本统计得出，"民族"一词在全文中出现 67 次。其中，民族关系指向整体性之处达 19 次；民族关系指向部分性之处达 44 次。宪法文本中的"民族"规范意涵十分丰富，其具体指向不尽相同。

（三）2018 年宪法修改之后的民族规范释义

2018 年宪法序言写入"中华民族"的重要意义在于使原本间接指向整体性的民族关系得以直观和明确地"呈现"出来，将原来就已经指向整体性的民族关系更加具有法的确定性和规范性。就修改后的宪法民族规范意涵而言，其直观改变在于将整体性民族关系指向的条文次数由 19 次增加至 21 次。但这一变化中仍有待于解决的问题是，如何定位"大写的民族"与"小写的民族"之间的相互关系？又如何确立中华民族的宪法地位？2018年宪法修改之后的民族规范释义，是宪法学的重要课题之一，需要认真对待。

（四）宪法序言第一段：一种"历史解释"的进路

该问题的答案似乎潜藏于宪法序言第一自然段当中："中国是世界上历史最悠久的国家之一。中国各族人民共同创造了光辉灿烂的文化，具有光荣的革命传统。"这里的"悠久"与"共同""革命"的词汇，实际上指涉（refer to）宪法中"大写的民族"的演化史。首先，中国悠久的历史在民族关系结构上表现为"多元一体"的格局。其次，中国历代统治者都注意将建立在"多元一体"的民族格局之上的政治结构塑造为"大一统"的政治体制，从而赋予"多元一体"的民族关系以政治一统的含义。最后，中国源远流长的历史国情和单一制的国家结构传统，为各民族的交往交流交融、形成多元一体的中华民族共同体，提供了强有力的政治保证。

（五）宪法整体民族观的最终形成

宪法序言第一段的解读表明，宪法序言用"中国是世界上历史最悠久的国家之一。中国各族人民共同创造了光辉灿烂的文化……"和"中华人民共和国是全国各族人民共同缔造的统一的多民族国家"的叙事模式，尊重同时延续了历史中国不断发展变化着的中华民族"多元一体"关系格局。现代以降，我国宪法又确立了"民族不分大小一律平等"的社会主义民族关系。由上，对于宪法当中的整体民族观可以得到如下恰当的解释。第一，中国各民族（现有法定民族为56个民族）共同组成了更高层次的中华民族；第二，中华民族的概念并不遮蔽各民族的本体性（即民族族格）；第三，中华民族的宪法地位可定性为中国的"国家民族"（state nation）。

三、"中华民族"入宪的意义

宪法作为一个国家的根本大法，是特定社会政治经济和思想文化条件综合作用的产物。宪法只有不断适应新形势、吸收新经验，通过与时俱进，才能保持其持久的生命力。新中国成立特别是改革开放以来，中国特色社会主义不断取得伟大成就，久经磨难的中华民族也实现了从站起来、富起来到强起来的历史性飞跃。可以说，今天的中国比历史上任何时期都更加接近中华民族伟大复兴的目标。这是我国各族人民长期以来同心同德、同心同向努力的结果。从《关于〈中华人民共和国宪法修正案（草案）〉的说明》来分析，"中华民族"概念明确写入宪法，凸显以下四个方面的深远意义。

第一，"中华民族"入宪对于实现执政党的历史使命与国家的目标任务的高度契合具有重大意义。从宪法学的角度来看，一部恰到好处的宪法序言，正是对国家任务与目标的明确表达和宣告，以使宪法序言在整部宪法中发挥其统领作用。2018年"中华民族"入宪首先调整和充实了中国特色社会主义事业总体布局和第二个百年奋斗目标的内容。从第一处涉及修改的序言第七自然段的内容来看，其主要考虑是：实现中华民族伟大复兴，是党的十九大确立的奋斗目标。作这样的修改，在表述上与党的十九大报告相一致，有利于引领全党全国人民把握规律、科学布局，在新时代不断开创党和国家事业发展新局面，齐心协力为实现"两个一百年"奋斗目标、实现中华民族伟大复兴提供宪法指引。

第二，"中华民族"入宪对于形成最为广泛的爱国统一战线具有重大意义。我国现行宪法中的民族意涵表明，"中华民族"概念具有丰富的规范内涵，其既不能直接等同于某一个民族，也并非一个抽象和空洞的概念。从宪法第二处修改即序言第十自然段的修改内容来看，实现中华民族伟大复兴是团结海内外中华儿女的最大公约数。这需要凝聚各方面的力量共同奋斗。只有把全体社会主义劳动者、社会主义事业的建设者、拥护社会主义的爱国者、拥护祖国统一和致力于中华民族伟大复兴的爱国者都团结起来、凝聚起来，社会主义事业才能获得强大持久广泛的力量支持。"中华民族"入宪，有助于积极构筑普遍的、广泛的爱国心理和统一战线。

第三，"中华民族"入宪对于推进"一国两制"和祖国完全统一具有重大意义。习近平总书记在党的十九大报告中指出："保持香港、澳门长期繁荣稳定，实现祖国完全统一，是实现中华民族伟大复兴的必然要求。必须把维护中央对香港、澳门特别行政区全面管治权和保障特别行政区高度自治权有机结合起来，确保'一国两制'方针不会变、不动摇，确保'一国两制'实践不变形、不走样。必须坚持一个中国原则，坚持'九二共识'，推动两岸关系和平发展，深化两岸经济合作和文化往来，推动两岸同胞共同反对一切分裂国家的活动，共同为实现中华民族伟大复兴而奋斗。""中华民族"入宪立足长远目标，拉近了祖国大陆同港澳台之间的宪法联系。

第四，"中华民族"入宪有助于铸牢中华民族共同体意识。国家认同与民族认同互相指涉，甚至能够实现在同一层次上的重叠，这是其最为理想的状态。但由于民族概念具有层次性，其与国家认同的关系也具有不同维度的理解。"中华民族"入宪及时回应了我国民族与国家议题中的诸多难题，内在地克服了长期以来由民族认同与国家认同造成的现实对立，同时也消解了公民民族主义与族裔民族主义之间的可能张力，从而推动国家深度建构和治理能力现代化。可以说，"中华民族"入宪开辟了中华民族大团结的新境界，必将在坚决打击民族分裂势力、促进两岸和平统一及增强国人身份认同等方面提供宪法根本法的保障。

大陸的國際環境與台灣

湯紹成

在過去四十年來，大陸以低勞動成本、政策優惠吸引外資，打造出世界工廠。如今有意更上層樓，自然必須研擬轉型發展。美國見中國快速崛起，因而以發動貿易戰等方式，以保護美國高科技產業與智財權，避免中國在全球高科技獨占鰲頭，其中更視"中國製造2025"為一大威脅。況且歐盟也跟進，並對"一帶一路"表達不滿。

在過去兩年來，兩岸關係凍結難解，近來台美關係發展熱絡，北京一方面提出大規模惠台政策，同時也開始在外交方面進一步限縮台灣，以及對台灣進行威懾，其中中國解放軍海空軍頻頻對台灣進行繞島巡航行動，況且強度持續增加，確實值得警惕。

本文是以外環境與內因素等兩個面向，來檢視當前大陸國際上的挑戰與其對台灣的政策，並提出整體的省思。

一、前言

自1949年至今近70年，大陸發展可分為前30年與後40年兩階段。在前一階段專注政治問題，是社會主義救中國的階段。

自1979年至今，改革開放已實施了40年，大陸創造的前所未有的佳績，甚至有西方學者以人類的極限來形容，可謂是"資本主義"救中國。而1989年東歐的蘇東波興起，中國救了社會主義。至2009年，歐美國家金融危機肆虐，中國積極紓困，確實救了資本主義。如今，中國更以大手筆的"一帶一路"倡議，來振興全球。

另外，在地緣政治上，從"一帶一路"與"亞投行"出發，積極建設與拉攏亞非歐國家，以圖互利共榮。其中"一帶一路"倡議宏偉，但相關國家反應不一，或有支持者認為利益重大；亦有反對者認為弊大於利，確實使此倡議面臨挑戰。

此外，當前歐美國家都面臨民粹主義的困境，因而大陸正可以藉此機會提出自己的價值規範與行為模式，以便走出一條與西方世界的不同道路。同時，在此氛圍的指引下，再對台灣產生感召力與吸引力，以達兩岸融合的境地。

二、外部環境

（一）中美貿易大戰

近日美中貿易衝突加劇，美國乃欲維持下一代行動通訊技術 5G 規格制定的領先，禁止美國企業向中國出售電腦晶片，這也將成為大陸高科技產業及紅色供應鏈的一大浩劫。

尤其大陸產業的騰籠換鳥以及"中國製造 2025"等，主導建立半導體產業，加上電商、自動化、行動支付、AI 人工智慧的加速發展，提升中國高科技產業，將製造大國轉型為製造強國。

綜合言之，近日的美中貿易衝突，表面上是貿易體系的爭議與摩擦，實質上卻是一場高科技產業的角力競逐，以及衍生的經濟霸權爭鬥，甚至成為地緣政治的板塊碰撞，以及市場與勢力範圍的爭奪，乃這齣貿易戰的核心內涵。目前雙方交手，勝負難分。

（二）歐盟統一戰線

四月中旬，來自北京的 28 位歐盟國家駐華大使中有 27 位，共同彙編了一份報告，對中國的"絲綢之路"項目進行了尖銳批評，實屬罕見，只有匈牙利大使拒絕簽署。

據稱該報告將在七月份歐盟 - 中國峰會上提出，其主要內容包括：中方阻礙自由貿易，並希望塑造全球化以自利，中方正在追求國內政治目標，例如減少剩餘產能，建立新的出口市場和保障原材料的准入。

他們警告說，如果中國沒有被迫遵守歐洲公共採購透明度原則以及環境和社會標準，那麼歐洲公司可能無法達成合同。歐盟官員還說，中國試圖分化歐洲，以加強與個別成員的關係。過去依賴中國投資的國家，如匈牙利和希臘，曾表明他們受自中方的壓力甚大。

同時，每當歐洲政治人物到中國訪問時，東道主都希望他們簽署協議，共同擴建"絲綢之路"。這種雙邊結構，導致了中歐之間不平等的權力分配。

由此可見，美歐國家幾乎以形成對中的統一戰線，1900 年的八國聯軍儼然再現，必須謹慎因應。

（三）歐洲民粹主義

由於難民問題的困擾，英國在 2016 年公投脫歐成功。之後，標準普爾把英國主權評級由 AAA（最優級的評等）降為 AA，評級展望負面。惠譽則把評級由 AA+ 降為 AA，評級展望負面。

但是蘇格蘭不希望離開歐盟，愛爾蘭的新芬黨也主張對北愛爾蘭進行統一公投，倫敦居民甚至發起"倫敦獨立"的行動。此外，由於直布羅陀 96% 選民選擇留在歐盟，引發西班牙再次對其主權的申索。

此外，歐盟國家波蘭、匈牙利與奧地利，都已是右派執政，義大利在月前選舉後，還未組成新政府。再者，德國、法國與荷蘭等國，極右派勢力也高漲，他們的主張都與歐盟背道而馳，可能將會受到歐盟總部的裁罰。

（四）非洲國家態度

由於非洲被歐洲國家長期殖民的結果，內部基礎建設極為落後，就連洲內航空線路，也必須經由巴黎或倫敦接轉。

首條以"中國規格"建造營運的肯亞蒙內鐵路，2017 年 5 月通車，全長 480 公里，連結肯亞首都奈洛比（Nairobi）和最大港蒙巴薩（Mombasa），不僅是肯亞獨立後首條新鐵路，更是未來東非多國鐵路網起始段。

此乃"一帶一路"倡議的具體成果，乃中非共同合作建設高速鐵路、高速公路和區域航空三大交通工程第一步。雖然如此，在非洲仍可見到零星的抗議聲浪，主要就是政府支持，但民眾還一還見不到實惠，土地卻已被徵收，又沒有增加就業機會，因為中方多半都自帶工人。

但綜合觀之，"一帶一路"在非洲的發展，確實還是利大於弊。

（五）小結

綜上所述，歐美先進國家已因中國的崛起感到焦慮，因而紛紛開始反制，除上述經貿議題之外，南海與台灣再加上"印太戰略"，都是明顯的態勢。相形之下，亞非洲國家對於"一帶一路"的反應較佳，因而應謹慎行事，區別對待，管控分歧，避免衝突。

三、北京對台政策

（一）"外交"部分

在對外關係方面，北京的政策可分為六方面來觀察。首先，是台灣的"邦交國"方面，原本以"一年拔一國"的態勢，其中包括聖多美普林西比與巴拿馬，目前更變本加利，在五月份就將多明尼加與非洲布吉納法索拔除。目前又傳出巴拉圭與海地等國與我關係不穩，此外還有教廷都有異動的跡象，情勢確實十分不利。

第二，是有關"非邦交國"方面。目前已有台灣駐在巴林、奈及利亞厄瓜多爾、阿拉伯聯合大公國與約旦等國的辦事處，被迫更名或遷移首都，因為"非邦交國"的代表處名稱中，原本所使用的"中華民國"或台灣，都一律改為台北，以符合一個中國的原則，並禁止雙方官方的來往。

第三，是國際組織。今年台灣無法以"觀察員"身份參與一年一度 WHO 的年度大會 WHA，其他的國際組織如國際民航以及國際氣象組織等，也難以樂觀，以至於台灣的國際參與程度受到傷害。雖然台灣當局與民間有一些反制動作，比如派人到當地舉辦活動，或請託歐美國家支持，但這是否事倍功半甚或弄巧成拙，還需要觀察。

第四，就是國際活動。目前在約旦的一個民間的國際文化交流活動，主辦方與大陸代表硬是強迫台灣參與者不得懸掛"國旗"，況且態度強硬，北京代表也毫不留情，其做法已與過去相去甚遠。

第五，是國際企業方面。比如北京曾要求所有外國的航空公司，都必須將台灣由一個單獨的政治實體改列為中國的一部分。如今大多外籍航空公司都已配合，如此不但符合一中原則，更可免去許多不必要的麻煩。北京已往並非如此，但目前已毫不留情面，就事論事，公事公辦。

第六，是國際人士。這主要是指外國的中國研究學者、專家以及記者等。若其研究、報導與發言不當，將可能被列為不受歡迎人物，而被拒絕入境大陸。這對於要以中國研究與報導為職業的相關人員而言，自然會形成相當的壓力，因為這與他們的工作飯碗有關，因而也致使了這些人士，在對於大陸、台灣或兩岸關係方面的表現，都相對謹慎，以免犯錯，可見北京的影響力。

（二）軍機繞島

在軍事方面，北京對台的動作也持續加碼。五月 17 日解放軍空軍運 8 遠程干擾機，繼 14 日的巡航之後，再度在"海峽中線"執行任務，已有常態化的跡象，況且已有部分跨越"海峽中分線"的動作，而我方軍機也都未能及時逼退。雖然我軍方聲稱，情況況都在掌握之中，但是由於兩岸雙方的實力懸殊，這種表態真的可以安撫民心？

自 1996 年"兩國論"之後，"海峽中線"以西的空域即由陸方掌握。在去年 503 航路還沒啟用前，大陸戰機會沿著這條航線來回巡弋，之後也都未越過

"海峽中線"。但目前情況已有所改變，因而使得 "海峽中線" 的默契也已被打破。

其實所謂的 "海峽中分線"，只是一條假想的界線，沒有任何明文規定的法律效力。此乃美國在 1951 年劃定。之後，兩岸也互不越線，相互尊重至今，只有來往台灣與金門、馬祖等外島的航線，有特殊的例外默契。

但依照海洋法的規定，此 "海峽中分線" 乃位於大陸專屬經濟區海域，也並非一般國與國之間的 "等距中線"，此乃兩國經濟海域重疊時的折衷辦法，但因兩岸並非兩國關係，因而不適用。由此可見，大陸軍機飛越 "中線"，雖打破現行慣例，但立場明確無疑。

尤有進者，大陸空軍近日發布，其航空兵轟 6K 等多架轟炸機，在南海島礁進行起降訓練。此乃中共空軍首次透露轟 6K 在南海的起降成功訊息，以達成訓練目的，提升海上作戰能力。由於轟 6K 的作戰半徑達 3500 公里，其所攜帶的巡航導彈射程可達 2500 公里，因而其威懾半徑是 6000 公里，其範圍涵蓋美國的關島以及澳洲還有印度洋等地，自然也包括台灣在內。

還有，多功能的匿蹤戰機殲 20 已進入量產，也將會在未來的繞島巡航的行動中出現。殲 20 的研發過程中，有相當的大陸自制新科技，對手不易干擾。況且，該機不但可以做為作戰時的指揮平台，更是戰術運用的支柱。

況且，目前與轟 6K 一同巡航的，還有俄製蘇愷 35 四代半重型戰機，其具有遠程多用途與打擊性強的性能，2016 年底才交由解放軍使用，目前共有 14 架。

（三）黑名單成真

除此以外，謠傳已久的 "台獨黑名單"，也將成真。由於近日國台辦表示，凡走過必留痕跡，"台獨" 份子都會受到遏處。這種明確表達的方式，確實早見，這也表明北京一定會有動作。

這也就意味著北京已由坐而言進入起而行的階段，而 "台獨" 名單上的人士，也將因觸犯《反分裂國家法》與《國家安全法》被列入全球通緝人物。

（四）小結

總之，由於賴清德的 "台獨" 言論，以及美國的 "台灣旅行法" 等對於北京的挑釁，再加上近日 "台獨公投" 甚囂塵上，因而導致大陸內部武統聲浪高漲，北京必須因應而行，才會有上述這些種種行動。

在外交方面，北京已布下天羅地網，從 "邦交國"、"非邦交國"、國際組織、國際活動、國際企業還有國際人士等，六管齊下，滴水不漏，確實造成台方相當的壓力，這也就因大陸相關涉台人員都是國際事務專家所致。尤其"邦交國"部分是無法逆轉，就算 2020 年政黨輪替，也必須承擔此後果，其餘的部分則還有挽回的可能，端視未來兩岸關係的發展而定。

依照我"外交部"統計，在大陸阻我"國際空間"事例，去年累計達四十二件，為近十年之最，涵蓋面從政治、經濟領域，到一般文化或體育範疇都包括在內，官員認為，從打壓密度及範圍的激增情況，今年會更嚴重。

在解放軍軍機繞島巡航部分，最值得憂慮的就是"海峽中線"的默契被打破，況且繞航軍機的戰鬥力日益加重，其威懾力更是強化。曾幾何時台灣會落入此的境地？尤其"執政黨"的轉型正義與改革方案，在台灣內部造成極大的爭議，屆時若北京攻台，我方真能團結一致？確實令人懷疑。在台灣與多明尼加"斷交"時，當局第一個反應就是要國人團結，就顯示了執政當局的心虛之處。

再加上對於"台獨人士"的處置，一方面是以全球通緝的方式，來拘捕重要的政治人物；另一方面，則可能台胞證的發放來限制相關人士的出國行動。比如在進入聯合國的所屬單位時，就必須出示台胞證才能進入，繼之在前往大陸友好國家時，也要有台胞證才能放行，這自然也會對於一些綠色台商產生威懾作用。

綜上所述，這是否已經成為一種結構性的矛盾還不得知，只是目前看不見任何可以轉圜的可能，確實令人擔憂。

四、整體的省思：再啟蒙運動

從上述美歐國家對中國的挑戰，以及他們自己的困境，再加上北京對台政策的變化，大陸當可在文化與價值認同方面更進一步，提出具體主張，以便因應。

在 17 至 18 世紀時，歐洲發生的一場哲學及文化運動，該運動相信理性發展知識可以解決人類實存的基本問題。人類歷史從此展開在思潮、知識及媒體上的"啟蒙"，開啟現代化和現代性的發展歷程。

德國哲學家康德，在他著名的著作《何謂啟蒙》（Was ist Aufklaerung, What is Enlightment）中，以拉丁文：Sapere aude Dare to know，敢於求知）的啟蒙精神，來闡述人類的理性擔當。他認為啟蒙運動是人類的最終解放時代，將人類意識從不成熟的無知和錯誤狀態中解放出來，這也就是要從過往基督教神學權威為主的社會，而以理性並敢於求知，發展出科學和藝術的知識，產生出啟蒙時代包含自由與平等概念的世界觀，來改進人類生活。因而，當前歐美國家的自由民主的價值觀因運而生，直至今日。

這個運動給我們的啟發，就是要我們敢於思考與創新。西方國家所制定的價值規範與行為規則，自然有其可取之處，但重要的是取其精華、去其糟粕，綜合揚棄，化被動遵守為主動創新，操之在我。

從 1949 年以來中國走了一條特殊的道路，尤其是 1978 年的改革開放至今成果輝煌，相形之下，原本先進西方國家都面臨了極大的困境難，這正是中國的良機，從政治、經濟與文化等方面，自創品牌，光耀世界。

依照中國國家與制度的特色，將以往的"北京共識"更加發揚。以民主為例，歐美國家只講過程而不顧結果，就是致命的缺失。美國川普總統的荒強走板，英國的脫歐與匈牙利的右傾，都造成相關國家極大的困擾。相對的，大陸以行政經歷來層層檢視政治人物的能力，直至榮登高位，這種菁英選拔人才的方式，當可品質保證，確實略勝一籌。

再者，經濟發展與獨立自主，以及勇於創新與天人合一等的辯證關係，都可說是"再啟蒙運動"的推行。比如"深圳模式"，就是勇於創新的最佳範例。

此外，更可以參考牟宗三、徐復觀與張君勱、唐君毅在 1958 年合撰的《為中國文化敬告世界人士宣言——我們對中國學術研究及中國文化與世界文化前途之共同認識》。其中提及，中國歷史文化之精神生命，以及中國文化之發展與民主建國等理念，以古鑑今，極有價值。

五、結語

總之，當前大陸在國際上的挑戰嚴峻，兩岸朝向和平發展的機率銳減，在台灣中華文化有意被塑造成"台灣文化"的一部份，如何撥亂反正，確實重要。

因此，除了政治與經貿的途徑之外，要建立自己的新價值觀實非易事，還須兩岸仁人志士共襄盛舉、共創輝煌。目前北京提出惠台 31 條的政策已是一個很好的開端，吾等應齊心協力，集思廣益，做好宣傳，納入台灣，共創輝煌，完成統一。

论宪法资源在"一国两制"、推进祖国统一中的运用

伊士国[*]

"一国两制"伟大构想是邓小平理论的重要组成部分,是马克思主义国家学说在中国的创新和发展,是马克思主义中国化的伟大产物。"一国两制"伟大构想本为解决台湾问题而提出,但却提前在香港和澳门得以成功践行。实践充分证明,"一国两制"这一伟大构想是推进祖国统一的有效途径和最佳途径,必须要长期坚持。基于此,党的十九大报告明确提出:要"坚持'一国两制'和推进祖国统一。"[1]在当前香港和澳门已经回归祖国的情况下,"一国两制"主要用于解决台湾问题,以实现祖国的完全统一。考虑到"台湾问题不仅是一个政治问题,而且是一个法律问题,特别是一个宪法问题。"[2]因而,我们坚持"一国两制"、推进祖国统一,就必须要动用一切资源,特别是其中的宪法和法律资源,尤其是宪法资源。正如有学者指出:"将宪法资源运用于两岸政治关系定位,既是两岸关系和平发展的现实需要,也是宪法学人的贡献和责任。"[3]

一、宪法为"一国两制"、推进祖国统一提供了规范依据

由于"宪法是治理国家的根本法和基本原则的总体,宪法规定政府体制、政府及其所属各部门和官员的一般职能和权限,以及为何行使这些职权"。[4]因

---

* 伊士国(1982—),男,河北永年人,法学博士,法学博士后,河北大学政法学院副教授,主要研究宪法学。

[1] 习近平:《决胜全面建成小康社会,夺取新时代中国特色社会主义伟大胜利——在中国共产党第十九次全国代表大会上的报告》,载《人民日报》2017年10月28日。

[2] 周叶中:《台湾问题的宪法学思考》,载《法学》2007年第6期。

[3] 周叶中、祝捷:《论宪法资源在两岸政治关系定位中的运用》,载《法商研究》2013年第5期。

[4] 转引自蒋碧昆主编:《宪法学》,中国政法大学出版社2002年版,第11页。

而，只有将"一国两制"载入宪法，才能为我们坚持"一国两制"、推进祖国统一提供根本法依据和保障。如果说1979年全国人大常委会《告台湾同胞书》提出的"一国两制"即"我们的国家领导人已经表示决心，一定要考虑现实情况，完成祖国统一大业，在解决统一问题时尊重台湾现状和台湾各界人士的意见，采取合情合理的政策和办法，不使台湾人民蒙受损失"①，还是一种政策主张的话。那么，1982年宪法的有关规定即第31条："国家在必要时得设立特别行政区。在特别行政区内实行的制度按照具体情况由全国人民代表大会以法律规定。"则将"一国两制"由政策主张变成了根本法规范，保证了"一国两制"方针的长期性和稳定性，为港澳台同胞吃了一颗定心丸，也为我们坚持"一国两制"、推进祖国统一提供了规范依据。正如彭真同志在《关于中华人民共和国宪法修改草案的报告》中指出："去年国庆节前夕，全国人民代表大会常务委员会委员长叶剑英同志发表谈话指出，实现和平统一后，台湾可作为特别行政区，享有高度的自治权。这种自治权，包括台湾现行社会、经济制度不变，生活方式不变，同外国的经济、文化关系不变等等。考虑到这种特殊情况的需要，宪法修改草案第三十一条规定：'国家在必要时得设立特别行政区。在特别行政区内实行的制度按照具体情况由全国人民代表大会以法律规定。'在维护国家的主权、统一和领土完整的原则方面，我们是决不含糊的。同时，在具体政策、措施方面，我们又有很大的灵活性，充分照顾台湾地方的现实情况和台湾人民以及各方面人士的意愿。这是我们处理这类问题的基本立场。"②具体说来：

（一）为正确界定台湾问题性质提供了规范依据

我国1982年宪法序言第九段明确规定："台湾是中华人民共和国的神圣领土的一部分。完成统一祖国的大业是包括台湾同胞在内的全中国人民的神圣职责。"这表明台湾问题纯属我国的内政问题，是国共两党内战历史遗留问题造成的，其不同于因外国殖民侵略而形成的香港问题和澳门问题，因而，任何外国势力不得干涉台湾问题。解决台湾问题，实质上就是解决我国台湾地区主权与治权分离的问题，就是解决我国国家主权统一与领土完整的问题。因而，从宪法角度来看，台湾问题的实质就是如何将中华人民共和国宪法在台湾地区有效适用的问题。因为作为国家主权标志之一的宪法，是国家的根本大法，理应适用于中国的每一寸土地，适用于中国的每一位公民。台湾地区作为中华人民共

---

① 《中华人民共和国全国人大常委会告台湾同胞书》，载《人民日报》1979年1月1日。
② 《中华人民共和国人民代表大会文献资料汇编》（1949—1990），中国民主法制出版社1991年版，第119页。

和国的神圣领土的一部分,自然也应适用于中华人民共和国宪法,但是由于事实上台湾地区与大陆长期处于割据分治状态,中央人民政府不能对台湾地区行使统治权,中华人民共和国宪法自然不能在台湾地区适用。而今后,我们无论是通过和平手段还是非和平手段解决台湾问题,一个有效且必需的途径就是如何将中华人民共和国宪法在台湾地区有效适用,这一点如果得不到解决,台湾问题就不可能真正得到解决。而在这一过程中,必须妥善处理好中华人民共和国宪法与"1946年中华民国宪法"的关系。尽管"1946年中华民国宪法"随着新中国成立而被废止,在大陆被停止适用,但"1946年中华民国宪法"在台湾地区一直适用至今,其作为"中华民国""主权"的标志之一,在台湾地区和台湾人民心中具有不可低估的影响力,因而,我们在解决台湾问题过程中,要充分做好预案,对"1946年中华民国宪法"对祖国统一的障碍和不利影响作出充分评估,在此基础上,就如何处理中华人民共和国宪法与"1946年中华民国宪法"关系作出合法合情合理安排,以保证中华人民共和国宪法在台湾地区的有效适用。正如周叶中教授指出:"解决台湾问题,使1982年宪法最终有效适用于台湾地区,必须研究1982年宪法对1946年'宪法'的替代方式,还要研究1982年宪法如何取代1946年'宪法'并为台湾地区人民所认同等重要问题。"①

（二）为正确界定和处理两岸关系提供了规范依据

我国1982年宪法从法律上明确定位了两岸关系,即坚持一个中国原则前提下的中央与地方关系,从而为我们正确界定和处理两岸关系提供了规范依据。主要体现在:第一,我国1982年宪法明确了一个中国原则。一个中国原则,是"九二共识"的核心内容,是我们正确处理两岸关系的根本前提。为此,我国1982年宪法明确规定了一个中国原则,即我国1982年宪法序言第九段明确规定:"台湾是中华人民共和国的神圣领土的一部分。完成统一祖国的大业是包括台湾同胞在内的全中国人民的神圣职责。"这就说明,世界上只有一个中国,中华人民共和国政府是代表中国的唯一合法政府,台湾是中国领土不可分割的一部分。正如邓小平同志指出:"制度可以不同,但在国际上代表中国的,只能是中华人民共和国。"②尽管台湾地区与祖国大陆事实上处于一种割据分治的状态,治权尚未统一,但我国1982年宪法这一规定,从法理上明确了我国的领土完整和主权统一,其从未分割、也不容分割,也就明确了一个中国原则。此外,需要说明的是,台湾地区"1946年中华民国宪法"也明确了一个中国原则,但其

---

① 周叶中:《台湾问题的宪法学思考》,载《法学》2007年第6期。

② 《邓小平文选》第3卷,人民出版社1993年版,第30页。

与大陆的一个中国原则在内涵等方面存在差异，即"一中各表"。正如中国国民党前主席连战指出："两岸各自的法律、体制都实施一个中国原则，台湾固然是中国的一部分，大陆也是中国的一部分，从而形成'一中架构'下的两岸关系，而不是国与国的关系。'九二共识'由此产生，这是双方政治互信的基础，必须加以维护。"[①] 第二，我国 1982 年宪法明确了两岸关系。我国 1982 年宪法对两岸关系进行了明确规定，将两岸关系定位为中央与地方的关系，而不是对等关系，更不是国与国的关系。一是在祖国统一之前，我国 1982 年宪法第 30 条将台湾地区定位为中华人民共和国的一个省即台湾省，其属于中华人民共和国的一个省级地方行政区域，其与祖国大陆的关系自然就是中央与地方的关系；二是在祖国统一后，我国 1982 年宪法第 31 条将台湾地区定位为中华人民共和国的一个特别行政区，尽管其享有高度自治权，实行原有的社会制度和生活方式，但其与香港和澳门一样，仍然属于中华人民共和国的一个省级地方行政区域，其与祖国大陆的关系自然也就是中央与地方的关系。可见，无论是台湾地区作为中华人民共和国的一个省还是一个特别行政区，其与祖国大陆的关系都是中央与地方的关系，这一点是毋庸置疑，也不容改变的。

（三）为对台立法提供了规范依据

"台湾问题既是政治问题，更是法律问题。因此我们在探索解决台湾问题的途径过程中，必须立足法律角度予以思考，并充分运用法律武器，加紧开展对台特别立法的研究和实施工作。"[②] 但对台立法必须要以宪法为依据，将宪法中有关的涉台规定予以细化和具体化，以维护社会主义法制的统一性。如前所述，宪法为"一国两制"、推进祖国统一提供了规范依据，也就为我们对台立法提供了规范依据。《反分裂国家法》是目前我们对台的主要立法，其正是以宪法为依据制定的，将宪法中有关的涉台规定予以了细化和具体化，即"为了反对和遏制'台独'分裂势力分裂国家，促进祖国和平统一，维护台湾海峡地区和平稳定，维护国家主权和领土完整，维护中华民族的根本利益，根据宪法，制定本法。"[③] 例如，《反分裂国家法》第 2 条规定："世界上只有一个中国，大陆和台湾同属一个中国，中国的主权和领土完整不容分割。维护国家主权和领土完整是包括台湾同胞在内的全中国人民的共同义务。台湾是中国的一部分。国家绝不

---

① 《习近平总书记会见连战一行》，载《人民日报》2013 年 2 月 26 日。

② 周叶中、祝捷：《两岸关系的法学思考》，香港社会科学出版社有限公司 2010 年版，第 29 页。

③ 《反分裂国家法》第 1 条。

允许'台独'分裂势力以任何名义、任何方式把台湾从中国分裂出去。"这就将我国 1982 年宪法确立的一个中国原则予以细化和落实。《反分裂国家法》第 5 条规定:"坚持一个中国原则,是实现祖国和平统一的基础。以和平方式实现祖国统一,最符合台湾海峡两岸同胞的根本利益。国家以最大的诚意,尽最大的努力,实现和平统一。国家和平统一后,台湾可以实行不同于大陆的制度,高度自治。"则将我国 1982 年宪法规定的"一国两制"予以了细化和落实,也将我国 1982 年宪法规定的特别行政区制度予以了细化和落实,为未来台湾特别行政区的建立提供了明确的规范依据,等等。

二、宪法为"一国两制"、推进祖国统一提供了制度依据

我国 1982 年宪法不仅为我们坚持"一国两制"、推进祖国统一提供了规范依据,还通过根本法规范设计,建立了特别行政区制度,为"一国两制"、推进祖国统一提供了制度依据。特别行政区制度是邓小平"一国两制"伟大构想的制度产物,也是马克思主义国家学说中国化的制度创新实践产物,是解决我国台湾问题最佳制度途径,有利于和平解决台湾问题,实现祖国的完全统一。我国 1982 年宪法第 31 条即"国家在必要时得设立特别行政区。在特别行政区内实行的制度按照具体情况由全国人民代表大会以法律规定",明确规定了特别行政区制度,从而为我们坚持"一国两制"、推进祖国统一提供了制度依据。具体说来:

(一)特别行政区制度是"一国两制"的制度形态和产物

"一国两制"伟大构想,是邓小平在尊重历史、尊重事实的基础上,集中全党智慧提出来的。但"一国两制"伟大构想的践行,必须要依赖于一定的制度载体,依赖于一定的制度保障。而特别行政区制度正是"一国两制"的制度形态和产物,是"一国两制"伟大构想的制度载体所在,有利于保证"一国两制"伟大构想的落实。主要体现在:第一,从历史发展来看,在 1981 年邓小平第一次明确提出"一国两制"伟大构想后不久,即"对台湾九条方针是以叶剑英副主席的名义提出来的,实际上就是一个国家两种制度。两种制度是可以允许的。他们不要破坏大陆的制度,我们也不破坏他们那个制度。国家的统一是我们整个中华民族的愿望。这不仅有利于子孙后代,在中国五千年的历史上也是一件大事。"[①] 为了体现"一国两制"伟大构想,保障"一国两制"伟大构想落实,我国 1982 年宪法就明确规定了特别行政区制度。这一点从上述彭真同志在《关于

① 《1982 年 1 月 11 日邓小平首次提出"一个国家两种制度"的概念》,http://cpc.people. com.cn/GB/64162/64165/76621/76633/index.html,访问日期:2018 年 6 月 16 日。

中华人民共和国宪法修改草案的报告》中的相关讲话中可以看出。第二，特别行政区制度体现了"一国"与"两制"的有机统一，是"一国两制"的制度形态和产物，保证了"一国两制"伟大构想的成功践行。"我们的政策是实行'一个国家、两种制度'，具体说，就是在中华人民共和国内，十亿人口的大陆实行社会主义制度，香港、台湾实行资本主义制度。"①而特别行政区制度体现了"一国"与"两制"的有机统一，是"一国两制"的制度形态与产物，具体表现在：特别行政区首先是"一国"范围内的特别行政区，即特别行政区是以坚持一个中国为原则的，其是中华人民共和国范围内的地方行政区域，要接受中央人民政府的统一领导，并经由全国人大决定才能设立。此外，特别行政区是"一国"范围内实行"两制"的特别行政区，即在中华人民共和国范围内，在大陆实行社会主义制度，在香港、澳门、台湾特别行政区实行资本主义制度。即"我们对香港的政策长期不变，影响不了大陆的社会主义。中国的主体必须是社会主义，但允许国内某些区域实行资本主义制度，比如香港、台湾。"②这样既有利于坚持一个中国原则，也有利于尊重香港、澳门、台湾的历史传统和现实状况，和平解决香港问题、澳门问题、台湾问题，实现祖国的和平统一。

（二）特别行政区制度为"一国两制"落实提供了制度保障

特别行政区制度作为"一国两制"的制度形态和产物，既体现了"一国"与"两制"的有机统一，又把维护中央对特别行政区全面管治权和保障特别行政区高度自治权有机结合起来，从而为"一国两制"的落实提供了制度保障。且特别行政区制度在香港、澳门的成功实践充分证明，特别行政区制度是一个适合中国国情、能够和平解决祖国统一问题的好制度，为"一国两制"落实提供了制度保障，必须长期坚持和维护，并将之用于解决台湾问题。具体言之，第一，特别行政区制度维护了中央对特别行政区全面管治权。我国1982年宪法第31条和第62条第13项的关于特别行政区的设立及其所实行的制度由全国人大的规定，表明了特别行政区对中央人民政府的隶属关系，表明了特别行政区是中华人民共和国的一级地方行政区域，其虽享有高度自治权，但其不享有国家主权，也不是完全自治。正如邓小平同志指出："我们不赞成台湾'完全自治'的提法。自治不能没有限度，既有限度就不能'完全'。'完全自治'就是'两个中国'，而不是一个中国。"③因而，我们首先要强调和维护的就是中央对特别

---

① 《邓小平文选》第3卷，人民出版社1993年版，第58页。
② 《邓小平文选》第3卷，人民出版社1993年版，第59页。
③ 《邓小平文选》第3卷，人民出版社1993年版，第30页。

行政区全面管治权,这也是"一国"的必然要求,以保证特别行政区对中央人民政府的直接从属,维护国家主权统一和领土完整。第二,特别行政区制度保障了特别行政区高度自治权。根据"一国两制"的要求,特别行政区尽管是中华人民共和国的一个地方行政区域,但是由于历史的原因等,其与其他一般行政区域不同,享有高度自治权,实行当地人管理、高度自治,特别是台湾将享有更多的高度自治权,即"祖国统一后,台湾特别行政区可以有自己的独立性,可以实行同大陆不同的制度。司法独立,终审权不须到北京。台湾还可以有自己的军队,只是不能构成对大陆的威胁。大陆不派人驻台,不仅军队不去,行政人员也不去。台湾的党、政、军等系统,都由台湾自己来管。中央政府还要给台湾留出名额"。①而我国 1982 年宪法规定的特别行政区制度则将特别行政区高度自治权予以了规范化、制度化,避免了政策的朝令夕改,保证了特别行政区享有高度自治权的真实性、长期性、稳定性,实现了当地人管理、高度自治。

三、宪法为"一国两制"、推进祖国统一提供了手段依据

"实现国家统一是民族的愿望,一百年不统一,一千年也要统一的。怎么解决这个问题,我看只有实行'一个国家,两种制度'。世界上一系列争端都面临着用和平方式来解决还是用非和平方式来解决的问题。总得找出个办法来,新问题就得用新办法来解决。"②因而,我们坚持"一国两制"、推进祖国统一,必须要充分发掘各种资源,综合利用多种手段,既包括政治手段、经济手段、文化手段、军事手段等,还包括法律手段。过去我们在解决台湾问题过程中,运用的政治手段、经济手段、文化手段、军事手段比较多,而较少甚至忽视了对法律手段的运用。但由于台湾问题既是政治问题,又是法律问题,如果我们不充分运用法律手段,便不能真正有效解决台湾问题。正如有学者指出:"我国五十多年来在台湾问题上则只有一些过于原则的政策或者领导人的讲话、声明等,在宪法和法律层面迄今尚无有效的作为。这种运用政治手段处理台湾问题的方式尽管有其灵活性等方面的优势,但却存在不确定性、不稳定性以及容易使人产生不信任心理等弊端。现今部分台湾民众对中央有关对台政策之所以心存疑虑,与我们未能使其法律化、制度化存在很大关系。"③因而,今后我们在运用其他手段解决台湾问题的同时,要高度重视法律手段在解决台湾问题中的运用,

---

① 《邓小平文选》第 3 卷,人民出版社 1993 年版,第 30 页。

② 《邓小平文选》第 3 卷,人民出版社 1993 年版,第 30 页。

③ 周叶中、祝捷:《两岸关系的法学思考》,香港社会科学出版社有限公司 2010 年版,第 29 页。

甚至要将法律手段作为主要手段。实际上，我国宪法蕴藏着丰富的资源，为我们坚持"一国两制"、推进祖国统一提供了有力的法律手段，具体说来：

（一）宪法规定了包括台湾同胞在内的全中国人民统一台湾的法律义务

完成祖国统一大业，是中华民族的根本利益所在，是包括台湾同胞在内的全体中华儿女的共同心愿所在。为此，我国1982年宪法规定了包括台湾同胞在内的全中国人民统一台湾的法律义务，有利于调动包括台湾同胞在内的全中国人民完成祖国统一的积极性，并积极履行完成祖国统一大业的神圣职责。具体言之：第一，我国1982年宪法序言第九段明确规定："台湾是中华人民共和国的神圣领土的一部分。完成统一祖国的大业是包括台湾同胞在内的全中国人民的神圣职责。"这段话既具有政治宣示意义，即宣告"台湾是中华人民共和国的神圣领土的一部分"，也具有规范意义，即通过宪法的途径为包括台湾同胞在内的全中国人民设定了统一台湾的法律义务。同时，这也意味着如果任何组织或个人有危害祖国统一大业的行为，都要依法承担相应的法律责任。正如彭真同志在《关于中华人民共和国宪法修改草案的报告》中指出："现在，我们伟大的祖国还有未完成的统一事业，需要我们去努力完成。宪法修改草案的《序言》指出'台湾是中华人民共和国的神圣领土的一部分。完成统一祖国的大业是包括台湾同胞在内的全中国人民的神圣职责。'近三十多年台湾同祖国的分离，完全是违反我们民族利益和人民要求的。早日结束这种分裂局面，无论对于台湾地方和整个祖国的繁荣富强，对于维护远东和世界和平，都是极为有利的。这是大势所趋，人心所向，任何党派、势力和个人都无法抗拒。"[①]第二，我国1982年宪法第52条规定："中华人民共和国公民有维护国家统一和全国各民族团结的义务。"这条规定与前述我国1982宪法序言第九段的规定遥相呼应，共同规定了包括台湾同胞在内的全中国人民统一台湾的法律义务，具有法定拘束力，必须履行，且不得干扰和破坏其他人履行该义务。唯一不同的是，这里的维护国家统一法律义务，不仅仅限于统一台湾的法律义务，还包括其他维护国家统一的法律义务。综上，宪法规定了包括台湾同胞在内的全中国人民统一台湾的法律义务，也为包括台湾同胞在内的全中国人民反对"台独"分裂势力提供了有力法律手段，我们可以以此为武器，与"台独"分裂势力作斗争。

（二）宪法规定了和平解决台湾问题的手段

和平解决台湾问题，和平完成祖国统一大业，最符合两岸中国人共同愿望，

[①]《中华人民共和国人民代表大会文献资料汇编》（1949—1990），中国民主法制出版社1991年版，第119页。

最符合中华民族整体利益。因而，我们应尽最大诚意和最大努力和平解决台湾问题，实现两岸和平统一。正如邓小平同志指出："问题的核心是祖国统一。和平统一已成为国共两党的共同语言。但不是我吃掉你，也不是你吃掉我。我们希望国共两党共同完成民族统一，大家都对中华民族作出贡献。"[①]为了和平解决台湾问题，我们党提出了一系列和平处理两岸关系、实现两岸和平统一的方针政策，我国1982年宪法将之予以了规范化和制度化，从而为我们和平解决台湾问题提供了法律手段。具体言之：第一，我国1982年宪法将"一国两制"伟大构想予以了规范化和制度化。如前所述，"一国两制"伟大构想是和平解决我国香港问题、澳门问题、台湾问题的最好方式和途径，最有利于实现祖国的和平统一。香港和澳门问题的成功解决，充分证明了"一国两制"伟大构想的正确和科学。今后，我们要和平解决台湾问题，最主要的还是要发挥"一国两制"的应有作用。但如果"一国两制"仅是我们党一个政策主张的话，难免使人有所顾虑或疑虑，而我国1982年宪法将之规范化和制度化，则用根本大法的形式保证了"一国两制"的长期性和稳定性，为我们和平解决台湾问题提供了根本法依据和手段。第二，我国1982年宪法规定了特别行政区制度，为和平解决台湾问题提供了法律方案。如前所述，按照"一国两制"伟大构想，为了和平解决台湾问题，我们将在台湾和平回归祖国后，在台湾设立特别行政区，保留原有的社会制度和生活方式不变，并赋予台湾特别行政区高度自治权，实行"台人治台"，但由于受台湾地区当局误导等原因，台湾地区部分民众对此政策主张有所疑虑或错误认识，而我国1982年宪法将之予以了规范化，明确建立了特别行政区制度，为我们和平解决台湾问题提供了制度方案和法律方案，有利于打消台湾地区部分民众的顾虑或疑虑。

（三）宪法规定了非和平解决台湾问题的手段

和平解决台湾问题，是我们完成祖国统一大业的最佳选择。但我们始终不承诺放弃使用武力，尽管这只是我们解决台湾问题的最后手段，但它却有利于保障台湾问题的和平解决。因而，我国1982年宪法在规定了和平解决台湾问题的手段后，也规定了非和平解决台湾问题的手段，以作为我们解决台湾问题的后盾和最后手段，主要体现在：第一，我国1982年宪法规定国家可以非和平手段解决台湾问题。我国1982年宪法第28条规定："国家维护社会秩序，镇压叛国和其他危害国家安全的犯罪活动，制裁危害社会治安、破坏社会主义经济和

---

① 《邓小平文选》第3卷，人民出版社1993年版，第30页。

其他犯罪的活动，惩办和改造犯罪分子。"这就说明，当出现"台独"等叛国和其他危害国家安全的犯罪活动时，国家便有权采取非和平手段予以镇压，以最终解决台湾问题。《反分裂国家法》根据宪法的上述规定，将国家动用非和平手段解决台湾问题的条件作了细化和明确，即"'台独'分裂势力以任何名义、任何方式造成台湾从中国分裂出去的事实，或者发生将会导致台湾从中国分裂出去的重大事变，或者和平统一的可能性完全丧失，国家得采取非和平方式及其他必要措施，捍卫国家主权和领土完整。"① 第二，我国 1982 年宪法规定全国人大、全国人大常委会、国家主席、国务院有权宣布台湾地区进入战争状态或紧急状态，并据此采取非和平手段解决台湾问题。根据我国 1982 年宪法第 62 条、第 67 条、第 80 条、第 89 条等规定，全国人大有权"决定战争和和平的问题"，全国人大常委会有权"在全国人民代表大会闭会期间，如果遇到国家遭受武装侵犯或者必须履行国际间共同防治侵略的条约的情况，决定战争状态的宣布"、"决定全国或者个别省、自治区、直辖市进入紧急状态"，国家主席有权"根据全国人民代表大会的决定和全国人民代表大会常务委员会的决定，……宣布进入紧急状态，宣布战争状态"，国务院有权"依照法律规定决定省、自治区、直辖市的范围内部分地区进入紧急状态。"因而，当将来台湾地区出现危及祖国统一、损害国家主权的状况时，全国人大、全国人大常委会、国家主席、国务院便有权视情况宣布台湾地区进入战争状态或紧急状态，并据此采取非和平手段解决台湾问题。

---

① 《反分裂国家法》第 8 条。

朝鮮与韓國領導人板門店會晤
對臺海兩岸關係的啟示

孫國祥[*]

一、前言

第二次世界大戰後有所謂 "分裂國家"，因為大戰後分裂為兩個國家。也有論者將臺灣與中國大陸視為是分裂成 "中華民國" 與中華人民共和國的 "分裂國家"，即 "兩個中國"。儘管臺灣在中華人民共和國的直接管轄之外，以及 "中華民國" 在臺灣現實存在的延續，的確與韓戰爆發以及美國的干預息息相關，但臺海爭取 "一個中國" 代表權的過程，至少在名義上避開實質 "分裂" 的情形，當兩岸在國際權力尚屬平衡時，此種實質 "分裂國家" 的情形勉為運行，但隨著臺海勢力差距不斷擴大之時，臺海兩岸關係與朝韓關係的類比性也不斷在下降。然而，此種特殊情形，似乎也帶來朝韓與兩岸相互不同的困難。

二、朝韩分裂後的高層互動

2015 年，朝鮮半島分裂 70 年。這一分裂過程經歷了三個階段：第一階段是領土的分裂。1945 年 8 月 15 日，蘇聯和美國在朝鮮半島的土地上劃分了 "38 度線"。第二個階段是國家的分裂。朝鮮和韓國分別在蘇、美的支持下於 1948 年成立了朝鮮民主主義人民共和國和大韓民國。第三個階段，隨著韓戰的爆發，一個原本統一的民族被徹底分裂。

南北雙方分別建國後，朝鮮和韓國並沒有中斷尋求統一。1950—1953 年發生的戰爭是雙方武力統一政策衝突的結果。1950、1960 年代，朝鮮和韓國也都沒有放棄武力統一的政策，在朝鮮推行 "南方革命" 路線的同時，韓國也始終

---

* 孫國祥，臺灣南華大學國際事務與企業學系副教授。

堅持"北進統一"和"勝共統一"的方針。此後伴隨國際環境的變化，朝、韓之間激烈的對抗關係呈現出緩和的跡象，較溫和的對話和談成為探討統一路徑的新方式。這一時期，朝、韓分別提出的統一方案包括北方的"朝鮮半島和平統一倡議"（1971 年）、"祖國統一三大原則"（1972 年）、"祖國統一五大綱領"（1973 年），南方的"和平統一構想宣言"（朴正熙政府，1970 年）、"民族和解與民主統一方案"（全斗煥政府，1982 年）、"韓民族共同體統一方案"（盧泰愚政府，1989 年），都不同程度地體現了《74 南北共同聲明》的精神。

德國的統一和蘇聯的解體彰顯冷戰的結束，不過這似乎並沒有改變朝鮮分裂和對抗的局面，朝、韓雙方開始尋求不以大國意志為轉移的統一道路。2000年，朝韓領袖首次會晤。會後雙方發表《南北共同宣言》，表達共同努力解決國家統一問題、解決人道主義問題、發展經濟合作與互相對話。金大中也在宣言中邀請金正日，在適當的時機出訪韓國首都漢城（首爾），雖然這項邀請從來都沒有實現過，金大中也因為促成首次朝韓高峰會，並發表《南北共同宣言》，得到 2000 年的諾貝爾和平獎。

第二次峰會則是在 2007 年 10 月 2 日至 4 日舉行，時任總統盧武鉉延續了金大中的陽光政策，他步行穿過北緯 38 度線進入朝鮮境內，並乘車前往平壤與金正日會談，雙方還簽署《南北關係發展與和平繁榮宣言》。此次峰會以 2000年的《南北共同宣言》為基礎，達成一項 8 點協議，雙方領導人誓言落實 2005年六方會談協議來解決核子問題，透過對話結束軍事敵對關係，以永久和平體系取代韓戰後簽署的停戰協定，並建立新的聯合經濟區來擴展商業合作等等。

第三次峰會是在 2018 年 4 月 27 日舉行，韓國總統文在寅與朝鮮領袖金正恩舉行的韓朝峰會後，簽署《為促進韓半島和平、繁榮、統一的板門店宣言》（《板門店宣言》），除決定在 2018 年內宣布結束戰爭狀態外，亦確認朝鮮半島完全無核化的目標。《宣言》並列明文在寅將於 2018 年秋天訪問平壤。

三、臺海民間互動熱絡但臺灣當局身分遭質疑

相較於朝韓政府高層的互動，臺海兩岸民間的往來早已綿密複雜。臺灣和中國大陸的交流，早在過去 30 年間的民間交流，就已相當頻繁。然而，文金會的戲劇性發展仍對臺灣的輿論造成衝擊與影響，尤其是在朝韓峰會之際，臺海兩岸緊張，中國解放空軍再度繞島，"丈量"臺灣土地。對此，隨著兩岸情勢的變動反而出現一些弔詭的論述。

（一）兩岸非朝韓無從啟示

首先的觀點是朝韓兩領導人板門店會晤對兩岸的借鑒意義不大。由於朝韓關係最重要的本質是，一個民族，但是是兩個國家，國際法上是兩個獨立的國家。它們是在這個前提下，展開和解，甚至未來統一。最主要的是，它們是兩個獨立的實體。這個最重要的前提在兩岸之間不存在。大陸方面認為，臺灣是中國的一部分，但是，在臺灣，至少現當局不認為，臺灣是中華人民共和國的一部分。目前兩岸關係和北京與馬英九當年的關係不一樣。

（二）北京認為台北欲借鑑是"痴心妄想"

朝韓領導人用歷史性的會晤讓朝鮮半島露出一絲和平曙光，針對蔡英文總統稱願意在"對等原則"和"不設政治前提"情況下，與中共最高領導人習近平會面，中共黨媒《人民日報》海外版公眾號"俠客島"刊登評論稱，臺灣當局純屬"癡心妄想"。該評論說，朝韓和兩岸有本質區別，即國際社會普遍承認，世界上只有一個中國，而朝韓皆為獨立主權國家。"兩岸關係要重返坦途，就要回到汪辜會談的初心。否則兩會商談就沒有政治基礎，兩岸關係就面臨挑戰。"

"俠客島"刊登"借朝韓會談打'習蔡會'的主意？蔡英文有點忘乎所以了"評論批評，"一邊在加緊『去中國化』，實行拒中親美媚日政策，一邊要大陸對臺灣尊重，還設下『大陸不設政治前提』的這個前提，蔡女士是不是把別人都當傻子了？"評論還稱，蔡英文想著"習蔡會"是癡心妄想。民進黨借助類似話題大打擦邊球，為其潛在的分裂主張和"兩國論"背書。想吃大陸"豆腐"，可沒那麼容易。評論批評指出，蔡英文上臺後將"九二共識"棄之如敝屣，剛愎地關閉了這座得來不易的跨海大橋，兩岸關係在2016年島內政黨輪替後急轉直下。現在甚至持續升溫到尖銳的對峙局面，尤其最近一段時間某"台獨政治工作者"頻頻放火，引來大陸軍演和轟6K繞島，加大力度反制"台獨"。

（三）民進黨當局仰賴"對等和尊重"及其背後的"國際框架"

朝韓領導人峰會發表《板門店宣言》，達成維護和平及非核化目標等共識；在會談進行之際，國內輿論即出現兩岸也應嘗試重啟對話的聲音，蔡英文總統也立即予以回應，表示在不設政治前提的情況下，願意與大陸領導人會面。

執政民進黨的黨政人士表示，此次朝韓歷史性對話的關鍵在於"國際框架"，和過去兩德之例一樣，"是兩個聯合國會員國的平起平坐"；相較於大陸在稱謂、國家定位設下重重前提，若要以朝韓為範本，"中國先學會尊重，兩岸關係才有可能正常化"。他們表示，這次朝韓歷史性互動的啟示，通關語就是"對等"，關鍵則是"國際框架"。儘管朝韓政治、經濟和社會發展差異甚大,但雙方在此次對話中,"國際地位絕對對等",和過去的兩德經驗一樣,朝韓雙方都是聯合國會員,峰會是"是兩個聯合國會員國的平起平坐"。

黨政人士指出,在峰會上,朝鮮領導人金正恩稱呼韓國總統文在寅為"總統",並不像過去兩岸馬習會上,對岸領導人迴避我國領導人稱謂,僅稱"馬先生",或在對話前設下"臺灣是中國一部份"的"一個中國原則"政治前提。黨政人士指出,從朝韓經驗可以清楚了解,只有真正的對等和尊重,兩岸關係才有可能正常化,而"中國要先學會尊重"。黨政人士指出,面對朝韓的對話進程,大陸必須清楚,持續打壓臺灣、以"一中原則"等"不平等"的條件框限臺灣,無助於提升對大陸的國際地位,對於兩岸問題的解決,也同樣沒有任何幫助。

臺海及朝鮮半島一向被視為東亞地區仍存在戰爭陰影的火藥庫,黨政人士指出,朝韓是區域問題,也是國際問題,因此峰會在國際框架下進行,是對區域安全的負責任表現,也是讓區域中每一方行為者都能掌握情勢,不會造成誤判;在這個框架下,這樣的會談才能有具體的意義。黨政人士特別指出,為促成此次峰會,朝鮮在雙邊對話前率先釋出停止核彈試射的訊息,甚至表態不排除非核化,"這就是溝通的誠意";反觀大陸在兩岸事務上設置諸多前提,近來在空中及海上軍事動作頻頻,不斷在東亞區域穩定上施加壓力。

相較於大陸的作為引發區域不安,黨政人士認為,臺灣除了持續堅持維持現狀,扮演區域中負責任的角色之外,面對區域安全合作的需求,臺灣的"國際安全"策略也必然不能脫離眼下的新局勢與新結構;在對內方面,過去八年高度依賴大陸,導致總體經濟和"國防準備"因自主性流失而不振,也必須強化總體經濟跟安全上的能量。

四、臺灣"不正常國家"身分的套用

1971 年 10 月 14 日是蔣介石當局在聯合國做最後抗爭的日子。時任"外交部長"周書楷在紐約曾向臺北請示:"如重要問題案未獲通過,我與美日必須有一緊急應變方案,在表決阿案前提出,力圖挽救,惟此項方案非至最後關頭絕不對外透露,以免影響目前為重要問題案拉票之工作。"周書楷當時所請示的緊急應變方案已被公開,即是"沙烏地阿拉伯向聯合國提的修正案。"

該內容概要為:"中華民國,亦即臺灣島之人民,構成一個單獨之政治實體……中華民國,亦即臺灣島之人民,應保留其在聯合國及所有與其有關各組

織內之席位，直至中華民國人民，亦即臺灣島之人民，能在聯合國主持下舉行復決或全民表決而就下開各項宣布其所作選擇時為止：一、以聯合國記錄之一項條約所確定之中立地位，作為一個主權國家繼續獨立；二、與中華人民共和國組成一個邦聯，其條件應由當事雙方商定之；三、與中華人民共和國組成聯邦，但需依照當事雙方所商定之議定書。"

該一方案終因北京堅決反對，而出謀者季辛吉在北京急電告知華府尼克森說："在聯合國中國代表權問題上要謹慎行事，不要以徒勞無功的政策毀掉苦心經營、來之不易的美中間脆弱的信任基礎。"1971 年 10 月 25 日晚，主張"一中一臺"的沙烏地阿拉伯修正案進行表決而落敗。自此，"中華民國"被啟動"雪崩式外交"開始淪為"國際孤兒"：1971 年"斷交"12 國、1972 年"斷交"15 國、1973 年"斷交"4 國、1974 年"斷交"7 國、1975 年"斷交"5 國、1977 年"斷交"3 國、撐到 1979 年終於還是與美國"斷交"了。台灣做為一個"不正常國家"，其實就一直都是不清不楚的"國際地位"。

傅柯（Michel Foucault）於 1975 年在法蘭西學院（Collège de France）進行系列講座，深入探討"不正常個人"（abnormal individuals）的概念，及其在現代司法系統中的作用。他展示了被指控犯罪的人是如何受到法醫學的調查，而且他們被銘記是如何的"不正常"，使他們甚至在他們犯罪之前就指控他們有罪。戴維森（Arnold Davidson）在介紹傅柯講座的文章中寫道："不正常性"已經進入我們的日常話語，其概念力量似乎既自然又不可避免。人們只能希望下次我們試圖引用"不正常"標籤時，不是顯得熟悉，而是這種指手畫腳將成為有問題，甚至很難。

儘管戴維森表達了希望，但在許多不同的脈絡下，"不正常"的標籤仍然在不知不覺中被引用。舉例而言，國家和政策有時被稱為"不正常"，在國際關係（International Relations，IR）研究中，該標籤一直被用來描述戰後日本及其外交和安全政策。在臺灣方面，受制於"一中原則"也有人士援引日本的概念套用在自身的身分建構之上。

臺灣自身擁有重要的經濟和防衛能力，然而，臺灣在"國際政治"中常常使用"正常性"指標檢驗，致使"不正常性與正常化聯繫"的持續複製。事實上，不正常性與正常化聯繫的複製必須被理解為一種身分話語，其產生：首先，"中華民國"在國際體系中作為他者；其次，"中華民國"自我作為一種他者—同時非法的"不正常"和合法的"例外"；以及最後，臺灣人將自己所謂的"不正常"和大陸的他者化作為獲得一種更"正常"臺灣人自我的方式。

臺灣採用身分的關係概念，由身分作為邊界生成的效果而出現，相對於自我與他者之間的差異或區別。藉由闡述規範和例外與"不正常"和"正常化"的建構有關的方式，它超越了建構主義者的普遍觀點，認同和規範是相互的構成。這種討論引入了自我與他者區分的三個過程：社會化、例外化和安全化。

透過擴大規範與例外之間的關係，臺灣的不正常性與正常化聯繫，以及更一般的身分關係建構的三個過程：首先，社會化透過自我對主要規範的模擬運作—其根本上取決於先驗例外的規範；其次，透過自我與他者"合法"差異的產生來運作例外化；以及其三，安全化透過自我試圖保護自身免於"非法"或"威脅"的差異而運作。當然，此種身分建構又引來大陸對臺灣身分再建構的角力。

五、結語：臺海兩岸民間交流目前遠甚於朝韓

臺海兩岸"由下而上"，民間互動熱絡，朝韓相對則是"由上而下"，社會中下層交流不足。除非是臺灣堅決與中共不往來者，否則對於文金會仍抱持羨慕之情。1987年7月，臺灣宣布解嚴，同年11月，台灣當局開放數十萬隨國民黨當局赴臺的大陸老兵，能夠返鄉探親。正式結束了現代史上，一段因為兩岸敵對造成親情拆散，骨肉分離的悲情歲月。兩岸關係也從此開啟了邁向和平的歷史新頁。

從1987年到2017年，臺灣民眾到中國大陸旅行，已經累計將近1億人次，而對岸人民赴臺，也高達2400多萬人次。兩岸航運關係從間接變成直接，現在每週有將近900航次民航班機，往來兩岸。經由金馬"小三通"往來兩岸的，累計更超過1700萬人次。以人民為核心的兩岸往來交流，為30年來兩岸關係從敵對走向和平發展，做了最佳的註解。

從1991年，台灣當局先後成立"行政院大陸委員會"，以及財團法人海峽交流基金會，並制定"兩岸人民關係條例"之後，兩岸的往來交流，逐漸進入到半官方及官方的層次。國務院臺灣辦公室也有相應的海峽關係協會。1992年，雙方進行香港會談，進而開啟了兩岸制度化的協商，包括1990年代，舉行了兩次廣受注目的辜汪會談，以及2008年到2016年，兩岸簽署了23項協議。

總之，在一條不同於朝韓高張力或高戲劇性的交流路徑，兩岸互動大致上可分為三個階段，包括一是1987至1996年，首批前進大陸的是中小企業，主要是為傳統產業謀出路，資金、技術、研發、管理也一併西進。二是1996至2008年，雖有政黨輪替，但臺灣的大企業也開始西進，兩岸宗教交流也更為頻

繁，大陸對台商有管理，也有所選擇，大陸也開始更重視臺灣的軟實力。三是
2008 至 2018 年，尤其是到了中共十九大揭櫫對台工作大政方針，對臺灣人民
生活的關注更甚於臺灣內部的各種問題，對台展現智慧與耐心。當然，中國大
陸跳躍台灣當局的交流情形也日趨嚴重。

第二部分：

"和平统一、一国两制"（二）

"一国两制"台湾模式：
理念、原则与可能样态

朱松岭

　　"一国两制"是中国共产党探索和平解决台湾问题、实现国家统一的重要方案。这一方案从两大阵营斗争的妥协中来，从两岸博弈的实践中来，不断得到理论的升华与淬炼，并在港澳回归后率先成为中央管理港澳的治理模式。有了港澳模式的经验教训，"一国两制"的理论进一步提升，对探索"一国两制"初心的台湾模式有了更大的启发意义。党的十九大报告将"完成祖国统一"明列三大历史任务之一，提出了推进国家统一的基本方略，此时正是深入研究"一国两制"台湾模式的恰当时期。系统探究"一国两制"台湾模式的理念、原则与政策，则是进一步探究"一国两制"台湾模式具体表现形式的重要基础。

一、"一国两制"台湾模式的理念

　　十九大报告明确指出："不忘初心，方得始终。中国共产党人的初心和使命，就是为中国人民谋幸福，为中华民族谋复兴。这个初心和使命是激励中国共产党人不断前进的根本动力。"[①] 从站起来，富起来，到强起来的进程中，中国人民与中国共产党的领袖们始终不忘初心。从台湾问题产生开始，中央一直探索解决台湾问题的方案，"一国两制"就是在这种情况下出现的，对"一国两制"台湾模式的顶层设计、理论研究和实践推进也必然是本着解决问题，最终实现国家完全统一，实现中华民族伟大复兴为基本理念的。"一国两制"台湾模式不仅有制度层面的规定和运行，还需要有内在理念的支撑和推动，"一国两制"台湾

---

　　① 习近平：《决胜全面建设小康社会 夺取新时代中国特色社会主义伟大胜利——在中国共产党第十九次全国代表大会上的报告》，2017 年 10 月 18 日，人民出版社，2017 年 11 月第一版，第1—2 页。

模式的理念就是其内在发展和完善的不竭动力和源泉。

（一）方法论方面

"一国两制"台湾模式必然是采取辩证唯物主义和历史唯物主义研究方法，在复杂境遇中砥砺前行的。"一国两制"台湾模式必然是在顶层设计、经验借鉴、理论提升、他山之石的基础上证成和践行的。

实事求是是探索"一国两制"台湾模式首要的方法论。1984年，邓小平在回答英国首相撒切尔夫人时说："如果'一国两制'的构想是一个对国际上有意义的想法的话，那要归功于马克思主义的辩证唯物主义和历史唯物主义，用毛泽东主席的话来讲就是实事求是。这个构想是在中国的实际情况下提出来的。""一国两制"形成于20世纪70年代末期到80年代初期这样一个特殊的历史转折时期。它的形成与解放思想大思路的开启、改革开放大方向的确立、中美建立外交关系大角度的调整等紧密相关、密切相连，是站立在新的历史制高点上审视全球风云、确立大政方针、全新角度思考解决台湾问题产物，是顶层设计与摸着石头过河相结合的产物，是马克思主义与中国实践相结合的产物，它带有开放性、探索性、扩张性、可塑性。邓小平曾经指出："总的来说，'一国两制'是个新事物，有很多我们预料不到的事情。""一国两制"从政治模式到法律模式到治理模式的演进充分证明了顶层设计与摸着石头过河相结合的理念，也充分证明了"一国两制"作为一种理念，在解决国家统一问题上发挥的作用。

（二）兼顾各方面利益方面

"一国两制"就是要以最小成本实现国家统一，以最大妥协获取各方同意。通过"一国两制"的主要构思者，邓小平的系列讲话最能表达出这个理念。1978年10月，邓小平在会见日本文艺评论家江藤淳时说："如果台湾回归中国，中国对台湾的政策将根据台湾的现实来处理。比如说，美国在台湾有大量的投资，日本在那里也有大量的投资，这就是现实，我们正视这个现实。"[1]1978年11月14日，邓小平在会见缅甸总统吴奈温时说："在解决台湾问题时，我们会尊重台湾的现实。比如，台湾的某些制度可以不动，美日在台湾的投资可以不动，那边的生活方式可以不动。但是要统一。"[2]

---

① 中央文献研究室编：《邓小平年谱（1975—1997）》，中央文献出版社2004年7月版，第396页。

② 中央文献研究室编：《邓小平年谱（1975—1997）》，中央文献出版社2004年7月版，第430页。

"一国两制"香港模式就是兼顾各方面利益的典范。"一国两制"应用到解决香港问题时，一是为了解决恢复对香港行驶主权，二是为了使各方都接受，因而最终出现了"一国两制"香港模式。香港是自由港和国际金融、贸易、航运中心，中国恢复行使主权，就需要处理好各方面的关系，"就必须既考虑到香港的实际情况，也考虑到中国的实际情况和英国的实际情况，就是说，我们解决问题的办法是要使三方面都能接受。如果用社会主义来统一，就做不到三方面都接受。勉强接受了，也会造成混乱局面。即使不发生武力冲突，香港也会成为一个萧条的香港，后遗症很多的香港，不是我们所希望的香港"。①

"一国两制"台湾模式也必然遵循最小成本解决国家统一，最大限度兼顾各方利益原则。习近平总书记明确讲，要坚持"两岸一家人"，拓展同台湾岛内有关党派团体、社会组织、各界人士的联系和沟通，推动两岸关系和平发展。要加强同海外侨胞、归侨侨眷的联系，维护他们的合法权益，支持他们积极参与和支持祖（籍）国现代化建设与和平统一大业，促进中国同世界各国的文化交流。②最大限度兼顾各方利益原则不仅是指兼顾中华民族自身的利益，岛内各方面的利益，还兼顾两岸关系涉外因素，尤其是美国因素的利益。邓小平就明确讲，"如果采用'一国两制'的办法，不仅解决了中国的统一，美国的利益也不至受损害。③

（三）血脉亲情方面

"和平统一、一国两制"最重要的是考虑到两岸血脉亲情、骨肉亲情。两岸血脉亲情方面的论述从亲骨肉到骨肉同胞、手足兄弟，到两岸一家人、两岸一家亲、共圆中国梦，理论逐渐完善，论述日益成熟。

1979年全国人大常委会《告台湾同胞书》就有"在这欢度新年的时刻，我们更加想念自己的亲骨肉——台湾的父老兄弟姐妹"④的阐述，1995年1月，江泽民在《为促进祖国统一大业的完成而继续奋斗》的讲话中表示，两千一百万台湾同胞，"都是中国人，都是骨肉同胞、手足兄弟"。2008年12月，中共中央总书记、国家主席、中央军委主席胡锦涛在纪念《告台湾同胞书》发表三十

---

① 邓小平：《中国是信守诺言的》，《邓小平文选》（第三卷），人民出版社1993年10月第1版，第101—102页。

② 习近平：《在庆祝中国人民政治协商会议成立65周年大会上的讲话》，2014年9月21日，习近平系列重要讲话数据库。http://jhsjk.people.cn/article/23995316。

③ 邓小平：《和平共处原则具有强大生命力》，《邓小平文选》（第三卷），人民出版社1993年10月第1版，第97页。

④ 《告台湾同胞书》，《人民日报》1979年1月1日头版。

周年讲话中指出,"两岸同胞是血脉相连的命运共同体,包括大陆和台湾在内的中国是两岸同胞的共同家园,两岸同胞有责任把它维护好建设好"。

习近平总书记将"一国两制"台湾模式的血脉亲情原则提升到了新阶段、新境界和新高度。他从台湾岛内悲情的起源、扭曲及被塑造开始,一直阐述到中华民族伟大复兴中国梦的形塑,体系完整、内容丰富、意蕴深远。习总书记用史实说明,在台湾被侵占的苦难岁月里,无数台湾同胞用鲜血和生命来证明自己是中国人,是中华民族大家庭中不可分离的成员。[1]"两岸一家亲"以高度概括的方式凝炼了两岸同属一个中国、两岸同胞同属中华民族的事实,以高屋建瓴的历史穿透力指明了两岸同胞心灵契合的动力,以国家和民族领路人的使命感阐述了和平发展、祖国统一和民族复兴的关系。阐述了"一国两制"台湾模式的内在脉动。

两岸关系虽然历经坎坷,但终究能打破长期隔阂,开启交流合作。这是因为,两岸同胞同属中华民族,这种天然的血缘纽带任何力量都切割不断;两岸同属一个中国,这一基本事实任何力量都无法改变;两岸交流合作得天独厚,这种双向利益需求任何力量都压制不住。更是因为,全体中华儿女有决心通过自己的不懈奋斗自立于世界民族之林,这种全民族共同愿望任何力量都阻挡不了。[2]"兄弟齐心,其利断金。"实现中华民族伟大复兴,需要两岸同胞共同努力。我们真诚希望台湾同大陆一道发展,两岸同胞共同来圆"中国梦"。携手推动两岸关系和平发展,同心实现中华民族伟大复兴,应该成为两岸关系的主旋律,成为两岸中华儿女的共同使命。[3]因此,在习近平总书记国家统一论述中阐发"一国两制"台湾模式,在血脉亲情理念中发展、形成"一国两制"台湾模式是顶层设计之初蕴含的应有之义。

(四)民族责任方面

两岸同胞"血脉里流动的都是中华民族的血",[4]面对两岸民众,尤其是面对台湾同胞,我们既要从国家民族责任出发,又要落脚到个人伦理之上。习总书记明确指出,坚持在认清历史发展趋势中把握两岸关系前途。经过中华儿女

---

[1]《习近平总书记会见连战一行》,人民网,2013 年 2 月 6 日,http://cpc.people.com.cn/n/2013/0226/c64094-20597089.html。

[2]《习近平总书记会见连战一行》,人民网,2013 年 2 月 6 日,http://cpc.people.com.cn/n/2013/0226/c64094-20597089.html。

[3]《习近平总书记会见连战一行》,人民网,2013 年 2 月 6 日,http://cpc.people.com.cn/n/2013/0226/c64094-20597089.html。

[4] 习近平:《两岸同胞要携手同心共圆中国梦》,新华网,2014 年 2 月 18 日,http://www.xinhuanet.com/politics/2014-02/18/c_119393683.htm。

不懈奋斗，中华民族伟大复兴展现出前所未有的光明前景。我们应该登高望远，看到时代发展、民族振兴大趋势，看到两岸关系和平发展已经成为中华民族伟大复兴的重要组成部分，摆脱不合时宜的旧观念束缚，明确振兴中华的共同奋斗目标。两岸关系发展是大势所趋，我们应该据此确定自己的路线图，继续往前走。我们两党应该以实现民族振兴、人民幸福为己任，促进两岸同胞团结合作，积极宣导"两岸一家人"的理念，汇集两岸中国人智慧和力量，在共同实现中华民族伟大复兴的进程中抚平历史创伤，谱写中华民族繁荣昌盛的崭新篇章。①

二、"一国两制"台湾模式的原则

"一国两制"台湾模式与港澳模式不同，港澳模式是法律模式，台湾模式是政治模式。"一国两制"的港澳模式和台湾模式的区别，主要在前者已经是现实确定的存在，既有建立在《联合声明》和《基本法》框架上的制度设计（细分为"香港模式"和"澳门模式"，同中有异，但大同小异），也是被导入实践并接受检验的模式；而台湾统一问题因至今尚未实践，故"一国两制"的台湾模式还只是一种"理念型"或理论建构型模式，目前更多的是在与"一国两制"港澳模式的比较中探讨和论证，或者说其特征还处于被揭示的过程中。②这也就意味着，对"一国两制"台湾模式的探讨更多是一种原则性、抽象性研究，更多是一种经验性、历史性研究。

（一）国家统一原则：一个中国原则

"一国两制"台湾模式的核心与关键就是两岸必须统一。和平发展是为了统一，"一国两制"也是为了统一，离开了统一的目的，一切都没有意义。我们要坚持"和平统一、一国两制"方针，巩固和发展两岸关系和平发展的基础，造福两岸同胞。③当前两岸关系虽然面临一些新情况新问题，但和平发展的大趋势没有改变。两岸同胞应该坚定信心、携手努力，继续推动两岸关系和平发展，共同开创中华民族伟大复兴的光明前景。④习近平强调，对于任何分裂国家的

---

① 《中共中央总书记习近平会见中国国民党荣誉主席吴伯雄》，新华网，2016年6月3日。http://www.xinhuanet.com/politics/2013-06/13/c_116137343.htm。

② 李义虎等著：《"一国两制"台湾模式》，人民出版社，2015年4月版，第31—32页。

③ 习近平：《在全国政协新年茶话会上的讲话》，《人民日报》，2014年1月1日，03版。

④ 《习近平总书记会见台湾和平统一团体联合参访团》，http://cpc.people.com.cn/n/2014/0926/c64094-25742555.html。

行径，我们绝不会容忍。历史已经并将继续证明，"台独"之路走不通。①

（二）国家治理原则：一个国家是根本问题，两种制度是治理方式问题

邓小平创造性提出"一国两制"科学构想，指导我们实现香港、澳门平稳过渡和顺利回归，推动海峡两岸关系打开新局面。② 他提出："我们搞的是有中国特色的社会主义，所以才制定'一国两制'的政策，才可以允许两种制度存在。"③ "这个特色，很重要的一个内容就是对香港、澳门、台湾问题的处理，就是'一国两制'。"④

习近平强调，"一国两制"是国家的一项基本国策。不断推进"一国两制"事业，是包括香港同胞在内的全体中华儿女的共同愿望，符合国家根本利益和香港长远利益，也符合外来投资者利益。办好香港的事情，关键是要全面准确理解和贯彻"一国两制"方针，维护基本法权威。中央对香港的基本方针政策没有变，也不会变。中央政府将坚定不移贯彻"一国两制"方针和基本法，坚定不移支持香港依法推进民主发展，坚定不移维护香港长期繁荣稳定。我们对祖国和香港的未来充满信心。⑤

三、"一国两制"台湾模式的两种样态

"一国两制"港澳模式从政治形式转变为法律形式，成为中央人民政府的国家治理方式之后，尤其是党的十九大将解决台湾问题，彻底完成国家统一的历史任务之后，各界对"一国两制"台湾模式好奇心进一步加强。其实，"一国两制"台湾模式的具体形式要看两岸政治博弈的形式和结果，要看"一国两制"台湾模式形成时两岸最终形成的政治力量对比结果。因此，"一国两制"台湾模式是动态的、根据形势的变化而变化，并最终定格的。根据可能的两岸政治力量对比，未来的"一国两制"台湾模式可能有以下两种形态。

（一）分权模式的"一国两制"

如两岸以达成和平协议的方式实现"一国两制"台湾模式，则会形成分权

---

① 《习近平总书记会见台湾和平统一团体联合参访团》，http://cpc.people.com.cn/n/2014/0926/c64094-25742555.html。

② 习近平：《在纪念邓小平同志诞辰110周年座谈会上的讲话》，2014年8月21日，习近平系列重要讲话数据库。http://jhsjk.people.cn/article/25507193。

③ 邓小平：《会见香港特别行政区基本法起草委员会委员时的讲话》，《邓小平文选》（第三卷），人民出版社1993年10月第1版，第217页。

④ 邓小平：《会见香港特别行政区基本法起草委员会委员时的讲话》，《邓小平文选》（第三卷），人民出版社1993年10月第1版，第218页。

⑤ 《习近平会见香港工商界专业界访京团》，《人民日报》，2014年9月23日，01版。

模式的"一国两制"。这就要双方在认同一个中国法律和事实的基础上，达成和平协议。

和平协议，中华人民共和国宪法和台湾的管制性文件共同构成统一后的宪制基础。但是，任何一方没有退出权或脱离权。地方单位无退出权是单一制和典型的联邦制的共同特征，这里，无需讨论分权制"一国两制"的国家结构形式。因为，愿意往统的方向走，"二"也是特殊的"一"，不愿意往统一的方向走，"一"也是特殊的"二"。

对外，国防和外交权统一。对内，可以建立相关机构，共同探讨国家治理和两岸各自治理的问题。两岸共同机构需要由两岸的税收组成，并按照缴纳数额或其他原则分配权力或席位。如，两岸可建立共同的民意代表组织，化解两岸的民意冲突，凝聚国家的政治符号，形成国家的效忠对象。也可建立两岸共同的裁判机构，处理两岸层级的问题，解决两岸终审权问题。

这一解决两岸政治对立的方式是和平的，是不伤筋动骨，不伤害感情的，是维持两岸同属一个国家现状基础上，"平等协商，共议统一"解决两岸政治分歧的方式。是两岸的最佳选择。

（二）授权模式的"一国两制"

通过《中华人民共和国宪法》第31条，国家得在必要的时候建立特别行政区。制定《台湾特别行政区基本法》。与港澳一样，《中华人民共和国宪法》与《台湾特别行政区基本法》形成授权模式"一国两制"的宪制基础。

主权通过管辖权行使。中央人民政府通过授权，由台湾特别行政区行使继授的行政管辖权、立法管辖权、司法管辖权，并独立管理关税、税收、颁发身份证明等。但是，国家有统一的管辖权。中央在台的权力不能被掏空，不能被凌越。

中央政府在台湾的管辖权：中央创制权（特别行政区设置权、组织权）、中央立法管辖权、中央司法管辖权（解决台湾和内地之间的司法协助问题，解决台湾高级法院请求解释基本法的权力）、中央具体行政管辖权（任命特首；授权处理相关对外关系；进出台湾的管辖权和授权；对台湾税收的处理权；解决内外患问题；解决台湾民众参与管理国家事务问题；解决两岸行政法律的矛盾和适用问题）、中央剩余权力（基本法没有授予台湾特别行政区的权力）。具体包括：外交事务、国防事务、宣布进入非常状态；航空批准权和管治权。

台湾特区的地方自治权：继授的行政管理权；治安管理权；经济管理权（地方财政、税收；金融；产业政策；对外贸易；土地；航运等）；教育机构管理权（教育权属于中央权力，包括教学大纲制定和修改）；医疗管理权；科文卫管理权；社会福利政策等。

行政机关要对中央负责；民意代表机构只对选区的地方事务负责，（同时向中央负责？）；司法机关，服从中央最高司法机关的终审。台湾的最终审判机关无自主性、无完整性；无权判决国防、外交事务。解释权是审判权的核心，需要由中央行使最终的解释权。

四、结语

十九大报告已经暗含了解决国家统一的时间表，在捍卫中国崛起的路线上，台湾问题这是一个组成部分，不能凌驾于大局之上。但是，在民族复兴的中国梦实现之前，实现国家统一的历史任务就一定要实现。因此，台湾当局越早了解解决问题的迫切性、可能性和现实性，越早考虑"一国两制"台湾模式的形式和内容，就越能创造出既解决国家统一问题，又为台湾争取到更多自治权。越晚考虑这个问题，就越容易失去各种可能性，等待被统一和授权式"一国两制"或其他国家治理形式。

從民主三大典範的發展透析
當代臺灣民主政治的負遷移

曹瑞泰[*]

第二次大戰後不久，已脆弱不堪的中國，無法置外於世界兩大陣營對抗格局，國共因內戰而分裂，中國國民黨當局退據臺灣一隅，被歸入以美國爲主的民主陣營；中國共產黨建政定都北京，被割歸於蘇聯領導的共產陣營。數十年來，民主共產兩大陣營，歷經冷戰對立、後冷戰全球化下的美國一極體系，及至當今多元多強競合的新時代。不僅共產主義國家，從蘇聯的崩解到中國的再崛起，國際共產主義轉化爲具有國家特色的社會主義制度，再度與施行民主主義制度的國家爭輝。相對地，在經歷第三波民主化浪潮高峰，民主化運動似乎已盛極而衰，2016 年連被視爲近代民主國家之首的美國，民主指數也在降低。民主劣化似乎成了許多民主國家面臨的挑戰。臺灣號稱民主的地區，以民主體制爲榮，然而近來卻屢屢擺蕩于民主與民粹之間，似乎也脫離不了民主劣化的潮流。

本文從歸納共和主義、民主主義、憲政主義三大典範思想體系的要義着手，藉民主化浪潮與各國政權民主程度的指數，來觀察現代世界民主的變遷趨勢。進而藉以解析臺灣在憲政民主發展過程中所產生的負遷移[①] 相關作用，以及民進黨等反對黨派借民主化之名，遂行"獨立建國"的實際策略與作爲，用以說明臺灣民主劣化扭曲變形的過程。

---

　*　曹瑞泰，中國政法大學中國政治專業博士生、日本新潟大學政法類學術學博士、廈門大學文學博士；現任中國政法大學臺灣研究中心特聘研究員、臺灣日本綜合研究所主任研究員、開南大學副教授等。歷任"總統府國安會"研究員、"立法院"主任研究員、企業總經理等。
　①　"負遷移"：為語言學上的專有名詞，在此意指：負面影響導致結果偏移。

一、共和主義、民主主義、憲政主義的連結髮展與劣化

共和主義、民主主義、憲政主義是西方思想史上的三大典範（paradigm），也是架構西方民主思想體系的主要支柱，是二千多年來由許多哲人、思想家深入探討歷史、宗教、哲學、社會、政治等領域，以及研究人性論、倫理觀、行動理論等議題，乃至歷經現實政治的衝撞等，所纍積架構的巨型思維組合（complex of ideas）。且隨着以美國爲首西方國家政經軍實力的增強，拉擡其等強勢文化的對外傳播與擴散，使之成爲十九及二十世紀國際社會的主流思想系統。

（一）共和主義

共和主義（republicanism）實爲公民共和主義（civic republicanism）的略稱，意即以公民爲核心的政治共同體相關重點論述，不僅是西方重要的政治思想典範，更是西方政治思想傳統中歷史最悠久的觀念之一。其淵源於古典時期希臘與羅馬的政治思辨，並且在文藝復興之後，與現代民主政治及憲政主義結合，深刻地影響了現代歷史的軌跡。依據學者蕭高彥所做的整理，共和主義的核心價值包括自主性（autonomy）、政治自由（political liberty）、平等（equality）、公民身分（citizenship）、自治（self-government）、共善（common good）、政治作爲所有成員參與審議（deliberation）的公共過程、愛國情操（patriotism）、公民德行（civic virtue），以及克服腐化（corruption）等。（蕭高彥，2013，P.P.3-5）歸納闡述共和主義的精義得出："該政治共同體不受外來勢力的壓迫與奴役，亦不爲内部少數統治者的控制與支配，全體公民得在自由、平等、共善、法治的有效結構下，參與及議決公共事務，提昇人性的典範德行，建立可運作且長久穩定的制度。"發展至今的現代共和主義論述，尤其強調"公民參與"對於政治價值創新以及秩序興革的重要性。所以，近現代建立的國家中，以"共和"爲名者不在少數，尤其在國家獨立建國運動所推翻的舊政權爲君主政體時更是如此。在這個意義上，共和乃是與君主政體相對立的政治體制，並以獨立自主以及政治自由爲根本的政治價值。

（二）民主主義

Democracy 翻譯爲"民主"（或譯爲民主制、或民主主義）是源於古希臘城邦雅典所發展出的一套民主體系。而雅典民主是一種公民自治，從早期村落居民聚集討論公共事務，並推選出一位德高望重的耆老作爲議會的主席，公平地進行議事開始，發展成爲推舉公衆領袖，且 20 歲以上的男性公民均具有同等參政的權利，以公民大會模式來決定政事。雖然，以現代的標準而言，雅典民主

並不屬於完備的直接民主體制，卻也被視爲西方民主制度的最重要起源之一。

一般都認同，民主的意義即等同其文字所展現的"人民做主"、"主權在民"、"由人民統治"的意思。而在民主的釋義上，尤以美國的林肯總統所做的"民有""民治""民享"闡釋，更是眾所公認的經典，申其意即是政治上的權益人人平等，國家爲人民所共有；大眾參與政治，人民是主人；政府治理以大眾的公共利益爲依歸。因此，民主一詞經常被使用於描述國家的政治，而且民主的原則通常也適用於其他統治行爲。所以，民主的模式甚多，依據統治方法及其"人民"的構成範圍可有許多不同的定義，最主要的區分爲直接民主（direct democracy）與代議民主（representative 或稱間接民主），代議民主模式中的代議者是基於選民的委託行使其政治權力。

（三）憲政主義

憲政主義（constitutionalism）又稱立憲主義，是西方政治思想史上一種主張透過憲法來保障基本人權、限制政府權力的理念。其基本精神在於政府權力應受限制以保障人權；必須透過憲法的具體規範來限制政府的組成與權力的行使，以建構有限政府（limited government），達成保障人權的目標。

一部以憲政主義爲理念的憲法，應當依據國民主權，法治原則與權力分立原則，並具備一套違憲審查制度，以確保憲法規範的落實。以憲政主義爲理念的憲法強調法律具有凌駕于包括政府在內的一切的法治（rule of law）的必要性。在憲政國家中，政府和公民的行爲均有其邊界，不能互相僭越，政府所代表的行爲場域是公部門，而公民的行爲場域則爲公民社會。憲政的根本作用在於防止政府權力的濫用（亦即有限政府），維護公民普遍的自由和權利。因此，憲法政治（constitutional politics）之意義，猶如學者巴柏與喬治所述，乃是對於制定憲法、維繫憲法以及審議憲法變遷的規範性、概念性以及經驗性的相關作爲，因有別于其他政治活動，所以被稱爲憲法政治。（Barber & George，2001：1）傳統上，憲政本身並不直接涉及到政府是否通過民主選舉產生，但現代憲政理論往往與民主的概念密不可分。

（四）共和、民主與憲政連結的現代民主發展趨勢

民主與憲政並非一致，民主是一種形式，而憲政則是一種制度；憲政的核心價值在於個人自由，而民主則着重於政權歸屬。憲政的精髓是"有限政府"，即政府應當受到約束，以避免侵犯民權；這並不涉及政府是否經過民主程序產生，例如 17 世紀立憲時期的英國，因爲民主所着重的是政府的產生方式和權力的來源。但是若只有民主而沒有憲政，則民主容易墮落爲"多數暴政"或民眾

被少數人引導操縱。所以，憲政和民主是分不開的，現代的憲政主義是一種自由主義的制度模式，其實質是民主主義、共和主義和法治主義這三者的匯合。法學界對於憲政與民主關係的解釋是"自由爲體、民主爲用"。意即憲政可以讓政府受到約束從而保障公民自由權；民主則可以讓政府執政爲民，從而保障或增加公民受益權。

然而，即使由共和、民主與憲政相互連結，在各時代的環境背景與社會現實下，共和、憲政仍有其局限，民主亦有其缺陷。無論是制度面的設計或執行與發展，無法改變的是：1.民主需要共和與憲政來加持，2.民主需要自由經濟與資本主義來落實，而且若深入探究民主政治的實際執行面也可推證得出，1.以前是少數民主，現階段依然是少數民主；2.直接民主依然是理想，能實際執行的依然是間接民主。絕大多數的民眾乃至定義較爲限定的公民，無暇也無能力去關注與落實民主政治，公眾的無暇乃至冷漠總是讓當權者或代理人得以創造出逾越民主的莫大空間。

無論是階段性的或是全面性的，無論是希臘、羅馬乃至現代皆然。例如在羅馬早期社會中，公民實體其實是貴族，不僅掌控元老院（Senate），連號稱公民大會（Comitia Curiata）的議院也是由貴族操控。平民雖然在名義上屬自由獨立的個體，但在政治上卻無實質的影響力。（王文彝，1960：29-33）所以，羅馬共和時期（B.C. 509-390）名義上雖言稱民主共和，實質上卻是貴族政治與寡頭政治的輪替史。即使是現在被視爲民主制度的核心"普選權"，是一直到20世紀六七十年代才真正得以實現。之前，西方各國對選舉權有諸多的限制，如財產、性別、種族等。美國被視爲民主的典範，但美國在很長時間裡都保留着奴隸制度，直到林肯當總統時才被廢除。更不用論，當今美國資產集中于少數人，而這些擁有龐大資產的少數人對政治的影響力與控制力是遠大於一般平民，甚至美國的國會裡已有許多華爾街的代理人的觀點已成爲常識。以不失理性卻較極端的敘述，屬於民主國家模範的美國，實已成了一個名副其實的金權帝國，甚至有民主帝國主義（Democratic Imperialism）國家的封號。根據英國《經濟學人（The Economist）》2016年民主指數積分的排名，美國首次由完全民主國家降級爲部分民主國家，[①]2017年民主的劣化依然在持續中。

雖然，我們瞭解以現代的民主指數，如以"選舉程序"、"多元主義"、"政治參與"、"政治文化"、"政府運作"、"公民自由"等來評估民主，就知道民主

---

① The Economist, 25 January 2017.

的發展是漸進的，但是民主指標總是理想居多，實質運作上也無法解決少數人掌握權力與資源、貧富差距等等問題。即使在有共和、憲政的優良傳統下，也無法保證良好的憲政體制的設計，可以確保行政權的產生必須獲得明確的多數民意支持、或選舉機制可以將民意的多數取向轉化爲明確政治託付的民主體制最重要機能。

直接民主窒礙難行，代議民主卻往往與"委任"脫節，也無法保證選賢與能。所以，民主並非自始以來就是普遍的選擇。廣義民主國家數量直到 1970 年代仍不過 40 個左右，直到蘇聯解體與冷戰結束後，才在 1990 年代初暴增到約 100 個，並于 2000 年代初來到 120 個的高峰。然而，根據自由之家、貝塔斯曼基金會乃至經濟學人信息社等等的調查皆顯示高峰期後的民主已呈現急速倒退的現象。例如：經濟學人 2017 年調查 167 個國家（或地區）的民主指數排名，屬於"完全民主"類型有 20 個，屬於"部分民主"類型有 56 個，屬於"混合政權"類型有 39 個，屬於"專制政權"類型的國家（或地區）有 52 個。[1] 而自由之家 2017 年報告評估的 195 個國家和地區中，59 個被列爲"部分自由"，49 個被列爲"不自由"，87 個屬於"自由國家"。屬於自由國家的數目已跌至半數以下，顯示出在全球民主化過程中，民主倒退的趨勢已遠大於未來可能取得的進展。而這也傳遞出民主所架構出的保障自由與權利的美好社會是難以期待的信息。[2]

二、臺灣的憲政民主發展與負遷移

國民黨所領導的"中華民國政府"于 1949 年退到臺灣後，承繼孫中山所建構的五權憲法憲政體制。由於被劃歸爲以美國爲首的民主陣營，即使處於戒嚴專制時期，仍被視爲民主（或部分）的地區。而今更被視爲東亞的民主地區之一。2016 年度自由之家的評比，臺灣再次名列"自由國家（地區）"，自由度的積分仍居 91 分的高位，[3] 對臺灣而言，這似乎是一項幾近完美的指標。然而，英國雜誌《經濟學人》2016 年評出的民主指數，卻依然落在"部分民主"的"政權"類別中。而當下的臺灣也面臨了許多憲政民主體制內無法克服或未能克服

---

① Democracy Index 2017 - Economist Intelligence Unit . EIU.com. [17 February 2018].

② https://freedomhouse.org/report/freedom-world/2017/taiwan

③ 根據《中國時報》2017 年 2 月 2 日的報導指出：非政府組織"自由之家"1 月 31 日公布 2017 年世界各國自由度報告，臺灣再次名列"自由國家"，且總分達 91 分（滿分 100），超越美國的 89 分，在亞洲僅次於日本，名列第二。評分指標中的"政治權利"和"公民自由"，臺灣皆達"最自由"等級。

的內外問題，如內部政黨的惡性競爭與外部國際勢力的插手干涉；又如政權輪替雖然象徵着民主政治制度的順利運作，卻由於 2016 年新執政的民進黨對國家認同的思維相異，因此假"中華民國"之名、借民主正義之名，行違背憲政民主之實的政策措施日漸增多。

（一）被利用的民主化進程

就以西方爲中心的民主化標準而言，臺灣是于第三波民主化的浪潮中，被認定是唯一成功從黨國體制過渡到支配性的一黨體制，再過渡到競爭性政黨體制的民主化個案。但是，由於民主化過程中，民主轉型必然啟動"國家結構"的重新界定，使得反對方得以加以利用，將反對運動所追求的民主改革目標與其等的國族建構（state-nation building）相互連結。1980 年代起，位居反對派的政治性組織"黨外"，及後來由黨外化身的民主進步黨，逐漸以建構"臺灣民族"與"臺灣國家"的"國族主義"論述，取代其等對抗國民黨威權統治功能的"自由主義"論述，以強調對臺灣這片土地、歷史、文化、語言的感情認同作爲凝聚政治社群的核心價值，並吸納憲政改革運動來彰顯臺灣作爲"主權國家"的地位與價值。（朱雲漢，2016：258-262）

（二）政權輪替與"臺獨"的臺面化

2000 年臺灣第一次政權輪替，雖然是民主化象徵的里程碑，但民主化實質內涵並未隨之提昇，憲政、人權、法治等指標也未能突破，反而是"臺灣獨立運動"搬上臺面，加上政黨及其領導人爲了掌控權力與利益競爭，且在雙首長制，及"總統"與"立法委員"分開選舉的制度設計下，以少數黨執政的民進黨並未能遵守"憲法"、維護政黨競爭的倫理與民主競爭的基本規範，再再都對憲政精神與民主原則造成莫大的傷害。

2008 年中國國民黨取回"政權"，爲了與強調"臺灣國家"及"臺灣國族主義"的民進黨競爭，並未以恢復"五權憲法"等政治文化道統爲職志，反而是以加強本土化策略來與之對抗，使得"獨立臺灣"與"臺灣獨立"的政治競爭白熱化。

2016 年第三次政權輪替後，觀諸領導人蔡英文及民進黨當局的言行，雖然口稱"中華民國憲法"與"兩岸關係條例"，但不僅對內堅持"臺獨黨綱"與"臺灣前途決議文"，對外說自己是臺灣的"總統"，且先在行動上連結了"獨盟"，反對一個中國，堅持不接受"九二共識"，乃至一上臺就罔顧臺灣被日本殖民統治的史實，修改高中課綱，使用"日治"，而非"日據"等用語，在教科書中"去中國化"、美化日本的殖民統治，大力育成其口中的"天然獨"新生代；也採取親"美日遠中"、"拉美日制中"的抗衡策略的諸多作爲。諸如此類，言不符實、表裡不一的矛盾狀況，若循其發展脈絡爬梳，卻可一目瞭然其等之謀略與用心。因爲"臺灣前途決議文"的主張就是"臺灣固然依目前憲法稱爲『中華民國』，但與中華人民共和國互不隸屬，既是歷史事實，也是現實狀態"。其綱領第五條："臺灣獨立，不一定以『臺灣』爲國家的名稱。國號、國旗、國歌的變更，不是臺獨運動的主要目的。臺灣成爲一個獨立的國家，最好能名實相符，以臺灣爲國家的名字；但是當國際現勢不允許時，應當接受暫時以其他名稱，維護實質獨立的成果"。[①]2014年7月時任民進黨主席的蔡英文在電子媒體上發文表示："臺獨黨綱是民進黨創黨時期所揭示的目標，也是我們這一代民進黨人以及臺灣人民的追求與理想。目前，臺灣前途決議文成爲民進黨內部對臺灣主權、臺灣前途以及兩岸定位的共識"。[②]

（三）以民主的逆流埋葬民主

藉由以下分析可歸納得出第二次執政的民進黨當局，正進一步跨大邁向"實質臺獨"的步伐，以民主選舉取得"行政權"與"立法權"，進而利用"中華民國"之名借殼上市；再以深化民主改革與轉型正義之名，逐步將臺灣"去中國化"，切割臺灣與大陸的歷史連結，利用"立法院"議席過半結合"總統"對黨政人事及行政等的法定及肆意擴張之權力，控制了"行政""立法"，乃至"司法"三權的力量，實質改變"中華民國"，以達成"實質獨立"的目標。

從2016年5月20日新任臺灣當局就任開始，就火速推動"促進轉型正義條例"[③]及"政黨及其附隨組織不當取得財產處理條例"的立法。8月"政黨及其附隨組織不當取得財產處理條例"通過完成公告，9月依據此法設立的"不當黨產處理委員會"成立後，選定特定對象，立即向剛敗選下臺的國民黨開鍘。此一所謂轉型正義所相關的法律都屬特別法，轉型正義所相關的組織，也是不受組織基準法所限制，屬法定體制外的特別組織。不當黨產處理委員會成員，由"總統"直接透過"行政院長"任命，未經"國會"同意程序，再加上"國會監督委員會"運作隻需半年一次的特別待遇，以及不當黨產處理委員會的權

---

① 2017年2月20日檢索，民進黨官網，http://www.dpp.org.tw/history.php

② 美麗島電子報，2014年7月21日，《蔡英文："臺灣前途決議文"是民進黨的共識，也已經成為臺灣人民的共識》，http://www.my-formosa.com/DOC_63632.htm。

③ 民進黨執政後，立即在"立法院"提出"促進轉型正義條例"草案，並於2016年6月22日通過初審。立法通過後將成為"行政院促進轉型正義委員會（簡稱促轉會）"的法源。"促轉會"將執行"開放政治檔案""清除威權象徵及保存不義遺址""平復司法不法、還原歷史真相並促進社會和解""處理不當黨產""其他轉型正義事項"等工作。資料來源，"立法院"議事公報管理系統，http://lci.ly.gov.tw/LyLCEW/agenda1/02/pdf/09/01/07/LCEWA01_090107_00045.pdf。

力是源自"立法院"所給予的"有罪推定"且追溯期長達七十年的特別授權，擁有行政與司法合一、警察兼法官的超級權力，故意忽略創建"中華民國"的中國國民黨，及其推動"國家發展"及民主化過程的歷史需要，目的在於切斷與大陸的歷史連結。諸如此以終結前朝政權爲前提，以"違憲"[①]、以不正義的方式追求正義，還能侈言轉型正義？

再者，"總統"兼黨魁，加上民進黨在"立法院"又擁有多數席次的局面下，蔡英文不理會有限政府、權力分立、制衡等憲政精神，以及"違憲"的爭議，徑行在"總統府"開設由其主持的"執政決策協調會議"，將黨、政、"立法"集聚一堂，權力一把抓。同年11月18日又修法廢除專門辦理"總統"、"副總統"、"五院院長"等高官貪瀆案件的特別偵查組，排除其等執政的障礙。

此外，在司法方面，蔡英文提名獨派的"大法官"候選人，歸納被提名人許宗力、許志雄等在"立法院"接受審查時的公開言行有：1. 拒唱"國歌"，2. 不認同"中華民國憲法"，3. 否認"憲法"所規範的國家主權範圍和國土疆域，4. "中華民國"不是正常國家，5. "憲法"是當年中國的"憲法"等等。被提名的"獨派""大法官"候選人，在民進黨掌控"立法院"優勢席位的審查下如數通過。這代表蔡英文主導，透過"執政黨政協調會"所掌握的"行政權"與"立法權"，又再一步邁向了"司法權"。

以"院長"許宗力爲首的"獨派""大法官"也在不久之後就發揮了作用。2018年5月4日"大法官"決議不受理非執政黨的38位"立委"聯署提出的，"質疑立法院通過前瞻計劃預算之程序違憲的聲請釋憲案"。以司法最高位階的"大法官"，經由"司法釋憲"從中立的規則仲裁者轉變爲參與政治競技的參賽者，也剝奪了少數的"釋憲權"。該決議之後，湯德宗"大法官"撰寫《釋字第764號解釋》中的不同意見書，文最後加了一段"2018/5/4不受理決議之後，恐難再期同修福慧。雞鳴雨晦，但求無愧。"突兀的文句，卻已讓法界中人及相關研究人等產生迴響與共鳴，顯示出臺灣司法已籠罩在黯黑世界中的無奈。[②]

何況，可不經"立法院"或人民復決等的重度困難的"制憲程序"，而以法

---

① 此條例違反"憲法"第7條之"平等原則"外，也違反"司法院大法官"第585號及第633號解釋所揭櫫之"個案立法禁止原則"。另"有罪推定""溯及既往"及"違反比例原則"等皆屬違背政法治精神。

② 李念祖，2018/6/7，《大法官釋憲的政治空氣》，中時電子報 http://www.chinatimes.com/newspapers/20180607000753-260109；羅傳賢，2018/05/07，《剝奪少數釋憲權 大法官錯了》，聯合新聞網 https://udn.com/news/story/11321/3127196；"司法院"全球信息網，"司法院大法官"第1476次會議不受理決議相關文書，https://www.judicial.gov.tw/constitutionalcourt/p10_02.asp?id=332656

官造法模式直接"釋憲"、解釋相關法律，即可達成"臺獨"的目標。諸如此類的以一次選舉獲得多數選票的結果，藉假性民主之掩蓋，行多數暴力獨裁之實，進而改變政治結構。意即，憲政主義所強調的權力分立、法治原則的民主政治，以及以"憲法"爲根本大法的核心精神與結構，在其"執政"期間已剩空殼，亦等於宣告臺灣脫離憲政民主的範疇。①

三、結論：民主的劣化與扭曲

（一）民主的劣化

綜觀全球，不僅新興民主國家走的顛簸，數目上也呈現衰退，連現存老牌民主國家開始面臨民主失能的情況，2014 年 3 月《經濟學人》的〈民主出了什麼問題？〉一文，即提道：黨派之爭造成政治僵局，金權政治造成政策確保特殊集團的利益，使富人的權力多於窮人等問題。喬舒亞·科藍茲克（Joshua Kurlantzick）在其《民主在退潮》一書中也屢屢強調，選舉至上的謬誤。此外，專研民主制度的史丹佛大學教授戴雅門（Larry Diamond）在美國大選前指出，貧富不均日趨嚴重是全球民主政體的頭號挑戰。而美國的經濟政策研究所（Economic Policy Institute）2015 年的報告指出，1979 年至 2013 年的時薪纍計，居最高 5% 位階非常高薪者的日薪急昇 41%，而屬底層 10% 位階的低下薪酬者日薪不昇反降 5%。此等皆可看出被視爲現代民主國家領頭羊的美國不僅不能避免金權與政治掛鈎，更無法解決日益嚴重的貧富差距問題。

雖然，思想研究不能脫離相對應的時空環境，因爲不同時空環境的人們，會有不同的意識形態，面對問題與解決問題的方法也多所不同。例如：古希臘視奴隸制度爲理所當然，中世紀歐洲重視領主與附庸之間的權利義務關係，當代西方國家必須同時照顧雇主與受薪階級的不同需求。（胡祖慶，2012，P.2）然而，自由民主不能以犧牲普羅大眾的權益作爲順利推展制度的前提或條件，從以人爲核心的自由民主，到以市場爲核心的經濟自由的發展過程中，就已可察覺民主政治所呈現的失能狀態，尤其在民主政治以追求利潤極大化的資本主義作爲經濟面運作基底的環境下，民主的理想與的制度終究抵不過被利益驅動的私心與貪婪。何況，無論是專制或民主體制，統治者與被統治者、或當權者

---

① 雖然"釋憲"需有三分之二"大法官"出席，出席者三分之二同意，因此支持往"臺獨"方向"釋憲"的"大法官"人數或仍難跨越。但在形勢上"獨臺性"的"釋憲"及解釋法律則幾已掌握多數。而且蔡英文到 2019 年尙可提名 4 位"大法官"，而"大法官"任期滿八年後還可"再任"。屆時"大法官會議"將成"獨派大本營"。

與非當權者，其等被私心所驅動的利益總是呈現分歧。即使有憲政民主體制結構限制當權者，選民的非理性（irrational），也足以造成民主失靈。

以美國在經濟自由化旗幟下所推動的資本主義全球擴張而言，就對社會、民主、文化與環境等構成生存威脅。資本主義強調市場，刺激無止境的物質欲望與無必要的消費，引誘追求人爲建構的虛榮價值，強烈地誘發出人的貪婪與自私。在資本主義的資源分配邏輯下，全世界的生產活動，主要在滿足富裕階層的金錢與物質需求，資本主義生產體系不斷地將地球上有限的資源，轉換成無法再利用的廢物，且在生產、製造與消費的過程中，也將人類社會的國家或區域乃至社群，劃歸於核心、次核心，以及邊陲的位置，形成層級性剝削。尤其在利益誘導與驅動經濟成長的鮮明導向下，資本主義對追求利潤最大化的股東、追求物欲滿足的消費者，以及追求激勵技術創新和提高生產力的社會而言，是最有效率的制度；但相對的就破壞地球環境、掠奪非核心區資源，以及剝削弱勢團體而言，資本主義也是最有效率、破壞力最高的制度。（朱雲漢，2016：74-76）

雖然憲政的終極價值是保障民權，憲政的核心思想是有限政府，並不意味着該政府必須經過民主的程序產生。現代憲政理論以民主制度爲基礎，但它最核心價值並不是民主，而是體現在一部憲法和各種政法制度當中的"法律之下的自由"（freedom under the law）。所以，憲法保障自由是民主政治的主要優點，享受過自由的人們，會盡心盡力捍衛自由。就如同希臘的民主城邦中，其公民捍衛自己所擁有的言論與行動自由，以及各自所自由選擇的經濟生活方式一般。而且，民主制度並非一成不變，也依時代需求、依每個國家的人民需求來改革與進化。但是，即使民主制度有着與時俱進的改革，卻也改變不了民主政治下的選舉機制無法發揮選賢與能的功能，以及間接民主無法完全展現民意委託的完善代議功能。

再者，在民主政治結合資本主義自由市場經濟同行運作的基本結構，以及英國鐵娘子撒切爾首相與美國裡根總統大力宣揚與推展的"新自由主義"意識型態的推波助瀾下，強調自由、着重自由經濟活動、市場經濟的運作機制蓬勃發展，但因資本主義掠奪與破壞性基因的本質無法祛除，必然也會導致本主義下的資本集中、相對剝削、貧富差距擴大等諸多弊病的產生。亦即民主自由與市場經濟活動連結，有利於經濟的發展，也有利於民主政治的運作，但卻也改變不了貧富不均與相對剝削，以及惡質政治競爭等所形成的高度風險社會的問題的本質。

（二）臺灣民主化的扭曲

共和主義所着重的以公民爲核心的政治共同體，及所強調的公民參與對於政治價值創新以及秩序興革的重要性；民主主義所重視的"民有"、"民治"、"民享"的核心精神；以及憲政主義所主張透過憲法保障基本人權、限制政府權力的基本理念等，被視爲近現代建立民主國家與民主化的重要指標。然而，歷經二十一世紀初的民主化高峰期後，民主似乎走到了極限，良善的民主理想終究無法解決現實上由少數人掌握權力與資源、貧富差距日益懸殊等問題。民主的潮流開始反轉與衰退。

臺灣在民主化的過程中，前述所揭櫫的民主化招牌，乃至"中華民國"的招牌均被民進黨等反對勢力挾持作爲其等所謀求的"臺灣國家建國"鋪路，進行着違背共和、民主、憲政精神與制度的打着民主反民主的反逆作爲。而中國國民黨不僅未強力反制，甚至以所謂的本土化走向"獨立臺灣"的"獨臺路線"，與民進黨形成惡性競爭，乃至惡性鬥爭。重新掌權的民進黨蔡當局從 2016 年 5 月 20 日執政起，在尚未滿二年的時間内，就已執行了召開黨政、"立法"、"行政"不分的集權式"執政決策協調會議"；假借轉型正義之名，設立凌駕"行政"與"司法權"的"不當黨產處理委員會"，追殺國民黨；提名獨派"大法官"，謀劃以法官造法模式"直接釋憲"、解釋相關法律；進而放任屢屢宣稱自己是"臺獨的工作者"與"臺灣是主權獨立國家"的"行政院長"賴清德，讓其以"政府"的力量，執行清除妨阻"臺灣獨立"的障礙、或以大大小小的"去中國化"、"切割中國歷史連結"等措施，解構由中華歷史文化所纍積形塑的臺灣社會，以達成其等的"臺獨"目標。

掌控黨、"政"、"立法"大權，並已將手伸向"司法"的民進黨當局，除以多數強行通過"政黨及其附隨組織不當取得財產處理條例"，設立的"不當黨產處理委員會"向國民黨開鍘之外；繼通過"促進轉型正義條例"，設立"轉型正義委員會"，宣稱其目的是爲處理"中華民國"威權統治時期違反自由民主憲政秩序之不法結果[①]。然而，反對"獨立"之民眾則視此舉爲切割與"舊中國"的連結、爲"去中國化"的諸多政策措施之一；而國民黨則視之爲清算。"不當黨

---

　① 2016 年 7 月 25 日通過"政黨及其附隨組織不當取得財產處理條例"後，2017 年 12 月 5 日再通過"促進轉型正義條例"，於"行政院"底下將設置"促進轉型正義委員會"，目的爲推動"開放政治檔案""清除威權象徵及保存不義遺址""平復司法不法、還原歷史真相並促進社會和解"及"處理不當黨產"等四大任務。所謂威權時期的時間限定在 1945 年 8 月 15 日起至 1992 年 11 月 6 日止之時期 (1945—1992)。2018 年 5 月 30 日檢索自 ETtoday 新聞雲 https://www.ettoday.net/news/20171206/1066749.htm#ixzz5Hqffx4dy

產處理委員會”及“轉型正義委員會”均具備了“行政權”及“司法權”，逾越了三權分立的精神，形似古之東廠錦衣衛，侈言正義，甚爲諷刺。

再者，如民進黨高層藉“教育部”之手，不核可臺灣大學校長遴選委員會選出的非綠營人士管中閔校長案，一般稱之爲“卡管案”。“教育部”阻擋數月不成後，換個“教育部長”再加以行政否決臺大校長遴選案，踐踏校園民主，因而又被稱之爲“拔管案”。又如蔡當局對反對黨和民間團體提出的“公投案”一再杯葛刁難，對已方提案、或與“臺獨”相關聯的，如“以臺灣全名申請奧運參賽資格”公投等則不斷放水。

脫軌的臺灣民主化過程中，政黨競爭模式、“行政權”與“立法權”的制衡關係、“國會”議事的運作、新聞媒體監督、公民社會的動員型態等，都出現嚴重的變形與扭曲。不僅未提昇“良好治理（good governance）”[①]的效能，甚至在某些領域還侵蝕了治理質量。政治民主化＋經濟資本主義化，原本已有本質上的障礙與瓶頸，若再加上欲藉憲政民主之名，行背叛的反逆謀劃與作爲，臺灣勢將走到以民主埋葬民主的末路。相對地也驗證了原本即非完善的民主制度，在國家統一或分裂等的國族問題上無能爲力的一面。

---

① 近年來世界銀行大力推廣“良好治理”的政策理念，並提出公民表達及問責、政治穩定、政府效能、監管品質、法治與反貪污，六個基本指標進行評比。經過 1996~2013 的評比，臺灣只有在公民表達及問責方面優於香港，臺灣人民並沒有因民主化享受到良好治理的果實。（朱雲漢，2016；274-275）

论宪法中的两岸关系条款
——以"三位一体两级"结构为视角

郑 毅[*]

2017 年 10 月召开的党的十九大对新时代两岸关系问题的重视提升到了一个新高度，习总书记的报告全篇共有两处集中论述，其核心要旨有六：①原则："一个中国"和"九二共识"；②基调：推动两岸关系和平发展；③路径：深化两岸经济和文化层面的交流、合作与往来；④目标：推动两岸同胞共同反对台独分裂势力和活动；⑤举措：实现两岸领导人历史性会晤；⑥意图：维护台海稳定，实现中华民族伟大复兴。理论上，台湾问题对于主权、中央与地方关系等传统宪法问题提出的种种现实诘问，本应成为宪法学珍贵的研究样本；从实践上来说，随着两岸关系的发展逐渐步入暗流湍急的深水区，在宪法层面对相关问题进行定位和规范诠释亦颇为必要。[①] 这也是党的十九大再次深入阐述"全面依法治国"尤其是"完善以宪法为核心的中国特色社会主义法律体系"的深刻意涵。但略为遗憾的是，目前大陆学界完全立足于宪法规范而研究台湾问题的成果尚待进一步充实，[②] 这不仅不利于理论研究的深化，更难以对两岸关系发展的实践提供有力的智识支撑。

一、溯源：宪法中两岸关系条款的前世今生

中华人民共和国成立后，虽然台湾问题一直作为一项重要的政治议题而频繁出现在政策文件、领导人讲话等官方论述中，但却迟迟未能真正实现宪法化

---

[*] 郑毅，中央民族大学法学院副教授，法学博士。

① 本文严格区分《宪法》和"宪法"两种表述：前者仅指宪法典，而后者在前者基础上还包含宪法相关法。

② 目前国内学界研究台湾问题的主要宪法视角有二，一是侧重法理（宪政）基础的探讨，如姜明安：《〈反分裂国家法〉的正当性与合宪性》，《北京大学学报》（哲学社会科学版）2007 年第 3 期；二是侧重制度策略的探讨，如周叶中：《台湾问题的宪法学思考》，《法学》2007 年第 6 期。

的"华丽转身"。① 其原因大致有三：一是从工作重心上讲，建国初期的主要任务在于尽快巩固政权、恢复和发展经济以及争取最大限度的国际空间等，台湾问题的解决思路简单延续了解放战争时期的国共对抗模式；② 二是从客观情况上讲，新中国成立后不久，抗美援朝、"反右"以及"文化大革命"等一系列重大历史事件的相继发生，极大牵扯了中央处理台湾问题的精力和能力，这在客观上也给国民党当局在台执政的坐实创造了空间；三是从法制观念上讲，第一代领导集体对于台湾问题的定性始终停留在政治问题甚至军事问题上，并未有意识地延伸至其背后深蕴的法治属性的探索。③ 这一局面直到 1978 年才真正出现颇为有趣的转机——在新中国宪政史上评价并不高的"七八宪法"成为台湾问题宪法化的规范滥觞，其序言第七段指出："台湾是中国的神圣领土，我们一定要解放台湾，完成统一祖国的大业"，而这种依托序言的规范模式也从此沿用至今。④ 此后，1979 年元旦全国人大常委会《告台湾同胞书》以及邓小平在美国参众两院的讲话、1981 年全国人大常委会委员长叶剑英《关于台湾回归祖国实现和平统一的重要讲话》等一系列重要文件的发表，为宪法两岸关系条款的进一步充实提供了思想基础。1982 年颁布的现行宪法对台湾问题的关注则达到了新的历史高度。⑤ 相对宪法典而言，宪法相关法层面对台湾问题的关注则略显单薄，集中体现为 2005 年的《反分裂国家法》。对于目前宪法中两岸关系条款的规范现状，兹总结如下。

第一，现行《宪法》序言第九段规定："台湾是中华人民共和国的神圣领土的一部分。完成统一祖国的大业是包括台湾同胞在内的全中国人民的神圣职责。"在充分吸收了 1978 年《宪法》序言第七段立宪经验的基础上，改"我们一定要

---

① 早在 1956 年的《论十大关系》中，毛泽东就对台湾问题简要提及。此后，1958 年彭德怀的《告台湾同胞书》和《再告台湾同胞书》、1963 年周恩来的"一纲四目"等也都属于第一代领导人针对两岸关系的早期论述。而中共和国家领导人对台湾问题的集中讨论一般认为始于上世纪七十年代。参见史习培：《邓小平"一国两制"构想与台湾问题》，《中共福建省委党校学报》2004 年第 8 期，第 11 页；王建民、王贻社：《论中共中央两岸关系和平发展思想的提出、形成及其政策主张》，《北京联合大学学报》（人文社会科学版）2013 年第 2 期，第 91-92 页。

② 1958 年的金门炮击事件就是这一思路的典型写照。

③ 1954 年 5 月 27 日宪法起草委员会第二次全体会议的讨论认为宪法对疆域问题不作规定，李维汉指出："台湾是中国领土一部分的问题也不是一定要采取在宪法上列举领土的办法来解决；即使在宪法上列举了台湾，也不见得因此就解决了中国领土的全部问题。"韩大元编著：《1954 年宪法与新中国宪政》，武汉大学出版社 2008 年第 2 版，第 175 页。

④ 郑毅：《建国以来中央与地方关系的宪法文本演变》，《中国行政管理》2015 年第 4 期，第 90 页。

⑤ 现行宪法于 1982 年颁布，并分别于 1988 年、1993 年、1999 年和 2004 年进行四次修订，但其中的两岸关系条款全部在 1982 年颁布时就已形成，并未受后来四个修正案的影响。

解放台湾，完成统一祖国的大业"为"完成统一祖国的大业是包括台湾同胞在内的全中国人民的神圣职责"。① 一方面，"解放"表述的退隐在一定程度上淡化了军事对峙的色彩；② 另一方面，将完成祖国统一的任务主体由大陆单方面"我们"的努力变成两岸共同努力的"二元主体"，意义重大而深远。③ 需要指出的是，虽然在讨论《宪法》草案时有人提出"'台湾回归'是个政策性问题，不必写入宪法"，但其并非否认该问题的重要性和价值，而仅仅是出于对《宪法》稳定性的维护。④

第二，现行《宪法》第 31 条规定："国家在必要时得设立特别行政区。在特别行政区内实行的制度按照具体情况由全国人民代表大会以法律规定。"班禅在 1982 年 3 月 11 日宪法修改委员会分组讨论上曾指出："序言中讲了台湾问题，很好。对台湾过来后的制度，在宪法中应有几条规定。"⑤ 这或许可帮助解读起草第 31 条的核心背景及其与序言第九段的内在逻辑关联。应注意的是，该条虽未明确指出适用的地域范围，但涵括香港、澳门和台湾三地在理论上是毋庸置疑的。⑥ 如在 1982 年 3 月 13 日宪法修改委员会的分组讨论上，董必武和苏子蘅就认为："宪法写了'国家在必要时得设立特别行政区'，从而将叶剑英委员长 1981 年国庆发表的'九点建议'精神反应在新的宪法中，这有助于解除台湾当局和台湾同胞、港澳同胞的疑虑，很及时。"⑦ 程思远委员则进一步补充："关于特别行政区的规定将来也可以适用于香港和澳门，以利于团结侨胞和争取外汇

---

① 序言第九段第二句的表述，是 1982 年 4 月 23 日全国人大常委会分组讨论宪法修正案时根据王木森的建议确定的。参见许崇德：《中华人民共和国宪法史》，福建人民出版社 2005 年第 2 版，第 440 页。

② 1982 年 3 月 13 日宪法修改委员会的分组讨论上，苏子蘅委员就曾对这一转变给予充分肯定。参见许崇德：《中华人民共和国宪法史》，福建人民出版社 2005 年第 2 版，第 406 页。

③ 1982 年 2 月 27 日宪法修改委员会第二次全体会议上下发的《中华人民共和国宪法修改草案（讨论稿）的说明》就明确强调"完成祖国统一大业的愿望"是"包括台湾同胞在内的全国人民"所"共同抱有"的。参见许崇德：《中华人民共和国宪法史》，福建人民出版社 2005 年第 2 版，第 387 页。

④ 该观点持有者为全国政协委员马璧。详见许崇德：《中华人民共和国宪法史》，福建人民出版社 2005 年第 2 版，第 453—454 页。

⑤ 许崇德：《中华人民共和国宪法史》，福建人民出版社 2005 年第 2 版，第 402 页。

⑥ 参见蔡定剑：《宪法精解》，法律出版社 2006 年第 2 版，第 231 页。

⑦ 许崇德：《中华人民共和国宪法史》，福建人民出版社 2005 年第 2 版，第 406 页。

收入。"① 可见，现行《宪法》第 31 条当初首先是考虑为台湾问题而设置的，② 只是由于历史原因，在香港和澳门率先付诸实践；而 2017 年党的十九大报告也申明："必须继续坚持'和平统一、一国两制'方针，推动两岸关系和平发展，推进祖国和平统一进程"。可见，该条既是两岸关系在新中国宪法史上第一次进入《宪法》正文，亦是目前《宪法》中唯一直接针对两岸关系的正文条款，更是新时代处理台湾问题尤其是深化两岸和平统一进程的基本原则，其必然应在台湾问题的处理过程中进一步发挥更为积极的建构性作用。③

第三，现行《宪法》第 52 条规定："中华人民共和国公民有维护国家统一和全国各民族团结的义务。"作为典型的宪法义务条款，虽然未明示两岸关系的适用场域，但该条基于要素的同构性显然与序言第九段第二句在表述上互相辉映，即可体系解释为"维护国家统一是两岸人民（包括台湾同胞在内）共同的宪法义务"。在新中国宪政史上，最早提及祖国统一问题的其实是 1949 年《共同纲领》第 2 条，不过，虽然从当时实际情况而言"解放中国全部领土"在范围上当然包括台湾，但该条却将主体明确限定为"中华人民共和国中央人民政府"，难谓"公民"的维护祖国统一的宪法义务的直接渊源。故现行《宪法》第 52 条的渊源最早只能追溯到 1978 年《宪法》第 56 条"公民必须拥护中国共产党的领导，拥护社会主义制度，维护祖国的统一和各民族的团结，遵守宪法和法律"的表述。至于 1978 年《宪法》为何会率先规定该义务，尚未见明确史料可考。此后在 1982 年修宪的过程中，对于基本义务条款的争论主要集中在是否要明确"党的领导"（抑或是移至序言或总纲）的问题，至于其他内容则明确主要以 1978 年《宪法》的义务规范为蓝本。④ 因此当时对于维护国家统一作为宪

---

① 许崇德：《中华人民共和国宪法史》，福建人民出版社 2005 年第 2 版，第 410 页。

② 事实上，在《宪法》修正案草案公布后，港台媒体对该条（当时《草案》中为第 30 条）的解读其实颇为一致。如香港《南华早报》4 月 30 日撰文"预料台湾当局将认真仔细地研究这个草案，对第三十条展开激烈辩论"；又如 4 月 28 日台湾《联合报》刊文指出："关于设立'特别行政区'显然是针对台湾而言"；还如 5 月 1 日的香港《明报》甚至置疑："这一条似为台湾而设，但是否对港、澳也适用？"详见许崇德：《中华人民共和国宪法史》，福建人民出版社 2005 年第 2 版，第 459—460 页。

③ 有学者曾对此展开深入研究，此处不赘。参见张千帆：《论国家统一与地方自治——从港澳基本法看两岸和平统一的宪法机制》，《华东政法大学学报》2007 年第 4 期，第 3—12 页。

④ 如 1980 年 2 月 11 日上午举行的宪法修改委员会秘书处第十一次会议上，胡绳在关于总纲草稿的说明中即指出："关于 1978 年宪法第五十六条、第五十七条规定的公民义务，党的领导可放到序言或总纲中去写，其余的基本上按照这两条规定去写。"而 1982 年 2 月 27 日宪法修改委员会第二次全体会议上下发的《中华人民共和国宪法修改草案（讨论稿）的说明》中也提到："第五十条到第五十四条是关于公民的义务的规定，对 1978 年宪法的相应规定做了些修改和补充。"许崇德：《中华人民共和国宪法史》，福建人民出版社 2005 年第 2 版，第 380、391 页。

法义务列入第二章并无任何争议。不过需要提请注意的是，现行《宪法》第 52
条对 1978 年文本的具体表述微调所带来的结构优化效果：1978 年《宪法》序
言第七段虽然强调"我们一定要解放台湾，完成统一祖国的大业"，但对于"完
成大业"的行为定性是模糊的，因此虽然同该法第 56 条在一定程度上实现了
初步的体系照映，但却是比较薄弱的。现行《宪法》的修改过程中显然意识到
了该问题所蕴含的潜在风险，不过最初仍只是将"大业"简单定性为"共同愿
望"，直至 1982 年 3 月 15 日宪法修改委员会第二次全体会议的分组讨论上钱照
昌提出："完成祖国统一大业不只是全中国人民的'共同愿望'，而且是'历史
使命''神圣职责'。建议将序言关于台湾的一段中的'共同愿望'改为'神圣
职责'。"① 这一建议最终被宪法修改委员会秘书处所采纳，进而由胡乔木于 1982
年 4 月 12 日下午举行的宪法修改委员会第三次全体会议上公布并说明。至此，
现行《宪法》第 52 条"维护国家统一"的宪法义务最终与序言第九段"完成统
一祖国大业的神圣职责"间形成了无缝对接——不仅将序言第九段在宪法义务
制度上进一步坐实，第 52 条自身也由此被正式引入宪法中两岸关系条款的体系
结构之中。

此外，在宪法相关法的层面，两岸关系条款集中体现为 2005 年的《反分
裂国家法》。② 这部只有区区十个条文的法律，不仅创造了中国大陆现行立法
中篇幅最短、立法进程最快的纪录，而且也是唯一没有冠以"中华人民共和
国"抬头的法律，统合的思维跃然纸上。其直接承接了宪法序言第九段对"完
成统一祖国的大业"主体的二元化表述立场，将"反分裂"牢牢限定在"anti-
secession"而非"anti-separation"的语义之上。③ 对于该法与《宪法》间的关系，
周叶中教授曾扼要地指出："《反分裂国家法》细化了宪法的内容，规定了两种
统一方式的原则、程序等问题，这些规定无疑是我们解决台湾问题时必须遵守
的法律规范。"④

总之，经过几十年的发展，宪法中的两岸关系条款经历了从无到有、从序
言到正文、从宪法典到宪法律、从立场宣示到制度初构的积极的演变过程，其

---

① 许崇德：《中华人民共和国宪法史》，福建人民出版社 2005 年第 2 版，第 410 页。
② 其实在法律层面，涉及两岸关系规制的法律还有 1994 年 3 月 5 日第八届全国人民代表大
会常务委员会第六次会议通过的《中华人民共和国台湾同胞投资保护法》，但由于该法的核心意旨
在于"保护和鼓励台湾同胞投资"（第 1 条），且不属于宪法相关法范畴，与本文讨论的两岸关系宪
制亦相去甚远，故不再赘述。
③ 参见过家鼎：《"反分裂国家法"的翻译》，《中国翻译》2005 年第 3 期，第 89 页。
④ 周叶中：《台湾问题的宪法学思考》，《法学》2007 年第 6 期，第 4 页。

丰富和完善的过程和成果在历史层面上应给予充分的肯定。

二、追问：宪法中两岸关系条款的未尽之处

虽然取得了一定的法制建设成果——尤其是《反分裂国家法》甫一出台即成功遏制了"台独"势力的嚣张气焰，然而就总体情况而言，当前宪法中的台湾条款的规范和实施现状尚不能完全令人满意。

（一）孱弱的巴赛勒斯：[①] 现行《宪法》中两岸关系条款的局限

首先，现行《宪法》中唯一一条直接包含"台湾"表述的条款恰恰出现在序言的第九段，虽然内涵丰富，但一个自然的追问是：该段序言究竟有无实质的法律拘束力？对此，学界其实存在不同理解。[②] 一是"有效说"，如汪进元教授认为："宪法序言是宪法的重要组成部分，而且从其规定的内容及地位和作用看，大部分宪法序言与总则或总纲的内容有重合或交叉之处，因此具有最高的法律效力。"[③] 二是"无效说"，如蔡定剑教授认为："从序言的内容看，都是一些宣告性、记叙的内容，这些描述怎么会有法律效力呢？……从序言的作用看，序言也不是宪法的必要组成部分，从序言是规范政府行为的原理上看，序言是可有可无，不起规范作用。如果说序言由法律效力，会给宪法的适用带来不确定性。"[④] 三是"区别说"，如陈新民教授认为："宪法序言是否具有法的拘束力，抑或是单纯具有政治的作用，取决于其在内容上有无类似'规范条款'的性质而言。宪法序言中如果已含有规范力之文字，即可使国家公权力负有实践此规范之义务。"[⑤] 总之，将唯一一个直接明确指向两岸关系的条款置于序言部分，其效力的不确定性无疑对两岸关系的法治实践产生了一定的消极影响。

其次，宪法第 31 条过于宏观与抽象，导致现实适用的困境。该条实际上强调了三点：一是对特别行政区进行宪法定位及设立条件，即"必要时"；二是对特别行政区所实行制度与大陆其他地方所实行制度的差异性给予宪法支持；三是明确这种制度差异的合宪性前提，即由全国人大以法律保留的方式实现。而问题在于，第一，该条毕竟未明确其在台湾问题场域的适用性，导致在具体

---

① 巴赛勒斯是古希腊时期的军事首领，这里引申为"主导者"。参见何平立主编：《西方政治制度史》，中国政法大学出版社 2015 年版，第 11 页。

② 事实上，对宪法序言效力的问题在西方亦产生广泛争论。如德国国家学就曾将宪法序言当作纯粹的生命和历史叙述来对待，认为它们是单纯宣示性的而非需要贯彻的。转引自 [德] 卡尔·施米特：《宪法学说》，刘锋译，上海人民出版社 2016 年修订版，第 52 页。

③ 周叶中主编：《宪法》，高等教育出版社、北京大学出版社 2004 年第 2 版，第 123 页。

④ 蔡定剑：《宪法精解》，法律出版社 2006 年第 2 版，第 124—125 页。

⑤ 张千帆主编：《宪法》，北京大学出版社 2008 年版，第 27 页。

实施时必然产生对全国人大常委会立法解释的二次依赖。① 虽然该条同样未对在港澳地区的适用作明确标示，但港澳基本法均在序言第二段明确指出"根据中华人民共和国宪法第三十一条的规定，设立香港（澳门）特别行政区"，从而在规范上确认了与《宪法》的内在承接逻辑，实际上也构成了"宪法—法律"的体系性解释框架。② 而对于台湾问题来说，由于宪法相关法尚未实现此类承接，这种立法上的不确定将由于未预留足够的制度指向性而导致更多的"隐晦地带"和"模糊空间"。第二，第 31 条过于宏观和抽象，难以直接解读出处理台湾问题的具体宪法原则。该条核心价值在于"一国两制"的宪法化，具体的操作规范则通过对全国人大的全面立法授权实现。而在涉台法律承接不足的情况下，该条更近似于一个用马良之笔画在宪法墙上、但墙后却没有具体法律制度房间的"门"，这与香港和澳门的宪制实践是存在本质差异的。第三，作为"一国两制"入宪的直接体现，第 31 条对"制度"一词的表述存在不确定性，导致在解决台湾问题时面临比港澳更多的困境。有学者即指出："此处规定的'在特别行政区内实行的制度'，是什么层次的制度？制度有大到社会根本制度小到继承制度、庭审制度等多个层次的制度，宪法此条具体指哪个层次？"③ 申言之，根据经典政策文献的论述，"一国两制"中的两种"制度"，聚焦于生产资料所有制形式层面上的理解，④ 而这种立场在解决港澳问题时也得到了法律的认可。⑤ 问

---

① 当然，大陆宪法学界对于第 31 条适用于台湾本身并无异议。参见蔡定剑：《宪法精解》，法律出版社 2006 年第 2 版，第 231 页。当然这种学理共识尚不足以成为实践中的直接依据。

② 港澳基本法序言的效力同样曾为两地司法机关的判决所确认。如，1999 年 1 月 29 日香港终审法院在一组系列上诉案的终审判决中亦明确表示《基本法》的序言说明特别行政区是根据第 31 条成立的"。参见"吴嘉玲、吴丹丹诉入境事务处处长"（终院民事上诉 1998 年第 14 号）、"徐权能诉入境事务处处长"（终院民事上诉 1998 年第 16 号）、"入境事务处处长诉张丽华"（终院民事上诉 1998 年第 16 号）。又如，澳门高等法院在 2007 年 7 月 18 日一项关于两名外籍劳工在澳延期逗留的上诉案判决中即指出《澳门基本法》序言"使宪法关于'一国两制'的方针具体化、法律化，使宪法第 31 条得到具体落实和切实可行"。参见澳门高等法院"行政事宜上的司法裁判上诉"第 28/2006 号案件判决，第 27 页。

③ 范忠信：《论"一国两制"的全国性法律体系之依据和形成途径》，《法商研究》1998 年第 2 期，第 16 页。但范忠信教授的质疑侧重于"制度的层次"，而笔者的质疑则侧重于制度的焦点和范畴，着眼点略有不同。

④ 如邓小平在与美国政治家布热津斯基的谈话中首次使用了"一个国家、两种制度"的提法。他说，中国统一后大陆搞社会主义，台湾可搞资本主义，可以实行"一个中国、两种制度"，双方互不伤害。转引自王士如、郭春明：《"一国两制"与中国现行宪法》，《山西大学学报》（哲学社会科学版）1998 年第 2 期，第 26 页。

⑤ 如《香港基本法》第 1 条规定："香港特别行政区是中华人民共和国不可分离的部分"，即所谓"一国"；第 5 条规定："香港特别行政区不实行社会主义制度和政策，保持原有的资本主义制度和生活方式，五十年不变"，即所谓"两制"。《澳门基本法》第 1 条和第 5 条也有相同的规定。

题在于，在港澳回归的过程中，"姓资"抑或"姓社"的制度问题确在其中扮演着关键性角色；但在台湾问题的处理上，台湾当局与北京中央政府的关系尤其是治权格局及其法律确认问题才是重中之重。因此，如果说宪法第31条因对"制度"表述模糊所诱发的消极影响在港澳问题的解决过程中尚不十分突出的话，那么随着两岸关系的发展尤其是统合政治议题的进一步深入，必将更加集中地呈现。

最后，第52条作为两岸关系条款的隐性担忧。将第52条直接视作两岸关系条款加以研究的成果并不多见，而这种视角确也面临如下困境。第一，第52条在《宪法》第二章中的体系地位问题。一方面，在传统理论上，学界对于基本权利和基本义务的关系一般从两种视角界定，但不论是"权利义务不可分"还是"权利义务相依存"，均系在"权利—义务"二元维度下建构解读基本义务的逻辑空间。① 由此产生的必然追问是：第52条所对应的基本权利究竟为何？另一方面，在修宪实践中，前述逻辑又被进一步深化。如1982年4月22日彭真向第五节全国人大常委会第二十三次会议作的《关于中华人民共和国宪法修改草案的说明》就明确指出："公民的权利和义务不可分离。任何公民享有宪法和法律规定的权利，同时有遵守宪法和法律的义务。"② 这种思路不仅最终成为现行《宪法》第33条第4款"任何公民享有宪法和法律规定的权利，同时必须履行宪法和法律规定的义务"之规定的直接蓝本，而且整个第二章"公民的基本权利和义务"不论从章题上还是结构上其实也都贯彻了这一思维。第二，第52条在内容上常常被归为"道义性（moral）义务"。林来梵教授曾委婉指出这"体现了我国现行宪法积极认同强烈的价值判断的内在取向"，"也反映了我国法律文化史上'引礼入法'的传统定势"。③ 郑贤君教授则将其称为"伦理义务"并明言："伦理义务不具有强制性与即时要求和实现的特点，仅为一种道德要求，在实际中不产生强制执行的效力，需部门法来细化。"④ 总之，正如马岭教授指出的，"维护国家统一和全国各民族团结"道德性色彩太重，不太具有法律上的可操作性。⑤ 第三，还有学者质疑"国家统一"过于抽象，无法获得一致意见

① 关于"权利义务不可分"和"权利义务相依存"的具体论述，可详见郑贤君：《权利义务相一致原理的宪法释义——以社会基本权为例》，《首都师范大学学报》（社会科学版）2007年第5期，第43—44页。

② 许崇德：《中华人民共和国宪法史》，福建人民出版社2005年第2版，第437页。

③ 林来梵：《从宪法规范到规范宪法：规范宪法学的一种前言》，法律出版社2001年版，第242页。

④ 郑贤君：《基本权利原理》，法律出版社2010年版，第324页。

⑤ 马岭：《宪法权利但书与宪法义务》，《当代法学》2009年第3期，第61页。

从而影响实施，甚至概括性地指出宪法义务本身就是"无法实施的"。①

（二）不能承受之重：《反分裂国家法》立意与角色

作为目前两岸关系条款最为集中也是唯一的一部宪法相关法，《反分裂国家法》无疑承载了诸多的立法期待。而就是这样一部号称史上"篇幅最短、通过速度最快"的法律，虽然基本实现了大多数既定的立法目的（如迅速遏制"台独"势头），但却也在许多地方存在进一步完善的空间。

首先，《反分裂国家法》具有典型的回应性立法的时代特征，似难以全面承担起处理两岸关系的基本法律的责任。在理论上，虽然该法的出台经过了六年左右的酝酿期，但促使其真正出台的主要因素仍是"岛内'台独'势力的日益猖獗"。② 这使得该法甫一"亮相"即具有浓重的回应型立法特征。回归该法文本，由于其因应"台独"而生，故解读的重点自然聚焦于两岸关系非常态时期国家分裂风险的处理和应对，而对常态下两岸关系建构和发展的观照则比较有限——即第6、7条及第5条前两款，仅占到条文总数的29.6%，这更深化了人们评价该法的费正清所谓的"刺激—反应"特征的刻板印象。③ 而在实践中，一方面，以 ECFA 为代表的两岸关系发展所取得的一系列重大成果均未以引入《反分裂国家法》相关条款的方式夯实其合法性；另一方面，对现阶段两岸关系发展具有重要意义的、国台办等29个部门于2018年2月28日发布的《关于促进两岸经济文化交流合作的若干措施》中的31条具体举措，归结到《反分裂国家法》上仅第6条第一款原则性表述为"国家采取措施，维护台湾海峡地区和平稳定，发展两岸关系"，宣示价值凸显而实操性有限，难以提供完全而充分的规范支持。

其次，《反分裂国家法》同宪法的逻辑衔接存在问题，对两岸关系宪法性框架的整体形成、确立和运行产生不利影响。作为目前与《宪法》序言第九段直接对应的基本法律，《反分裂国家法》同宪法文本之间的确呈现了一定的逻辑衔接。如，《反分裂国家法》的名称本身就折射出宪法序言第九段中"神圣领土的一部分""统一祖国的大业"等表述的深层内涵："法律的名称最后定案为《反分裂国家法》，主要是为了反映中国政府对两岸现状的判断，即两岸目前处于分治（即治权的不统一），但并不是分裂（即主权的不统一）的状态，而立法的目

---

① 参见张千帆：《宪法学导论》，法律出版社2004年版，第6页。
② 周志怀：《〈反分裂国家法〉与新时期大陆对台政策》，《台湾研究》2005年第2期，第2页。
③ 参见蒋小波：《费正清的两岸关系论述及其台湾效应》，《台湾研究集刊》2011年第4期，第71页。

的就在于避免出现中国分裂的状态。"① 然而，从 1982 年到 2005 年长达二十三年的时间差确实也为两者的结构性衔接带来一定麻烦。严格说来，《宪法》中两岸关系条款本身的抽象性和原则性其实并不算问题，基于《宪法》目前以间接实施为主的实现模式，宪法相关法对《宪法》抽象条款的承接、充实和细化才是重中之重。② 然而，《反分裂国家法》实际上并未很好地完成这一立法使命，这又反过来促使《宪法》中两岸关系条款抽象性的次生效应被进一步凸显化和扩大化，从而在某种意义上形成规范逻辑的"奶酪效应"。③ 无怪周叶中教授曾指出："由于《反分裂国家法》具有宣示意义大、政策性强等特点，因此，如何适用《反分裂国家法》成为兼具理论价值和实践价值的重要问题。"④

（三）成因浅析

笔者认为，前述规范层面的问题的成因主要包括但不限于如下三点。

第一，社会主义法制建设尚处于初级阶段，细化的涉台法律制度设计尚需时日。2011 年，时任全国人大常委会委员长的吴邦国宣布"中国特色社会主义法律体系已经形成"，但这里的"形成"被牢牢限定在"体系"的层面，即重在立法结构"骨架"的完整，而非具体规范"血肉"的丰沛。在这种大背景下，两岸关系条款（尤其是宪法中的两岸关系条款）呈现出数量有限、内容抽象等特征实属必然。而因应的关键显然在于充分发挥两岸关系政治决断的引导力量，加快宪法中两岸关系条款的完善与进化，以图在相当程度上弱化乃至超越法制建设初级阶段这一具体时代背景的掣肘。

第二，传统上处理两岸关系问题过程中"政策依赖"的惯性思维尚未完全扭转。如果说法律制度的建设成效初现，则法治思维的培养无疑还要经历一个漫长的渐进过程。就近年来大陆对两岸关系的处理和回应的方式来看，绝大多数的积极作为都主要仰仗政策手段实现，这虽能充分发挥政策手段自身的灵活性、时效性等优势，但在两岸特定领域所形成的较为成熟的机制迟迟未能实现

---

① 李龙、魏腊云：《中国〈反分裂国家法〉与美国〈反脱离联邦法〉的比较研究》，《政治与法律》2005 年第 4 期，第 33 页。

② 在《立法法》第 8 条规定的"只能制定法律的事项"中，第一项即"国家主权的事项"，两岸关系问题显然属于此类事项，而这无形中也为《反分裂国家法》平添了更多的制度预期。

③ 所谓"奶酪效应"，是指各种法规范的属性具有同构性，就很容易形成一个规范缺陷环环紧扣的法律规制漏洞，导致潜在危险（hazards）变成现实的损失（losses），造成部分法制价值的流失和法治目标的落空。参见罗豪才、宋功德：《软法亦法：公共治理呼唤软法之治》，法律出版社 2009 年版，第 383 页。

④ 周叶中：《论构建两岸关系和平发展框架的法律机制》，《法学评论》2008 年第 3 期，第 9 页。

全面的法制化升华，着实阻碍了现代法治背景下两岸关系的深度建构。

第三，两岸关系尚存在诸多变量，不确定性因素众多且内在关系复杂，这就导致细节化、规范化的法制努力面临两难境地：一方面，两岸关系发展的制度成果亟需法律的确认；另一方面，贸然立法势必又会导致其在瞬息万变的两岸关系客观情势面前损失稳定性乃至权威性。因此，明确法律自身的功能定位及其在两岸关系中所扮演的角色就显得尤为重要。

三、规范主义的诠释：序言第九段的效力与第 52 条的角色

关于宪法序言第九段的效力，首先应从宪法序言效力的宏观理论层面着手。自 1954 年《宪法》附带序言问世之初，学界关于序言效力问题已经历过三个阶段的讨论。第一次是五四宪法起草过程中关于"宪法是否需要序言"问题的讨论。①而当时中央的立场其实一直是明确的。早在 1954 年 3 月 23 日举行的宪法起草委员会第一次会议上，陈伯达所作的《宪法草案初稿说明》的报告即明确指出序言的任务在于确认国家在过渡时期的总任务及其实现条件。而毛泽东当时也以插话的方式进一步解释道："总任务，序言的第三段；实现总任务的内外在条件，序言的第四、五、六段，即统一战线、民族关系、国际关系。"②最终，此次争论随着五四宪法偕同序言的正式颁布而告一段落。第二次是 1982 年修宪以来对于序言效力问题的争论。③当时法理学界以非条文化、叙事性、个别规范冲突等理由提出宪法序言效力否定说。而宪法学界则以序言中四项基本原则的根本性为核心提出了反驳。④这次争论引发了学术立场的进一步分化，进而出现了全部无效说、全部有效说、部分有效说和模糊效力说等不同认知，对相

---

① 如 1954 年 4 月 27 日印发的《宪法草案初稿讨论意见汇辑》（七）提到"可将序言去掉，因为序言里所说明的，后面条里多已有了，仅仅最后一段（对外关系）为条文中所无，设法在哪里提一下即可"，以及"在全国人民代表大会正式通过宪法后，是否还需要序言一部分"；6 月 5 日印发的《宪法草案初稿讨论意见汇辑》（十九）则提到"序言内容很重要"的观点；而 6 月 30 日印发的《宪法草案初稿讨论意见汇辑》（二十五）中则又出现"把'序言'改为'先言'，并入'总纲'中"的建议；9 月 6 日第一届全国人大第一次会议的分组讨论中，则又出现区别对待的观点，即把序言第四、五、六段改成条文并入总纲，其余段落则保留为序言形式；等等。凡此种种，不一而足。参见韩大元：《1954 年宪法制定过程》，法律出版社 2014 年版，第 159—163、363 页。这其实都体现出修宪时对于宪法序言的认识不足。

② 韩大元：《1954 年宪法制定过程》，法律出版社 2014 年版，第 270 页。

③ 钱宁峰：《论宪法序言的裁判规范性》，《金陵法律评论》2008 年第 2 期，第 64 页。

④ 许秀民：《否定四项基本原则是违背宪法的——宪法"序言"没有法律约束力的观点不妥》，《法学》1987 年第 4 期，第 10—11 页。

关问题的研究也进一步得到深化。① 第三次是党的十六大以后，随着修宪的呼声又起，有观点提出应就此删除宪法序言。然而实际情况是，2004 年宪法修改不仅没有删除序言，反而对其进一步强化。② 经过此次讨论，学界关于宪法序言是否具有法律效力的争论已趋于平息，③ 争论的焦点逐渐转移至宪法序言法律效力如何表现的问题。④

综上，可从如下五个方面对我国宪法序言效力宏观阐释。第一，宪法序言具有效力。2001 年 12 月 3 日，时任全国人大常委会主任的李鹏在全国法制宣传日座谈会上发表讲话称："宪法序言最集中地体现了党的基本主张和人民的根本意志，是宪法的灵魂，同宪法条文一样具有最高法律效力。"⑤ 第二，宪法序言和正式条文虽然有所重合，但仍然存在规范分工甚至区分内容重要性的功能，正如李鹏在前述讲话中进而指出的："改革开放以来，历次党的代表大会确定的重大方针，党中央都及时向全国人大提出修改宪法的建议，按照法定程序变成国家意志，其中最重要的内容写入宪法序言，具体内容写入宪法条文。"⑥ 第三，宪法序言与正式条款具有同等的效力，只是功能上互有侧重。一方面，序言对重要历史背景的阐述而赋予其政治与法理意义，⑦ 正式条款则更专注于根本制度框架的构建；另一方面，序言与正文共同构成完整的宪法，共享宪法基本原则和精神并互为补充。总之要整体地考量宪法序言的效力问题。⑧ 第四，宪法序言是国家最新政策宣示的重要载体。在迄今四次对现行《宪法》的修正中，有三次涉及序言部分的修正，其内容无一例外地体现为最新大政方针的宪法化。⑨ 第五，宪法序言的效力具有不同形式。具体说来——按照王叔文先生的理解——

---

① 还有学者提出与上述四种学说并列的"效力更强说"，即认为宪法序言不仅具有法规范性质，具有法律效力，而且认为宪法序言中宣布的内容的规范地位比正文更高，是宪法正文的上位法规范。参见黄惟勤：《论我国宪法序言的法律效力》，《法学杂志》2010 年第 2 期，第 104 页。但笔者认为所谓此观点仅仅是在全部有效说基础上的延伸，不宜单列。

② 谢维雁：《论宪法序言》，《社会科学研究》2004 年第 5 期，第 76 页。

③ 当然仍有少部分学者坚持否定宪法序言效力的立场，如马岭教授明确同意全部无效力说，"因为序言一般是正文开始前的说明或解释，它本身并不是正文，不能将其与正文混为一谈。"马岭：《对宪法序言和总纲的修改建议》，《法律科学》2003 年第 4 期，第 5 页。

④ 钱宁峰：《论宪法序言的裁判规范性》，《金陵法律评论》2008 年第 2 期，第 64 页。

⑤ 许崇德：《中华人民共和国宪法史》，福建人民出版社 2005 年第 2 版，第 481 页。

⑥ 许崇德：《中华人民共和国宪法史》，福建人民出版社 2005 年第 2 版，第 482 页。

⑦ 谢维雁：《论宪法序言》，《社会科学研究》2004 年第 5 期，第 78 页。

⑧ 参见吴杰：《论宪法序言是宪法的重要组成部分》，《法学杂志》1990 年第 2 期，第 2 页。

⑨ 在现行宪法的四个修正案中，有三个涉及序言的修改；目前修正案的条文共 31 条，其中关于宪法序言的修正的条文共 5 条，其中 1993 年的第 3 条和第 4 条分别修正序言第七段和第十段，1999 年的第 12 条修正序言第七段，2004 年的第 18 条和第 19 条修正序言的第十段。

主要有三：一是规定基本原则，提供解释宪法的基础；二是国家进行日常立法的基础；三是作为一切组织和公民的根本活动准则。① 此外，出于在宪法解释过程中所扮演的关键性角色，宪法序言也可间接视为进行合宪性审查的基本依据。②

由上，我们发现现行《宪法》序言第九段同样呈现出多元化的效力功能：一是将两岸统一作为基本原则确定下来，同时也扮演了将第 31 条的特别行政区制度引入两岸关系场域的"解释原则"的角色；二是与第 52 条相结合，将"维护国家统一"作为"一切组织和公民的根本活动准则"；三是从历史上看，作为 1978 年《宪法》序言第七段的延续和承继，成为国家两岸关系政策的宣示载体。

在明晰宏观理论基础之后，不妨再从微观的制宪者的角度进一步剖析。一般地，对特定内容何者置于序言、何者置于正式条款，应以"规制力"为区分标准。③ 然而针对一些特殊事项，为了形成更全面的宪法规范体系而须分置于序言和正文之中时，序言获得规制效力就自然成为可能。反观序言第九段的两句表述：第一句为台湾作为中国领土地位的事实描述和宪法宣告；第二句则显然已具备了一般法秩序的基本要素——作为"受其规整之人"的"包括台湾同胞在内的全中国人民"以及作为"依其规定而为行为的规则"的"完成祖国统一大业"。④ 此外，尚有一个补充性论证视角在于，《反分裂国家法》第 1 条末明确规定"根据宪法，制定本法"，⑤ 而"若要全面贯彻'根据宪法，制定本法'的规范要求，理论上便必须对宪法条款展开精致、深入和系统的规范性分析"。尽管学者每每诉病我国许多配套立法第 1 条仅是泛泛写根据某一上位法制定而不写明根据上位法的哪一个具体条款，⑥ 但现行《宪法》至少在本文论域中这个问题是不存在的，因为直接针对台湾问题的依据唯有序言第九段。倘若第九段缺乏实际效力，是否也就意味着《反分裂国家法》的合宪性基础亦存疑？

此外，前述分析结论也获得了域外比较资源的印证。如德国《基本法》在前言的最后一段明确："全国德国人民在自由行使自决权利下完成国家自由统一

① 参见黄惟勤：《论我国宪法序言的法律效力》，《法学杂志》2010 年第 2 期，第 105 页。

② 至少是一种违宪审查制度规范上的建构条件。参见刘定基：《议会至上与人大至上——从英国违宪审查的发展看中国违宪审查的未来》，《政大法律评论》2013 年第 4 期，第 281—282 页。

③ 参见张千帆主编：《宪法》，北京大学出版社 2008 年版，第 27 页。

④ 关于作为一般法秩序要素的"受其规整之人"和"依其规定而为行为的规则"的论述，参见 [德] 卡尔·拉伦茨：《法学方法论》，陈爱娥译，商务印书馆 2003 年版，第 132 页。

⑤ 叶海波：《"根据宪法，制定本法"的规范内涵》，《法学家》2013 年第 5 期，第 32 页。

⑥ 参见王压非：《我国配套立法问题研究》，法律出版社 2014 年版，第 116 页。

的决心，并不改变。"德国联邦宪法法院随后表示："《基本法》前言诚然主要是具有政治意义，但也具有法律意义。所有国家机关都负有全力达成国家统一的法律义务。国家一切措施应朝此方向努力，而一切在法律上及事实上有违此目标之可能的措施，皆有不作为之义务。"时隔20年之后，联邦宪法法院再次在判决中重申《基本法》前言中的"统一要求"已使所有宪法机关负有不能放弃国家统一之义务。陈新民教授就此指出："宪法的前言便可产生法的拘束力，并通过实现的方式来达到其目的。"①

总之，正如周叶中教授指出的："宪法序言的这段话既有宣示意义，又有规范意义：它不仅宣示台湾是我国的神圣领土，奠定了统一义务的历史基础、政治基础和法理基础，还为包括台湾同胞在内的全中国人民设定了宪法上的统一义务。序言的这段话可以作为统一台湾义务的根本性法源。"②

至于《宪法》第52条的"困境"，则可从如下三个方面分别回应。

首先，关于第52条所对应的基本权利的诘问，一方面，在当今理论上，宪法基本权利与基本义务的关系异于一般法律权利与法律义务的关系业已成为共识。"权利义务关联论"本质实为"第二者义务"（the second part duties），即"公民A的权利和义务同公民B的义务和权利"分别对应。然而正如林来梵教授指出的，宪法上的权利义务关系其实有二：一是公民作为基本权利主体而国家作为承担义务主体，二是公民作为承担基本义务主体而对国家或社会履行宪法上所规定的基本义务。③显然，前一类关系主要集中体现在社会权保障部分；④后者比较少见，第52条即为典型例证。蔡定剑教授由此总结道："上述理论（指权利义务关联论，笔者注）作为一般的法制理论，特别是作为民法理论是正确的，但是作为宪法理论就不一定正确。"⑤另一方面，在修宪实践中，在明确"公民的权利和义务不可分离"的同时，1982年4月22日彭真向第五节全国人大常委会第二十三次会议作的《关于中华人民共和国宪法修改草案的说明》也承认："国家保障公民合法的自由和权利，不允许任何组织和个人予以侵犯，但也绝不允许任何人利用这种自由和权利进行反革命活动和其他破坏社会秩序、生

① 参见张千帆主编：《宪法》，北京大学出版社2008年版，第26—27页。

② 周叶中：《论构建两岸关系和平发展框架的法律机制》，《法学评论》2008年第3期，第9页。

③ 参见林来梵：《从宪法规范到规范宪法：规范宪法学的一种前言》，法律出版社2001年版，第251—252页。

④ 参见郑贤君：《权利义务相一致原理的宪法释义——以社会基本权为例》，《首都师范大学学报》（社会科学版）2007年第5期，第46—47页。

⑤ 蔡定剑：《宪法精解》，法律出版社2006年第2版，第246页。

产秩序、工作秩序的犯罪活动。"从这个意义上说，第 52 条中的"国家统一"同其他基本义务条款的差异性不仅在于没有（或曰"无需"）对应具体的基本权利类型，还在于它作为"公民享有基本权利的基本前提"的更根本的属性。[①]

其次，第 52 条在表述上确实具有一定的道义性和伦理性。有学者将其解释为"体现为一种在个体认同的基础上为共同体奉献、牺牲的精神，具有明显的团结属性"，乃至于"可以深切感受到以上规范背后强烈的家国情怀"。[②] 不过一方面，道义性和伦理性仅是第 52 条出场的序曲，而自该条正式作为宪法规范位列根本大法文本之时起，规范性已然成为其第一属性，所谓的道义性和伦理性则更多地退居末流甚至幕后，化身规范性的价值背景。另一方面，道义性和伦理性并不妨碍第 52 条的具体实施。从社会学、伦理学、法学的效力三分法来看，诟病第 52 条无法实施的观点显然是基于偏隘的实证主义立场，然而即便是实证主义，也并不排斥规范效力的多元发生机制。这也就解释了郑贤君教授认定作为道德需求的伦理义务仍可通过部门法来细化的原因。[③] 可见，第 52 条是否具有法律规范更典型和常见的"社会学效力"，更多地取决于部门法的细化努力的成效，而现行法律体系中则至少有两个条文承担了这一重要使命：一是《刑法》103 条通过规定分裂国家罪和煽动分裂国家罪，以刑事责任方式保障维护国家统一义务的实现；二是《反分裂国家法》第 8 条以"非和平方式及其他必要措施"建构出《宪法》第 52 条的实施基础。

最后，至于对第 52 条抽象性的诟病确也客观存在。但一方面，"宪法作为一种国家的根本大法，很多文字本身就具有抽象的色彩，'人类尊严''人权''民主''法治''人权'这些字眼似乎同样抽象"，"抽象性和宏观性某种程度上即是宪法的特质所在，也是立宪技术的必然要求"。[④] 另一方面，虽然"概念抽象"，但毕竟"有清晰的内涵"。[⑤] 以作为第 52 条核心概念之一的"国家统一"为例，就至少具备三层内含：一是主权独立性，即国家独立自主地处理对内对外事务，不收任何外国政府和政治势力的干预；二是领土完整性，即在

① 韩大元：《宪法讲座（五）：公民的基本权利和义务》，《法律与生活》2015 年第 5 期，第 33 页。

② 姜秉曦：《我国宪法中公民基本义务的规范分析》，《法学评论》2018 年第 2 期，第 49、51 页。

③ 参见郑贤君：《基本权利原理》，法律出版社 2010 年版，第 324 页。

④ 常安：《作为宪法义务的"维护国家统一和全国各民族团结"》，《金陵法律评论》2012 年第 1 期，第 79 页。

⑤ 王世涛：《宪法不应当规定公民的基本义务吗？——与张千帆教授商榷》，《时代法学》2006 年第 5 期，第 29 页。

中华人民共和国领域内的领土、领水、领空是一个完整的统一体，均属中华人民共和国所有，我国政府对此享有排他性的管辖权；三是权力统一性，即在中华人民共和国领土内，只能有一个合法的统一的中央政府，享有对国家的管辖权。①

四、结构主义的纠偏：“三位一体两级”的两岸关系条款结构

其实，前文对于现行《宪法》中两岸关系条款的诠释性回应逻辑隐含了一个客观事实：试图脱离体系结构而对前述条款进行孤例的解释是难以实现的。这也就凸显了下面将详述的、宪法中两岸关系条款“三位一体”结构的重要性。

首先，序言第九段效力的争论产生的原因，除了对整个序言部分的效力存疑外，还有一个隐性因素，即仅有区区48个字的第九段作为现行《宪法》文本中唯一明确针对台湾问题的条款实在过于单薄。而这一困境的缓解恰恰需要《宪法》中另外两个正文条款的支持。第一，“完成祖国统一大业”的具体制度模式何在？这一追问实际上由第31条通过“特别行政区”予以明确回应。第二，第52条对于序言第九段的解释补足则可进一步分为如下两个方面。一是在静态层面，所谓“神圣职责”的规范属性为何？一般理解，“职责”乃是指“职务和责任”，②即责任应以职务为前提。如所谓行政职责，即指行政主体在行使国家所赋予的行政职权，实施国家行政管理活动的过程中所必须承担的法定义务。③那么，第九段将“职责”赋予没有具体职务指向的“中国人民”是否妥当？对此，第52条通过强调“基本义务”这一更为脸谱化的规范效力要素内涵，在“神圣”的道德色彩之上夯实了其“义务”的实施性制度身份，同时从“职责”到“义务”的转变亦可视作某种意义上的澄清。易言之，正是有了第52条的背书，序言第九段才真正成为陈新民教授所谓的“规范力之文字，即可使国家公权力负有实践此规范之义务”。④二是在动态层面，虽然序言第九段因具备了“受其规整之人”和“依其规定而为行为的规则”等一般法秩序要素而得以与序言开篇几段纯粹的、凯尔森（Hans Kelsen）意义上的“具有一种与其说法学上的性质倒不如说是意识形态的性质，如果将它去掉的话，法律的真

---

① 蔡定剑：《宪法精解》，法律出版社2006年第2版，第287页。
② 中国社会科学院语言研究所词典编辑室编：《现代汉语词典》，商务印书馆2012年第6版，第1672页。
③ 罗豪才、湛中乐：《行政法学》，北京大学出版社2006年第2版，第51页。
④ 张千帆主编：《宪法》，北京大学出版社2008年版，第27页。

正意义通常也不会起丝毫变化"的序言成份在一定程度上区分开来，①但从表述形式上毕竟属于罗斯（Alf Ross）所谓的"陈述性商谈"（indicative discourse），即"表达某个命题（某个陈述）的语言符号，命题是关于某个被认为真实的论题之观念"。②而其向"表达某种被认为是行为模式的行动观念的语言形式"的"指令式商谈"（directive discourse）转变的真正实现，③则恰恰是由于第 52 条的加入——"有……义务"（owe）本身即指令性商谈中道义表述（deontic expressions）的典型语词。④

其次，作为特别行政区制度的核心条款，《宪法》第 31 条虽然确定暗含了对台湾问题的容纳，但毕竟并未明确付诸表述。因此仅从文义解释的角度而言，倘若没有序言第九段"台湾"表述的加持，第 31 条的具体适用空间实在不易直接具象化。此外，依照第九段和第 31 条体系解释逻辑的一个追问在于：何时方能在台湾实现设立特别行政区的宪制预期？序言第九段和第 52 条"祖国统一"为第 31 条真正在台湾实施明晰了逻辑前提。该逻辑形成的基础，在于第 31 条"必要时"的表述。何谓"必要时"？首先应明确，该条中连接"必要时"和"设立特别行政区"的"得"字，作为立法中常见的助动词意为"许可"，⑤因此"必要时"应解释为"国家既有意愿、也有可能设立特别行政区之时"，其中"意愿"所隐含的必要性或许尚应结合具体的客观情况综合判断，⑥而"可能"所隐含的可行性则至少包含"统一局面业已形成的状态"，而这种状态能否使客观形成，显然取决于序言第九段和第 52 条的实施效果。

最后，虽然在理论上不存在争议，但目前现行《宪法》在台湾地区的效

---

① ［奥］汉斯·凯尔森：《法与国家的一般理论》，沈宗灵译，商务印书馆 2014 年版，第 374 页。

② ［丹］阿尔夫·罗斯：《指令与规范》，雷磊译，中国法制出版社 2013 年版，第 18 页。

③ 参见［丹］阿尔夫·罗斯：《指令与规范》，雷磊译，中国法制出版社 2013 年版，第 47 页。

④ 其他道义性表述语词还包括"应当"（ought to）、"不得不"（have to）、"必须"（must）、"被迫"（be obliged to）、"一定要"（be bound to）、"不得"（are forbidden to）、"可以"（are permitted to）、"有权"（have a right to）以及名词"义务"（duty）、"权利"（right）、"诉求"（claim）等。参见［丹］阿尔夫·罗斯：《指令与规范》，雷磊译，中国法制出版社 2013 年版，第 49 页。

⑤ 中国社会科学院语言研究所词典编辑室编：《现代汉语词典》，商务印书馆 2012 年第 6 版，第 270 页。

⑥ 这在特别行政区制度业已实践二十年的香港有直观呈现，《香港基本法》序言第二段明确指出："为了维护国家的统一和领土完整，保持香港的繁荣和稳定，并考虑到香港的历史和现实情况，国家决定，在对香港恢复行使主权时，根据中华人民共和国宪法第三十一条的规定，设立香港特别行政区。"

力悬置确是客观现实。① 第一，如果《反分裂国家法》不冠以"中华人民共和国"的前缀是出于确保全面对台规制空间的考量，那么第52条中作为义务主体的"中华人民共和国公民"能否对海峡对岸产生实质的法律效力也就在形式上存疑。对此，序言第九段"包括台湾同胞在内的全中国人民"则明确给出了肯定的回应。第二，不论是"维护国家统一的义务"抑或是"完成祖国统一大业的神圣职责"，其前提均在于通过一个适宜的制度载体使相关条款获得效力发生的属人和属地基础。这个基础和制度前提，恰恰由第31条的特别行政区条款予以补足。第三，按照对第52条的一般解释，违反"维护国家统一义务"的刑事责任除前文提及的《刑法》第103条外，还可能涵摄第102条的背叛国家罪。② 但该罪在犯罪构成要件上强调勾结外国或与境外机构、组织、个人相勾结，而《宪法》序言第九段则明确窒息了台湾与"外国"或"境外"竞合的制度空间，因此当《宪法》第52条扮演两岸关系条款角色时，与《刑法》第102条之间并不具有指向关联性。③ 此即序言第九段对第52条产生的具象化效果以确保其精准实施。总之，当与序言第九段和第31条形成体系解释的空间，第52条的规范意义已经远远超出了一般宪法基本义务的范畴，而在某种程度上具备了福柯（Michel Foucault）所谓的"规训"（discipline）的特质："一种特殊的权力技术，既是权力干预、训练和监视的技术，又是制造知识的手段，而规范化是这一技术的核心"。④

由上，随着"三位一体"结构浮出水面，如下两个问题得到了进一步印证。

---

① 如目前全国人大台湾籍代表的选举和产生方式就颇能说明问题。根据2017年4月27日第十二届全国人民代表大会常务委员会第二十七次会议通过的《台湾省出席第十三届全国人民代表大会代表协商选举方案》，台湾省出席第十三届全国人民代表大会代表协商选举方案如下：一、台湾省暂时选举第十三届全国人民代表大会代表13名，由各省、自治区、直辖市和中央国家机关、中国人民解放军中的台湾省籍同胞组成的协商选举会议选举产生。按照选举法规定，选举采用差额选举和无记名投票的方式进行。二、协商选举会议人数为122人，由各省、自治区、直辖市和中央国家机关、中国人民解放军中的台湾省籍同胞中协商选定。参加协商选举会议人员的选定工作于2017年12月底以前完成。三、协商选举会议定于2018年1月在北京召开。四、协商选举会议要发扬民主，酝酿代表候选人应考虑各方面的代表人士，适当注意中青年、妇女、少数民族等方面的人选。五、协商选举会议由全国人大常委会委员长会议指定召集人召集。参见中国人大网：《三个与代表名额分配有关方案》，http://www.npc.gov.cn/npc/xinwen/2017-04/27/content_2020954.htm，2018年3月29日访问。

② 参见蔡定剑：《宪法精解》，法律出版社2006年第2版，第287页；周叶中：《台湾问题的宪法学思考》，《法学》2007年第6期，第43页。

③ 对背叛国家罪的构成要件分析可参见高铭暄、马克昌主编：《刑法学》，北京大学出版社、高等教育出版社2005年第2版，第361页。

④ [法]米歇尔·福柯：《规训与惩罚》，刘北成、杨远婴译，生活·读书·新知三联书店2012年第4版，第375页。

一方面，《宪法》中的三处两岸关系条款之间确实存在彼此呼应、支撑、解释、印证的逻辑关联，这在一定程度上缓解了其各自面临的诸如抽象性、指向性、实施性等困境。另一方面，这种"三位一体"结构的解释力本身仍是有限的——虽然三个条款彼此间的证立链条均为两个或两个以上，但链条过短仍然对体系的融贯性产生了消极影响。① 演化为具体问题：如，序言第九段虽然可以将第52条的"维护国家统一"义务引入台湾问题的具体场域，然则究竟如何在两岸关系的语境中具体诠释"统一"的内涵？又如，虽然以特别行政区制度作为解决台湾问题的基本方案得到了《宪法》的确认，但在尚未能够于台湾设立特别行政区的今天，第31条对两岸关系条款体系结构的支撑力度究竟有多大？再如，会否由于具体实施的阙如而影响整个"三位一体"框架逻辑链条的证立？凡此种种，不一而足。

显然，对前述问题的回应已然超出了《宪法》这一级中两岸关系条款的解释力范围，因此尚应引入下一级的宪法相关法规范以进一步扩充文本解释的体系纵深。笔者认为，《反分裂国家法》对《宪法》中两岸关系条款的"三位一体"结构主要存在如下三类价值。

第一，《反分裂国家法》对《宪法》序言第九段效力的反哺功能。如前文所述，学界对《宪法》序言第九段效力的质疑除了宪法序言本身的理论争议外，还在于《宪法》正文中再无明确提及台湾问题条款的现实所诱发的"马太效应"。因此关于第九段效力的争议仅单纯仰仗宪法序言效力理论本身的宏观解释并不足以真正定纷止争。而虽然基于文本位置的差异性，第52条在相当程度上夯实了序言第九段的效力基础，但不可否认，高度相似的规范逻辑和表达形式使第52条在实施层面实际上构成对序言第九段的形式重言（tautology），② 从而制约其辅助解释力的进一步发挥。反哺序言第九段的规范使命也就自然落在《反分裂国家法》的肩头。亦即，序言第九段的效力不仅源于内在的关于宪法序言效力的一般理论共识，更源于来自《宪法》正文条款和直接对应的宪法相关法的外在保障。《反分裂国家法》第2条的内容显然是在重申序言第九段精神内核的基础上的进一步扩充：一方面通过"世界上只有一个中国→台湾是中国的一部

---

① 阿列克西认为，当其他条件不变时，属于同一个体系的证立链条越长，这个体系就越连贯；而融贯性不仅取决于链条长度，也取决于链条的数量。参见 [德] 罗伯特·阿列克西：《法：作为理性的制度化》，雷磊译，中国法制出版社 2012 年版，第 117 页。

② 当然，正如前文指出的，即便存在近似重言的形式，但绝不是亨廷顿（Samuel P. Huntington）所谓的"空洞和毫无意义的"。参见 [美] 塞缪尔·P·亨廷顿：《第三波：20 世纪后期的民主化浪潮》，欧阳景根译，中国人民大学出版社 2013 年版，第 33 页。

分"的渐进式逻辑强调两岸统一的应然状态；另一方面则在第 4 条复述《宪法》序言第九段所明确"人民"的统一职责的基础上，进一步将该职责主体从个人拓展至国家，即"国家绝不允许'台独'分裂势力以任何名义、任何方式把台湾从中国分裂出去"。

第二，《反分裂国家法》对第 31 条的充实作用。作为修宪时明确涵摄对台效力的正文条款，第 31 条在表述上确实比较抽象。然而不能忽视的一个现象是，同样是这一条款，为何在港澳基本法领域并不觉其过于抽象、宏观或原则？这主要源于《香港基本法》和《澳门基本法》两部宪法相关法的制定实施所产生的充实作用。由此，第 31 条是否抽象，关键或许不在其本身的表达范式——作为授权立法性的条款，该条确乎"言至此，言已止"了——而在于该条是否已经同相应的宪法相关法之间形成了完整而自洽的规范系统。具体到本文论域，一方面，《反分裂国家法》第 5 条第 3 款"国家和平统一后，台湾可以实行不同于大陆的制度，高度自治"显然是在内容上向《宪法》第 31 条的直接"致敬"；另一方面，虽然在形式上回应当下的《反分裂国家法》和主要面向两岸关系未来的第 31 条之间似乎存在时间错位，但两者却共享着同一时间轴。易言之，第 31 条中作为设立特别行政区前提的"必要时"要件应如何具体实现？《反分裂国家法》从两种进路予以回应：一是第 6 条和第 7 条规定的平和进路，即通过促进两岸和平发展营造条件；二是第 8 条规定的激进进路，即通过采取"非和平方式及其他必要措施"确保特别行政区的设立。

第三，《反分裂国家法》对第 52 条的诠释效应。作为基本义务，"维护国家统一"的实施关键在于对"国家统一"内涵的剖析。前文在一般意义上归纳的主权独立、领土完整和权力统一等虽具普适性，但具体到两岸关系的论域尚需一个具象的过程以真正确保该义务条款的有效实施。在宪法层面的解释手段已然用尽的情况下，《反分裂国家法》第 8 条选择通过明确列举的方式予以阐释，即："'台独'分裂势力以任何名义、任何方式造成台湾从中国分裂出去的事实，或者发生将会导致台湾从中国分裂出去的重大事变，或者和平统一的可能性完全丧失。"易言之，由于所谓的"'台独'分裂势力"既可为单数亦可为复数，因此在两岸关系领域中，只要出现了符合《反分裂国家法》第 8 条描述的情形，即可进而认定为对《宪法》第 52 条"维护国家统一"的基本义务的违背。

至此，宪法中两岸关系条款的"三位一体两级"结构正式形成，其内在逻辑关系如下图所示：

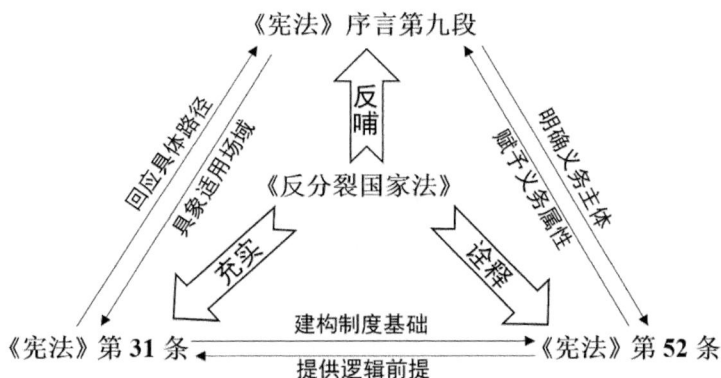

五、建构主义的展望：对国家顶层设计精神的再审视

"三位一体两级"结构的形成，虽然鲜明勾勒出了宪法中两岸关系条款的逻辑体系，但也必须承认，其主要价值面向乃是试图对《宪法》中三处关联条款所形成的封闭解释体系的缺憾进行外部资源（即宪法相关法）的补充供给。因此，一方面，针对《宪法》层面的两岸关系条款结构的科学性与自洽性的评估结果在相当程度上仰仗《反分裂国家法》所能实际提供的支持力；另一方面，对于《反分裂国家法》自身面临的规范困境，"三位一体两级"结构本身并不能提供充分有效的解释支持。于是终极问题就出现了：《反分裂国家法》在前述过程中效用发挥的情况究竟如何呢？从前文的分析来看，无论是结构偏颇问题还是规范抽象问题都足以直接影响整个"三位一体两级"体系的稳定性。这其中当然有规范本身客观局限性的因素，但笔者认为首先应予重视的却是观察《反分裂国家法》传统视角的纠偏。

毋庸置疑，《反分裂国家法》的规范定位既在于对《宪法》序言第9段和第52条的直接贯彻，也在于对现实中可能出现的"台独"风险的防范，再加之其在两岸统一之前事实上扮演了大陆对台事务核心法律的角色，这都决定了对"台独"行为的充分回应乃是该法所担负的最主要的历史使命。党的十九大报告以比较罕见的强烈口吻提出："我们坚决维护国家主权和领土完整，绝不容忍国家分裂的历史悲剧重演。一切分裂祖国的活动都必将遭到全体中国人坚决反对。我们有坚定的意志、充分的信心、足够的能力挫败任何形式的'台独'分裂图谋。我们绝不允许任何人、任何组织、任何政党、在任何时候、以任何形式、把任何一块中国领土从中国分裂出去！"这不仅暗合了《反分裂国际法》第2条第2款"台湾是中国的一部分。国家绝不允许'台独'分裂势力以任何名义、任何方式把台湾从中国分裂出去"的表述，呼应了"台独"分裂势力以任何名义、任何方式造成台湾从中国分裂出去的事实，或者发生将会导致台湾从中国分裂出去的重大事变，或者和平统一的可能性完全丧失，国家得采取非和平方式及其他必要措施，捍卫国家主权和领土完整"的宣示，更为新时代《反分裂国家法》回应"台独"功能的充分发挥夯实了顶层设计基础。

然而，回应"台独"绝非《反分裂国家法》的唯一功能期待。长期以来，由于两岸问题的政治属性和诸多不确定因素，导致在 1994 年《台湾同胞投资保护法》之后，两岸关系立法的发展比较迟缓。而 21 世纪初海峡对岸在陈水扁当政时期"台独"思潮的甚嚣尘上情势导致《反分裂国家法》不仅"早产"，而且在诞生之初便被人为赋予了回应性立法的制度期待，该法标题的鲜明指向性又进一步放大了这种认知。但若详查该法条文结构却发现，非回应性内容其实也占据了相当的比重。[①] 从这个意义上说，《反分裂国家法》仅具"回应台独功能"的判断在一定程度上或许是出于观察者的视角偏颇或选择性忽视。这种主观偏差进一步导致在实际适用该法的过程中，对于第 6 条和第 7 条的关注严重不足——在两岸关系纷繁复杂但仍未脱离和平发展大框架的今天 [②]——按照该法的逻辑预设，只要没有出现第 8 条第 1 款的情势，那么两岸关系在规范层面就只能定位为和平发展时期——这两条直接相关的条款却在大多时候呈现"睡美人"的状态。因此，第 6 条和第 7 条不仅在规范结构上不容忽视，在当前实践中甚至本应扮演确保该法实施真正主力的角色。2018 年 2 月 28 日国台办等 29 个部门联合发布的《关于促进两岸经济文化交流合作的若干措施》不仅是对党的十九大报告"扩大两岸经济文化交流合作，实现互利互惠，逐步为台湾同胞在大陆学习、创业、就业、生活提供与大陆同胞同等的待遇，增进台湾同胞福祉"的具体落实，实际上也为这第 6 条和第 7 条在新时期的进一步贯彻落实提供了坚实的顶层设计支持。

当然，观念的纠偏虽然能够在一定程度上消解《反分裂国家法》"回应性过强"的困境，但显然对于抽象性问题的真正解决助力不多，甚至对第 6 条和第 7 条重要性的强调反而进一步凸显了它们相对抽象的规范状态所诱发的诘问。

---

① 《反分裂国家法》虽未分章，但结构逻辑是相对明确的：一部分为前五条，可视作总则，凡387字；第二部分为第 6 条和第 7 条，聚焦两岸和平交往的基本问题，凡384字；第三部分为第 8 条和第 9 条，关注"台独"风险的应对和处置，凡263字；第四部分为第 10 条，即附则，凡13字。从结构看，除总则部分外，该法的具体制度主要有二，即和平交往及"台独"风险处置，而单纯就篇幅而言，前者甚至更为充分。

② 党的十九大报告明确指出："必须继续坚持'和平统一、一国两制'方针。"

因此在调整视角之后，实质的反思恐怕还是要回归规范自身的完善。2014年党的十八届四中全会通过的《中共中央关于全面推进依法治国若干重大问题的决定》明确："运用法治方式巩固和深化两岸关系和平发展，完善涉台法律法规，依法规范和保障两岸人民关系、推进两岸交流合作。"其中至少蕴含三点要旨：一是和平发展是未来一段时期两岸关系的主流；二是和平发展的实现要遵循法治路径；三是目前涉台法律法规并不完善，亟待发展。笔者认为，发展涉台法律法规主要存在两种方式：一是在尊重法安性的前提下通过科学的解释方法最大限度地将既有规范资源用足、用好、用活；二是谋求新规范的构建。这两种方式应根据两级的不同情况区分适用。

一方面，宪法文本完善的主要路径主要包括修宪和释宪。但对于《宪法》序言第九段、第31条和第52条而言，由于三位一体结构的确立和实效，笔者认为在现阶段并无修订前述条款的迫切需求即必要性，而由于2018年3月刚刚完成较大幅度的修宪亦无在短期内再次修宪的可行性，因此只在确有必要时提请全国人大常委会基于《宪法》第67条（一）的职权释宪即可。这一是出于刚性宪法的现实和修宪成本的考量，修宪的手段在实践中确应谨慎采用；二是从前文对"两级"结构的分析来看，现行《宪法》文本中的两岸关系条款所呈现的问题在很大程度上实乃《反分裂国家法》的事实承接不力及其背后隐含的认知立场的定位偏差所导致。由此，"从宪法学角度而言，解决上述问题最适宜的方法莫过于宪法解释：其一，宪法解释有利于在不变动宪法文本的情况下体现中央的对台政策，这样既能保持宪法的稳定性，也能彰显中央对台政策的延续性，还能灵活应对中央对台政策的调整；其二，宪法解释可以将中央的对台政策宪法化，使之成为具有宪法位阶的法律规范，从而起到仅从政策层面定位难以达到的效果。"① 在具体操作上，前述宪法解释仍应因循"三位一体"的结构展开，其解释的目标或重点主要有三：一是在规范层面上进一步密切序言第九段与两个正式条文间的体系结构，充分发挥序言的"提供宪法解释基础"的功能，② 在抑制各自规范性不足的同时实现对两岸关系法律制度引领和导向作用的"1+1+1>3"；二是国家处理两岸关系的基本原则，结合台湾当局现任领导人蔡英文与新任美国总统特朗普近期的表态，"九二共识"的宪法化或应扮演重要角色；三是对当前历史时期关于两岸关系和平发展一般性法律制度的地位予以进

---

① 周叶中：《论构建两岸关系和平发展框架的法律机制》，《法学评论》2008年第3期，第9页。

② 参见黄惟勤：《论我国宪法序言的法律效力》，《法学杂志》2010年第2期，第105页。

一步强调，促使"两级"的逻辑关联进一步鲜明并凸显。

另一方面，就《反分裂国家法》而言，作为当前两岸关系立法的核心规范，坚决反对一切"台独"行为当然是其首要规制目标，尤其是在近期"台独"势力活动频繁的大环境下，依法反分裂被深度耦合进"推进全面依法治国"的时代期盼，更深化了规范与实践的双重价值。此外，该法也确实承担了一些本不属于其立法原旨的额外的法治期待。基于在短期内几无可能出台新的涉台法律的现实情况的考量，两岸关系法律调整的进一步优化只能寄望于该法自身实施的不断完善。从目前"结构性偏颇"和"抽象性过度"两个最为集中的问题来看，前者的解决除了仰仗对该法认知视角的纠偏这一相对缓慢却又必不可少的过程之外，大可通过下位立法对第6条和第7条的充实来实现；对于后者，则主要集中在下位法的细化和完善上。至此，现阶段深化《反分裂国家法》实施的改革方案已经跃然纸上，即通过制定下位法促进其贯彻落实。由于反分裂和两岸关系问题本属中央事权，再加之对规范权威性和全国一致性的考量，这里的下位法应集中指向行政法规，而如下三个问题自然应予明确。其一，相关行政法规的制定既属于为执行《反分裂国家法》规定的需要而根据该法第9条第2款"由国务院、中央军事委员会决定和组织实施"的规定，也属于"宪法第89条所规定的国务院行政管理职权的事项"。因此，《立法法》第65条第1款提供了坚实的立法依据。其二，如果说前述的认知纠偏和规范解释的努力主要是针对涉台法律的话，那么再辅以涉台行政法规的制定，则正好全面契合了十八届四中全会"完善涉台法律法规"的顶层设计。其三，在规范内容上，出于木桶原理补足短板的考量、两岸关系和平发展时期的规制需要以及相关顶层设计精神法治化落实以顺应"全面依法治国"要求的实际，行政法规的制定工作目前可首先围绕《反分裂国家法》第6条和第7条两个条款展开，并适当吸收既有的两岸法制建设成果，使其真正成为进一步深化两岸关系法治化的重要契机和规范平台。申言之，除了业已生效的ECFA以及新近发布的《关于促进两岸经济文化交流合作的若干措施》之外，也可考虑部分学者的建议，将《两岸和平协议》中的相关条款吸纳整合，①使之充分扮演促进《海峡两岸和平协议》

---

① 杜立夫、游志强：《论两岸和平发展中的"宪法共识"》，《福建师范大学学报》（哲学社会科学版）2015年第4期，第40—42页。

顺利签署的法治路径的角色，①从而以切实的立法行动回应十八届四中全会"运用法治方式巩固和深化两岸关系和平发展"的顶层设计需求。

---

① 在 2017 年 6 月闭幕的海峡论坛上，即将卸任的国民党主席洪秀柱再次呼吁尽快签署《两岸和平协议》。但新任党主席吴敦义随后却回应："'两岸人民关系条例'明载，只有台当局委托的机构才可以和大陆洽谈协议，目前国民党并未'执政'，没有权力签署，海基会是台当局唯一可以委托签署的机构，其他的签署协议行为，皆属'违法'。"可见《两岸和平协议》的顺利签署仅靠政治力量推动是远远不够的，法治的角色不可或缺。相关报道可参见凤凰资讯：《洪秀柱倡议签署"两岸和平协议"，吴敦义这样回应》，http://news.ifeng.com/a/20170623/51304791_0.shtml，2018 年 3 月 29 日访问。

中華文化之道統是兩岸和平統一文化的基礎

陳紹誠[*]

　　中華民族擁有八千年歷史悠久的文化，經過改朝換代以及歷史的見證，我們的祖先確實擁有超越其他民族的思想及科技，遠從老子孔子就已經注重於人的教育及思想，並期望以教育來喚起人民對自我提升的要求。但是世道不斷在變，天災人禍造成人們光是為了食飽衣足就已經很難了，如何有閒暇時間及心情去想提升自我呢？又或是等到太平盛世時，雖然不必為衣食擔憂，但讀書人開始對自我提升越求越甚，有些甚至到了走火入魔的境界，忘記物質的提升也是不可缺的，導致亂世時如野獸般只求物質溫飽而人倫盡喪，盛世時讀書人只求心靈提升忘記改進物質科技，成為一個不正常的循環。

　　在現今這個資訊爆發的科學時代，科技不斷日新月異，醫學的發達使我們能活得健康長久，雖然不是亂世，但人忙於研究物質能帶給我們多少的方便，卻忘了在追求物質的提升外我們還需要追求心靈上的提升。看現今社會處處可見人們都在追求品牌、追求財富，但道德淪喪、為謀利而黑心、甚至欺師滅祖，殺父棄母的這種大逆不道的行為卻開始處處可見，而且有越來越多的趨勢。人們因為追求物質而忘記心靈提升的重要性，最後成了物質的奴隸而沒有了心靈，在這個節奏快的時代裡每個人都覺得舊的是慢的是錯的是沒用的，但是在這個道德淪喪的社會裡古人所提倡的道德倫理思想在現今社會看來卻是最缺乏的，這對追求物質的現今社會不是一大諷刺嗎？

---

　　*　陳紹誠，祖父為國民黨大佬 陳立夫，外祖父為國學大師 林尹。現為台灣 "財團法人 立夫醫藥研究文教基金會" 董事兼副執行長，曾就讀於美國普度大學工業工程系、香港中文大學工商管理碩士。

　　陳林兩家均為國學世家，陳紹誠先生傳承家學並大力推廣儒學與中醫，常受邀赴兩岸各大院校及單位講課。陳紹誠先生於 2015 年受邀於隸屬台灣 "教育部" 之教育廣播電台主持儒學相關廣播單元 "談笑自儒"，於教育廣播電台之每週一次的 "教育 Talk Bar" 節目中播出，將儒學以深入淺出且生活化的方式解釋給聽眾。並為 "中國慈善家" 雜誌專欄作家，作寫有關國學及文化之專欄。

　　心靈畢竟不是物質，科技雖日新月異，但人們竟認為人文倫理也應該像科技般日新又新，卻不知道我們的祖先是經過千年而累積出人類互助扶持的經驗，不懂的人稱這些教條不人性化，稱這些思想是舊思想，稱這些制度是抑制本性，但當我們將這些推翻後所得到的是什麼？推翻可以，但有更好的替代品嗎？這些替代的方式有用嗎？看看現今社會亂象我們就可以得知了！現今社會追求物質享受，許多人對名牌跑車豪宅都是趨之若鶩，但不難發現到這些追求物質的人是越買越空虛，卻不知道如何填補內心的空虛。

　　經過去二十餘年"台獨去中"觀念日益加深，再加上教改後台灣教育制度崩壞，後繼當局亦不理解傳統教育之重要性，對於文化教育完全沒有加強，且對民進黨和"獨派"意識過份軟弱，導致台灣新一批青年人對於優良傳統中華文化的認知已不復存，對自己身為中華民族更是沒有認同感，導致在對自我民族身份認知處於錯亂。

　　中華民族之所以能源遠流長，正是因為中華文化最重要的道統思想，也正是道統才能將中國歷史以來不同族群融合及和平共生。中國歷史上不論五胡亂華還是蒙滿建朝，最後都因中華文化而與漢人融為一家，因此中華文化及道統思想才能將所有中華民族結合。

　　如今中國大陸重視中華文化復興，希望全國能重新認識中華文化，理解起博大深遠的美，並希望重拾國人對中華文化的自信。在這個中華民族即將要再次站起來的時間，我們更應該讓兩岸及世界上的華人朔本根源，對自己文化有熱忱和信心，從而推廣中華文化至全世界，也只有如此兩岸三地和全世界的華人才能理解從民族、文化、語言上，我們都是一家人，更不該分你我他，讓全世界理解中國夢和西方的夢的差別除了在物質上的富饒以外，更重要的是有精神和文化的淵博。

一、儒學在現今社會中之重要性

　　告子說"食、色，性也。"這是指不論人或獸，求食維持自己生命，求偶延續種族，這兩者都是天性。人也是獸的一種，食與色也是人類的天性，所以孟子說"人之所以異於禽獸幾希"。但人類之所以能與禽獸區分而成為地球上萬物的主宰者，就是因為我們對事物知識的理解力強過於其他物種，而這其中包括人類能分辨是非善惡，並且對自我要求及進步，理解要提升自我之精神及為全人類種族光大生命而努力，而這種追求完美成就自己，完美成就他物的精神我們中國人稱為"仁義"。但是否每個人出生就能有明事理辨是非分善惡的能力，

157

以及成己成物的思想呢？非也。在人出生時僅求最基本人獸皆有之天性，這種天性本無善惡之分，但真情常在，而真情為善，所以才說"人之初，性本善"。到後來因為環境、父母、朋友或他人的影響而學習及習慣改變了，這改變能善能惡，所以才說"性相近，習相遠"。

而教育之重要就在於此，我們現今教育是只注重知識傳授，但這僅是生存工具的傳授，只提升了人對物質的慾望，而物質的慾望是無限大的，這造成社會普遍僅重視物質、外表、自我享受，而輕忽精神、禮儀、道德倫理。我們可以看到現今社會就是因為沒有承襲古代先人智慧以及千年經驗的教育方式，僅重視知識的傳授，而未注重於修身養性，導致現今人倫敗壞、炫富、貪污、為求利而不擇手段，例如黑心商品等問題越來越多，所以才說"苟不教，性乃遷"。

教育的目的除了現今只傳授知識及生存的工具外，更重要的在於讓我們明白人類共生共存共進的相互關係及宇宙間之一切真理，因而增長對人類的同情同理心，減少個人過份的慾望，使為國家民族貢獻之心大過於個人慾望。所以有智並能識之社會份子的責任重大，不能僅以自己之知識滿足個人慾望，必須對整體社會做出更大之貢獻，而這貢獻其中一項就是正確的教育教導他人以及下一代正確的倫理之道，這種教育是要以身做則、持續並貫徹的，所以才說"教之道，貴以專"。

既然我們是地球萬物的主宰者，當我們知道身為人的目標後，我們更要認真看自己是否有不斷提升自我修養進而對國家民族人類做出貢獻。但為何現在社會現象是我們越活越遠離"人"的目標，而趨於禽獸只懂求食求色純粹追求物質享受？這就是我們應該探討的當今社會價值觀偏差以及教育問題。但想要改變並教導他人修身養性，必須要先了解如何修身以及要身體力行。正確的事物是經的起時間的考驗，而我們先人就是有這樣的智慧和經驗，所以不管如何改朝換代，歷代教育都以儒學做為我們中華文化及中華民族之本。

孔子所留下的是對人文倫理有系統的學術思想，其中以人類共同生共存共進化為真理，此真理稱為道，對規律自己的方式稱為誠，對待他人應有的方式稱為仁，圓滿處理事物的方式稱為中，理解這些道理而要實踐稱為行，綜合所有的應用稱為德，在日常生活各方面的規矩稱為禮。而我們常說的四書五經其實應為四書七經；在四書中，誠仁中行德禮的原理在《中庸》裡可見，應用的方法在《大學》裡可見，詳細解釋在《論語》裡可見，在《孟子》中描述如何闡揚誠仁中行德禮的真理。而在七經中，《詩經》講的是立志的真理，《書經》講的是事的紀錄，《禮經》講的是行為的真理，《樂經》講的是和的真理，《易經》講的是天地陰陽的真理，《春秋》記載的是實行以儒為本的明君功臣的名份功績，《孝經》講的是人類生命延續之大真理。

儒學講究的是提升自我的修養及品德，這其中求的便是我之前說的"仁義"，也是區分人與禽獸差異最重要的元素。因此儒學教育和重視人倫是首先應該要做的事，但我們必須要真正理解儒學的道理，並且讓他人能懂儒學真正的意義。儒學並非像外界很多人誤解為所謂的"帝王之術"，而是為以延續"人"為本的原則。如果人人都得到正確的儒學思想教育而能做到誠仁中行德禮，那現今社會很多問題便能迎刃而解，甚至能像孔子治理魯國時"路不拾遺，夜不閉戶"，進而為全人類光大生命而努力！

二、教育方法和內容需要與時俱進

隨著時代的變遷，雖然科技有所更新，但做人的原則是不變的，我們應該以不同的方式解釋中華文化的儒學，理解如何將儒學應用在當代日常生活里。許多人讀的是死書，讀完古文只看字面意義而不深其究，無法融會，不明貫通，認為其八股、死板、不順應潮流，但是這些人對儒學大都是不知也不看，看了又不懂，懂了又不信，信了又不做，做了又不徹底，如何以這些不看不懂不信不做的人的意見當解決世道問題的正解？而他們所提倡的方式有讓社會改善嗎？人倫有因此變好嗎？

中華民族的先人就曾經將學習的方法以及提升自我的原因以有系統的方式傳承給我們，只是因為現今國文的退步以及太多人斷章取義，因為不懂而變成為反對而反對，造成我們更難懂，因此我們必須要以更白話、簡單、合乎時事和科學的方式讓人們真正能理解古人的智慧，學習的方法，了解我們除了追求物質外，更要提升心靈，進而提升自我，理解生命的意義及人生的目標，進而相互扶持光大全人類。

而我們不能再用傳統的讀死書方法來教導我們的下一代，傳統的方法不但沒有讓學生真正學習到我們老祖宗的真正精神和含義，也讓老師和研究人員用最死板不變通的方法繼續教，等於是原地踏步，沒有前進發展，甚至是後退。

三、儒學的精髓

儒學裡有三綱八目，三綱為"明明德"，"親民"（或新民），和"止於至善"；八目則為"格物""致知""誠意""正心""修身""齊家""治國""平天下"。這三綱八目是有完全關聯性及系統性的。大學之道，說的就是大的學問。

而這大的學問則分成兩部份，一為"成己"，是為成就自己的意思。另一為"成物"，成就他人他物之意。"明明德"即是提升自我，理解明白自我昇華的重要性。"親民"即是推廣出去，推己及人，從身邊的人開始。"止於至善"就是將前兩者做到最好，最完美。這在儒學裡是一個目標，要怎麼做到呢？則有其步驟。

八目裡則將步驟一步步解釋的很清楚。成己裡有五個步驟，"格物"是追求學問的深度的方法，"致知"則是追求學問的完善度和廣度，這兩目是從外部得來的知識。"誠意"是推動自己的動力，而"正心"則是保持正義之心不受影響。後面這兩目是從內部發起的正確的信仰。"修身"要修什麼呢？修身則是要修繕其身，維持住好的品行，不斷反省改進自我。這五目均是提升自我的方式，因此稱為成己。而不難看見"格致誠正"分內外，如同陰陽一般。有了陽一定要有陰，有了外來的知識提升，也一定要有內部的心靈正道的提升。而兩者一併提升，還是需要不斷修正維護。

一般人講儒學是先從"修身"開始，修身便是修繕其身，修之前要先提升自我，才有修的意義，而提升自我的方法在格物致知誠意正心，格致誠正可看作是由外而內。人出生對於外界事物的知識是零，所以要吸收廣泛的知識，不斷提問、思考、分析、實驗、達到博學、審問、慎思、明辨、篤行五個"格物"的步驟，僅有如此才能做到"致知"。而致知完後從吸收到的知識進而反省自我改善自己並達到誠意正心，由此可見格致誠正這個步驟亦可以看作由外而內。但在修身這門學問中，知識尤其是人最重要的資產，所以知識越充足則能力越大，而能力大者如無正直正確的心來處理此知識能力，則會危害整體。而空有正直之心卻無知識能力來實踐也是無用，因此知識的獲取以及心誠意正與否是缺一不可息息相關，甚至是必須共存且平衡的，而平衡便是致中和，是非常重要的。

人從出身就開始不斷學習，確認自己以提升自我為目標（立志），最重要的是對是非善惡能分辨後，理解何種所學資料知識為正確及有益（格物），進而增廣自己知識的深與博，了解事物的本末先後（致知），將所有思想處事以好的善的本質發展（好善），理解自己的疑惑並且不被外力誘惑，並不斷反省檢討（克己），然後要堅定不動搖的去做（誠意），以正為本，做任何事時心中的慾望操之在己，確認走的路做的事一定會正（正心），因為你理解修身時可以一起修他人，他人能因你所作所為而被影響，所以發自內心的開始規範自己並對他人以禮相待（復禮），學會己所不欲，勿施於人，進而忠於自己，朋友，家人，長官，國家，民族，並且為求他人成長而包容寬恕他人，推己及人，希望他們能從錯誤中學

習（忠恕）。了解這些後（修身之道）才能了解人類的所作所為都有其意義，接下來才以光大全人類為目標.（齊家治國平天下）

要理解儒學的精髓並不難，文本裡"儒"是術士之稱，而當下的社會我們應該以"儒"字為人字旁加一個需，儒學就是現今做人所需要的學問。而儒學的中心思想是"公""誠""仁""中""行"。

公是公平公道，以誠律己則能坦然面對自己面對他人，以仁待人則世界能更美好更和諧，以中處事則事事都能恰到好處不多不少不偏不倚，以行來成物則概念不會空談人人能以身作則付諸行動，以上皆做到則天下太平公道自然會出現。

誠是對自己，只有對自己誠實才能不欺騙自己實實在在的去面對所有事物。打比方，一個人學習了許久，問自己是否真的學夠了，對自己誠的人會覺得自己不夠，但大多數人會因偷懶而選擇欺騙自己。因此誠非常重要，誠是一種動力，也是所有一切的開頭。所以才會說"誠者，物之始終，不誠無物"。

仁是對他人，己所不欲勿施於人是一種憐憫之心，但這是被動的仁，只有己欲立而立人己欲達而達人是主動想幫助他人的仁。

中，不偏不倚為中，中是指為人處事要儘量中庸，中立。中的思想是沒有偏見和喜惡，才能將事物正反好壞看的透徹，面對和處理事情時才能做到不多不少恰到好處。

行是指有了以上這些概念固然重要，但更重要的是實際去做到，並以身作則，不去做則只是空講一堆，知易行難，所以行比知更重要。

這五者為中華文化之精義也。

四、使台灣青年認同中華文化和中華民族

台灣因為教改、"去中"，導致道德淪喪，競爭力下降，整體經濟停滯甚至出現倒退的趨勢，人民在錯誤的政策下無法增加科學研究的競爭力以外，更逐漸失去了傳統文化的美德及精神食糧。

經過如此的惡性循環，台灣現在人才培育已大不如前，也因此喪失競爭力，經濟受到影響，進而年輕人就業機會和好的收入自然也就有困難。但民進黨當局無視台灣的競爭力低下是因他們的錯誤政策造成的，反而利用中國大陸的強盛來矇騙和恫嚇年輕人，使他們覺得台灣有今日的窘境是他人造成，而沒反省自己。

傳統中華文化是融合我中華民族的最核心的價值，也是我中華民族所有人

有同目標向心力的根源。因此要務實的將傳統中華文化復興及推廣至青少年，絕對是首要任務。

"這些年來我有一種擔憂，有人因為五十年而忘了五千年，總對我們的民族生命和文化生命過於低估，須知生命是一種能量，特別像中國這樣一個十二億人口的文化大國，民族認可的能量一旦釋放，很多戒急用忍政策也無濟於事。美國黑人作家阿曆克斯·哈雷寫了'根'這部小說，書中不但震撼整個黑人種族，還掀起世界各地以'文化認同'為依歸的尋根運動。我們生活在台、澎、金、馬的每一個人，無須尋根，只要稍稽家譜，由祖先的口述、文獻和文物的顯示，便可得知每個人的'根'在大陸，又何止八代、十代，大可追溯到數十代以上。本人深以為怪，外人在尋根，我們卻在忘本，視傳統學術思想為無用，置民族命脈於不顧，豈不可悲可懼？"——陳立夫

五、成立以傳統中華文化為主軸的人才培育和孵化中心

台灣的中華文化人士曾經為中華文化推廣和研究的世界領導者，因為台灣島內當局帶頭"去中國""去中華"，被不斷打壓和刪除研究和推廣預算，最後人材逐漸凋零，現在島內文化工作者已無人問津，更別談深度文化研究者了，取而代之的都是認為學文無出路的年輕人，他們轉而學商，但教育改革後弄得大學太容易，學生資質良莠不齊，學校為求招生而恣意放水，學生又不求甚解，理工科的專業人才不如往年，文化專業人才幾乎沒有，培養出一堆同類型的商業管理但又無競爭力的青年人。

因此我們需要在兩岸一齊成立傳統中華文化之人才培育中心，以培育及傳授傳統中華文化，使現在兩岸年輕人提高文化素養，並且讓其理解台灣和中華文化的絕對關係，理解所有華人的根都是源同一脈，就此拉近兩岸人民及全世界華人之關係。

另外建立基金投資創辦文化及文創之孵化中心，以幫助培育的人才有出路。民以食為天，人民以溫飽及經濟發展為優先考量，如果讓他們知道學習中華文化有出路，且有基金能扶植及投資幫忙他們創業，由他們作為中華文化的種子，以散播感染他人，讓其他原本對中華文化沒有興趣或反對者逐漸發現中華文化的美好，甚至能因接觸、學習、從事中華文化相關之產業而得利，自然而然會有越來越多人加入學習及推廣中華文化，進而發展文化及文創產業。

六、中華文化人才培育及孵化中心將來之影響力

以前對台施以經濟上的幫助和優惠，但這僅僅是物質上的，蔣渭水曾說過台灣人"畏威而不懷德"，正是因為台灣人民長期因荷蘭、日本、原住民等不同文化短期衝擊而影響，並沒有長期受到單一的中華傳統文化飲水思源、慎終追遠的影響，所以對於中華民族的認同感較容易受到影響。在兩蔣努力推崇中華文化下，台灣人民曾幾何時對於中華民族及中華文化不僅認同，甚至認為自己才是正宗，現在短短二十年就已對中華文化疏離至此，實在要怪罪於民進黨的"去中政策"。

培育中華文化人才，建立孵化中心，幫助文化及文創產業均能重新帶起年輕人對於中華文化的認知及熱忱。不僅僅年輕人能受到傳統中華文化的薰陶，還能因此得到實質經濟上的穩定和發展，除了傳承中華文化以外，更能理解台灣和大陸的關係是密不可分，台灣也是中華文化中華民族的一份子，兩岸暨香港、澳門的人民以及海外華人，最重要的共同點就是中國文字與中華文化，能在中華文化有共同的認同，才是走向兩岸和平統一，全球華人攜手共創中國夢的基礎。

"一国两制"与两岸关系的宪制难题

田飞龙[*]

一、"一国两制"是对台长期宪制方略

十九大报告全面规划中华民族伟大复兴的战略性、体系性、历史性伟大事业，大致以2049之"第二个一百年"为目标的复兴梦成为压倒性顶层战略，其他一切局部问题均服从和服务于这一战略。报告中将港澳台问题归入"一国两制"战略下加以定位和处理，以最有利于民族伟大复兴的方式确定各自的实施方略。其中港澳问题以依法治理与融合发展为主导性方略，而台湾问题则以底线反"独"和积极促统为主导性战略。这是因为港澳问题的本质是回归后的宪制治理问题，而台湾问题则属于未完全统一前的促统进程问题。

与"台独"势力预估的强硬立场有所不同，此次报告措辞给出大陆充分善意及未来统筹空间，但在反"独"立场上更加坚决，而在和平发展的两岸实质性融合上则指明了更多实质性措施与进取方向。大陆充分意识到在民进党较大概率长期执政条件下，两岸关系需要更多突出大陆的主场效应及主动作为，以及更多盯准台湾民意加以长期塑造和引导，以创造最终完全统一的最有利条件。两岸的政治博弈进入全面的民意战和长期的综合实力竞争阶段，比拼双方的政治意志力与战略定力，以及充分利用地缘及国际政治资源展开再平衡的统筹能力。

台湾背靠美日的基本战略对冲态势并未改变，美国国会涉台立法（国防授权法、旅行法等）的战略杠杆效应正在凸显，而岛内之"文化台独"与谋求长期垄断性执政地位的转型正义不断加码，更有赖清德这样的"急独"代言人挑衅施压。十九大报告对此类严峻挑战有充分的战略估计，从坚定"一国两制"

* 田飞龙，北京航空航天大学高研院/法学院副教授，中央社会主义学院统一战线高端智库驻站研究员，法学博士。

* 田飞龙，北京航空航天大学高研院/法学院副教授，中央社会主义学院统一战线高端智库驻站研究员，法学博士。

宪制方略、坚守一个中国核心底线、坚持中华文化融合立场以及积极开展"同等待遇"公民管理等诸方面，刚柔并济，以政治的审慎性与实践的务实理性确定最终指向"和平统一"的历史进程。纵观报告对台工作论述，有以下若干要点值得关注。

第一，"一国两制"的宪制方略。十九大报告将之作为"新时代中国特色社会主义"之十四大基本方略之一予以确认，并作为指导对港澳台长期治理的共同战略框架。"一国两制"最初设计来解决台湾问题，优先用于港澳实践。对港澳之"一国两制"模式，民进党历来予以污名化，而大陆则仍然期待港澳模式对台的实际影响力。为拉低港澳模式的宪制影响力，"台独"对港澳社会运动、青年学生及本土分离主义的培育指导不断加强，"港独"与"台独"结成攻守同盟，"太阳花学运"与"占中运动"密切相关。港澳模式在处理差异性体制之国家统一与融合方面存在很多值得肯定和总结的正面经验，但也有一些特别的教训，比如基本法之权力配置过分偏重地方而导致主权未能合理治权化，造成回归后中央管治权的真空状态，以及对司法权与法治权威性估计不足而放任了香港司法至上之发展及普通法传统对"一国两制"的宪制对冲乃至于扭曲效应，进一步还包括国民教育推行受挫，青年世代无法有效认同国家。香港基本法的架构缺陷及实践误区，可以作为未来构想台湾基本法的有效参照。十九大报告将港澳台并提，显然是希望港澳模式的正反经验都可以对未来两岸和平统一及宪制建构产生直接的借鉴与启示。

第二，"九二共识"与"一中"原则。这是大陆给蔡英文"未完成答卷"的预留标准答案，但蔡英文顾左右而言他，始终模糊应对，回避正式答卷，导致两岸关系陷入僵局。从政党政治角度而言，蔡英文无论是政治理念还是党内意识形态制约，都很难如国民党一样回到"九二共识"立场，而大陆在"九二共识"上亦退无可退，否则"一个中国"就无从坚持。这一政治僵局是彼此政治立场与根本政治利益的底线式对撞。大陆对此是高度自信和具有战略定力的，而台湾则抱有"以拖待变"的机会主义立场。报告对"九二共识"的表述处理是：一方面承认是"历史事实"，另一方面则突出其核心意涵为"一个中国"，并不包括"各自表述"。结合"九二共识"的历史事实与核心意涵之完整表述，这一共识就不仅仅是一种历史化的具体事件，而是具有规范意义的两岸宪制根本法，这是一种施米特意义上超越两岸具体宪制规范（宪法律）的绝对宪法。民进党要认同的已经不是模模糊糊的"九二共识"之历史事实或各自表述的差异理解，而是"一个中国"的规范性的宪制根本法。两岸虽未达成具体宪法律框架，但已然成立"一个中国"的宪制根本法，未来两岸任何政治协商及宪制建构均不可能抵触这一宪制根本法。报告认为"'九二共识'明确界定了两岸关系的根本性质"，这里的"根本性质"应作"根本法"的理解。两岸是同一政治共同体，这一共同体的整体政治存在及其宪制自觉需要一个"九二共识"加以明确决断和确认。"九二共识"解决的是"一国两制"的"一国"认同问题，在此前提之下才有"两制"的具体协商与制度安排。"一国为体，两制为用"是体现本体与功用、宪法与宪法律之法理区分的制度辩证法。

第三，中华文化与命运共同体。两岸关系在十九大报告中不完全是从理性的政治契约角度立论，也从伦理性的命运共同体角度定位，以中华文化推重的"家伦理"赋予这一关系以厚重的伦理政治内涵。报告提到"共同弘扬中华文化，促进心灵契合"，这是一种诉诸文化民意合法性的更高政治目标。民进党深知中华文化内在的反分裂道德力量及深层次的文化民意基础，因此急欲通过政治民粹化的操作而实现文化的"去中国化"。民进党最害怕的恰恰应当是我们最坚持的。报告坚守中华文化立场以反独促统，有着其他理性或利益机制无法取代的独特作用。对台诉诸中华文化立场不是一种单纯的文化统战行为，而是执政党在新时代做出的一种整体化的文化政治决断，这一决断包含在报告关于社会主义文化以五千年优秀传统文化为根源的全新表述之中。"新时代中国特色社会主义"是一种具有历史综合性质的文化体系，包含着一种"通三统"的历史合题取向及与传统文化和解和谐的政治理性意识。"文化台独"本身成为一种文化自残行为，引起岛内民意反弹和族群重新撕裂，是民进党的恶政。大陆坚定中华文化的大道立场，不仅续补执政合法性的必备资源，更是牢牢掌握两岸关系文化主导权的体现。大陆的中华文化转向及其大陆新儒家的自觉担当，与台湾之新儒家的相对边缘化，所造成的是台湾文化软实力的"赤字"，"文化中国"与"政治中国"的长期两岸分离状态正在经由大陆主导的中华民族伟大复兴而重新走向重合为一的状态。

第四，公民化管理措施的进步意义。从宪法及行政管理法角度，台湾居民是合格的中国公民，应当具有同大陆居民同等的公民权利和待遇。但是既往由于治权分割及大陆管理措施将"港澳台"作为境外处理的惯例，导致台湾居民在内地无法获取公民身份感和同等待遇。台湾居民在某些方面是"超公民待遇"，某些方面则是"弱公民待遇"，这种畸高畸低的安排严重损害了台湾居民的公民化身份体验与认同，以及在大陆充分发展与新全球化条件下更多形成对台湾居民的不利对待。报告提出逐步为台胞在大陆之生活提供同等待遇，是一种显著的政治进步。但尤显不足的是：其一，这种公民化管理措施基本限制于民事权利相关的私法领域，而未实质触及与公民国家认同更为关键的公法领域及政治参与权事项；其二，"同等待遇"在公民认同上仍有规范内涵的缺漏，应补充进"同等身份"之内涵，整合为"同等身份和待遇"，否则只是"待遇"同等，很可能与外国人享有的"国民待遇"及其宪制意义并无特别区分。此外，台湾已是充分现代化的社会，不宜以发展中的完全"经济理性"眼光看待台湾同胞，以为仅仅是利益输送和同等待遇就可以实现人心与民意之归附，而是要从意义政治及宪法爱国主义的角度实现制度与政策上对台胞的全体系开放，尤其包括公职服务体系的开放。这里会存在大陆各政策部门的推诿塞责以及实际管理上的诸多不便，但这些顾虑与两岸"心灵契合"的理想政治目标相比，不足以作为反对理由，而且可以逐步探索开放，循序渐进实现两岸人民真正的"公民平权"。

总之，十九大报告开启了和平统一的新征程，对"台独"及两岸关系僵局有充分估计，但并未直接诉诸激进的"武统"，而是以最大善意和最充分自信将两岸完全统一放置于中华民族伟大复兴的历史进程中加以定位。民族复兴面临着历史上最为接近的战略时刻，因此一切其他问题或战略均需与之相协调。台湾问题需要通过长线的民族复兴与国家发展的历史过程加以结构化解决。十九大报告对台工作论述有刚有柔，底线反独与多条线准备统一条件并驾齐驱。报告留有未来战略机动余地，信赖国家发展前途与台湾最终民意取向，对民进党的"台独"相关行为具备对等升级与反制的足够能力。

时间在大陆一边，这是十九大报告从容论述两岸关系及和平统一诸般事项的逻辑前提，不急躁，不冒进，有理有利有节地推进朝向完全统一的最终时刻。"一国两制"最终落实于台湾是完全统一的宪制方略，不可能照搬港澳模式，却大有借鉴正反两方面经验的历史机遇及可能性，我们对此诚有期待。

二、中美新冷战下的台湾地位与困境

世界给台湾的 2018 劳动节礼物是多米尼加的"断交"。这对台湾民进党当局而言不是好兆头。用"内忧外患"来形容当下的台湾政局，并不为过。就在几天前，岛内年金制度改革引发退伍军人"占领立法院"行动，让人感慨 2014年之"太阳花学运"再临，而台湾地区"教育部"否决台大校长候选人管中闵之任命，也引发了一场所谓的"新五四运动"。当以自由民主抗争上台的民进党在内外压力下以制度性暴力反噬自由民主之基本价值与底线时，台湾民主已陷

入一种逻辑背反的精神病理之中。尽管 2018 年美国的《台湾旅行法》仍然高捧台湾为亚洲"民主灯塔",但台湾自身的民主之光已渐形黯淡,且很难走出内政外交的结构性困境。这一困境来自于中美博弈的大格局,也来自于自身民主民粹化的"台独"迷思,但国际秩序变动是最主要因素。

中美关系历来是严肃讨论台湾问题的必要背景和框架。就美方立场而言,存在颇具张力和矛盾性的两种对华政策路线:其一是尼克松时代奠基的中美三个联合公报基础上的"一中政策",美国基于此"联中抗苏"取得冷战的决定性胜利,并成功地打开了中国大陆的贸易市场;其二是以 1979 年《与台湾关系法》为基础的"美台特殊关系",美国基于此对中国大陆形成政治制衡与地缘性的遏制。在美国朝野格局中,支持"一中政策"的被称为"接触派",支持对台特殊关系的被称为"遏制派"。

2018 年是中国改革开放 40 周年,这一周期里美国对华政策的主调是接触主义,奉行较为克制的"一中"政策。美国的接触派用以说服朝野的基本逻辑是:中国已经改革开放,对华接触及坚持"一中"原则,有助于中国逐步融入西方民主体系并向美国开放利润巨大的市场。中国新时代的主题只有两个:其一是中华民族伟大复兴,其中统一台湾是必然要求;其二是人类命运共同体的建构,这是在全球治理的理想秩序层面对美国的竞争与超越。中国没有按照美国的预期完成"民主规训",而是坚持走"中国特色社会主义道路",其中"党的领导"是最核心的特征。这不仅引发了美国普遍性的"修昔底德陷阱"式焦虑,更导致了对华接触派的失语和失势。2017 年底美国的《国家安全战略报告》明确将中国列为"主要对手"及"修正主义国家",2018 年国会全票通过《台湾旅行法》,特朗普最终决定发动对华贸易战。

中国应对全面升级之美国遏制战略的基本立场是:刚柔并济,对等升级。在中美你来我往的"史诗级"贸易战与国际秩序对抗中,台湾在美国全球战略中的地位一时"虚高",具体表现为:第一,美国对华政策的"麦卡锡主义化"必然凸显台湾海峡的"新冷战"前沿定位及美台关系的升级预期,这与台湾遭受大陆结构性压力下的求援与游说需求正好契合;第二,台湾 2016 年完成政党轮替,民进党完全执政,开始寻求"全方位台独",摒弃作为两岸和平基石的"九二共识",开展"离岸主义"替代;第三,《台湾旅行法》在《与台湾关系法》立场上继续后退,实质消解了中美三个联合公报的共识基础与一中本质,但其具体执行很可能只是美国与中国在更高层面利益交换的新筹码,而不是对台湾的"战略保证";第四,美国在中东以叙利亚为支点对抗俄罗斯,在东亚以朝鲜和台湾为支点对抗中国，随着半岛和解，台湾的"孤立支点"价值更加突出；第五，台湾问题根源于中国内战，耽搁于朝鲜战争及二战后冷战均势，是中国现代国家建构的"剩余问题"，是中国无法放弃的"最核心利益之一"。这些内外因素决定了两岸自主性政治和解与统一将日益困难，而"台独"取向的民进党政治冒险主义只能增加"武统"可能性。在安全秩序无法保障的条件下，不可能有外来资本进入台湾，而台资流失自保必然是一种理性选择和趋势。

民进党至今无法理解，"九二共识"本身既是中美台湾议题上的传统政治共识，也是台湾经济持续发展的秩序前提。有了"九二共识"，美国就可以"民主"理由阻止大陆单方面解决台湾问题，也可以"一中"理由阻止激进"台独"，从而同时凌驾两岸而收取双份的"保护费"或"政治仲裁费"。美国今日的鹰派指责既往对华政策失败，是意识形态先行，不懂其中的政策来龙去脉及美国利益最大化的复合逻辑。现实是，民进党放弃"九二共识"而全面准备"台独"，美国实质放弃"一中"承诺而以《台湾旅行法》给出台湾无限的政治想象空间及非分期待。这就造成了一种非常微妙而尴尬的局面：美国和台湾联手破坏了奉行数十年的中美台湾问题之共识与现状，导致所谓的"维持现状"成为一种纯粹的修辞或烟幕。美台的单方面背约行为刺激大陆严肃考虑《反分裂国家法》之"非和平方式"启动问题，"武统"因而成为被迫进行的主权自卫行为。

民进党在全面"离岸"的同时，奉行"全面亲美"立场，时时处处"唯美是从"，甚至在中美贸易战中上了美国战车，对大陆封锁芯片技术与材料，可谓"亲者痛，仇者快"。由于民进党不可能具有中华民族认同及国家利益自觉，而只是"本土主义"的割据政权，其内部统治秩序又出现了民粹化与制度化暴政，终于站立在两岸人民的共同对立面，而其自身的民主光环、经济优势、地缘文化影响力及国际地位必然日益边缘化。

三、走向完全统一：和统与武统的辩证法

中国人民解放军4月18日在大陆福建沿海举行实弹军演，备受舆论关注。此次台湾海峡实弹演习，针对性非常明确，是对美方的背信弃义以及"台独"的激进行为进行的正当回应动作。面对中美实质陷入"修昔底德陷阱"边缘的严峻政治现实及"台独"长期执政的大致预期，中共不能再寄希望于台湾的政党轮替以及民进党政府重新认同"九二共识"，必须回归及立足"两岸完全统一"的最高政治目标，另起炉灶，重新设计，以我为主，为民族复兴以及祖国的完全统一寻找另外的方法和措施，进而推动两岸关系取得宪制性突破，继续

向前走。

在目前以美国为代表的国际势力以及民进党单方面破坏"九二共识"的背景之下，中国大陆不得不思考以一种非和平方式去推进国家统一，亦即在综合思考台湾问题整体解决方案时要更加注重面对现实，探寻一种"武统"与"和统"相结合及理性衔接的方法，最终过渡到"和统"及某种"一国两制"宪制框架的政治统一状态。武统声浪不是大陆内部首先发出来的，"和统"是长期的对台方略，但美方和"台独"的不断探底行为使得"和统"的条件与氛围日益恶化，甚至可能最终丧失，从而触发《反分裂国家法》直接适用，诱导中国大陆被迫思考用武统的方式实现两岸的最终和平统一。从中国主权政治及历史辩证法的角度来看，以适当形式与强度的"武统"扫除"台独"及外部干预力量，帮助台湾人民实现回归祖国愿望及落实"一国两制"宪制承诺，推动两岸共同完成最终统一与民族复兴历史任务，是完全符合大陆长期奉行之两岸关系基本政策立场与法理预期的。

《台湾旅行法》已成为美国正式法律，其效力高于作为行政协议与政策的中美三个联合公报，意味着美国在公报承诺及1979年《与台湾关系法》共识立场上大幅度后退及肆意挑衅。法律上毫无节制的台美官方互访及防御协助，直接损害了中国的核心主权利益与国家安全。这种新型台美关系将来会随时成为特朗普敲打和制衡中国的一张牌，并且会利用敏感时间节点提升台美互动的官方级别。台湾的完全统一是中华民族伟大复兴的必然要求，但此时美国和"台独"却破坏了这个必然要求，因此对台工作要进入危机应对时刻。

（一）实弹军演针对美方的背信弃义以及"台独"的激进行为

最近国内外大事频发，随着中国的发展和美国本身的变化，世界秩序已进入了重大调整期，原有的共识和制度框架逐渐显示出效用下降的趋势，例如"九二共识"、中美三个联合公报以及联合国安理会关于地区和平事务的共识决策机制（比如叙利亚危机）。这些方面都在对抗和冲突中显示出原有制度效用的下降，而新的共识和制度又难以凝聚，出现了全球治理的失范。美国特朗普政府的一系列反常行为既是这一治理失范的现象表征，也是其重要动因。

台湾海峡十八日的实弹演习，针对性是非常明确的，主要是两个方面：第一是在中美、台美关系上出现的倒退，《台湾旅行法》的通过，以及台美双方高官互访的启动和将来的升级预期，使得美方突破了中国的国家核心利益底线，违背了中美三个联合公报以及一个中国原则的实质内涵。《台湾旅行法》使得美国"一中"承诺成了美方制造的国际法笑话，成了凭借一己强权任意修辞和违背的玩物，而"一中"实质内涵已有掏空之嫌，共识基础已千疮百孔。这种威胁和羞辱或许可以一时补偿缓解美国实力衰退与恐惧中国崛起的精神狂躁症，类似美式政治"伟哥"，但既不可能良性治疗这种精神病症，也不可能真正有利于台湾人民根本福祉及全球治理的秩序化，反而导致一种"多输"局面的浮现。

尽管美方反复强调一个中国原则，但美方的实际行为却背离了所宣称的原则和底线，美方背信弃义的行为在先，所以我们通过实弹演习去表明中国维护国家核心利益的坚强意志和决心。

此次实弹军演的第二个针对面是"台独"，亦即民进党执政后出现不断向"台独"实质立场倒退的行为，需要给予一种特别而有力的警告。蔡英文讲"维持现状"，赖清德明确表示自己是"台独工作者，台湾是主权独立国家，无需宣布台独"等言论，实际上已经是破坏现状的行为。蔡英文版本的"维持现状"欠缺了"现状"的根本基础"九二共识"，势同浮冰，亦如同"去势"之人体，不可能还是"现状"，而是已然"变性"，勉强称为"暗独"。赖清德则毫不掩饰，赌上全部政治前途，搏一把"明独"，将各方势力加以裹挟捆绑。大陆涉台部门已明确指出赖清德就是"台独"，这也表明民进党式的维持现状已经演变为"台独"。我们应该清楚地对民进党所说的"维持现状"做全新的评估及理解，不能过分透支善意，做"政治浪漫派"，不敢面对真相，不敢从事斗争，甚至文过饰非，得过且过，贻误统一。因为民进党执政后，否认"九二共识"，用转型正义与"去中国化"为"台独"做全方位的条件准备，这已经不能看作是"维持现状"，而是一直改变现状，全方位准备"台独"，而岛内统派力量在"台独"式政治正确与制度性专制压力下不断退守及碎片化，孤立无助。

在这样一个条件下，大陆必须重起炉灶，为民族复兴以及祖国的完全统一寻找另外的方法和措施，进而推动两岸关系向前走。他强调，不能再寄希望于台湾的政党轮替以及民进党政府重新认同"九二共识"。此次台海的实弹军演就是在这样的双重背景下，针对美方的背信弃义以及"台独"的激进行为，进行的正当回应动作。

（二）武统不是首先考虑的，是由美方和"台独"诱导而来

大陆近年来对台武统声浪不断升高，此次实弹军演，是否会进一步刺激武统声浪？武统在大陆关于两岸统一的策略考虑上一直没有被排除，大陆亦从未承诺放弃使用武力，而是尽最大努力去争取和平统一的前景。但是在目前以美国为代表的国际势力以及台湾的民进党力量单方面破坏"九二共识"的背景之下，中国大陆不得不思考以一种非和平方式去推进国家统一。

在两岸关系的政策架构中，对"和平"的理解有静态化、单调化和僵硬化的思维定势，没有深刻理解"和平"与"统一"的制度辩证法精髓。"维持现状"只是短暂的均势式、僵持式、消耗式和平，绝非有宪制秩序保障的国家制度下的永久和平。由此看来，"统一"是高于"和平"的，而且也只有最终完全统一才能实现两岸永久和平，只有整体的中国主权秩序才是台湾和平的最可靠保障，否则台湾实质享有的就只能是"浮冰式和平"，只能是被牺牲的国际政治"棋子"。如果和平统一遥遥无期，"台独"及外部干预持续背离两岸政策的根本前提以及中华民族的根本利益，那么武统声浪将继续升高。不过武统声浪不是首先考虑的，而是由美方和"台独"诱导出来的，中国大陆被迫思考用武统的方式实现两岸的最终和平统一。"武统"只针对破坏国家统一的民族"公敌"，所保护的是包括台湾人民在内的中华民族整体之正当而自主的政治存在与主权尊严。当然，武统也不是单纯的武力统一，而是以最低代价和最必要的武力打击，造成和平统一的有利形势，最终还是会回到谈判桌上，考虑用"一国两制"的方式规划台湾回归后的法律治理，尽最大程度去保障台湾人民的生活方式以及社会制度的不变，更可以为台湾社会转型发展与台湾青年成长提供前所未有的国家性机遇。

当然，有些方面并不能完全按照八十年代初的承诺去谈，比如说不能让台湾拥有自己的军队，因为这会危害国家安全，也不符合国际通例，此外也不可能让台湾完全拥有司法终审权，这是香港基本法制定与实施中的一个教训。司法主权必须在中央，必须保证对地区司法权有来自中央的宪制监督权，这也是西方法治的常识。此外，台湾的教育必须由国家适当介入，塑造回归后的国民认同。这样才能够从正反两方面去吸收香港回归之后'一国两制'的经验得失，使得"一国两制"不变形，不走样。当然，基于台湾社会的历史与制度特殊性，以及台湾社会本身超过港澳的规模效应，某些方面的自治权可以特别考虑，可能反超港澳。这是一种复杂的宪制工程，必须由两岸在国家主导下共同民主协商完成基本的宪制建构。这些完全是我个人的设想与观点。我们不仅要根据历史，更要面向未来，为回归后的台湾打造一种长治久安的宪制秩序。

未来由武统、和统组成的"混合统"将会是台湾回归的基本治理模式，而此种治理模式还是"一国两制"的模式，只是这种"一国两制"的模式要吸收香港"一国两制"正反两方面经验。"一国两制"必须逻辑清晰地体现国家的主权、安全和发展利益，必须要将国家主权和高度自治权的制度构造相结合。中共在十九大之后的国家治理上越来越成熟，在这方面一定会周全考虑，达成国家利益与台湾利益在统一之后的制度性平衡，使台湾同胞基本利益得到增量式扩展。

（三）对台工作要进入危机应对时刻

《台湾旅行法》通过后，美方频频在中美问题上打"台湾牌"。《台湾旅行法》是由美国国会立法，在法律效力上要高于作为行政政策的中美三个联合公报，将来会随时成为特朗普敲打中国和制衡中国的一张牌，并且会提升台美互动的官方级别，甚至会升格美国驻台机构，以及允许台湾同步升格驻美机构。此外，对台军售也可能会扩大升级。这些动作都是对"台独"的直接帮助行为，是"台独"的"帮助犯"，严重损害了中国的国家核心利益。但国际政治的本质是现实主义的，是权力界定和保护具体利益，普通的国际法秩序与机制可以约束普通的小国，但根本不可能制约美国的霸权行为，也不可能像旧时代那样依赖不可靠的"国际调停"。

而近期的中美关系演变以及国际上其他地区安全事件的恶化，表明作为"潜规则"的大国协调机制也在削弱。这就要看中国以何种方式去反制，维护两岸关系往和平统一方向发展，这也是对处于艰难爬坡阶段的民族复兴的重大考验。这一关挺过去了，就真的复兴了，全世界人民都会相信和认同；如果过不了，那就复杂了，处境会很惨，磕一百个头都没用。作为中国人，惨状记忆并不久远，因而不可能允许再次出现。

磁吸的展現與光環的弱化

——兩岸官方對青年學生交流的觀察

余元傑 *

　　兩岸關係的穩健發展，大陸政策的務實推動，是台灣得以永續生存發展的重要根基。朝野政黨在"立法院"的黨團領袖與政治菁英，對於攸關台灣"軍事"、"外交"、經貿，以至社會、文化交流至關重大的兩岸關係與大陸政策，自有責任對政府各項政策的制定與執行，依據"憲法"賦予的職權加以監督。[①]

一、前言

　　兩岸的交流，在台灣是從 1980 年代蔣經國的開放開始。經歷了李登輝、陳水扁、馬英九、蔡英文等四位"總統"，台灣政權由國民黨輪替到民進黨、再輪回國民黨、再輪到民進黨。

　　2016 年台灣"總統"選舉，政黨三次輪替，在蔡英文當選"總統"之時，有許多外國友人是期待著蔡英文可以延續馬英九的做法，讓兩岸的關係不致變化[②]。但結果是兩岸關係開始陷入僵局。從而影響到兩岸各項交流，雖說是呈現官冷民熱的狀況，但是官方的態度還是會直接影響到交流。

　　在 2016 年前，國民黨馬當局"執政"時期，大陸的基本態度是讓利給台灣，青年交流是雙向並進，不僅鼓勵大陸學生來台交流，同時也舉辦各項活動，吸引台灣青年學子到大陸參加；以期民心對大陸之認同。

　　2016 民進黨小英"執政"之後，大陸方面改弦易轍，兩岸對接的官方不再

---

　　* 余元傑，嘉南藥理大學社會工作系副教授。

　　① 《交流是主旋律，合作是硬道理》，王金平，收於王銘義，北京・光華路甲 9 號（新北市：INK 印刻文學，2012.04），序文。

　　② 參閱大前研一著，林依璇、張嘉芬譯：《全球趨勢洞察》（台北：商周出版，2017.04），pp.259—268。

往來，大陸改以吸引台灣青年到大陸為主，不再大力向台灣薦送人員。我方也對大陸高階人員來台設限，一來一往，對比明顯。

當此之時，兩岸官方對青年學生的互動交流態度，在在影響兩岸關係的進展或倒退，特別值得關心。

二、大陸態度——從鼓勵來台到鼓勵赴陸

大陸對台灣學生赴大陸入學，從 1987 年開始鬆綁，1989 年開放，2005 年起台生到大陸就學，比照大陸學生收費，並成立台生獎學金。2009 年後，大陸接受以臺灣高中生學測成績招收臺灣學生就讀大陸大學。台灣方面，對於學生到大陸就讀，一向不予干涉，認為是私人行為。但在 2010 年之前，不採認大陸高校學歷。2011 年，台灣採認大陸"985 工程大學"的學歷。2013 年，台灣採認大陸"211 工程大學"的學歷、並採認大陸示範專科學校與骨幹專科學校之學歷。但是醫事人員相關學歷不予採認。

今年大陸則是宣布台灣學生學測拿到均標就可以申請就讀大陸一線大學，申請到大陸大學的學生暴增，數據顯示，今年赴大陸申請入學的學生，廈門大學 500 名、上海交大 600 名、華東科技大學 500 名、四川大學 200 名、鄭州大學 100 名，廣州中山大學增加五倍、上海復旦大學增加三倍[1]；各高中校長均有所感，請求寫推薦信想到大陸就讀的學生往年多了[2]。高中校方表示，近幾年來，台灣學生對大陸大學有更多認識，自然增加想去的意願[3]。甚至高中校長為了寫推薦函的事，還被情治單位關心[4]。擺明了是向校長施壓，不要再"為匪宣傳"，不要再講有多少高中生棄台大、就大陸名校，別再讓外界聯想"拔管"讓高中

---

① 《惠台發酵 台生赴陸求學大增 學測均標就可申請大學》，《經濟日報》，2018.05.23，https://udn.com/news/story/6925/3157035?from=udn-referralnews_ch2artbottom。

② 《家長反感 送子赴陸讀書》，中時電子報，2018.03.22，https://tw.news.yahoo.com/%E5%AE%B6%E9%95%B7%E5%8F%8D%E6%84%9F-%E9%80%81%E5%AD%90%E8%B5%B4%E9%99%B8%E8%AE%80%E6%9B%B8-215007029--finance.html。

③ 《台北女大生赴陸念大學! 讚爆 "4 年只花 65 萬"》，ETtoday 新聞雲，2018.03.16，https://www.ettoday.net/news/20180316/1131484.htm。

④ 《高中生赴陸唸書校長被關切 調查局：公務聯繫》，TVBS，2018.05.23，https://news.tvbs.com.tw/politics/925189。

生出走^①。

　　根據大陸教育部公布的資料，截至 2015 年 10 月，正在大陸大學就讀的台生總數 1 萬 536 人。由於今年起大陸對台招生標準降至學測均標，預料這個數字會一舉攀升^②。大陸作法，讓台灣中等程度的學生可以讀到大陸一本的高校，對台生來說多了選擇，更是大陸推出對台灣青年有吸引力的政策。目前考量不確定因素主要還要考慮就業及生活適應環境問題，是否能有大量台生就讀，要看今年招生量及結果而定^③。不只台灣高中生申請大陸高校人數暴增，連今年台灣大學生報考大陸高校碩博士班人數也暴增，而分析到大陸求學讀書的原因，大多是看不到台灣發展的前景，想在大陸建立更多人脈，進而求職生活。大陸從學生輸出地到輸入地，台灣得要警惕，這些頂尖學生，未來留在台灣就業機率相對低^④。

　　換言之，青年學生是用腳投票，面對這股方興未艾的風潮，台灣陸委會的官方說法也就是台灣的學風較大陸自由，台灣學生赴陸前，應評估兩岸政治、社會與生活環境差異產生的風險^⑤。

三、台灣態度——"三限六不"依然存在

　　在 2008 年台灣二次政黨輪替，國民黨重新取得政權後，兩岸之間的各項交流一日千里，教育方面尤其如此。兩岸在教育上的彼此鬆綁，使得兩岸青年學子大幅增進相互間的了解。兩岸的教育政策，也由原先的互不承認學歷，逐漸

---

　　① 　單厚之：《被約談是幸福 遭調查要感謝》，Yahoo 論壇，2018.05.24，https://tw.news.yahoo.com/%E3%80%90yahoo%E8%AB%96%E5%A3%87%EF%BC%8F%E5%96%AE%E5%8E%9A%E4%B9%8B%E3%80%91%E8%A2%AB%E7%B4%84%E8%AB%87%E6%98%AF%E5%B9%B8%E7%A6%8F-%E9%81%AD%E8%AA%BF%E6%9F%A5%E8%A6%81%E6%84%9F%E8%AC%9D-101520902.html。

　　② 《高中生瘋留學 4 年增 7 成》，中時電子報，2018.02.27，https://tw.news.yahoo.com/%E9%AB%98%E4%B8%AD%E7%94%9F%E7%98%8B%E7%95%99%E5%99%AD8-4%E5%B9%B4%A2%9E7%E6%88%90-215006652.html。

　　③ 《赴陸就學意願升 台校陷招生困境》，中時電子報，2018.02.04，https://tw.news.yahoo.com/%E8%B5%B4%E9%99%B8%E5%B0%B1%E5%AD%B8%E6%84%8F%E9%A1%98%E5%8D%87-%E5%8F%B0%E6%A0%A1%E9%99%B7%E6%8B%9B%E7%94%9F%E5%9B%B0%E5%A2%83-215009057--finance.html。

　　④ 《少子化＋赴陸念書夯 台高教進入冰河期！》，TVBS，2018.06.04，https://tw.news.yahoo.com/%E5%B0%91%E5%AD%90%E5%8C%96-%E8%B5%B4%E9%99%B8%E5%BF%B5%E6%9B%B8%E5%A4%AF-%E5%8F%B0%E9%AB%98%E6%95%99%E9%80%B2%E5%85%A5%E5%86%B0%E6%B2%B3%E6%9C%9F-152239023.html。

　　⑤ 《陸委會：赴陸就學 要評估風險》，《經濟日報》，2017.07.06，https://udn.com/news/story/7331/2566466。

開放，彼此互認。

開放陸生來台就學，始於馬英九執政時期。當時認為是三贏政策，對政治社會而言，可以增進彼此互信了解，有助兩岸和平發展；對高等教育發展而言，可以促進國大學招生來源多元化，增加學術與教學環境多樣性；對青年學子而言，可以讓兩岸學子體認台灣民主開放價值，展現教育的柔性實力①。而陸生來台目的除了課業學習之外，同時也在體驗台灣的風俗民情、認識台灣人事物；陸生來台多與同儕一起參加活動，面對生活適應過程，從中獲得歸屬感、安全感與信賴感。②

在陸生赴台就學方面，大陸目前對台灣的大學學歷皆予以承認。2011 年大陸公佈北京、上海、江蘇、浙江、福建、廣東六省市學生可來台就讀高校學位。2013 年增加開放湖北及遼寧。2013 年大陸並開放赴台的專升本政策，同意由福建、廣東二省先進行試點辦理。並採認台灣專科學歷。只不過，大陸目前只提供二本線以上的考生資訊給台灣。

此外，由於兩岸經過數十年的分隔，再加上政治制度的不同，雖然台生赴陸升學法規問題不大，只在於學歷的承認與否。但是由於兩岸各自的考慮不同，陸生赴台升學仍存有相當的障礙，大陸有八省市、二本綫的限制，台灣也有認可學校名單及三限六不的規範，都成為兩岸教育文化交流合作的障礙。

台灣的"三限六不"，"三限"是限制採認的大陸高校、限制來台陸生總量以及限制醫事學歷採認。"六不"是 1. 不加分優待；2. 不影響台灣招生名額；3. 不編列獎助學金；4. 不允許在學期間工作；5. 不會有在台就業問題；6. 不得報考公職人員考試。

"三限六不"的由來，究因於台灣民進黨的"反中"，使得馬當局不敢一步到位的實施兩岸教育交流，瞻前顧後，能為而不為，屈服於政治妥協。長期以來，民進黨都把中國大陸視為威脅，強調"親中"就是"賣台"，從防弊的角度而非興利的層面嚴格審視對於大陸的交往。在選舉動員或宣傳上，無不以最高防弊標準來看待兩岸關係的進展。換言之，民進黨的宣傳是，兩岸關係的進展只有民進黨執政時，才是對台灣有利；當民進黨在野時，所有對兩岸之間的往來，都有可能造成對台灣的負面效果。以此方式來審查陸生來台法案，可以這

---

① 《大學校院招收境外學生問卷調查與實地訪視》，《教育部高教司》報告，2009，台北。
② 陳怡如、余元傑：《初探來臺陸生之社會支持與生活因應方式——以私立科技大學為例》，學校行政雙月刊（第 92 期）（台北：2014 年 7 月），pp.65—84。

麼說，陸生政策的高度政治複雜性讓朝野之間難有共識，社會人民的期待也各自不同。因此，翻開“陸生三法”草案，記載法案無數次與“立委”們、大專院校等團體進行共同協商時，“三限六不”原則就成了政策的基本底線。

再者，也因為以防弊標準來規範，陸生來台不能享有台灣的健康保險①，健康方面一切要靠自己，台灣當局基本上不提供服務。學費方面，不論就讀公立或私立學校，以私立學校收費為標準。這些限制一直是陸生來台的障礙，學界與民間提議廢除者比比皆然，可惜在馬英九執政期間都未能解決。

而在2016年民進黨再次執政後，兩岸關係嚴峻，關於鬆綁陸生來台規定一事，執政的民進黨雖然承諾改善，台灣“監察院”也通過提案指出，陸生來台“三限六不”等政策在少子化衝擊及兩岸情勢變遷下，早就僵化不合時宜，應重新檢討②。卻只是“但聞樓梯響、不見人下來”，小英提過要改，但是“立法院”至今尚未討論相關法律的修正。

再者，兩岸關係嚴峻也導致來台陸生限縮；大學學士班的陸生名額2016年有2136人，2017年降為1000人，今年只剩800人；陸生來台名額主控權在大陸，如果兩岸關係未改善，日後名額再減少是可預期的③。

除了學位生之外，來台短期交流研習的陸生，也在2008年起大幅增加。雖然大陸研修生來台修取學分時間可能只有半年到一年不等，但是交流學生人數遠多於正式學位生的數量數倍，人數分佈又遍及全台，尤其在馬當局時代，鼓勵大專學生來台研修是大陸的政策，來台人數年年攀高，對於兩岸青年學生的教育交流與相互認識功不可沒。

2016年之後隨著兩岸關係的低盪，赴台短期研習陸生人數也跟著政策轉變而遞減，至為可惜。

---

① 有關陸生納入台灣健保的相關意見，請參閱 林信雄：《關於陸生納保與陸配入籍議題之分析》，收於《“太陽花學運”後的兩岸關係與南台灣》（高雄市：樹德科大兩岸和平研究中心編，2015年5月），pp.193—199。

② 《監委：三限六不僵化 應檢討》，《中國時報》，2018.05.25. http://www.chinatimes.com/newspapers/20180525000710-260108。

③ 《陸生來台學士名額剩800個》，《聯合報》，2017.05.28，https://udn.com/news/story/6928/3167275。

陸生來台新生逐漸減少

年度	學位陸生（新生）	研修陸生
2017	2139	25824
2016	2835	32648
2015	3019	34114
2014	2553	27030
2013	1820	21233
2012	951	15590
2011	946	11227

資料來源：教育部（註：學位陸生是實際註冊人數）

陸生來台新生逐漸減少

（轉引自《監委：三限六不僵化 應檢討》，《中國時報》，2018.05.25. http：//www.chinatimes.com/newspapers/20180525000710-260108）

四、對比下的影響

　　兩岸關係的進展可以從一個指標來觀察，就是彼此之間給予對方人民的待遇是不如外國人？還是比照外國人？或者是等同國民待遇。以此而論，在教育上，大陸給台生就讀的待遇已經是等同“國民待遇”（甚或在獎助學金的申請上較之大陸學生更優渥）。而台灣給陸生的待遇，由於“三限六不”的關係，還在不如外國人與比照外國人之間徘徊。

　　這是採用防弊角度思考兩岸教育交流所必然產生的結果。“三限六不”，以“限制和不可”加以規範，在前提上先予否定，給人歧視的感受，有不公平待遇之嫌。雖然三限六不政策可以降低台灣社會某部份人的疑慮，卻也影響陸生來台就學意願，使得媒體、在台陸生、台灣大學院校、學界等方面的批評，認為無法促進兩岸交流本意，更令外界對台灣的民主自由形象打折扣。

　　換言之，這一系列的限制大陸學生們卻步台灣高校，對陸生赴台的效果造成負面影響。三限六不政策實際上使廣大大陸學子，在面對台灣教育市場和教育資源時，如同面對一個誘人的畫餅而處於嚴重的不平等境地。既大大降低了台灣大學對大陸學生的吸引力，也人爲阻礙了兩岸青年學子的交流。跟香港相比，香港的優勢在於國際化的環境，有來自各國的老師和學生，學校可以用獎學金吸引學生，加上留學生可以留在香港工作，當然可以吸引世界各國優秀學生，包含陸生在內。台灣社會則擔心外來人才在台工作會搶本地人飯碗，用"三限六不"來對陸生限制；而現在的台灣社會只看到陸生來台可能會搶工作、搶資源，卻忽略了留學生可以為台灣的學術及就業市場做出巨大貢獻。身為香港僑生的廣達董事長林百里就是最好的例子，但以現在的限制下，台灣來再多陸生，都很難再出現下一個林百里了。

要突破限制的作法，就是改用興利的角度思考，將陸生來台，調整為"正面表列"，以利政策獲取支持，給予積極推進。參照香港、新加坡的作法，讓兩岸之間的教育交流能再次突破。連台灣的前兩任"教育部長"黃榮村跟吳清基都認為這些限制應該有所改善了。另一個前"教育部長"楊朝祥更直言：大陸學歷的採認，是單純的教育問題，牽涉的只是個人教育選擇權和升學及就業的權利。不應該以制度設限，而是應該開放限制，以利挑選適合的人來台就讀。

此外，對於大陸台商學校的辦學情況，陸委會每年都會召集台商學校主管返台開會，並邀請"教育部"與海基會主管列席。面對台商學校學生留陸求學人數增加，據聞有"教育部"主管在會議上表示，不願意見到此現象，也認為大陸教育部開放台生以學測均標申請大陸大學，招生條件變得寬鬆，有違招生公平性。一名台商學校主管透露，"教育部"雖然沒有限制學生"西進"深造，但在會中表達的意思，就是希望台生回台讀大學，台灣人才不要外流，但大陸高教發展突飛猛進，再加上對台生釋出均標便可申請陸校的政策，台青前往大陸求學與就業的潮流，根本難以抵擋[①]。

再者就是兩岸關係低迷下的衝擊，導致大陸在教育交流上的政策轉向，直接限制赴台學生人數。民進黨當局對此已經完全失去與大陸協調磋商的意願及能力。民進黨政當局在僵化的意識型態下，執政不力，也不在意減少青年學生交流所可能涉及的損失，其結果就是大陸來台學生驟減，台灣青年學生吸進赴陸大幅增加。

"兩岸關係不好，年輕人還是最青睞中國，顯示他們不怕風險，怕的是沒機

---

① 《台生留陸求學增 教育部不樂見》，中時電子報，2018.02.11，https://tw.news.yahoo.com/%E5%8F%B0%E7%94%9F%E7%95%99%E9%99%B8%E6%B1%82%E5%AD%B8%E5%A2%9E-%E6%95%99%E8%82%B2%E9%83%A8%E4%B8%8D%E6%A8%82%E8%A6%8B-215009297--finance.html

會！"擔任過"國發會主委"的政大經濟系教授林祖嘉觀察，大陸被列為赴外發展首選的主因為"經濟實力"，講白了，就是市場前景與兩岸薪資的差距[1]，高中畢業學生赴大陸申請大學，就是大陸對台灣年輕族群提出利多政策的磁吸作用。

五、期待——代結語

開放，是最好的競爭。而自信心不足，是目前台灣面對大陸時最弱的一環[2]。現在回過頭來看王金平對兩岸交流所說的話對照民進黨當局所為，實在是一個強烈的對比。

中國大陸的經濟崛起，很大的一個原因是在於改革開放。要是當時繼續鎖國，恐怕就沒有現在的榮景。

如果把教育當成產業經營，就兩岸的社會發展、產業發展、學校發展、學生學習等面向而言，相互開放都是互蒙其利的。台灣現在在大陸的學籍留學生已超過 1 萬 5 千人，以台灣現在一年學齡青年 27 萬的數額言，比例已然不小，看起來還會隨著兩岸經濟發展的不同而更上升。而從大陸的角度言，大陸一年參加高考學生將近千萬，對於高等教育的需求年年有增無減。台灣地區與東亞各國相比，佔盡語言、文字、傳統、文化的優勢，大陸在美國的留學生超過 30 萬人，日本的留學生有 11 萬人，在韓國的留學生有 7 萬人，現在在台灣具有學籍的學生不到 1 萬人，台灣可供拓展的空間還很大。

教育的交流，來台是認識台灣，減少隔閡；赴陸是大陸展現現有綜合實力，吸引台生到對岸發展。雙向進行是對兩岸關係最有利的方向。

當此兩岸官冷民熱，大陸展現磁吸效應之時，大陸鼓勵學生赴陸就讀的效果已然浮現，台灣學生赴陸就讀已成風潮。只是值得注意的是，具有境外移動力、有能力赴大陸就讀的台灣學生究竟是只占總學生人數中的少數；對於無法到大陸就讀的學生，如何增加他們對大陸的了解與交流，以促進兩岸關係的增進，看來還是要靠大陸學生來台交流，以補足這一塊的完整。

只是這需要兩岸的善意與解禁。未來的發展，我們就拭目以待吧。

---

[1] 《台灣民心 10 年消長 挺台獨新低、支持統一創新高》，《遠見雜誌》，2018 年 3 月號，https://www.gvm.com.tw/article.html?id=43073

[2] 卜睿哲（Richard C. Bush）著，林添貴譯：《未知的海峽——兩岸關係的未來》（台北：遠流，2013），p.231。

十九大报告关于为台胞提供与大陆同胞同等待遇法律问题研究

冯　霞*

两岸关系一直是一个备受瞩目和热议的话题，它伴随着两岸的政治环境变化跌宕起伏。在改革开放之前，大陆和台湾之间基本处于敌对状态，改革开放之后首先开放老兵探亲，然后才逐步转向了经济贸易合作。20 世纪 80 年代后期，两岸关系开始在经济交流领域找到了突破口并取得了迅猛的发展，2010 年 ECFA 协议的签订更是奠定了未来两岸经济贸易关系的基础。纵观发展历程，两岸的经贸关系主要可以分为以下几个阶段。

第一个阶段是 1949 年到 1987 年的（台湾当局）全面禁止时期。当时，大陆的对台政策是"解放台湾"，并由 1979 年的《告台湾同胞书》，倡议尽快结束两岸军事对峙状态，实现通航、通邮、通商，进行旅游观光、探亲访友、学术、工艺等交流。并曾一度由当时的对外经济贸易部于 1979 年 5 月颁布了《关于开展对台湾贸易的暂行规定》对两岸交易的产品给予优惠（随后大陆取消该优惠政策）。随后在 1981 年，大陆又进一步提出来实现两岸和平统一的九条方针政策。而该时期，台湾当局和大陆处于敌对状态，采取的是"不接触、不谈判、不妥协"三不政策。经贸交流几乎全面禁止。

第二个阶段是 1987 年到 1992 年的间接交流时期。该时期两岸的贸易是处在持续发展的态势。台湾当局于 1987 年 11 月，被动开放一般民众赴大陆探亲，拉开两岸经贸关系的序幕。随着新台币的升值，大量台商将生产基地转移到大陆。

---

* 冯霞，法学博士，中国政法大学教授，博导，中国政法大学台湾法研究中心主任。中国国际私法学会常务理事，中国法学会海峡两岸关系法学研究会理事，美国纽约大学访问学者。中国文化大学（台湾）客座教授。

大陆方面，国务院于 1988 年颁布来《国务院关于鼓励台湾同胞投资的规定》，各省市也纷纷制定了一系列鼓励台商投资的地方性法规以配合其实施。

第三个时期是 1992 年到 1996 年的法制化时期。随着台湾当局于 1992 年颁布实施"台湾地区与大陆地区人民关系条例"，而大陆方面，原外经贸部会同海关总署于 1993 年颁布了《对台湾地区小额贸易管理办法》。1994 年 3 月全国人大常委会通过《台湾同胞投资保护法》，正式奠定了大陆对台胞投资保护的法律基础。然而在此期间，自李登辉成为台湾当局领导人后，逐渐暴露出其"台独"倾向。1995 年 6 月李登辉访美后两岸关系恶化，两岸对话中止，一度造成了两岸经贸关系发展的巨大障碍。

第四个时期是 1996 年到 2008 年的经贸迅速发展时期。虽然在此期间，两岸出现过台海危机，但台湾当局面对国际一体化的挑战和岛内企业的压力，宣布对两岸经济贸易"积极开放，有效管理"。大陆方面自加入 WTO 以后，逐渐放对外贸易方面的管制。相继颁布了 1999 年《台湾同胞投资保护法实施细则》、2003 年《台湾同胞投资企业协会管理暂行办法》《对台湾地区贸易管理办法》、《大陆居民赴台湾旅游管理办法》等相关规定。在两岸一系列政策指引和经济利益的驱使下，两岸贸易迅速发展。

第五个时期是 2008 年实现"三通"以来至今，经济贸易关系上升到新的台阶。"三通"的实现极大地促进了两岸的经济交流。两岸高层互动频繁，两岸两会成果丰富。两岸更是于 2010 年签订的 ECFA，该协议属于两岸经贸往来纲领性协议，明确了两岸经济往来的目标，逐步消除两岸贸易壁垒，力图建立多层次全方位的经贸关系。在 ECFA 的框架背景下，截至当前，两岸两会已经签署了 23 个协议。

根据商务部统计 [①]，2015 年 11 月，大陆批准台商投资项目 281 个，环比上升 35.8%，实际使用台资金额 1.8 亿美元，环比上升 195.5%。截至 2016 年 2 月底，大陆累计批准台项目 95706 个，实际使用台资 631.2 亿美元。按实际使用外资统计，台资占大陆累计实际吸收境外投资总额的 3.8%。

第六个时期 2016 年 5 月民进党执政至今，两岸经贸合作将遭遇空前的挑战。民进党全面执政这两年来，第三波西进大浪潮比国民党执政时期的发展反而更加全面快速。一方面，过去两年大陆不断加大推进两岸经济社会融合的进程，推出"惠台 31 条"，逐步落实台湾人民在大陆的同等待遇，以实际政策和

资源广泛吸引台湾青年赴陆求学、实习、就业和创业;另一方面,民进党将执政精力投注在清算政治对手,两岸政经关系全面倒退,台湾本地和外来投资节节倒退,台湾青年和基层对于在台湾的未来发展充满了迷茫。台湾和大陆两边环境一推一拉,便进一步加速了这波"用脚投票"的西进大浪潮。

一、十九大报告核心思想及对台工作论述

2014 年 10 月,中国共产党第十八届中央委员会第四次全体会议,审议通过了《中共中央关于全面推进依法治国若干重大问题的决定》。对于两岸关系和台湾同胞权益保护问题,明确指出要"运用法治方式巩固和深化两岸关系和平发展,完善涉台法律法规,依法规范和保障两岸人民关系、推进两岸交流合作,依法保护台湾同胞权益"。标志对台工作已经纳入法制化,成为依法治国的重要组成部分。

党的十九大最重大的理论成就,就是把习近平新时代中国特色社会主义思想写在党的旗帜上,确立为党必须长期坚持的指导思想,实现了党的指导思想又一次与时俱进,为夺取新时代中国特色社会主义伟大胜利、实现"两个一百年"奋斗目标和中华民族伟大复兴的中国梦提供了科学理论指导。

习近平新时代中国特色社会主义思想,包括新时代坚持和发展中国特色社会主义的总目标、总任务、总体布局、战略布局和发展方向、发展方式、发展动力、战略步骤、外部条件、政治保证等基本问题,它根据新的实践对经济、政治、法治、科技、文化、教育、民生、民族、宗教、社会、生态文明、国家安全、国防和军队、"一国两制"和祖国统一、统一战线、外交、党的建设等各方面作出理论分析和政策指导。

十九大报告新时代中国特色社会主义理论在第十一部分"坚持'一国两制'和推进祖国统一"第一次把港澳台部分作为一个整体,放入十四个新时代中国特色社会主义思想的内涵之一,标志着我们党对"一国两制"规律性的认识提升到了一个前所未有的新高度,为新时代坚持"一国两制"基本方略注入了源头活水,赋予了重要的经济、政治和文化意蕴。

十九大报告将港澳台并提,希望港澳模式的正反经验都可以对未来两岸和平统一及宪制建构产生直接的借鉴与启示。

解决台湾问题、实现祖国完全统一,是全体中华儿女共同愿望,是中华民族根本利益所在。因此,必须继续坚持"和平统一、一国两制"方针,推动两

岸关系和平发展，推进祖国和平统一进程。

一个中国原则是两岸关系的政治基础。体现一个中国原则的"九二共识"明确界定了两岸关系的根本性质，是确保两岸关系和平发展的关键。承认"九二共识"的历史事实，认同两岸同属一个中国，两岸双方就能开展对话，协商解决两岸同胞关心的问题，台湾任何政党和团体同大陆交往也不会存在障碍。

两岸同胞是命运与共的骨肉兄弟，是血浓于水的一家人。我们秉持"两岸一家亲"理念，尊重台湾现有的社会制度和台湾同胞生活方式，愿意率先同台湾同胞分享大陆发展的机遇。我们将扩大两岸经济文化交流合作，实现互利互惠，逐步为台湾同胞在大陆学习、创业、就业、生活提供与大陆同胞同等的待遇，增进台湾同胞福祉。我们将推动两岸同胞共同弘扬中华文化，促进心灵契合。

我们坚决维护国家主权和领土完整，绝不容忍国家分裂的历史悲剧重演。一切分裂祖国的活动都必将遭到全体中国人坚决反对。我们有坚定的意志、充分的信心、足够的能力挫败任何形式的"台独"分裂图谋。我们绝不允许任何人、任何组织、任何政党、在任何时候、以任何形式、把任何一块中国领土从中国分裂出去！

十九大报告在全文三万多字的报告中，有关对台工作的部份篇幅虽不大，却是言简意赅、条理分明，清楚勾勒了对台工作的方向和路径。笔者认为，其中包括以下含义：

第一，处理两岸关系的基本方针仍是邓小平提出的"和平统一、一国两制"；

第二，基于前述方针，会尊重台湾现有的社会制度和生活方式；

第三，恢复两岸官方往来协商的前提，是台湾方面必须承认体现一个中国原则的"九二共识"；

第四，对于任何形式的"台独"，大陆都有决心和能力予以反制；

第五，尽管两岸的制度化联系和协商机制中断，大陆仍然会基于"两岸一家亲"的体认，逐步为台湾同胞在大陆学习、创业、就业、生活提供与大陆同胞同等的待遇，并透过扩大经济文化交流合作，促进两岸同胞心灵契合，推进两岸融合发展。

二、十九大报告与大陆涉台立法的关系

（一）立法阶位

中央统一领导和一定程度分权的，多级并存、多类结合的立法权限划分体制。

- 全国人大及其常委会立法（宪法、基本法律、一般法律）
- 国务院及其部门立法（全国人大授权立法、行政规章、部门规章）
- 一般地方立法（地方法规、地方规章）
- 民族自治地方立法（法规）
- 经济特区（全国人大授权立法）
- 特别行政区立法（基本法、法律）

（二）现行《宪法》及相关宪法性立法

《中华人民共和国宪法》

序言第九段："台湾是中华人民共和国神圣领土的一部分，完成统一祖国大业是包括台湾同胞在内的全中国人民的神圣职责。"

- 第 52 条明确规定："中华人民共和国公民有维护国家统一和全国各民族团结的义务。"
- 第 31 条规定："国家在必要时得设立特别行政区。在特别行政区内实行的制度按照具体情况由全国人民代表大会以法律规定。"（"一国两制"）

《反分裂国家法》（2005 年 3 月 14 日第十届全国人民代表大会第三次会议通过）

- 第一条　为了反对和遏制"台独"分裂势力分裂国家，促进祖国和平统一，维护台湾海峡地区和平稳定，维护国家主权和领土完整，维护中华民族的根本利益，根据宪法，制定本法。
- 第二条　世界上只有一个中国，大陆和台湾同属一个中国，中国的主权和领土完整不容分割。维护国家主权和领土完整是包括台湾同胞在内的全中国人民的共同义务。

台湾是中国的一部分。国家绝不允许"台独"分裂势力以任何名义、任何方式把台湾从中国分裂出去。

- 第三条　台湾问题是中国内战的遗留问题。

解决台湾问题，实现祖国统一，是中国的内部事务，不受任何外国势力的干涉。

- 第四条　完成统一祖国的大业是包括台湾同胞在内的全中国人民的神

圣职责。

● 第五条　坚持一个中国原则，是实现祖国和平统一的基础。

以和平方式实现祖国统一，最符合台湾海峡两岸同胞的根本利益。国家以最大的诚意，尽最大的努力，实现和平统一。

国家和平统一后，台湾可以实行不同于大陆的制度，高度自治。

● 第六条　国家采取下列措施，维护台湾海峡地区和平稳定，发展两岸关系：

（一）鼓励和推动两岸人员往来，增进了解，增强互信；

（二）鼓励和推动两岸经济交流与合作，直接通邮通航通商，密切两岸经济关系，互利互惠；

（三）鼓励和推动两岸教育、科技、文化、卫生、体育交流，共同弘扬中华文化的优秀传统；

（四）鼓励和推动两岸共同打击犯罪；

（五）鼓励和推动有利于维护台湾海峡地区和平稳定、发展两岸关系的其他活动。

国家依法保护台湾同胞的权利和利益。

● 第七条　国家主张通过台湾海峡两岸平等的协商和谈判，实现和平统一。协商和谈判可以有步骤、分阶段进行，方式可以灵活多样。

台湾海峡两岸可以就下列事项进行协商和谈判：

（一）正式结束两岸敌对状态；

（二）发展两岸关系的规划；

（三）和平统一的步骤和安排；

（四）台湾当局的政治地位；

（五）台湾地区在国际上与其地位相适应的活动空间；

（六）与实现和平统一有关的其他任何问题。

● 第八条　"台独"分裂势力以任何名义、任何方式造成台湾从中国分裂出去的事实，或者发生将会导致台湾从中国分裂出去的重大事变，或者和平统一的可能性完全丧失，国家得采取非和平方式及其他必要措施，捍卫国家主权和领土完整。

依照前款规定采取非和平方式及其他必要措施，由国务院、中央军事委员会决定和组织实施，并及时向全国人民代表大会常务委员会报告。

● 第九条　依照本法规定采取非和平方式及其他必要措施并组织实施时，

国家尽最大可能保护台湾平民和在台湾的外国人的生命财产安全和其他正当权益，减少损失；同时，国家依法保护台湾同胞在中国其他地区的权利和利益。

● 第十条　本法自公布之日起施行。

（三）基本法律

2003《中华人民共和国居民身份证法》（2011 修正）

● 第九条　香港同胞、澳门同胞、台湾同胞迁入内地定居的，华侨回国定居的，以及外国人、无国籍人在中华人民共和国境内定居并被批准加入或者恢复中华人民共和国国籍的，在办理常住户口登记时，应当依照本法规定申请领取居民身份证。

1994《中华人民共和国台湾同胞投资保护法》

● 第一条　为了保护和鼓励台湾同胞投资，促进海峡两岸的经济发展，制定本法。

● 第二条　台湾同胞投资适用本法；本法未规定的，国家其他有关法律、行政法规对台湾同胞投资有规定的，依照该规定执行。

本法所称台湾同胞投资是指台湾地区的公司、企业、其他经济组织或者个人作为投资者在其他省、自治区和直辖市投资。

● 第三条　国家依法保护台湾同胞投资者的投资、投资收益和其他合法权益。

台湾同胞投资必须遵守国家的法律、法规。

● 第四条　国家对台湾同胞投资者的投资不实行国有化和征收；在特殊情况下，根据社会公共利益的需要，对台湾同胞投资者的投资可以依照法律程序实行征收，并给予相应的补偿。

● 第五条　台湾同胞投资者投资的财产、工业产权、投资收益和其他合法权益，可以依法转让和继承。

● 第六条　台湾同胞投资者可以用可自由兑换货币、机器设备或者其他实物、工业产权、非专利技术等作为投资。

台湾同胞投资者可以用投资获得的收益进行再投资。

● 第七条　台湾同胞投资，可以举办合资经营企业、合作经营企业和全部资本由台湾同胞投资者投资的企业（以下统称台湾同胞投资企业），也可以采用法律、行政法规规定的其他投资形式。

举办台湾同胞投资企业，应当符合国家的产业政策，有利于国民经济的发展。

● 第八条　设立台湾同胞投资企业，应当向国务院规定的部门或者国务院规定的地方人民政府提出申请，接到申请的审批机关应当自接到全部申请文件之日起四十五日内决定批准或者不批准。

设立台湾同胞投资企业的申请经批准后，申请人应当自接到批准证书之日起三十日内，依法向企业登记机关登记注册，领取营业执照。

● 第九条　台湾同胞投资企业依照法律、行政法规和经审批机关批准的合同、章程进行经营管理活动，其经营管理的自主权不受干涉。

● 第十条　在台湾同胞投资企业集中的地区，可以依法成立台湾同胞投资企业协会，其合法权益受法律保护。

● 第十一条　台湾同胞投资者依法获得的投资收益、其他合法收入和清算后的资金，可以依法汇回台湾或者汇往境外。

● 第十二条　台湾同胞投资者可以委托亲友作为其投资的代理人。

● 第十三条　台湾同胞投资企业依照国务院关于鼓励台湾同胞投资的有关规定，享受优惠待遇。

● 第十四条　台湾同胞投资者与其他省、自治区和直辖市的公司、企业、其他经济组织或者个人之间发生的与投资有关的争议，当事人可以通过协商或者调解解决。

当事人不愿协商、调解的，或者经协商、调解不成的，可以依据合同中的仲裁条款或者事后达成的书面仲裁协议，提交仲裁机构仲裁。

当事人未在合同中订立仲裁条款，事后又未达成书面仲裁协议的，可以向人民法院提起诉讼。

● 第十五条　本法自公布之日起施行。

● 1999 年《细则》颁布

（四）行政法规

● 关于台胞投资的政策优惠保障（32 项）

● 关于台胞税收优惠的保障（5 项）

● 台胞的居民待遇保障（3 项）

● 对台财产权的保障（4 项）

● 对台婚姻家庭权利的保障（1 项）

● 对台胞受教育权的保障（3 项）

● 对台胞出入境和定居权益的保障（7 项）

● 在突发事件中对台胞权益的保障（4 项）

（五）地方性法规、规章

● 已有 20 个省、自治区、直辖市制定了台湾同胞投资权益保护的地方性法规。其中，福建省、江苏省、上海市的立法比较具有代表性。（山东省、北京市）

● 北京市目前共有 43 个行政部门，经过检索，有 11 个部门颁布涉台政策规定，颁布了《台湾人员办理就业证有关事宜》《签发 < 大陆居民往来台湾通行证 > 及签注》《港澳台医师来京短期行医须知》等共计 15 个现行有效的政策规定。以上政策规定涉及了台湾居民通行证、就业、行医职业、生育、就学、居民待遇、职业资格证等方面，在一定程度上解决了台湾同胞来往北京、在京生活遇到的问题，便利了台湾同胞的生活。

（六）最高法 \ 最高检司法解释

● 1993 年 5 月《司法部关于印发〈海峡两岸公证书使用查证协议实施办法〉的通知》

● 1998 年《关于人民法院认可台湾地区有关法院民事判决的规定》

● 1999 年 4 月《关于当事人持台湾地区有关法院民事调解书或者有关机构出具或确认的调解协议书向人民法院申请认可人民法院应否受理的批复》

● 2001 年 4 月《关于当事人持台湾地区有关法院支付命令向人民法院申请认可人民法院应否受理的批复》

● 2001 年 8 月《关于如何确定涉港澳台当事人公告送达期限和答辩、上诉期限的请示的复函》

● 2008 年 4 月《关于涉台民事诉讼文书送达的若干规定》

● 2009 年 3 月《关于人民法院认可台湾地区有关法院民事判决的规定》补充规定

● 2011 年 1 月 1 日《关于审理涉台民商事案件法律适用问题的规定》

● 2015 年 7 月 1 日《关于认可和执行台湾地区法院判决的规定》

● 2015 年 7 月 1 日《关于认可和执行台湾地区仲裁裁决的规定》

（七）自 1993 年以来两岸两会会谈成果（23 个协议）

● 《两会联系与会谈制度协议》

● 《汪辜会谈共同协议》

● 《两岸公证书使用查证协议》

● 《两岸挂号函件查询、补偿事宜协议》

● 《海峡两岸包机会谈纪要》

- 《海峡两岸关于大陆居民赴台湾旅游协议》
- 《海峡两岸食品安全协议》
- 《海峡两岸邮政协议》
- 《海峡两岸空运协议》
- 《海峡两岸海运协议》
- 《海峡两岸金融合作协议》
- 《海峡两岸共同打击犯罪及司法互助协议》
- 《海峡两岸空运补充协议》
- 《两岸标准检测认验证合作协议》
- 《两岸渔船船员劳务合作协议》
- 《两岸农产品检验检疫协议》
- 《海峡两岸经济合作框架协议》（ECFA）
- 《海峡两岸知识产权保护合作协议》
- 《海峡两岸医药卫生合作协议》
- 《海峡两岸核电安全合作协议》
- 《海峡两岸服务贸易协议》
- 《海峡两岸投资保护和促进协议》
- 《海峡两岸海关合作协议》

三、台湾同胞与大陆同胞同等待遇的法理基础

（一）台投法及细则中"比照外资"的规定与解析

台湾投资者于 20 世纪 70 年代末开始以各种形式进入大陆。为了给台湾投资者提供制度支持与规范指引。大陆于 1979—1999 年间颁布了一系列保护台湾同胞投资的法律法规，在台湾投资者待遇方面形成了"法律法规对台湾投资有规定时，适用该规定；无规定时，则适用相关外商投资法律法规"[①]的局面。之所以如此，并非将台资等同外资，而是综合衡量大陆当时社会情境后的务实选择。

改革开放初期大陆实行计划经济体制，为了推动经济增长，有必要引入境外投资，利用他们的资金、技术和管理经验。然而这一时期的特点是社会主义

---

① 《台湾同胞投资保护法实施细则》第 5 条规定：台湾同胞投资适用《台湾同胞投资保护法》和本实施细则；《台湾同胞投资保护法》和本实施细则未规定的。比照适用国家有关涉外经济法律、行政法规。

公有制在大陆经济中占绝对主导地位，私人资本的生存发展空间还很小，尽管法律承认私人经济的法律地位，但还不允许私人资本作为单独自主的投资主体申请投资审批。此时如果把具备流动资本性格的台资简单当作国内私人资本，会由于缺乏适当的投资立项审批渠道导致实务难以操作，更会使无法纳入国民经济和社会发展计划内的大多数台湾投资者望而却步。

此一时期，《中外合资经营企业法》《外资企业法》《中外合作经营企业法》以及相关细则先后颁行，形成了大陆的外资法律体系。外商投资企业在税收、土地、原材料价格、生产经营自主权等方面享有比内资企业更优惠的待遇。上述情形下，若把台湾投资者等同内资，将产生南辕北辙的效果。而把台湾投资者"比照外资"，则既回避了台湾投资者来大陆投资所面临的法律定位难题与投资体制难题，又极大地保护和鼓励了台湾同胞投资的积极性. 是适应当时两岸政治形势与大陆经济环境的务实选择。

在"比照外资"政策下，台湾投资者既比照外资，又不同于外资，有效解决了引进台湾投资者时存在的体制、法律困境。"比照外资"的内容包含两个层次，一为作为特殊的内资，台湾投资者享受外商投资待遇。二为区别于外商投资，台湾投资者享受"同等优先、适当放宽"优惠待遇。

在第一个层次上，最早由国务院于 1985 年 6 月做出《关于厦门经济特区实施方案的批复》。同意在厦门经济特区内，台湾同胞投资享受外商直接投资企业的优惠待遇。1988 年 7 月国务院颁布的《关于鼓励台湾同胞投资的规定》（以下简称《二十二条》）第 5 条第一次从全国立法层面提出台湾投资者"参照执行外资规定"解决了台湾同胞赴大陆投资的法律定位困境。1991 年 3 月第八届全国人大常委会通过《台湾同胞投资保护法》，进一步将《二十二条》关于鼓励台商投资的优惠政策法律化，增强台湾投资者对其投资安全性的信心。 1999 年12 月，国务院颁布《台湾同胞投资保护法实施细则》对台湾投资者待遇做了更明确的规定。第 5 条规定："台湾同胞投资适用《台湾同胞投资保护法》和本实施细则;《台湾同胞投资保护法》和本实施细则未规定的。比照适用国家有关涉外经济法律、行政法规。"

在第二个层次上，台湾投资者在享受相当于外资待遇的同时，还可基于台胞身份享受特殊优惠。表现在:第一投资领域放宽。[①]第二投资审批程序简捷。[②]第三不实行国有化和特殊情况下征收的补偿。[③]国发[1994]44号文件《国务院关于进一步发展海峡两岸经济关系若干问题的决定》明确确立了台商投资领域、项目、方式方面采取"同等优先、适当放宽"原则。

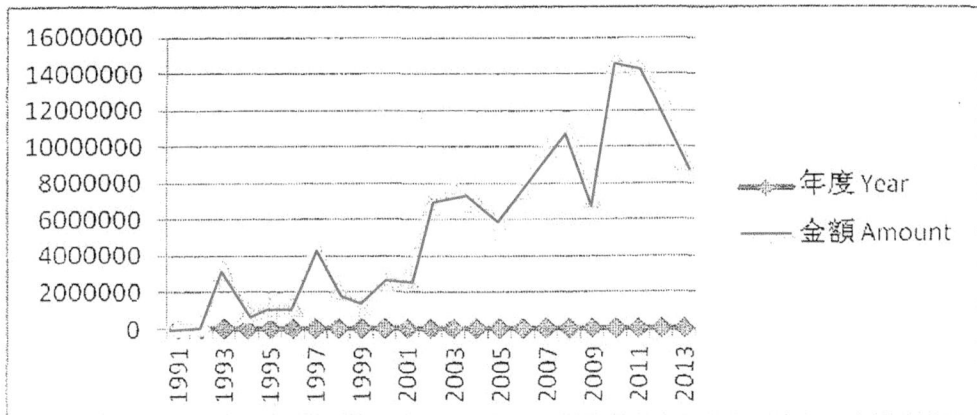

（二）立法中的同等待遇

1994年出台的《台湾同胞投资保护法》及细则:作为特殊内资,在与内资同等待遇的同时,比照外资同等优先,适当放宽的原则。

第19条 台湾同胞投资企业在购买机器设备、原材料及辅料等物资以及获得水、电、热、货物运输、劳务、广告、通信等服务方面,享有与大陆其他同类企业同等的待遇。台湾同胞投资者个人和台湾同胞投资企业中的台湾同胞职工在交通、通信、旅游、旅馆住宿、房产购置等方面,享有与大陆同胞同等的待遇。

第23条 国家机关对台湾同胞投资企业收费的项目和标准,应当与大陆其他同类企业相同。

第5条规定:"台湾同胞投资适用《台湾同胞投资保护法》和本实施细则;《台湾同胞投资保护法》和本实施细则未规定的。比照适用国家有关涉外经济法律、行政法规。"

---

① 《二十二条》第5条:台湾投资者在大陆投资举办拥有全部资本的企业、合资经营企业和合作经营企业,除适用本规定外。参照执行国家有关涉外经济法律、法规的规定,享受相应的外商投资企业待遇。

② 《台湾同胞投资保护法》第2条:台湾同胞投资适用本法;本法未规定的,国家其他有关法律、行政法规对台湾同胞投资有规定的,依照该规定执行。

③ 参见《二十二条》第4条;《国务院关于进一步发展海峡两岸经济关系若干问题的决定》第2条。

第 6 条:"台湾同胞投资,应当与国家国民经济和社会发展规划相适应,符合国家产业政策和投资导向的要求,比照适用国家关于指导外商投资方向的规定。"

1. "台投法"及其《实施细则》对台商投资权利的保护

● 1)财产权。台商投资的财产、工业产权、投资收益、其他合法收入和清算后的资金以及台资企业中的台籍职工的合法收入,依法给予保护,任何机关、单位或者个人不得侵占、损害。这些财产,台商既可以依法转让和继承,又可以依法汇回台湾或者汇往境外。

● 2)经营管理自主权。台商投资设立的台企享有经营管理自主权,不受非法干预和侵犯。

● 3)消费同等待遇权。台企的生产消费与大陆同类企业享有同等待遇,台商在大陆期间的生活消费与大陆居民享有同等待遇。

● 4)再投资权。台商可以其在大陆投资获得的收益自由进行再投资。

● 5)享受税收或放宽限制等特殊优惠待遇。

2. 与投资密切的其他权益的保护

● 1)结社权。在台资企业比较集中的地区,台资企业可以依法结社,即依法成立台湾同胞投资企业协会,且台湾同胞投资企业协会的合法权益及合法活动受法律保护。

● 2)融资权。国家支持和保护台资企业因生产经营需要而进行的融资信贷活动。

● 3)居住和出入境便利权。台胞投资者个人及其随行家属和台资企业中的台籍职工及其随行家属可以在大陆居住。且为便利台胞出入境,避免因重复办理出入境手续而影响其出行,现行立法明确规定,台胞可以申请办理一定期限多次入出境手续。

● 4)台胞子女受教育权。台商子女和台资企业中台籍员工的子女,可以在大陆各类学校就学。

● 5)人身安全权。台商、台商随行家属、台企中的台籍职工和台籍职工随行家属等的人身自由和人身安全,受法律保护。

3. 保障台商投资权益救济制度

● 1)举报。对于侵犯台资企业合法权益的行为,如乱收费、强制评比、乱摊派、滥检查等,台资企业可向政府有关部门举报。

● 2)协商或者调解。对于与大陆的公司、企业、其他经济组织或者个人之间发生的与投资有关的争议，台商可以通过协商或者调解解决。

● 3）仲裁。对于与其他省、自治区和直辖市的公司、企业、其他经济组织或者个人之间发生的与投资有关的争议，台商不愿协商、调解的，或者经协商、调解不成的，台商可以依据合同中的仲裁条款或者事后达成的书面仲裁协议，提交中国的仲裁机构（包括两岸及香港、澳门的仲裁机构）仲裁。台胞可以受聘担任大陆仲裁机构的仲裁员，并参与相关纠纷的解决。

● 4）行政复议。认为行政机关或其工作人员的具体行政行为侵犯其合法权益的，台商、台企、台湾同胞投资企业协会可以申请行政复议。

● 5）诉讼。包括民事诉讼和行政诉讼。对于与其他省、自治区和直辖市的公司、企业、其他经济组织或者个人之间发生的与投资有关的争议，合同中没有订立仲裁条款，事后又未达成书面仲裁协议的，台商可以向人民法院提起民事诉讼。认为行政机关或其工作人员的具体行政行为侵犯其合法权益的，台商、台企、台湾同胞投资企业协会可以提起行政诉讼。

（三）行政法规中的同等待遇

国务院各部委依据《宪法》《台湾同胞投资保护法》以及国务院制定的保护台湾同胞投资权益的行政法规，从投资主体、出资形式、投资形式、投资领域、投资待遇、优惠政策、国有化和征收、利润汇出、台资协会、争议纠纷解决机制、出入境手续、子女教育等多个方面，为台湾同胞投资权益保障的行政执法工作和台湾同胞权益的保护制定了更为细致、更具操作的规定。

（四）地方立法中的同等待遇

《上海市台湾同胞投资权益保护规定》于 2015 年通过，将对台胞的"投资保护"升级为"权益保护"，并结合上海的地区政策，鼓励台胞、台资企业参与上海自贸区和科创中心的建设。最新地方立法是 2017 年 9 月 30 日颁布并在 12 月 1 日实施的《浙江省台湾同胞投资保障条例》，据悉山东省也启动了《山东省保护和促进台湾同胞投资条例》的立法制定工作。

（五）《海峡两岸投资保护和促进协议》中的同等待遇

第三条 投资待遇

一、一方应确保给予另一方投资者及其投资公正与公平待遇，并提供充分保护与安全：

（一）"公正与公平待遇"指一方的措施应符合正当程序原则，且不得对另一方投资者拒绝公正与公平审理，或实行明显的歧视性或专断性措施。

（二）"充分保护与安全"指一方应采取合理、必要的措施，保护另一方投资者及其投资的安全。

一方违反本协议其他条款，不构成对本款的违反。

二、双方应加强投资者及相关人员在投资中的人身自由与安全保障，依各自规定的时限履行与人身自由相关的通知义务，完善既有通报机制。

三、一方对另一方投资者就其投资的运营、管理、维持、享有、使用、出售或其他处置所给予的待遇，不得低于在相似情形下给予该一方投资者及其投资的待遇。

四、一方对另一方投资者就其投资的设立、扩大、运营、管理、维持、享有、使用、出售或其他处置所给予的待遇，不得低于在相似情形下给予任何第三方投资者及其投资的待遇。

四、落实十九大报告——《惠台 31 条》措施——"一拉一推"

● 十九大报告提出"逐步为台湾同胞在大陆学习、创业、就业、生活提供与大陆同胞同等的待遇"。

"一拉"：《惠台 31 条》措施

2018 年 2 月 28 日，国台办联合 29 个部门推出 31 条惠台措施。部委出台了《关于促进两岸经济文化交流合作的若干措施》，又称《惠台 31 条》措施，不仅包括"积极促进在投资和经济合作领域加快给予台资企业与大陆企业同等待遇"的可操作性和实践性都很强的规定，还提出"逐步为台湾同胞在大陆学习、创业、就业、生活提供与大陆同胞同等的待遇"。由此，回应了很多台胞在大陆生活各方面的需求，为保障台胞在大陆居住、生活等各方面的权益提供了依据。

（一）《惠台 31 条》措施解读

● 12 条措施涉及加快给予台资企业与大陆企业同等待遇

具体包括：明确台资企业参与"中国制造 2025"、享受税收优惠政策、参与国家重点研发计划项目、基础设施建设、政府采购和国有企业混合所有制改革等享有与大陆企业同等待遇，明确台资企业用地、向中西部和东北地区转移、台资农业企业可享受的相关政策，并支持两岸业者在小额支付、征信服务、银团贷款等方面深化金融合作。

● 19 条措施涉及逐步为台湾同胞在大陆学习、创业、就业、生活提供与大陆同胞同等待遇。

具体包括：向台湾同胞开放 134 项国家职业资格考试，为台湾人士取得从业资格和在大陆应聘提供更多便利，台湾同胞可申请"千人计划""万人计划"和各类基金项目，参与中华优秀传统文化传承发展工程和评奖项目、荣誉称号评选，加入专业性社团组织、行业协会，参与大陆基层工作，并放宽台湾影视、图书等市场准入限制。

三大特点：

● 同等待遇

各项措施围绕国家重大行动计划和国家重点研发计划项目等，为台企台胞提供与大陆企业、大陆同胞同等待遇。

● 量身定制

起草过程中充分考虑到台资企业和台湾同胞的特殊情况和需求，回应台企台胞的普遍关切，提出针对性强的解决办法。

● 受益广泛

涵盖产业、财税、用地、金融、就业、教育、文化、医疗、影视等多个领域，开放力度之大、范围之广、涉及部门之多，都是前所未有的，将切实扩大台企台胞特别是基层民众的受益面和获得感。

（二）中央部门落实《惠台31条》措施同等待遇的具体措施

第一，《人社部〈台湾香港澳门居民在内地参加社会保险暂行办法〉征求意见》扩大台胞在大陆事业单位就业试点地域。人力资源和社会保障部决定在已开放福建、江苏、天津、上海、浙江、湖北6省市的基础上，新增北京、河北、山东、广东、广西、海南6省区市为开放台湾居民在大陆事业单位就业试点地区。台湾居民可在试点地区高校、公立医院等事业单位就业。

第二，开放在大陆工作的台湾研究人员申请国家社科基金。一直以来，在大陆的台湾学者希望申报国家级基金项目，获得项目资金等支持，但是囿于其非大陆居民身份而无法申请。近年，随着两岸科技交流交往日渐频繁，科技部、国家自然科学基金委表示，国家科技计划项目，包括国家自然科学基金、国家重点研发计划、国家科技重大专项等已经陆续向在大陆工作的台湾研究人员开放。此外，全国哲学社会科学规划办公室表示，还将向在大陆高校和科研院所工作的台湾研究人员开放国家社会科学基金各类项目申报，涵盖26个一级学科，教育学等三个单列学科各类项目同步受理申请。

第三，大陆预定在今年底前推出"二代台胞卡"。台胞证号码将达18位数，与大陆身份证统一，届时搭高铁，刷台胞证就可直接进站。大陆铁路和民航部门宣布改造自助服务设备，实现台胞自助购、取票和值机。为便利台湾同胞在大陆出行，中国铁路总公司通过优化调整铁路售票系统，加装改造自助售取票机等措施，已陆续在北京、天津、上海、广东、湖南、福建等地火车站推出台胞自助购、取票服务。下一步，将继续根据需求采取相应措施，便利台胞出行。中国民用航空局也表示，经过前期准备，全国各大机场的近 800 台自助购票设备已支持手工输入台胞证购票，近 1700 台自助值机设备自动识读台胞证的改造工作也在加紧推进中，预计年内可实现台胞自助值机。

第四，司法部决定进一步扩大法律服务对台开放。台湾律师事务所在大陆设立代表处的地域范围，将由现在的福建省福州市、厦门市扩大到福建全省、上海市、江苏省、浙江省和广东省；允许已在大陆设立代表机构且该代表机构已成立满 3 年的台湾律师事务所，在其代表机构所在的福建省、上海市、江苏省、浙江省、广东省与大陆律师事务所联营；允许上述省市的律师事务所聘用台湾执业律师担任律师事务所法律顾问，提供台湾地区法律的咨询服务。

第五，为鼓励支持台湾青年来大陆就业创业，国务院台办去年出台有关规定，指导各地从创业启动资金、融资、办公场所使用等方面给予支持。截至 2016 年底，大陆 53 个海峡两岸青年就业创业基地和示范点共入驻或服务台资企业近 1200 家，吸引超过 6000 名台湾青年实习就业创业，17000 多名台湾青年参加基地或示范点组织的各类实习就业、创业创新交流活动。

（三）各地落实《惠台 31 条》措施同等待遇惠台措施

● 上海市已有 12 条同等措施落地，包括鼓励台企参与上海重要工程建设，为高新技术台企减税，在两岸经济合作、金融机构合作方面可以以项目合作的方式先行先试等。

● 江苏昆山市有 17 条措施已经或正在实施中，包括 42 家台资总部企业累计享受地方奖励 8303 万元，各级农业龙头企业享受 70 万元补贴和 100 万元项目扶持资金，台湾建筑企业直接参与昆山中环快速路前期设计等。

● 福建省有 22 条措施已经或正在推动实施，包括共计 39 家高新技术台资企业享受税收优惠政策，组织实施闽台科技合作项目 33 项，其中由台籍专家作为负责人的项目 4 项，彰化银行福州分行、合作金库银行福州分行分别参与项目银团贷款等。

● 厦门《关于进一步深化厦台经济社会文化交流合作的若干措施》（60 条）

"一推"：台湾当局限缩广大台湾同胞到大陆来发展的机会和空间

● 针对大陆出台的惠台 31 条，台湾方面不仅未予以积极回应，反而做出所谓的"因应策略"，即"八大强台策略"，包括提升学研人才奖励、强化新创发展动能、强化员工奖酬工具、优化医事人员工作环境、加强保护营业秘密、强化产业创新升级、扩大股市动能，和发展影视产业。实际上是要进一步限缩广大台湾同胞到大陆来发展的机会和空间。

● 台湾对于陆资对台投资管理机制：

第一，台湾当局可以随意援引"国家安全""经济安全"或者"公共利益"，撤销或者废止已经批准的赴台投资项目，并阻碍大陆人转让其投资。

第二，强化大陆企业在台申请设立分公司或者办事处的管理机制，例如对公司设立年限，最低实收资本金额等予以限制性规定，对于影响"国家"安全、经济发展等的情事，不予许可。

第三，修订相关法规，对陆资投资不动产总量进行限制。以上种种，对于大陆赴台投资产生了极大的负面影响。

五、结论

大陆经济实力的不断增强，以及经济体制改革（"一带一路"倡议实施、京津冀一体化）、行政体制改革、司法体制改革等重要举措的出台和加速推进，给两岸经济合作带来难得的机遇。同时，也让台胞（台湾位处"海上丝绸之路"起始的要冲地带）在大陆投资发展所面临的市场环境、法律环境、社会环境、经济环境等发生明显变化。2016年适逢中国"一带一路"倡议正式启动，此时正是台商第三波西进的热潮，有别于1980年第一波传统产业台商和1990年第二波科技台商，第三波台商明显集中在服务业，尤其是连锁型服务业，不少台湾白领西进中国大陆的国企与民企；尤其目前中国正值另一波城镇化浪潮，31个省级行政区与2800多个县市的庞大市场极富想象空间。国内经济体质也在转型为内需经济导向，城镇消费趋势走向质量与品牌并重的消费意识，目前中国大陆的GDP总量是台湾地区20倍，内需市场为台湾60倍，发展潜力极为惊人！据不完全统计，各地许多国家级经济技术开发区、国家级新区、台湾投资园区、两岸青年创业创新创客园区及基地，从"量"的内容来看，国家对于科技产业发展及新工业化产业、激励两岸青年人创新研发上，已经投入大量资本，目前经国台办挂牌的两岸青创园区与双创基地超过了21个，散布于全国各地省市，国务院"大众创新、万众创业"计划的国家级"创新创业创客"产业园区合作企业，已超过28个之多，上述这些数字还不包括各省市自治区所设立的双创园区，据不完全统计这样的产业园区、基地、青创园、创业大街、创客基地等，全国超过六百余处，且总数量仍在继续增加中。

台湾过去30年间曾经先后出现三波的西进大浪潮。第一波西进浪潮诞生于20世纪80年代末至90年代，伴随着台湾解严和制造业转移、大陆加大改革开放与招商引资力度，一批最早的台商开始西进。第二波西进浪潮则是在进入21世纪初期，两岸先后加入世贸组织，台湾一批中小企业再次抱团西进。而此次第三波西进浪潮则是始于2010年台湾开始承认大陆学历、两岸签署《两岸经贸合作架构协定》(ECFA)，这波西进浪潮以个人为主流，包括台生（赴大陆就学的台湾本科与硕博士学生）、台干（台企派驻大陆的干部与自行应征大陆工作的白领）、台青（赴大陆实习、就业和创业的台湾青年），以及台闯（在大陆自行创业的台湾个体户）、台师（赴大陆任教的台湾教师、执业的台湾医师和律师等专业人士），西进群体年龄全面年轻化，与此同时大公司加快大陆市场布局，中小企业也继续纷纷西进大陆，因此相较前两次而言这是一个全面的西进大浪潮。台湾实质薪资连续16年倒退，大陆最低工资连续14年大幅跃进，两岸主要城市平均薪酬水平已经逐渐进入黄金交叉，在两岸薪资增幅差距不断扩大下，可以预期未来大陆对台湾人才的磁吸力将会持续增强。根据104人力银行今年最新发布的调查，在有意到台湾以外地区工作的台湾社会青年人当中，就有将近7成想要到大陆发展，而且其中28%来自台大、政大、清大、交大、政大等5所最好的大学；在18至24岁、25至29岁的年轻求职者中，分别有10%和19%主动应征大陆工作，等于在30岁以下群体中，每10人就有1至2人主动应征大陆工作。

臺灣青年在兩岸關係融合交流的發展趨勢
——穿透與融入的視角觀察

林信雄 *

一、前言

兩岸在民主體制與政治文化上存在著明顯的差異與對立，由於歷史、現實中的諸因素，導致兩岸雙方對彼此的民主文化有著認知上的偏差甚至誤解。不過可喜的是，隨著大陸和臺灣都在深入推進政治經濟現代化建設，雙方也創造了一些有利於化解彼此之間這種差異與誤解、構建共同認知的政治文化的條件。臺灣是一個典型的移民地區，除了"原住民"外，幾乎所有的人都是在不同的時間點自大陸移民到臺灣。歷史的洪流也讓臺灣文化融入在眾多元素當中，而從千百年華夏中原來的文化包含語言、文字、宗教信仰、文學藝術、風俗習慣等等，其中以中華文化所佔的比例最高，也是當今臺灣文化的精髓。

然而近二十多年來，民進黨"執政"期間卻因為意識形態、政治上的因素，企圖以"文化臺獨"為手段來達到本土化的目的，不論是在教育、思想上都刻意的要淡化與大陸的聯繫，這也造成了許多後遺症。儘管最近對"文化臺獨"的討論越來越多，但實際上"文化臺獨"並不是這幾年才出現的事情，李登輝"執政"之後"文化臺獨"就已經開始了。兩岸在體制與文化上存在著明顯的差異與對立，由於歷史上與現實中的眾多因素，導致兩岸雙方對於彼此的制度文化有著認知上的偏差甚至誤解。不過隨著大陸深入推進政治經濟現代化建設，雙方也創造了一些有利於化解彼此之間這種差異與誤解，構建了共同認知的社會文化條件。

因此，有鑑於"文化臺獨"所造成的影響，馬當局執政期間期望能改善此

＊ 林信雄，南臺灣兩岸和平發展研究院研究員、執行長。

發展趨勢，一方面致力於課綱的微調，另一方面則加強中華文化的宣導，但卻引起有心人士的激烈反彈。隨著蔡當局上任後，大陸方面也表示"九二共識"的底線絕不會鬆動，兩岸官方接觸免談，使得臺灣"國際活動"和對外經貿的空間越來越萎縮，民進黨執政一年多，已先後廢止微調課綱、去孫中山化、去蔣中正化等帶有去中國化意涵的"文化臺獨"行徑，更加深了海峽對岸的疑慮，使臺灣在國際間更加孤立，而導致臺灣更為邊緣化。

蔡英文雖不像扁當局大張旗鼓的表示"臺獨"立場，但在對於課綱調整、去孫中山化、去蔣中正化，以及"促轉條例"等一連串行為，仍暗示蔡英文有意放任"去中國化"的行為。針對近來民進黨當局"去中國化"的動作頻仍，大陸方面也推出相關反制"文化臺獨"法案，並擬透過禁止提案的綠營"立委"入境大陸、挖臺灣"邦交國"等方式予以懲罰。而面對部分綠營"立委"主張"去中國化"的提案時，雖說蔡英文的作法是出面制止，並未有意放任相關立法提案，但恐怕就是落得有心人操弄，並惡意栽贓，致破壞兩岸關係的現狀，蔡當局應不得不慎防其後續效應。

二、兩岸融合發展的必然性

習近平總書記被媒體與外界解讀形容為所謂的"知臺派"，習總書記曾長期在福建、浙江、上海等東南沿海各地工作，接觸參與大量的對臺工作，並與臺灣朋友交往廣泛。對臺灣情況非常熟悉，瞭解熟悉臺灣朋友慣用的語言，常使用"打拼"等臺灣朋友經常使用的詞彙。2012 年習總書記上任先後分別在會見臺灣客人、考察臺資企業、人大政協兩會期間、重大節慶等場合發表重要講話，就對臺工作發表了 30 多次公開講話，形成了一系列有關對臺工作重要思想，豐富、發展了兩岸關係和平發展思想，創造性的提出了兩岸融合發展的新思想、新理念、新主張，推動兩岸關係從和平發展邁向融合發展。

2014 年 10 月 15 日習近平總書記在文藝工作座談會上的講話，提到"德國哲學家雅斯貝爾斯在《歷史的起源與目標》一書中寫道，西元前 800 年至西元前 200 年是人類文明的"軸心時代"，是人類文明精神的重大突破時期，當時古代希臘、古代中國、古代印度等文明都產生了偉大的思想家，他們提出的思想原則塑造了不同文化傳統，並一直影響著人類生活。這段話講得很深刻，很有洞察力。古往今來，中華民族之所以在世界有地位、有影響，不是靠窮兵黷武，不是靠對外擴張，而是靠中華文化的強大感召力和吸引力。我們的先人早就認識到"遠人不服，則修文德以來之"的道理。闡釋中華民族稟賦、中華民族特點、中華民族精神，以德服人、以文化人是其中很重要的一個方面。”這在在都顯示中華民族在偉大復興的歷史時點上所展現出的自信與高度。

2014 年 11 月 1 日，習總書記在福建視察時，他提出：“兩岸同胞同祖同根，血脈相連，文化相通，沒有任何理由不攜手發展、融合發展”①。這是大陸方面首次公開提出兩岸“融合發展”的概念。2015 年 3 月 4 日，習近平在參加 12 屆全國政協三次會議“聯組會”時，肯定“兩岸制度化協商取得新成果，兩岸經濟融合發展不斷深入”②。此後 2015 年 5 月 4 日，習總書記在會見朱立倫時提出“深化兩岸利益融合，共創兩岸互利雙贏，增進兩岸同胞福祉”。至此，兩岸“融合發展”的概念逐步形成與延伸。

而近期大陸方面最為完整的闡述是在 2016 年 11 月 1 日，習總書記會見洪秀柱時，提出“推進兩岸經濟社會融合發展”，並且闡述其內容說“兩岸開展經濟合作具有得天獨厚的優勢。秉持互利雙贏，促進兩岸經濟社會融合發展，符合兩岸同胞共同利益。”因此現階段，首重將大陸對臺灣民眾的善意與誠意表達出來，消除普通民眾對大陸的誤解與偏見，減弱防範意識，讓兩岸和平紅利惠及更廣大的群眾，爭取民心，讓臺灣民眾充分認識到民進黨當局引起的兩岸對抗才是導致臺灣利益受損、經濟低迷的主要原因。

全國政協前主席俞正聲也在第 9 屆海峽論壇大會開幕式上致辭提出深化融合發展的建議：深化融合發展，需要秉持“兩岸一家親”理念，共同維護中華民族整體利益。深化融合發展，需要進一步提升兩岸經濟合作水準，厚植兩岸共同利益。深化融合發展，需要共同弘揚中華文化，增強兩岸同胞的精神紐帶。深化融合發展，需要充分發揮兩岸同胞的創造力，進一步增強融合發展動力。深化融合發展，需要兩岸同胞攜手克服困難、排除干擾③。

全國政協主席汪洋在第 10 屆海峽論壇致詞講話中指出，海峽兩岸一家親，血脈相連，推動兩岸關係和平發展是兩岸同胞的共同心願。兩岸經濟聯繫密切、互補性強，擴大深化經濟合作，促進經濟融合是兩岸關係和平發展的強大動力，密切人文交流，促進心靈契合，是兩岸關係和平發展的牢固紐帶。歡迎更多臺灣同胞參與到兩岸大交流中來，將認真落實《關於促進兩岸經濟文化交流合作的若干措施》④。

① 資料來源：http://www.itaiwannews.cn/2014-11-5/c80a76a0-0bc4-f699-4ce4-32c7b77b3628.html。
② 資料來源：http://www.taiwan.cn/xwzx/PoliticsNews/201503/t201503049179401.htm。
③ 資料來源：http://cppcc.china.com.cn/2017-06/19/content_41055205.htm。
④ 資料來源：http://big5.xinhuanet.com/gate/big5/www.xinhuanet.com/tw/2018-06/06/c_1122947974.htm。

三、推動兩岸文化融合方能有效遏制"新型臺獨"

因此與此同時，我們更應該清楚理解"新型臺獨"的核心是"文化臺獨"，而有效遏制"新型臺獨"的方法，除了持續推進兩岸經濟融合外，最重要的就是推動兩岸文化融合。唯有喚起臺灣民眾對中華文化的認識，爭奪歷史解釋權，讓臺灣民眾認識到，中華文化傳承的體現，就是融入在臺灣民眾生活的方方面面上，兩岸文化連結是無法被切割的，透過加強兩岸文化交流，喚起兩岸集體記憶與共有文化，揭示民進黨當局為了政治目的，而有意進行話語建構、文化建構、歷史建構的陰謀。

中國大陸所提出的"融合"概念，係以"包容"起步，但鑑於臺灣社會迄今的主要文化屬性依然是中華文化，其與大陸社會，特別是閩南社會本來是相似的，所以"融合"發展有可能結果是"混合"，所以中國大陸從"一家人"的理念入手，重塑"心靈契合"的條件和氛圍，長期而言，可以"化合"臺灣同胞。然而對臺灣而言，恐怕最友善的期待也只是"合作"，至多是"包容"，未必有混合的意願，更別說是"化合"。換言之，雙方的期待是有落差的。這就有待大陸各地方執行單位，將以往感情式、道德型的包容轉為契約式、制度型的包容。簡言之，規則明確，過程透明，公平競爭才是真正邁向"融合發展"的要件。所以"融合發展"不是兩岸關係的新探索，"融合發展"是對臺工作的新探索。

四、同等的待遇的融合

兩岸同胞是不可分割的命運共同體，2018 年 2 月，國臺辦推出的"31 條惠臺措施"，同臺灣同胞分享大陸發展的機遇，逐步讓臺灣同胞在大陸學習、就業、創業、生活，與大陸同胞享有同等待遇，不斷增加臺灣同胞福祉的新舉措；這些措施正在全面落實，已經為臺灣同胞帶來更多實實在在的利益。現在大陸各省市正陸續推出因地制宜的施行細則，過去大陸講的是相互融合，現在認為也可以由大陸方面單向融合。關於這個部分我們要給予高度的肯定，但是在政策出臺之後，後續的效益的檢討，我們應該要持續追蹤。

（一）融合概念的詮釋

所以對臺的融合發展中"融合"和"發展"是一體的兩面，而"發展"是過程，目標是"融合"，什麼是中國大陸所希望的"融合"？"融合"可以從簡單的包容、包含（inclusion），到複雜的混合（mixture），或是混合物（admixture），再到化合（chemical combination），例如歐盟的聯合體就是一種

"包容"，又如果我們說美國是民族的大融爐就是一種"混合"，而汞合金就是"化合"，其中的相異之處在於前者是依然保存的各自高度的自主性，但形成一種穩定的關係，歐盟是最典型的例證。次者是形成全新之體，但依然保有自己的特徵，在美國雖有各種不同種族，但是他們都認同自己是美國人。後者則是完全成為全新的"存在"，消失了原來的自我[①]。

（二）融合理論的套用

關於社會融合一般而言指涉三種理論，即同化論、多元論及區隔融合論。同化論強調弱勢一方融入主流社會的過程，多元論主張不同社會、文化形態的多元並存交融。區隔融合論是針對二代移民融合而言。Milton Gordon 提出了族群融合的若干指標，包括通婚、偏見、歧視的消除、身份認同融合、社會結構融合、文化行為的同化、公共事務的融合等[②]。但就社會融合而言，結構融合與身份認同是最為關鍵。而社會融合的心理建構主要圍繞認同和接納展開。而融合發展更需要發揮兩岸政治精英、意見領袖的引領功能，轉變臺灣民意，彙集兩岸特別是臺灣島內一切支持和平發展的力量、智慧。針對兩岸關係新情勢、新問題，集中兩岸智慧進行政策創新、制度創新、方法創新、管道創新，提升制度化程度[③]。

五、引入"穿透"與"融入"概念

融合發展是一項頂層設計，我們更應該聚焦在具體落實的兩岸交流技術層面。因此個人提出一個臺灣青年朋友在兩岸具體交流的概念與作法，首先是要先"穿透"，因為"穿透"之後才能講"融入"，要不然都是只停留於紙上或網路上對大陸的認識，而當彼此融入後一段時間，才逐步有"融合"的機會。最重要的是要讓臺灣民眾以更便捷的方式進入到大陸的生活圈，或者是生活系統，包含基本的民生生活部分，像互聯網＋、手機支付、網路銀行、網約車，搭乘高鐵動車的便利，享受大陸民眾生活富足自信的一面，也深切地體現習總書記在 19 大政治報告中所提到的"逐步為臺灣同胞在大陸學習、創業、就業、生活提供與大陸同胞同等的待遇"的精神。

儘管融合發展無法簡單地套用到對臺政策之上，但是精神上頗有相通之處，

---

① 楊開煌，《"融合發展"是對臺工作的新探索》，《海峽評論》，第 321 期，2017 年 9 月號。

② Milton Gordon，《美國生活中的同化：種族、宗教和族源的角色》，譯林出版社，2015 年，頁 54—55。

③ 倪永杰，《融合發展——習近平對台工作思想最新成果》，中國臺灣網，2017 年 10 月 18 日。

都是為了彼此的發展，都是共用發展的成果等，何種"融合發展"最可能是臺灣人民需要的"融合發展"？中國大陸對臺的"融合發展"是什麼？是融合之後一起發展，還是在融合中得到發展，或是發展中逐步融合？從現今的中國大陸對策而言，似乎是綜合性的方法，例如提供臺灣青年人前進大陸發展的誘因，這是先求融合的可能性（穿透），再提供發展的機會和條件，然後融合之後再一起發展（融入），以及在融合中得到發展，得到發展再進一步融合（實質融合）。

（一）兩岸青年隔閡可能逐步拉大

當點開臺灣的 Google 網頁或搜尋網站，搜尋臺灣民眾赴大陸生活、旅遊的種種資訊，而搜尋的這些資料裡面，可以發現當民眾還在找如何去大陸申辦手機、銀行開戶。當還有這麼多的疑問與點擊率時，那就是表示兩岸還是有一定程度的隔閡存在，而且這個隔閡（Gap），隨著大陸井噴式發展的趨勢，將會讓兩岸的青年交流過程更加的不利，因為這個隔閡，會隨著科技的發展，臺灣的青年人會更不易進入大陸的生活系統，而被阻隔於外。因此，建議大陸相關的涉臺部門應該好好的來仔細研究這些網站中所呈現的訊息，當這些網站的詢問度越高，解答的人越多，討論越多，那就是表示希望加入大陸這個生活方式的青年人越多，而困境與問題也就是在這裡，因此涉臺系統只要把這個結解開就可以了。

（二）文化渠道的建立與提供

另外大陸好的國力宣傳影片，像票房已逾 56 億人民幣的電影"戰狼 2"及票房反應極高的電影"紅海行動"，建議大陸方面應該有一個妥適的收播平臺，可以讓臺灣民眾方便收看，不一定要免費，但要能容易收看，方便收看，以突破兩岸電影播放限制的藩籬，讓臺灣民眾真的能實際體驗大陸願意率先同臺灣同胞分享大陸發展的機遇，而且這也是展現大陸影視文化實力的一環，當臺灣的青年人願意持續追大陸劇，就是一種吸引，也是一種肯認，久而久之就會產生依賴，更進一步產生追逐崇拜的現象，如此一來豈不是就圓了自動融合的理想。

（三）細膩與貼心更能贏得青年人的矚目

最近兩岸一些科技差距隔閡的案例，著實的被點出來，例如臺灣民眾要搭乘大陸的動車或高鐵時，除了原先國臺辦新聞稿所提到的，可以利用自動售票機購票的便利措施之外，但是現在卻又增加了一道關卡：人臉票證合一系統。這個關卡當初設計的原意是希望透過人臉自動辨識系統，更精準有效率的落實火車票的實名制的驗證。但當臺灣青年人拿著臺胞證及火車票刷臉進站時，卻發生無法辨識的窘況，因為入口處的人臉辨識是不能使用臺胞證的，必須要透過人工檢票的方式進站。像這樣子突然間增加的一個隔閡，個人以為這就是兩岸科技發展上逐步拉開的隔閡，像這樣的問題，我覺得在設計上只要多一個用心，以大陸的科技發展技術是可以即時改善的，無非就是一個細膩與貼心罷了。

（四）臺商"近水樓臺先得月"的例證

全國政協主席汪洋也在今年的海峽論壇講話中指出，大陸近期實施一系列惠臺政策，就是要讓臺商"近水樓臺先得月"，率先分享大陸持續改革發展的機遇。並擴大深化經濟合作和促進經濟融合，是兩岸和平發展的強大動力。此外，兩岸和平發展的強大動力是擴大深化經濟合作，促進經濟融合。目前兩岸貿易當中，在去年貿易額近 2 千億美元，超過臺灣對外貿易總額的三分之一，大陸連續 17 年是臺灣最大出口市場，多年來也是臺灣的最大順差，高達千億美元。而當前更是大陸經濟正往高質量發展，未來將以更大的力度推進改革開放，而近期一系列惠臺政策就是要與臺胞、臺灣企業率先分享大陸發展的機遇。未來在政府採購等方面，更讓臺灣企業與大陸企業一視同仁。

近日富士康在大陸 A 股上市，今後像這樣的企業會愈來愈多，大陸愈發展，市場愈開放，臺灣青年人受益就愈多。兩岸經濟同屬中華民族經濟，聯繫密切互補性之強，開展互利合作具得天獨厚優勢。兩岸關係和平發展的牢固紐帶是密切人文交流、促進心靈契合。未來更應實施更多惠及臺灣青年人的措施，如為臺灣青年人創業就業提供更多機會，支持臺灣青年人申請國家級基金等。讓只要對臺灣同胞有利的事情，都能"擴大受益面，擴大獲得感"，兩岸一家親，沒有什麼心結不能化解，沒有什麼裂痕不能彌合。

六、結論

古人講"風行草偃"，風吹了，草就自然倒了，自信的文化風氣襲來，一堆人自然沉浸樂在其中。所謂遠人不服者，修文德以來之，既來之，則安之[①]。習總書記說打鐵還得要自身硬，以現今中國大陸發展的實力，更能展現出自己文化上的自信。文化自信是一個國家、一個民族發展中更基本、更深沉、更持久的力量。推動中華優秀傳統文化創造性轉化、創新性發展，繼承革命文化，發展社會主義先進文化，不忘本來、吸收外來、面向未來，更好構築中國精神、中國價值、中國力量，為人民提供精神指引。

---

① 出自《論語·季氏第 16》。

　　自中共十九大政治報告出臺，以及 31 項惠臺措施發佈後，臺灣方面支持和平統一的聲音與民調有增加的趨勢，希望這樣的現象能持續擴大，但因應國際現況，憂心現在的臺海情勢變得更為嚴峻，希望兩岸有志者能為維護兩岸和平而努力。臺灣人民的前途與臺灣發展的基礎在於兩岸的和平統一。臺灣過去這段期間，教科書"去中國化"、"臺獨化"，使得兩岸關係越走越遠，將不利未來的統一，如何真正做到兩岸融合，心靈契合，須要大陸展現更大包容的胸襟與更多的智慧。31 項惠臺措施是中共中央總結多年來各界反應的意見，所形成的對臺重要政策，涵蓋面甚廣，含金量甚多，希望大陸各地方政府在施行細則與實際執行上務必落實，否則將落人口實、認為口惠實不至，因而引發其他爭議。期待兩岸之間能夠共同良性互動，並且給予在大陸的臺商、臺生與臺眷更多的照顧。

　　總而言之，唯有加強兩岸同胞社會融合，構建命運共同體，兩岸的發展前景才能美好。中國大陸再度強調將加大對臺灣青年一代和基層一線的服務與交流交往，這顯示大陸中央對臺政策已經從 2008 年至 2016 年期間的"和平發展"階段，轉向"融合發展"階段，而"和平"與"融合"雖然僅有兩字之差，卻是別有深意。由於歷史因素，兩岸經歷了不同的發展道路，政治體制、社會制度與生活方式亦有所不同，兩岸民眾情感有疏離、思想有差異、互信有不足。因此，一方面要加強兩岸社會融合，建設共同生活家園，另一方面要擴大兩岸同胞直接交往，尤其是擴大兩岸基層民眾交流往來。在這樣雙軌的驅動之下，兩岸互惠政策上的多措並舉，方能促成兩岸同胞加強溝通，構建兩岸共榮生活的美好願景。

第三部分：

中华文化在台湾的传承与发展

分享志在參與：當代台灣青年對中華文化復興的歷史使命

張志銘 *

一、前言

意指之所在，即價值之所在；

價值之所在，即認同之所在。

二、分析文化與認同的相關理論觀

（一）文化的五個定義

1. 文化是指人類為使土地肥沃，種植樹木和栽培植物所采取的耕耘和改良措施。

2. 文化是相對於政治、經濟而言人類全部精神活動及其產品。

3. 文化是社會發展過程中人類創造物的總稱（文化的啟蒙觀）。

4. 文化是指特定民族、群體或階級所遵循的生活方式。

5. 文化是指人類通過實踐創造物質財富和精神財富。

（二）文化與自我認同的關聯

既然文化是一種使用（指意）符號以生產意義的實踐活動（及其結果），人類學家 Clifford Geertz 因此認為，人類透過符號形式而做成（社會）行動，並藉以完成相互了解的互動過程來創造文化。因此了解一個社會中成員如何運用指意符號系統的實踐活動，就可以了解他們如何透過這些符號系統建構自身的"自我認同"（self-identity）。

這是因為文化作為社會成員具體運用指意符號的實踐活動，經過時間的積

* 張志銘，台灣大學社會學系暨國家發展研究所教授。

累已經將其成果（所表達出來的特定價值與意義）編織成為一個意義網絡，所以一個特定社會的成員在思考其個人的存在意義時，就自然而然回溯到其自身所處的總體文化。某個程度上，文化因此成為各該社會成員在定位其自身存在時的參照系；雖然囿於人有意志自由，我們不能因此說，文化決定了一個社會成員在定位其存在意義時的抉擇可能。這就是一個社會中的成員"自我認同"的真實情形。

（三）文化發展與（自我）認同變遷

從社會學的觀點而言，文化作為個人生存於其中的第二自然，因此是個人在其社會文化人格化的過程中的參考指涉；相反地，文化又是一個社會中所有（古往今來）的成員共同運用指意符號以生產意義的實踐活動成果。文化與個人之間因此具有一種詮釋上的循環，二者既彼此依賴又互相限定。

當然，文化不是單向的決定了個人的認同，個人也有可能針對社會文化所體現的價值觀或者是社會制度及其規範所範定的行為模式採取批判的角度去進行挑戰。當追隨這種價值批判態度的挑戰行為事實上累積到一定程度的時候，就會透過種種社會、政治乃至思想運動去對既有的制度（及其規範）進行挑戰，甚至直接翻轉其所附麗的價值觀。其結果所肇致的就是制度改變（前者）及價值創新（後者）；而其反映在個人身上的就是其自我認同的變遷。

三、"去中國化"及其他：台灣人民自我認同的替代詮釋架構

（一）全球在地化："解在地化"及"再在地化"

隨著台灣處境的全球化連結，傳統的社會空間已經不再是由行動者的軀體與意識所建構，而改由符號資訊系統本身來延展；於此相應的全球生活世界的時間結構也改由自我再生的網絡系統所體現而自動的展開。這兩者連結在一起整體表現出來的就是一種解疆域化（deterritorialisation）的全球化進程，它將台灣文化原有的內涵經過一連串的"解在地化"（delocalization）與"再在地化"（relocalization）的過程，涵融入高度系統化的全球社會並相當程度的接受了後者的文化特性。

（二）以"華人"概念的變遷為例，論兩岸滋生中的"中國人"網絡

在十九世紀中談論華人，與在二十一世紀中談論華人，它們的內容與形式都有著很大的差別。今天的華人網絡之所以是一個網絡，主要還是受到有著超國家性質的資訊社會所影響。在這個超國家的互動網絡中，行動者所擁有的意義世界逐漸朝向虛擬空間與世界，也就是原始與真實的面對面生活方式現在已

經逐漸由電子網絡所填補。

同樣的在 1945、1949 與 1970 年代末期之前討論 "中國人" 與我們在今天在討論 "中國人" 其內容與形式都已經悄悄的轉換過了。今天 "中國人" 作為一個社會網路，很大程度的受到兩岸間跨區域以及超區域的資訊社會的運作影響。在這樣一個兩岸中國人的真實互動網路中，行動者所擁有的意義世界，除了藉由商務、旅遊、宗教、學術與各式各樣的文化交流的面對面的溝通取得之外，有很大程度是由各種平面與電子媒體以及資訊和社群網路所填充的，自然也包括了由此轉變溝通渠道所構建出來的 "擬真實" 或 "超真實" 的虛擬空間世界。

在全球資訊社會中，文化之所以會有力量，並不容易在個體或者他的理性與意志當中找尋，而是文化作為一種符號的力量正在社會網絡中運轉著。一般的文化理論會去思索這個符號與權力之的關係，或者與階層之間的關係。在這裡我們並不打算進行這樣的討論，因為有權力者或宰制階層在全球資訊社會中同樣受到新文化形式的影響。大家在資訊化的都市生活中，很多時間是在進行著電子化的文化溝通。也就是在新的傳播技術當中，電視、報紙媒體的共同經驗將不同群體聯繫在一起，並且超越原有的物質空間而形成新的生活共同體。更重要的是，新的生活共同體的秩序不再只以共同的相似性為前題，而是同時也以彼此的差異性為前提。也就是認同與差異（difference）乃是同時存在於社會生活當中。封閉的意義系統並不繼續存在，取而代之的是一個充滿無限可能性與替代性的開放領域。

在這開放領域之中，雖然溝通變得越來越便捷，但也越來越不穩定。傳訊者與收訊者面臨龐大的資訊符號，所具有的選擇能力也越來越小。J. Baudrillard 對於這種符號網絡有相當深刻的見解與描述，也就是符號網絡所聯繫的擬象（simulation）乃是以模型來產生真實，一種超真實（hyper-real）。過去文化生產與溝通的穩固群體現在並不容易找到，除了相對封閉的區域之外。也就是移動的各種可能性已經悄悄地改變群體的定義，包含它的形式與內容，而個人所在的群體也越來越複雜與模糊化。在不同的討論下，"華人" 與華人社群甚至被質疑是一種超真實，或者這個社群網絡本身就是一種虛擬的？回到兩岸關係中，"中國人" 與 "中國人認同" 的構建自然也無法自外於這個文化過程。

（三）和解與兩岸文化 "再疆域化"

在上述多元華人文化社會的新文化疆域之前提下，已經隱含了兩岸關係這一步發展的新邏輯。它是一個開放與參與的歷程，建立在權利與自主的關係上。

傳統的文化策略雖然也可以促成一種"中國人"的認同，但是是一種跳過開放與參與歷程的政治符號，它的本質是全球資訊社會中的意識型態。這樣的意識形態當然仍具有不可替代的第一線重要性。但是，考慮到兩岸關係中的現實處境及其社會型態所受的全球資訊社會的影響與衝擊，顯然亟需另一種植基於新文化視野下的文化型態與認同策略來作為互補。這種新的文化型態與認同策略一方面要延續兩岸基於過去 40 年的實質互動逐漸開展中的消極和解，另一方面卻也要積極地為未來的世代開創新一輪的兩岸文化的再疆域化過程。

四、"一帶一路"作為兩岸中國人的新機遇與中華文化的偉大復興

（一）從康德的"永久和平論"看"一帶一路"倡議

今天國際上由大國主導權力結構的國際秩序之形成，是由資本主義的生產方式所決定的，也就是以價值規律、由資本的無限累積的衝動所支配的。換句話說，康德根據他所處時代的世界現實所描繪的自由的民主國家體系最遲自 18 世紀下半葉起，已經由康德同時代的亞當·斯密預告了要經過"市場時代"的重新洗禮。重要的是，所謂"市場"及其運作並非一個單純的經濟事件，而是有其相應的社會文化與政治背景。易言之，"市場時代"必須與國家的現代轉型及其對內部社會的重新塑造一同關連起來看待，作為其結果的就是所謂資本主義的運作模式

與傳統的封建制度農業和遊牧業的生產方式相比，資本主義生產方式對科學和技術進步有其內在的要求，並因此帶來更高的生產力。也就是說，這個新的世界秩序取決於各國累積的整體國力，尤其是日益奠基在資本主義所帶來的工業化程度所決定的經濟實力。而這種歐洲本土的政治格局更隨著帝國主義的擴張複製到海外，進一步牽動了無數被殖民國家或者像中國這樣的次殖民地國家的發展命運。殖民地母國財富積累之需求為國際間資源的生產、流通與分配的優先順序定調，不但從資本主義的萌芽時期一開始就宰製了國際上所謂"自由市場"的結構、規則與實質內容並因此牽動著無數被殖民國家的發展命運。這其中，擁有大量海外殖民地，且為工業革命發源地的英國，善用水體隔絕歐陸的優勢，在能保存實力的同時，適時介入歐陸的爭端，因而成為當時引領風騷的世界霸權，在十九世紀下半葉建立起延續到一戰後才被巴黎和會所終結的"Pax Britannica"（英國和平）。

國際社會種這不平等的現實結構和國家之間發展不平等所形成的權力衝突，正是最後在巴爾幹半島引爆歐戰，從而不但決定了東南歐國家的存續與疆域的

瓜分，並進一步埋下二戰根源的深層原因。這也印證了康德在"永久和平論"中的真知灼見：欠缺了一個建立在聯邦主義上的國家與國家間的平等聯盟做為永久和平的前提要件，最多只能算是一種停火狀態。

由於大國之間只顧爭奪海外資源，發展自身的勢力，動輒以自身（尤其是民族）的私利作為一種安全藉口去做無限制的領土擴充，而不能以共和精神平等對其他國家，國際之間乃呈現出一種可以比擬霍布斯式的自然狀態所形成的權力秩序，而不是真正本於啟蒙的理性精神為各地區需要幫助的民族或國家，建立一個平等且共榮發展的文明秩序。大國之間為了爭奪殖民的勢力範圍與更有效率的瓜分資源，乃進行各種立基於共同利益基礎的聯盟對抗。那些礙于人口稀少、資源短缺與工業落後，不具有與大國平等對話實力的國家，無法成為權力秩序中有效的行為者或單位，只能受到大國宰製或裹脅，這自然與康德在"永久和平論"中所期待的前提要件全然背道而馳。

我們因此可以理解，康德心目中的政治問題首先是一個道德的問題。所以康德所關注的不是實際的永久和平作為一種政治效益，而毋寧是政治的道德涵義。在政治生活中有價值的是其中透露出來的道德進步的跡象，這顯示出政治活動必須按其法權原則開展，這正是來自人類的道德稟性、自由本性這個絕對目的的要求。以這種目的論的觀點而不是經驗實證的眼光看待問題，實現作為法權狀態的一個標誌之永久和平就不是一個不切實際的空想。在"永久和平論"的附錄中康得分析了作為法權的道德對於政治的優先性，對康德而言，政治是應用的法權學說。至於如何才能確保政治與作為法權的道德的一致性，康得提供了建議：對國家法權、國際法權和世界公民法權進行抽象化至只剩下公共性這一個形式，因而得到公共法權的先驗公式，也就是"凡是關係到別人法權的行為，而其準則與公共性不能一致者，都是不正義的（因此而不合乎法權的）"。

當前的國際關係體系便未能表達一致的公共性，未能設身處地地考慮東方體系及南方半球的國家立場；無權或無能發聲的邊緣國家也未受到平等對待。這些缺乏理論關懷加以闡釋，因此也得不到國際法青睞的不正義，只好藉助現實主義的無奈邏輯或批判理論而變相的求得一種心理上的撫慰。造成這種偏頗的主要原因是名不符實的"美國和平"及其治下的扭曲的世界秩序。追溯"美國和平"及其前身的"英國和平"所取法的都是建立在由渥大維開創，從西元前 27 年至西元 180 年間約莫 200 年的羅馬帝國霸權或甚至奧古斯都一人霸業之上的"羅馬和平"（Pax Romana 或 Pax Augusta）。這種霸權和平終將隨著帝國的衰亡而成昨日黃花，並不能當之無愧的名之為"永久和平"。

（二）"一帶一路"倡議：脫胎換骨的"實業計劃"

還原到關心政治實務的康德式道德政治家的現實立場，我們因此必須進一步追問落實永久和平的現實機遇並追求其實踐的可能。在這個背景下我們必須回溯到近代孫中山先生的"實業計劃"作為與列強平等開發中國的倡議，並由此跨越到有關"一帶一路"倡議的討論。

我們深思熟慮後認為，"一帶一路"乃是在總結了近代中國推動"實業計畫"的失敗經驗，痛定思痛所獲得的教訓的基礎上推陳出新。因此，對於理解中國近現代的發展，及其與"一帶一路"倡議的關聯，必需回到近代中華文化集大成的詮釋與實踐者孫中山，以其所提倡的王道主義為基礎，從絲綢之路起點的中國出發，去做一個全球性的整合發展。孫中山真知灼見的指出"東方的文化是王道，西方的文化是霸道；講王道是主張仁義道德，講霸道是主張功利強權。講仁義道德，是由正義公理來感化人；講功利強權，是用洋槍大炮來壓迫人。"這樣的見解誠然為近代中國對外關係最好的詮釋，亦為今日以設身處地的立場，站在絲綢之路沿線待發展國家的立場來探究"一帶一路"倡議的"前理解"。

今天，孫中山實業計畫構想在現代中國都已陸續付諸實施，並在這個基礎上，自2013年起先後提出"絲綢之路經濟帶"與"21世紀海上絲綢之路"，也就是"一帶一路"倡議。藉由"一帶一路"倡議，中國人間接證明了孫中山的"實業計畫"雖然礙於當時的局勢，未能促成國際列強共同開發中國，但中國能以一己之力，在百年後的今日在國際上完成自立自強的建設。不僅如此，如今更將本著推己及人的精神，進一步兼善天下，倡議國際共同來開發"一帶一路"沿途地區國家的基礎建設，以冀所有願意參與的國家都能自立自強，促進人類命運共同體的文明秩序的偉大復興。

五、結論：分享志在參與

——台灣青年分享"一帶一路"機遇應定位為參與建構人類命運共同體的偉大志業

一帶一路作為當代境遇的擬項，作為一種生存境遇的連結，把作為主體的人和主體的歷史關連結合在一起，這不僅是單純的理論上的被指向（Gerichtetsein）問題："處境之生活聯結與我（Der Lebensbezug des Situations-Ich）之間不是單純地指向單純的對象。"這也是中國以"五通三同"的聯結，推動"一帶一路"沿線國家的經貿與文化等領域的來往，試圖贏得一種本源的世界聯結，作為因應處境的文化倡議實踐。

然而，今時今地的各項全球性議題，從反恐到國際金融危機、能源、環境與極端氣候等跨界風險，需要我們建構一個帶領人類進入一個更高層次的揚升（aufheben）過程，共同面對"人類命運共同體"的境遇，才能形塑出新的共通的倫理價值去籌劃人類整體命運的未來發展方向。

整體而言，"一帶一路"作為中國於當下境遇存有的時相與開展，我們需要從本體論探討兩岸交流的"過去、現代、未來"，因此以文化為開展，運用詮釋學、符號學與辯證法，讓青年來往的課題"如其本身"詮釋，從而探討"存在"（Being/Das Sein）是具備"過去、現代、未來"的時相性與實存性。

狄爾泰所論作為人文科學的研究方式，不僅對理解歷史是重要的，而且對於進一步理解海德格的存有觀是重要的基礎。做為一個真正能活出生命的基本性質，在於它不僅作為"存有物"（Seindes），而且能狗理解並詮釋此一"存在"的存有論意涵。

"一帶一路"作為由中國倡議的全球發展策略，是當下人類處於共同被全球化世界所定調的境遇，做為一個由市民社會往人類命運共同體過渡的發展歷程。因此，中國的"一帶一路"倡議是一種在當下時空境遇中，中國本身對當代境遇的詮釋，對未來勾勒有的有意義規劃，以解決被定調的境遇中各領域所關切的議題。因此，如何以具文化創造力的擬真（Simulacres）對人類命運共同體的未來做一個具有前瞻性的開創，便成為中華民族面對全球性挑戰時以一種"向死而生"的心態去對中華文化的偉大復興。

而"一帶一路"沿線地區作為主體被拋擲在對"一帶一路"境遇之中便對當下進行詮釋，是當代國家進一步作為全球化社群與人類命運共同體的聯結途徑，其文化關懷是透過對"一帶一路"的參與，恢復與中國之間建立在千年"絲路和平"（Pax Serica），具有歷史基底的視域交融。

這種全球性的文化開展境遇或機遇（Fortune），是一種承襲文藝復興時期對人文主義者的一種期許。主體透過自身涵養（Virtue），展現一個自信的主體，透過兩岸青年共同努力掌握"一帶一路"的機遇，以文化作為本體開展中國與絲路沿線地區的文明符號，似如錢學森先生曾言的"第二次文藝復興"的圖景。

台湾文化创意产业发展中的掣肘
与两岸合作

李红梅[*]

一、相关文献

目前大陆学者对于台湾文创产业的研究主要集中关注了台湾文创产业的现状及其发展经验、主要优势、竞争力等方面，并探讨了如何借鉴其发展经验发展大陆的文化创意产业，而对目前文化创意产业存在的困境以及掣肘等尚缺乏深入的分析与探讨。齐旭（2012）研究发现台湾文创产业缺乏比较优势及核心竞争力，并且产业链及产业集聚发展不充分，同时品牌建设及市场拓展亟待完善；翁国阳（2016）针对台湾花莲文创园区做了深入研究，发现花莲园区存在着市场规模不足、人才不足等问题。

从台湾学者的研究视角看，目前已有的研究多集中在文化创意产业的经营效率及行销领域、特别是如何增加台湾文化创意产品的附加值方面。许登芳、林建德（2006）将研究焦点放在如何提高文化创意产业的生产率，以及政府应如何为文化创意产业营造更好的环境等方面。还有一些研究集中在台湾文化创意产业的国际竞争力、台湾文创产业与旅游观光业的协同发展等。陈振杰（2008）通过访谈研究发现，高雄市文化创意产业缺乏艺文展演活动的订价弹性及艺文人口的培养，应注重培养创意人才，扩大包容性，建立多元文化。还有少数学者将视角放在政策方面，骆丽真（2012）直指台湾当局文化治理失衡，甚至委任完全没有文化专业的人担当要务，导致了台湾文创产业成为投机产业。陈淑娇（2010）在研究台湾少数民族文化创意产业的发展中发现，台湾少数民族文化创意产业市场拓展中存在资金缺乏及销售通路拓展不易等问题。

* 李红梅，中央民族大学经济学院教授。

总而言之，以往的研究多集中于探讨台湾文创产业繁荣的形成和经验、行销方式的选择、家国际竞争力、发展环境、经营效率提升等方面，而对于近年来台湾文创产业出现的"退烧"现象，现有的研究尚未进行有针对性、深层次的分析探讨。本课题将在以往已有研究成果的基础上，针对台湾文创产发展中的问题、困境、掣肘进行深层次研究，希冀借助大陆"一带一路"倡议背景以及丰富的创新科技成果，促进两岸文化创意产业共同发展。

二、台湾文化创意产业的现状与特点

（一）内涵与特征

文化创意产业（CultualandCaetiVendusties）又称创意产业（Cultualndusty），是近年来在发达国家和地区首先兴起的新兴产业。它的兴起和发展，是当代经济、文化、科技融合发展在产业层面的具体表现。文化创意产业以其独特的形态和运行方式与其他产业发生广泛而复杂的产业关联，深刻地影响着一个城市、一个地区、一个国家，甚至是全球的经济运行和文化发展。其基本特点体现在以下几个方面：

第一，有很高的创意。文化创意产业的核心与本质就是创意。它以创意为核心，将抽象的文化直接转换成具有高度经济价值的产业上，将原创性、变化性带人生产和服务过程，使其发挥创造产值的功能，而且这种创造产值的活动改变了过去必须依赖实体才能生产与制造的传统观念，将一个抽象的、无形的产品当作产业链的一环。这种特殊的生产方式，为那些具有文化内涵的传统产业提供了无限发展的潜力和空间。文化创意产业活动在其生产过程中会程度不同地产生某种形式的"创意"，如独具特色的广告设计、形象设计、软件结构与设计等，都是设计者感觉和创意的体现。可以说，文化创意产业不仅为消费者的需要而创造，而且是为设计者的感觉而创造。

第二，有很高的附加价值。文化创意产业来自设计者的创造力和智慧财产，是某种形式的"智能财产权"，它是要将抽象的知识含量、丰富的文化直接转化为具有高度经济价值的"精致产业"，是知识、智慧的结晶和体现，因此具有很高的附加价值。

第三，集文化性、知识性、经济性于一身。文化创意产业将文化融于经济活动过程，在经济运行过程中体现文化的丰富内涵与底蕴，从而更好地实现文化的经济价值，实现文化的产业功能。[①]

台湾行政主管部门界定文化创意产业范畴，除了考虑符合文化创意产业的定义与精神外，还加上了产业发展面上的考虑依据，其原则为就业人数多或参与人数多、产值大或关联效益高成长、潜力大、原创性高或创新性高附加价值高。2010 年制定并颁布"文化创意产业发展法"中将文化创意产业定义为："源自创意或文化积累，透过智慧财产之形成及运用，具有创造财富与就业机会之潜力，并促进全民美学素养，使国民生活环境提升之产业[②]。"具体包括：视觉艺术产业、音乐及表演艺术产业、文化资产应用及展演设施产业、工艺产业、电影产业、产品设计产业、视觉传达设计产业、设计品牌时尚产业、建筑设计产业、创意生活产业、数位内容产业、经主管机关指定之产业等主要门类。

（二）台湾文化创意产业发展历程

自 2002 年始，随着台湾经济的发展与产业更替的不断进行，台湾文化创意产业开始登上历史舞台，但无论从规模上还是从监管上来看，仍有很大的发展空间。

2002 年，台湾制定了"'挑战 2008'台湾重点发展计划——文创产业发展计划"。制定了一系列文化创意产业发展的相关运行机制，包括强化推动组织与协调机制，建立网络流通整合机制，整合发展活动产业，加强智慧财产权保护机制等，并且设置了文化创意产业资源中心（含教学资源中心的设立），成立台湾创意设计中心，规划设置创意文化园区，建置台湾影音产业信息平台。大力发展艺术产业，鼓励人才延揽、进修及交流。同时，发展重点媒体文化产业，振兴电影产业、电视产业，发展流行音乐产业、图文出版产业、数位休闲娱乐产业。这一计划还促成了台湾设计产业的起飞，活化设计产业推动机制，开发设计产业资源，2002—2008 文化创意产业发展计划实行的这一阶段，台湾文化创意产业得到了巨大的发展。

2010 年，台湾颁布了"文化创意产业发展法"，规定了文化创意产业发展的基本原则及方向，确定了产业内容及范围、重点产业，包含适用之对象，确立了相应的政策措施，并定期进行检讨修正。同时还加大了对智慧财产权的保障力度，减免了捐赠及投资文化创意事业之税赋，为文化创意产业的发展创造了宽松的空间。

---

① 李红梅：《北京与台湾文化创意产业的交流与合作》，《海峡科技与产业》2007 年第 2 期，第 39—40 页。

② 资料来源：《台湾文化创意产业年报（2016）》

自 2012 年开始，台湾相关行政主管部门大力推行泥土化、国际化、产值化、云端化的产业发展策略，包括：盘整村落文化资源、培育在地文化人才、发展村落微型文化产业、改善村落文化据点，发展具在地美学之生活空间；建构台湾全球文化交流网络、传播台湾人文思想、建立各类艺文团体之跨域连结、推展多语文台湾文化"工具箱"；推动文化内容开放（Open Data）与加值应用、促进一源多用与强化中介体系、促成跨界与跨业整合，提升文创产业价值；提供文化资源与艺文活动整合行动服务、提供艺文网络直播与视讯服务、促进文化云资源共享、建置"国民"记忆数据库与推动社区云端创新。上述内容的设计布局为文化创意产业的发展奠定了良好的基础。

值得关注的是，2012 以来，受国际大环境影响，加上岛内自身众多因素的综合作用，台湾的文化创意产业出现了逐年下滑的势头，发展面临诸多瓶颈因素。具体详见表 1.

表 1 台湾文化创意产业发展状况

	文化创意产业发展计划							创意台湾					价值产值化 文创产业价值链建构与创新	
	2002 年	2003 年	2004 年	2005 年	2006 年	2007 年	2008 年	2009 年	2010 年	2011 年	2012 年	2013 年	2014 年	2015 年
文创产业营业额（百万元）	435,260	493,056	545,159	562,048	599,758	617,415	674,720	645,442	792,962	816,251	791,742	812,205	829,169	833,906
文创产业营业额成长率(%)										2.94%	-3.00%	2.58%	2.09%	0.57%

资料来源：2002—2014 文化创意产业发展年报；

注：2015 年度文创产业营业额加入创意生活产业及部分数位影音平台资料，资料回溯自 2010 年，故 2010 年相对 2009 年有较大幅度的波动。

（三）台湾文创产业发展趋势及特点

1. 文化创意企业家数及营业额增速放缓

从总体发展趋势看，台湾文化创意产业近年来显现出稳定发展的态势。2015 年台湾文化创意产业总家数为 62,985 家，较 2014 年成长 1.24%，其中视觉传达设计产业持续 2014 年成长态势，为整体文创产业中成长幅度最高，成长速度达到 27.65%，文化资产应用及展演设施产业以 17.83% 成长率居次；而厂商家数衰退最多者为数位内容产业，衰退幅度为 6.97%。若从数位内容细分产业观察，延续上年度，仍以上网专门店及电动玩具店厂商家数分别衰退 16.55% 及 6.37% 最多①，且衰退幅度扩大，主要受手机游戏的应用增加，影响消费者在机台游戏、计算机游戏的内容体验。不过由于此处数位内容产业相关行业别尚未涵盖如扩增实境（Augmented Reality，AR）、虚拟实境（Virtual Reality，VR）等新兴数位发展应用等相关行业，因此可能存在低估的情况。

表 2　文化创意产业家数及营业额

（单位：家、新台币千元、百分比）

	2010 年	2011 年	2012 年	2013 年	2014 年	2015 年
家数	59,977	61,020	61,490	61,873	62,215	62,985
家数成长率		1.74%	0.77%	0.62%	0.55%	1.24%
营业额成长率		2.94%	-3.00%	2.58%	2.09%	0.57%

资料来源：台湾文化创意产业年报（2016），台湾文化创意产业年报以"财政部"财政信息中心

从营业额看，2012 年因欧债风暴的冲击和全球经济景气呈现衰退外，其余年度均有成长。2015 年文创产业营业额为新台币 8,339 亿元，较 2014 年微幅成长 0.57%。受到 2015 年全球经济放缓的影响，加上文创产业受景气波动较为敏感，整体成长力度有限。

2. 文化创意产业占比逐年下降

就文化创意产业总营业额与 GDP 对比资料看，2015 年台湾 GDP 成长 3.67%，较文化创意产业总营业额成长率高，使文化创意产业之总营业额占 GDP 之比重从 2014 年 5.15% 下滑至 2015 年 5.00%（如表 3 所示），主因在于近年台湾 GDP 的主要成长动能来自商品及服务净输出，近几年商品及服务净

---

① 数据来源：《台湾文化创意产业年报（2016）》，详细数据见附表 1。

输出皆有两位数以上的成长率，而文化创意产业输出比率有限、外销比重不高，且非民生必需品，即使外销也易受国际整体以及周边经济景气环境变化的影响；此外，民间消费的成长力度也低于 GDP 成长率，2015 年民间消费成长力度仅1.71%，为 2009 年金融海啸后的新低点，因此文创产业营业额成长幅度不如整体 GDP 的成长力度。参见表3：

表3　2010—2015 年台湾文化创意产业营业额及 GDP 占比

（单位：新台币亿元、百分比）

	2010 年	2011 年	2012 年	2013 年	2014 年	2015 年
文化创意产业营业额	7,929.62	8,162.51	7,917.42	8,122.05	8,291.69	8,339.06
GDP（GDP）	141,192.13	143,122.00	146,869.17	152,307.39	160,974.00	166,878.55
GDP 成长率	8.93%	1.37%	2.62%	3.70%	5.69%	3.67%
文创产业营业额占 GDP 比重	5.62%	5.70%	5.39%	5.33%	5.15%	5.00%

资料来源：台湾文化创意产业年报（2016）

3.文化创意产业外销市场结构欠佳

从台湾文创产业营业额看，整体文化创意产业仍以内需市场为主，依财税资料所计算的外销收入占 10.68%，其中外销比重高于整体文创产业平均比重的次产业为产品设计产业（57.95%）、创意生活产业（29.79%）、数位内容产业（22.10%）、工艺产业（10.82%）（如表4）。这表明，台湾的文化创意产业及产品主要依靠内部市场，外销比例较低，市场潜力及规模均比较有限。参见下表4：

表4　2015 年台湾文化创意产业之内外销产业别

（单位：新台币千元、百分比）

次产业	营业额	外销	内销	外销比率
视觉艺术产业	5,615,110	205,866	5,409,244	3.67%
音乐及表演艺术产业	18,720,166	438,605	18,281,561	2.34%
文化资产应用及展演设施产业	1,673,853	3,232	1,670,622	0.19%
工艺产业	121,161,220	13,114,567	108,046,653	10.82%

电影产业	30,788,289	1,259,879	29,528,410	4.09%
广播电视产业	156,100,023	2,436,362	153,663,661	1.56%
出版产业	103,223,709	3,241,649	99,982,060	3.14%
流行音乐及文化内容产业	29,201,927	1,559,523	27,642,403	5.34%
广告产业	149,343,002	1,689,017	147,653,985	1.13%
产品设计产业	60,926,714	35,306,688	25,620,026	57.95%
视觉传达设计产业	2,417,891	144,192	2,273,699	5.96%
设计品牌时尚产业	476,667	16,214	460,453	3.40%
建筑设计产业	33,735,953	401,940	33,334,014	1.19%
数位内容产业	86,215,246	19,052,703	67,162,543	22.10%
创意生活产业	34,306,277	10,219,267	24,087,010	29.79%
整体	833,906,049	89,089,706	744,816,343	10.68%

资料来源：台"财政部"财政信息中心

三、台湾文化创意产业的主要优势

（一）多元文化优势并存

台湾文化创意产业发展较早，且依托地方文化特色，这就是所谓的"多元化""在地化"。文化的多元化和在地化是创意产业发展的重要基础，它在吸引本地人的同时，也让外地游客兴趣高昂。多元文化是台湾文化的一个重要特色，台湾发展的过程中包括了台湾少数民族、早期中国大陆闽南及客家人、荷兰人、西班牙人、日本人和近期的中国大陆移民，由于此地人甚为注重对传统文化的保存和对多元文化的尊重，因此，这里的文化是一个以汉文化为主、容古、今、中、外文化为一体的多元文化格局。在这里你可以看到当地的台湾少数民族文化、中国古典传统文化，也可以看到荷兰、日本殖民者所留下的文化历史遗迹。这种兼容并蓄的多元文化奠定了创意产业发展的强大根基，有助于文化的自醒和深入挖掘，有助于实现文化的在地化与消费者需求的结合。从现实的需求层面看，一个企业的产品和品牌仅停留在功能的层面，用户是很难建立起品牌忠诚度（黏性）的，如果在功能和品质的基础之上，通过创意对文化、精神、内涵等文创方面深挖，与用户的精神世界相链接，才能使产品和品牌有了灵魂的属性和影响的张力。台湾地区有许多文化创意产业即以此为基础发展起来的，"一花一世界""一乡一特色"，如台湾的中友百货主题厕所和宜兰童玩艺术节等，就是这种文化创意的具体体现。

（二）集聚效应显著、多功能于一体

产业聚集是效益产生的重要推动力，企业会同产业的聚集既有助于形成新的能量场、也有助于产生新的聚集文化、更有助于节约成本、提高规模效益。从发达国家和地区文化创意产业的发展实践看，文化创意产业不是单个企业的成长，而是在一定的环境和空间的聚集，呈集群化发展的态势。台湾文化创意产业发展过程中非常重视产业集聚效应的发挥，设置了六个特色文化创意产业园区（对此本课题组已做过台湾六大文化创意产业园区的专题研究）。在台湾，文化创意产业均可衍生为观光园区，将文化、设计、观光紧密结合，通过与观光远去的结合扩大商机，使文创效益与观光效益有机融合，这对于提升台湾文化品牌和旅游形象都是极大的助力。例如水里蛇窑、维格饼家梦工场，以及法蓝瓷展览馆、宜兰酒厂等成功范例，其有别于普通企业之处，一是传统的生产企业向游客开放，让游客参观产品生产工艺流程，有的还可参与体验与互动。像维格饼家梦工场透过充满乐趣的互动科技体验以及亲手制作凤梨酥的过程，让来访者近距离感受"凤梨酥"的新鲜美味，从而产生购买欲望。二是工厂设立博物馆或展览馆，使工厂从单一的生产企业转变为兼有传播企业文化和人文景观功能的旅游观光企业，实现产业转型与升级。法蓝瓷的展示馆充满艺术创意的设计和巧夺天工的技艺，令来访者无不为之赞叹，从而产生拥有一两件法蓝瓷精品收藏的冲动。三是工厂设立购物商场，强化了产品的直销能力，既满足游客的购物需求，扩大了产品的销量，又提升了企业形象和品牌影响力。

另一值得关注的现象是，台湾的文化创意园区与居民的社区文化生活的融合非常到位。这些创意园区都是一个开放的空间，没有围栏的阻隔。比如，高雄的驳二艺术特区坐落在邻近的住宅区当中，没有门楼或围墙告诉你"驳二到了"，你只看到两座"驳二最大咖"的大公仔在路旁欢迎你。创意园区不仅是艺术家进行创意实验的艺术特区，也是了解台湾南部艺术、文化必去的观光景点，更是一个市民和游客休闲、健身、文化娱乐的空间，它将当代艺术亲切而平易地渗透融入民众的日常生活中。这里古旧的仓库、老站台、铁轨道、开阔的广场、树荫下的自行车道以及小火车、废弃的车厢、大型墙壁涂鸦等，都是市民和游客拍照的绝佳场景。园区里常有的特色展演和展览，让居民形成了经常过来游玩的习惯，自行车游览港线的海景风光，也是许多观光客必选的体验方式。

可以说，文创园区已经充分融入社区化生活中。

（三）知识产权保护力度强

20 世纪 90 年代以来，因应知识经济飞速发展以及加入世贸组织的需要，台湾数次修订著作权刑事立法，调整频率之高、幅度之大超过以往。随着知识产权案件的日益增多，法院系统也进行了由分散审理到集中审理的知识产权案件管辖权改革。为了加大知识产权的保护力度，1999 年，台湾"经济部"下设了专门的"智慧财产（知识产权）局"，将专利、商标、著作权、集成电路布局及商业秘密保护等业务集中运作，"经济部"还建立了跨"部会"的"保护智慧财产权协调会报"，每三个月就政策及重大措施进行研议。"内政部警政署"于 2003 年成立"保护智慧财产权警察大队"，强力扫荡仿冒盗版行为。[1]

冰冻三尺非一日之寒，知识产权意识的形成也非一日之功。多年来，在严厉打击盗版侵权行为的同时，台湾当局相关部门也不遗余力地对社会公众进行教育宣导，推动业界自律。相关民间团体也相继成立，和原来就有的同业公会一起，参与到保护知识产权的浪潮中来。

上述措施的实施，给予台湾文化创意产业从业者的创意、专利、产品以强有力的保障。同时，由于社会普遍认同并践行知识产权的保护，台湾文化创意产品尽管定价不菲，但仍得以被尊重和推崇。不得不说，台湾强劲的知识产权保护力度，为台湾文化创意产业的发展保驾护航。

四、台湾文化创意产业发展面临的困境与掣肘

（一）扶持政策缺乏明确的指向性

产业扶持政策是指在制定区域发展计划时，针对经济发展的实际情况，采取重点倾斜、优先扶持等措施，以期带动其他产业的协同发展，目的是着眼于未来的产业优势，直接服务于产业结构的优化。2010 年 2 月，"文化创意产业发展法"（简称"文创法"）获批通过，其中第九条第一项明确规定："台湾发展基金应提拨一定比例投资文化创意产业"。同年五月，台湾发展基金便决议匡列 100 亿元，挹注"文建会"的"加强投资文化创意产业实施方案"，"文建会"随后订定"文化创意产业运用台湾发展基金提拨投资管理办法""行政院文化建设委员会办理加强投资文化创意产业实施方案作业要点"等法规。这个方案的目标是希望结合台湾发展基金与民间力量，助推台湾文化创意产业的发展，并以"共同投资"及"委托评管"两种方式进行；看似立意良好，但其中问题甚

---

① 资料来源：http://www.worldip.cn/index.php?m=content&c=index&a=show&catid=112&id=334

大。①

毋庸置疑，台湾当局掏出民众的纳税钱，以"为降低民间风险"为理由，而拟订出"民间只要出 30% 资金，当局就给予最高 100％ 投资补助款"的办法进行投资。在这种匪夷所思的逻辑下，当局还可能提供每家特定企业平均 5 亿元新台币，企业只须相对提出约 1.5 亿元新台币的资金共同投资，而为了这项共同投资，当局再支付每一家 6 千 5 百万新台币作为管理计划经费；等于纳税人出 5.65 亿元新台币（79％），企业家（特定企业）只出 1.5 亿元新台币（21％）。不仅如此，相关办法在"投资必然有风险"的逻辑下，规定即使是赔光了也不用还。

很显然，如果这样独厚厂商和企业家的文化创意政策与施政思维持续下去，等于是宣告了理应是文化创意核心的创作者必然与台湾当局认定可扶植可育成可创投的价值全然脱钩。文化创意的源头不仅没有受到足够的重视，反而早已被切割掉！可以预见，这种漠视文化创意源头培育的直接结果，必将走上复制创意、复制发展模式的短视之路。华山创意园区正是台湾当局利用了艺术家的率真冲出一块"乐土"，然后以管理之名逐步接收，再以整体园区规划的理所当然政策思考，通过 BOT、ROT 等经营模式损毁了华山，图利了财团，却出卖了艺文创作者的灵感、才艺和情感！

台湾当局在审批文化创意企业时，没有采取很严格的方式去筛选，但凡跟文化创意沾边的企业都可以轻而易举地获得优惠，而财团则以大众品味趋势为由，宣称他做的就是民众需要的，但事实上是把民众的艺文消费行为（心态）、消费偏好、消费品味逐渐窄化（吃吃、喝喝、买买）。更严重的是就此消灭了文化产品中的蕴含的文化底蕴和产品的原创价值，因为不必用心用钱扶植那些看不出产值产能的原创产品。

（二）创意不够深入，文化底蕴挖掘不够

文化创意产品基于文化底蕴、源于创意点子，是文化与创意的紧密结合体。离开文化、缺少创意都将是无缘之水。然而，从实际走访的几个文化创意园区（华山 1914 文创园区、松山文创园区、花莲文创园区）及一些文创市集（台北西门红楼文创市集、师大文创市集等）的实际情况看，重复的"创意"比重非常之大。也许消费者第一次观光某一个文化创意园区，可能还会被创意折服，但随着观光的深入与多元，很容易产生视觉疲惫，不仅是因为创意的缺失，而

---

① 骆丽珍：《失衡的文化治理》，《自由时报》，2012.08。

更多的是因为重复与拷贝。在很多文化创意园区内，一些文化创意产业工作者的店铺如出一辙，咖啡杯、陶瓷碗，明信片、冰箱贴，每家的产品都很相似。除了外观及材质相似，昂贵的价格也很相似。

不仅如此，很多文化创意产品的"创新、创意"只是停留在表层，如台北故宫博物院的文创产品，这些产品都是将文物展品的元素融入到产品的设计中。有些产品令人眼前一亮，如"翠玉白菜"便签支架等，不仅造型美观，更是创意十足。但也有很多产品只是披着文创的外套，如鼠标垫上印刷文物照片，扇子上印刷名家字画等等，这些产品并没有真正进行创意及创新设计，只是将传统产品上的设计简单粗糙地变成与文化相关的表层设计，并没有深层挖掘文化的内涵，缺少深厚的文化底蕴，更谈不上较高的科技与价值含量了。

文化创意产业的核心是文化与创意，而目前除了创意不够深入，复制成风之外，更为突出的严重问题是台湾文化创意产业经营过程中对文化底蕴的挖掘严重不够。以台湾的饮食文化为例，为发扬饮食文化，向饮食文化中添加创意因素形成创意产业固然值得推广，但是如果只是简单的简餐、果脯肉干、饼干甜点，加以与以往不同的包装，拿到文化创意园或文化创意集市售卖就可以成为文化创意产业的话，未免有些牵强，何谈文化、创意？因为这些既没有让消费者对饮食文化有更深入的了解，也没有让人为之眼前一亮。一定要说其与传统餐饮零售行业有什么区别的话，那就是体现在高价格上。前面提到的咖啡杯、陶瓷碗之类的很多产品设计很难体现出有创意、有内涵的文化属性。这些产品的定价通常都比较高，华而不实，虽然价高然而真正能够体现高附加值的文化元素却并不显著，名不符实。长此以往，将很难在与传统同类产品的竞争中站稳。这正是台湾文化创意产业面临的又一显著困境。

（三）外销有限、内需不足

市场规模不仅决定市场潜力，更决定了现实购买力，是产业发展的重要基础。前已述及，目前，台湾文化创意产品主要以内需市场为主，外销占比总体偏低，只占 10.68%，其中外销比重高于整体文创产业平均比重的次产业为产品设计产业（57.95%）、创意生活产业（29.79%）、数位内容产业（22.10%）、工艺产业（10.82%），其他分行业的外销比均十分有限，主要依靠内销提振文化创意产业。然而，内需不足却严重制约了岛内文化创意产业的发展后劲，潜力有限。（如表 5）

表5　2015年台湾文化创意产业之内外销—次产业别

（单位：新台币千元、百分比）

次产业	营业额	外销	内销	外销比率
视觉艺术产业	5,615,110	205,866	5,409,244	3.67%
音乐及表演艺术产业	18,720,166	438,605	18,281,561	2.34%
文化资产应用及展演设施产业	1,673,853	3,232	1,670,622	0.19%
工艺产业	121,161,220	13,114,567	108,046,653	10.82%
电影产业	30,788,289	1,259,879	29,528,410	4.09%
广播电视产业	156,100,023	2,436,362	153,663,661	1.56%
出版产业	103,223,709	3,241,649	99,982,060	3.14%
流行音乐及文化内容产业	29,201,927	1,559,523	27,642,403	5.34%
广告产业	149,343,002	1,689,017	147,653,985	1.13%
产品设计产业	60,926,714	35,306,688	25,620,026	57.95%
视觉传达设计产业	2,417,891	144,192	2,273,699	5.96%
设计品牌时尚产业	476,667	16,214	460,453	3.40%
建筑设计产业	33,735,953	401,940	33,334,014	1.19%
数位内容产业	86,215,246	19,052,703	67,162,543	22.10%
创意生活产业	34,306,277	10,219,267	24,087,010	29.79%
整体	833,906,049	89,089,706	744,816,343	10.68%

资料来源：台湾"财政部"财政信息中心

　　由于内需市场很大程度取决于居民的家庭收入状况以及相应的消费结构，用于文化创意类产品消费的市场势必受到影响。据来自台湾"主计处"家庭收支调查（表6）中的统计资料显示，台湾家庭在休闲、文化及教育消费支出占家庭总消费支出中的占比自金融海啸后逐年下滑[①]。更为值得关注的是，自2013年起，台湾家庭在休闲、文化及教育消费上的支出占比已跌破两位数。对比而言，在餐厅及旅馆的支出则逐年上升，这说明台湾家庭旅行意愿逐年增强，旅游市场不断发展。同时也表明，台湾消费市场对于休闲文化及教育消费的需求并没有因为旅游意愿的提升而得到促进。但是根据台湾文化创意产业的发展经

―――――――――

　　① 资料来源：《台湾文化创意产业年报（2016）》。

验来看，文化创意产业的发展十分依赖旅游产业。可见，市场规模只是原因之一，更深层次的原因在于文化创意产品本身没能持续吸引消费者的目光。

表 6　家庭消费支出结构按消费型态分

（单位：%）

年别	合计	食品饮料及菸草	衣着鞋袜类	住宅服务水电瓦斯及其他燃料	家具设备及家务服务	医疗保健	运输交通及通讯	休闲、文化及教育消费	餐厅及旅馆	什项消费
1983	100.00	35.50	6.28	24.29	3.68	5.23	7.41	7.88	4.94	4.78
1984	100.00	35.16	5.97	23.50	3.66	5.07	8.44	8.26	5.03	4.93
1985	100.00	34.33	5.92	23.68	3.43	5.26	8.59	8.66	5.27	4.86
1986	100.00	33.14	5.88	23.42	3.56	5.42	8.52	9.17	5.76	5.12
1987	100.00	31.98	6.04	23.17	3.69	5.36	8.83	9.67	6.10	5.17
1988	100.00	30.29	6.13	23.35	3.90	5.24	8.83	10.52	6.51	5.22
1989	100.00	28.76	6.09	24.01	3.83	4.85	9.69	10.70	6.79	5.29
1990	100.00	26.89	5.97	24.88	3.36	4.82	9.38	11.68	7.57	5.44
1991	100.00	25.40	6.00	25.77	3.21	5.36	9.42	11.33	7.57	5.94
1992	100.00	24.05	6.15	26.48	3.11	5.05	9.51	11.76	7.97	5.93
1993	100.00	22.11	5.69	25.66	2.96	7.78	10.34	11.43	7.82	6.20
1994	100.00	19.80	4.94	25.80	3.41	8.49	10.40	11.89	8.59	6.68
1995	100.00	19.53	4.63	25.13	3.43	10.37	10.50	11.60	8.16	6.66
1996	100.00	19.72	4.51	25.62	3.27	9.79	10.65	11.51	8.43	6.51
1997	100.00	19.18	4.52	25.46	3.07	9.92	10.91	11.65	8.66	6.63
1998	100.00	18.96	4.50	25.61	2.84	10.25	11.03	11.52	8.87	6.41
1999	100.00	18.22	4.10	25.33	2.76	10.89	11.56	11.63	8.93	6.58
2000	100.00	17.33	3.85	25.62	2.66	11.01	11.86	12.06	8.92	6.69
2001	100.00	17.29	3.66	25.08	2.59	11.43	12.12	12.04	8.98	6.82

年别	合计	食品饮料及菸草	衣着鞋袜类	住宅服务水电瓦斯及其他燃料	家具设备及家务服务	医疗保健	运输交通及通讯	休闲、文化及教育消费	餐厅及旅馆	什项消费
2002	100.00	17.17	3.57	24.23	2.47	12.16	12.67	12.20	8.78	6.75
2003	100.00	16.86	3.53	24.38	2.43	12.52	12.50	11.99	8.92	6.88
2004	100.00	16.44	3.48	23.52	2.57	12.74	12.96	12.07	9.14	7.08
2005	100.00	16.20	3.41	23.77	2.51	13.19	12.97	11.75	9.32	6.88
2006	100.00	16.13	3.37	23.67	2.41	13.75	12.79	11.53	9.31	7.03
2007	100.00	16.48	3.27	23.91	2.48	14.11	12.90	11.23	9.67	5.95
2008	100.00	16.40	3.18	24.23	2.47	14.35	12.38	11.29	10.08	5.62
2009	100.00	16.68	3.19	24.30	2.53	14.45	12.73	11.04	9.37	5.71
2010	100.00	16.64	3.23	24.57	2.48	14.39	12.52	11.01	9.71	5.45
2011	100.00	16.22	3.10	24.39	2.49	14.62	13.00	10.39	10.16	5.63
2012	100.00	16.54	3.03	24.36	2.50	14.55	13.02	10.01	10.58	5.41
2013	100.00	16.30	2.98	24.27	2.46	14.67	13.37	9.73	10.57	5.65
2014	100.00	15.87	3.02	24.46	2.44	14.87	13.12	9.58	11.08	5.55
2015	100.00	15.88	2.96	24.64	2.45	15.05	12.67	9.64	11.27	5.46
2016	100.00	15.76	2.95	24.22	2.43	15.33	12.65	9.38	11.83	5.45

资料来源：台湾"行政院主计处"——家庭收支调查报告[①]

　　从上表中不难看出，台湾文化创意产业内需量逐年下降，严重影响了文化创意产业营业额成长的动能。可以说台湾本地市场整体需求不足，尤其是对文化相关产品消费需求的下降，在很大程度上抑制了台湾文化创意产业的成长潜力。

---

① http://win.dgbas.gov.tw/fies/a11.asp?year=105。

（四）科技水平制约了文化创意产业的升级

文化与科技是创意产业的两大重要支柱，文化决定底蕴，科技水平决定附加值大小。缺少文化内涵与科技含量的创意产业不仅底蕴浅薄，而且附加值较低，难以长久发展。换句话说，文化创意产业的发展离不开文化和科技的支撑。如果说文化是文化创意产业的地基，创意是工程师笔下的图纸，那么科技则是建筑不可或缺的工具。因此，文化创意产业的发展水平很大程度上取决于科技能否为产业的发展增添羽翼。

台湾这个当年曾风光无限的"四小龙"，其科技水平一度也曾让人为之叹服。但是近些年来，随着岛内经济增长乏力，台湾科技水平及发展速度明显放缓。根据瑞士洛桑管理学院的世界竞争力评比研究显示[1]，台湾的国际竞争力持续下滑，企业创新能力、科学研究国际地位、产学知识转移等指标均成下降趋势。2017年的世界各地排名显示，台湾已经从2016年的第14名降至第17名，中国大陆已升至第13名。

从表7中可以看出，近年来台湾研发经费成长率已不足九十年代的一半，1991年研发经费的成长率达到14.3%，而最新数据2015年的成长率只有5.6%，且这一数字已经维持了连续三年。而从研发经费占GDP之比率可以看出，尽管九十年代研发经费成长率达两位数，但其在GDP中的比重依然较低，侧面反映了台湾经济不振，科技发展乏力。

另外，公权力部门研发经费占比一直处于下降趋势，从九十年代初的52.1%，到2015年的21.1%，占比不足四分之一。当然，从激发市场活力的角度看，也许并非坏事。但是如果结合企业的研发情况看，则不显乐观。制造业研发经费占营业额的比率从2001年的1.26%，到2015年的2.12%，只上升了不到1%。[2] 这足以说明台湾企业对研发的投入比较谨慎，预期并不乐观。

---

[1] 台湾科技政策研究与资讯中心：https://portal.stpi.narl.org.tw/index/article/31。

[2] 由于数据缺失，从2001年开始。

表 7　研发经费概况

年别	研发经费（新台币百万元）	成长率（%）	研发经费占国民所得毛额(GNI)之比率（%）	研发经费占国内生产毛额(GDP)之比率（%）	公权力部门研发经费占研发发展经费之比率（%）	制造业研发经费占营业额之比率（%）	基础研究经费占全研发经费之比率（%）
1991	81,765	14.3	1.68	1.73	52.1	…	…
1996	137,955	10.3	1.76	1.79	41.6	…	…
2001	204,974	3.7	1.98	2.02	33.3	1.26	10.8
2004	263,271	8.4	2.19	2.26	33.6	1.24	11.3
2005	280,980	6.7	2.27	2.32	31.5	1.36	10.3
2006	307,037	9.3	2.37	2.43	31.4	1.34	10.2
2007	331,777	8.1	2.41	2.47	29.8	1.36	10.0
2008	351,911	6.1	2.61	2.68	28.2	1.56	10.2
2009	367,808	4.5	2.75	2.84	28.9	1.84	10.4
2010	395,835	7.6	2.72	2.80	27.4	1.60	10.0
2011	414,412	4.7	2.82	2.90	26.2	1.60	9.7
2012	433,502	4.6	2.86	2.95	24.6	1.75	9.4
2013	457,641	5.6	2.92	3.00	23.3	1.85	9.2
2014	483,492	5.6	2.92	3.00	21.7	1.91	9.0
2015	510,443	5.6	2.95	3.05	21.1	2.12	8.7

数据来源："科技部、行政院主计总处"网站

　　与此相适应，台湾高等教育部门发展速度也非常缓慢，甚至许多高校正在走下坡路。如表 8 所示，根据研发经费的执行部门来看，执行最多的是企业，其次是政府部门，高等教育部门位列第三位，而且 2015 年经费比 2011 年还要少。可见台湾高等教育部门的研发动力严重不足，产学链接非常有限。除了企业部门研发经费持续上升以外，其他三个部门从 2011 年起均呈持续下降或震荡下降的态势。结合表 7 所呈现的台湾总体研发经费增长速度缓慢且下降趋势看，企业部门投资意愿不强，而高教部门即使有心提升研究水平，也无力推动，公权力部门更是自身难保。

表 8　研发经费依执行部门区分

（单位：新台币百万元）

年别	企业部门	公权力部门	高等教育部门	私人非营利部门
2001	130,296	47,732	25,521	1,425
2004	170,293	61,144	30,350	1,484
2005	188,390	59,143	32,092	1,355
2006	207,238	60,965	37,565	1,270
2007	229,517	60,643	40,400	1,218
2008	248,868	58,928	42,905	1,209
2009	258,039	61,587	46,823	1,359
2010	283,421	63,020	47,970	1,424
2011	301,477	62,546	48,978	1,410
2012	322,111	61,172	48,898	1,321
2013	346,206	60,993	48,987	1,455
2014	373,019	60,734	48,131	1,608
2015	397,163	63,603	48,108	1,569

数据来源："科技部、行政院主计总处"网站

从上面的分析中我们可以看出研发经费的不足已经成为限制台湾发展的重要掣肘，这一问题的后果还可以通过台湾专利申请数的变化直接显示出来。2016 年，台湾专利申请量连续第四年出现下滑，比 2007 年的八万多件少了将近一万件，虽然 2016 年的下降幅度相较于前三年有所收紧，但这对台湾文化创意产业来说，依然不容乐观。另从专利类别来看，发明和新型类专利连续 5 年下降，设计类专利在 2016 年出现增长，但此前三年连续下降。

表 9　台湾专利申请案件

（单位：件）

年别	专利新申请数	类别			申请人属地	
		发明	新型	设计	台湾当地人	外籍人
2007	81,728	51,569	22,717	7,442	49,217	32,511

年别	专利新申请数	类别			申请人属地	
		发明	新型	设计	台湾当地人	外籍人
2008	83,534	51,831	23,952	7,751	51,063	32,471
2009	78,352	46,582	25,032	6,738	51,037	27,315
2010	80,380	47,327	25,833	7,220	51,871	28,509
2011	82,824	49,919	25,170	7,735	52,061	30,763
2012	85,074	51,189	25,637	8,248	52,282	32,792
2013	83,211	49,217	25,025	8,969	50,535	32,676
2014	78,015	46,379	23,488	8,148	45,773	32,242
2015	73,627	44,415	21,404	7,808	41,844	31,783
2016	72,442	43,836	20,161	8,445	40,443	31,999

资料来源：台湾"经济部、智慧财产局"网站

从专利申请者的属地来看，当地人申请数量的减少是主要原因。根据表9最后两列数据可以看出，外籍人士申请专利数量近年来变动不大，而当地人的专利申请数量却出现了连年减少的趋势。这一现象与科研经费的不足密切相关，科技的进步是建立在大量研发投入上，而专利数量的减少直接导致台湾文化创意产业的发展动力不足。可见，台湾文化创意产业要想突破瓶颈制约、打破掣肘，必须致力于科技的发展，投入更多的研发精力和经费。

（五）周边区域文化创意产业发展的强势竞争

台湾文化创意产业发展起步较早，且取得了不菲的成就，周边地区纷纷效仿其发展模式。对台湾来说，台湾周边区域拥有文化创意产业的后发优势，他们不仅可以学习台湾的成功经验，更能看到台湾文化创意产业在发展过程中存在的问题，以利于其在今后的发展过程中扬长避短，少走弯路。近年来，大陆加大力度推动文化创意产业的发展，已经超过么美国成为世界文化产品第一出口地。

与此同时，周边各国各地的文化产业都取得了长足发展。如角色产业，观察韩国及日本角色产业的发展趋势，并非投入单一角色的创造与营销即能造就

一个成功的角色。日本在努力强化酷日本（クールジャパン）战略，积极出口日本文化软实力，向全球推荐日本动漫、游戏、出版和地方产品，也积极推动角色产业之发展，将其视为经济成长重点策略之一。在政府政策和资金的支持下，近年酷日本战略于拓展海外市场取得佳绩，突显日本所拥有的特殊文化、动漫、游戏及出版等软实力极具优势。[①]韩国则成立了韩国内容振兴院，振幅拨出专项资金扶植广电、动画、游戏等产业，在这些产业坚实的根基下，角色产业才有发展的垫脚石。但反观台湾，目前动画、漫画与游戏、影视等个别产业规模不足、产量不够多，已成形的角色数量不多。[②]

（六）创意园区发展"创意"有限

台湾目前有代表性的创意产业园区共有六个，分别是"华山1914创意产业园区""花莲文创产业园区""台中文创产业园区""嘉义文创产业园区""台南文创产业园区"。此外，还有台北的"松山产业园区"以及高雄的"驳二艺术特区"，这些都是岛内极具特色和盛名的创意园区。从园区创建的本意看，创意产业园区要实现人才、市场、服务、金融、政策等文化创意要素的聚集，实现"创意形成、产品生产、营销传播、终端销售"等产业环节链条上的生态运行，让"创意、创作、创新、创业"在园区落地生根，成为产业聚集的平台，形成文创产业生态链。从更深层次看是为了传承历史文化，活化闲置资产，打造城市意象，促进产业转型升级，培育创新环境氛围，倡导生活方式和社会风尚等。然而，我们不得不正视的客观现实是，这些创意园区的"创意"有限，更没有真正实现"创意、创作、创新、创业"的关联带动效应。即使最早建园的"1914华山文化创意产业园区"，原本定位为"文化创意产业、跨界艺术展现与生活美学风格塑造"，以"酷"（时尚、前卫、实验）与"玩"（玩乐、享乐、娱乐）为规划主轴，目前的经营发展状况也为人们所深深质疑。这个被台湾民众引以为豪的"台北最亮的文创星云"，主打内容是商品、节庆礼品、观光纪念品等，能够体现高"创意"的附加值有限。台中创意文化园区定位为建筑.设计与艺术展演中心（Taiwan Architecture, Design, and Art Center）"，以建筑、设计与艺术为主体；花莲创意文化园区定位为"文化艺术产业与观光结合之实验场域"，建构花莲园区为传统及现代融合之空间，强调"生态"、"生产"及"生活"并重的"东部文化橱窗"；嘉义创意文化园区定位为"嘉义传统艺术创新中心"，

---

① 经济产业省（2015），《デジタルコンテン白书2015》，日本：经济产业省。

② 《韩国积极推动动画产业进军全球市场（2014年1月14日）》，台湾经贸网，取自：http://info.taiwantrade.com/CH/bizsearchdetail/69345/I。

实践传统技艺与传统技术之转型及创新；台南创意生活媒体中心 - Creative Media Center，定位于发展"文化生活与产业环境之整合创新平台"，以媒体中心作为一个创意启动器。然而，这些创意思路总体上看运作效果并不令人满意，"创意空间内的创意有限"且类同现象突出，何谈"创意效应"？

五、结论与建议

由前述分析可见，台湾文化创意产业的发展虽然成绩不菲，但也并非一帆风顺。相反，困境与掣肘不断、市场潜力有限、科技发展受阻、文化底蕴挖掘不够、周边经济体的强势竞争、创意园区"创意有限"等，这些都严重制约了台湾文化创意产业的发展空间和发展潜力。突破这一掣肘的现实途径是切实加强两岸合作，立足中国传统文化、抓住大陆"一带一路"发展的战略契机、依托大陆丰厚的市场潜力、推动科技与文化的深度融合，共同促进文化创意产业核心竞争力的提升。

（一）借助"一带一路"战略，促进两岸文化创意产业牵手合作

台湾目前经济发展动力不足，市场规模难以扩大。前文已提到，台湾文化创意产业目前大部分是依赖岛内市场消费，对外销售量明显不足。大陆与台湾同根同源，同文同种，文化相通，语言一致，相比世界其他地区，大陆消费者对台湾文创产品能更好的理解、体验和吸收，也更能欣赏其中的创意与文化内涵，市场潜力巨大，这是其他市场所无法替代的。

一方面，促进两岸合作交流可以为台湾文化创意产业提供更大的市场，让台湾文创产品走进大陆市场，为文化产业扩大规模提供更大的空间。同时，促进两岸合作交流会让大量的大陆消费者赴台观光，不仅与旅游业相关的文化创意产业可以得到更多客源，那些只能在台湾境内消费的文化创意产品也会拥有更大的消费市场。

另一方面，在"一带一路"背景下，中国大陆与"一带一路"沿线国家的合作交流更加紧密，其中文化交流是很重要的部分，台湾可以利用此契机，通过加大两岸合作，将文化创意产品作为载体，向世界各地推广。

（二）立足中华传统文化，提升文化创意产业的核心竞争力

台湾文化创意产业要想得以持续、深度发展，必须立足于"文化"和"创意"这两个核心要素。立足中华文化，提升核心竞争力是台湾文化创意产业的根本出路。而目前台湾当局实行的文化创意产业扶持引导政策以及"去中国化"各项动作，正在一步步冷却文化工作者的热情和台湾下一代对传统文化的认知，

摧毁两岸合作的根基。唯有加强两岸合作，方可促进两岸文化创意产业的长远发展，在不断交流合作中迸发出新的灵感，进一步提升文化创意产业的核心竞争力。

参考文献：

[1] 齐旭.台湾文化创意产业的发展研究 [D].北京：中央民族大学经济学院，2012.

[2] 翁国阳.花莲文创园区发展中的问题及对策研究 [D].天津：天津商业大学，2016.

[3] 李红梅.北京与台湾文化创意产业的交流与合作 [J].海峡科技与产业，2007（2）：39-40.

[4] 倪芬.借鉴台湾文创产业经验，提升创意文化发展水平 [J].现代服务.

[5] 王甄妮.台湾文创旅游对大陆旅游业的启示 [J].经济视野，2016（06）.

[6] 潘罡.台湾文创的"创新创业钻石模型" [N].中文化报，2016，0423（001）.

[7] 李志敏，汪长玉.台湾生活文创型社区的发展历程及开发经验 [J].新视野，2016，08（009）.

[8] 洪泉湖.东桃园文创产业发展分析 [J].国家与社会，20151201（17）.

[9] 许登芳.台湾文化创意产业生产效率之影响因素分析 [J].亚太经济管理评论，20130901（17）.

[10] 林建德.文化创意产业的经济永续发展刍议 [J].文化创意产业研究学报，201206（2）.

[11] 骆丽珍.失衡的文化治理 [J] 自由时报，201208

[12] 台湾文化创意产业年报（2016）

[13] 吴松泽、简逸菁.从 IMD 世界竞争力评比看台湾经济成长与创新生态系统课题 [J/OL].https：//portal.stpi.narl.org.tw/index/article/31

[14]105 年家庭收支调查 [M] 台北："行政院主计处"，2016.

[15] 从琼瑶维权看台湾知识产权保护 [J/OL].

http：//www.worldip.cn/index.php?m=content&c=index&a=show&catid=112&id=334

[16] 韩国积极推动动画产业进军全球市场（2014 年 1 月 14 日），台湾经贸

网，取自：http：//info.taiwantrade. com/CH/bizsearchdetail/69345/I

[17] 经济产业省（2015），"デジタルコンテン白书2015"，日本：经济产业省。

[18] 张丽红．台湾地区文化创意产业发展经验及对天津的启示 [J]．环渤海经济了望，2014（6）

附表 1　2010—2015 年台湾文化创意产业营业额及成长率—次产业别

（单位：新台币千元、百分比）

次产业		2010 年	2011 年	2012 年	2013 年	2014 年	2015 年	2015 年占比	CAGR
视觉艺术产业	营业额	4,214,072	4,615,724	5,736,319	6,161,472	6,560,379	5,615,110	0.67%	5.91%
	成长率		9.53%	24.28%	7.41%	6.47%	-14.41%		
音乐及表演艺术产业	营业额	10,135,920	11,197,619	12,443,982	14,533,553	15,574,554	18,720,166	2.24%	13.05%
	成长率		10.47%	11.13%	16.79%	7.16%	20.20%		
文化资产应用及展演设施产业	营业额	489,127	1,194,144	1,029,933	955,827	1,358,824	1,673,853	0.20%	27.90%
	成长率		144.14%	-13.75%	-7.20%	42.16%	23.18%		
工艺产业	营业额	157,167,001	152,661,325	118,742,903	112,322,052	123,078,493	121,161,220	14.53%	-5.07%
	成长率		-2.87%	-22.22%	-5.41%	9.58%	-1.56%		
电影产业	营业额	20,387,164	26,212,637	26,204,690	27,256,840	28,360,088	30,788,289	3.69%	8.59%
	成长率		28.57%	-0.03%	4.02%	4.05%	8.56%		
广播电视产业	营业额	131,489,661	136,723,238	138,217,850	144,182,092	147,219,996	156,100,023	18.72%	3.49%
	成长率		3.98%	1.09%	4.32%	2.11%	6.03%		
出版产业	营业额	112,748,188	112,764,391	113,497,462	107,320,807	105,421,448	103,223,709	12.38%	-1.75%
	成长率		0.01%	0.65%	-5.44%	-1.77%	-2.08%		
流行音乐及文化内容产业	营业额	29,251,985	31,345,349	30,904,575	30,391,637	30,111,508	29,201,927	3.50%	-0.03%
	成长率		7.16%	-1.41%	-1.66%	-0.92%	-3.02%		
广告产业	营业额	137,342,477	145,471,865	146,729,723	162,663,108	156,413,337	149,343,002	17.91%	1.69%
	成长率		5.92%	0.86%	10.86%	-3.84%	-4.52%		
产品设计产业	营业额	56,361,592	55,548,095	54,918,885	58,607,049	60,149,914	60,926,714	7.31%	1.57%
	成长率		-1.44%	-1.13%	6.72%	2.63%	1.29%		
视觉传达设计产业	营业额	3,737,755	2,696,420	1,653,861	1,709,992	1,951,734	2,417,891	0.29%	-8.34%
	成长率		-27.86%	-38.66%	3.39%	14.14%	23.88%		
设计品牌时尚产业	营业额	580,404	288,090	323,655	381,165	474,640	476,667	0.06%	-3.86%
	成长率		-50.36%	12.34%	17.77%	24.52%	0.43%		

建筑设计产业	营业额	24,968,264	27,842,112	28,386,244	29,749,803	35,049,954	33,735,953	4.05%	6.20%
	成长率		11.51%	1.95%	4.80%	17.82%	-3.75%		
数位内容产业	营业额	73,684,677	75,774,413	79,069,725	82,383,215	82,090,230	86,215,246	10.34%	3.19%
	成长率		2.84%	4.35%	4.19%	-0.36%	5.02%		
创意生活产业	营业额	30,403,730	31,915,673	33,882,174	33,586,031	35,353,511	34,306,277	4.11%	2.44%
	成长率		4.97%	6.16%	-0.87%	5.26%	-2.96%		
整体	营业额	792,962,017	816,251,096	791,741,980	812,204,641	829,168,609	833,906,049	100.00%	1.01%
	成长率		2.94%	-3.00%	2.58%	2.09%	0.57%		

注：年复合成长率（Compound Annual Growth Rate，CAGR），统计年度为 2010—2015 年。

资料来源：台湾文化创意产业年报（2016）

新時期中華文化在臺灣的傳承與發展：從臺灣民間信仰體現中華文化實踐

吳培德

在西方，历史是過去式（past tense）；在中國，歷史是現在進行式（present continuous tense）。

中華民族雄據東亞，屹立五千年，歷經堯、舜、禹、湯、文武、周公、孔子集百家而大成，經數千年傳承不佚失，道統數千年不悖。列祖列宗開疆拓土，遺存吾人龐大遺產；吾人亦應為後世子孫開創永續發展契機，發揚光大我族群。我國是四大文明古國之中唯一存在至今，興盛繁茂壯大國家。在中國，歷史一直都是現在進行式！

在西方，宗教是信仰（belief）。在中國，宗教是生活（life）。

中國人自遠古時期便孕育特殊宗教觀，信仰涵蓋層面廣闊，膜拜神祇種類繁多，有"自然神祇"，有外來"佛教神祇"，有自創之"道教"、"古聖先賢"、"民間俗神"、"地方神祇"等，真可謂族繁不及備載，我國實乃"滿天皆神佛"之國度。[①]

古聖先賢與地方神祇，為中國人祭祀神明之大宗，因為他們都曾是歷史上確實存在之人物，曾為國家與民族做出過重大貢獻，受歷代帝王尊奉，也是中華民族共同祖先。在華人的宇宙觀與宗教觀中，拜神與祭祖，其實在極大程度上，是同一件事。宗教在中國與其說它是信仰，到不如說是一種生活。

在西方，姓氏是家族的符號，溯源與認祖，是歷史與考古。在中國，姓氏起源與宗族郡望，是民族的印記。

中華民族傳承數千年慎終追遠與掃墓祭祖，是感念列祖列宗開疆拓土，創

---

* 吳培德，中美文化經濟協會副秘書長。

① 林進源，《台灣民間信仰神明大圖鑑》。臺北，進源書局，1994 年 12 月，頁 188—370。

此基業，使我輩得承繼廣大疆土與燦爛文化，為世界獨一無二文明古國。中文姓氏這個民族的印記跟隨無數炎黃子孫，在全球開枝散葉，不論世界任何角落，我們身上的印記都可以帶領我們進入時光隧道，回到數千年前的起始點，將全球華人凝聚在一起。姓氏在中國，不僅是家族的符號，更是民族印記。

一、傳統民間信仰的起源

我國早於商周時期，占卜祭祀鬼神等巫術信仰便已十分發達。漢唐時期，國力日益強盛，外來宗教如佛教、基督教、伊斯蘭教與自發道教信仰皆受皇室鼓勵推崇，使我國各類宗教信仰蓬勃發展，其中道教因緣自於本土，與我民族性較為貼合，流傳散布亦最廣。佛教因隋、唐時期皇室大力支持，亦逐漸成為中國廣泛流傳之信仰。[1]

中國禮樂典章於周王朝時期奠基，確立中國數千年道統，也確立皇帝貴為天子"君權神授"之制。這種尊天、孝親、忠君的思想逐漸擴及朝鮮、日本、越南等國家。

由於天子乃代天行道，因此在宗教發展中有著特殊地位，皇帝扮演了"神明創造者"的角色。掌握了特定人"冊封"凡人為神的權力，因此歷史上曾做出貢獻者，開始紛紛進入了"封神榜"。[2] 逐漸豐富了中國的民間信仰文化。

在政治層面則另有其意涵。古代民智未開，朝廷（政府）為鞏固、攏絡各族群，提倡慎終追遠孝道觀念，並表揚某家族或個人卓越超凡貢獻；透過皇帝冊封隆重儀典，使其家族感受浩蕩皇恩，進而團結效忠，成為國家安定力量。如此一舉而忠孝兩得之事，為歷朝帝王重要統御之術。中國民間信仰另有一特殊之處，後世帝王對前朝皇帝冊封過之地方神祇，仍可行"加封"之禮；尤其廣受信眾景仰愛戴之神祇，更有多次加封情形。一有趣現象則是，外族入主中原稱帝者對神祇加封次數較多，主因是外族入主中原者，皆有漢化過程，這亦是中華文化優越之處，外族帝王提高對中國民間神祇加封，顯示其尊崇敬拜漢人神祇，較易於化解族群間緊張關係，得到漢人認同，獲得統治正當性。

---

① 維基百科，《佛教》。https://zh.wikipedia.org/zh-tw/%E4%BD%9B%E6%95%99 檢索時間：2018 年 4 月 29 日。

② 楊松年、陳育倫、劉家軍，《由人而神：閩南神明文化探究》。唐山出版社，2015 年 11 月，頁 36—37。

二、在中國，人人有機會成神

我國民間信奉各路神靈，其中許多是由人升格為神的。這源自於中國人自古謹守忠孝之道，對父母長輩之侍奉，與生前一般侍死如侍生。家族常以姓氏為核心建立宗祠，對祖先祭祀膜拜，自動將祖先升格成仙，祈禱其在天之靈庇佑後世子孫，同時以此凝聚、團結族人。中國人在家拜祖先，出門拜神佛，自古以來便是每日生活中事。

台灣族群主要以閩粵移民為大宗，宗教信仰以中國儒、道、佛三宗混融柔和為一體民間信仰為主，大約占台灣總人口數約 93%。[1] 傳統家居中多設有『公媽』神桌，其上擺設小型佛像，並陪祀祖先靈位與相片，每日晨昏祭拜。若家庭環境較佳或信奉虔誠者，則於家中設置佛堂，專人持禮維護，一絲不苟莊嚴肅穆，日日焚香祭拜從無間斷，是生活中重要一環。

走出家門投入職場便發現，臺灣各行業依其行業別，亦有祭祀特定的神祇，受從業人員景仰膜拜，祈求生意興隆，財源滾滾。此類祭拜較重現實利益，與神明間常約定，若應允所求，則還願以報，為十分有趣現象。

"行業守護神"或"行業神"的起源是因古代沒有類似現代的產業同業公會組織，各行的專業人員一方面為求神明保佑發財，另方面希望團結相同專長人才，互相幫助扶持，敬拜同一神明可容易達到此效用，於是敬拜行業拜神之風逐漸形成。[2]

臺灣軍人、警察多祭拜關公，效法其忠義精神。農民祭拜神農大帝，求年年豐收；討海人祭拜海神媽祖，求滿載而歸；戲班祭拜田都元帥；司法人員祭拜包青天、城隍爺等，求公正不阿；工匠祭拜魯班，求工藝精湛……凡此林林總總無法盡述，可以說『行行有神管，事事仙庇佑』。[3]

各行業為求神靈保佑生意興隆，財源廣進，常將所拜神祇請回公司職場中安座，一則方便全體員工祭祀，二則公司職場內有神明，可安定員工心理，認真工作。

台灣人逢神便敗的舉動，確實發揮極大安定人心力量，祭祀過神明之後，好似神靈附上身一般，心中無懼信心大增，皆能勇往直前，奮力在職場中拚搏，圓滿完成任務，的確令人匪夷所思，恍惚間確實有"神明顯靈"的感覺，護佑

---

① CIA World Factbook "Taiwan"，
https://www.cia.gov/library/publications/the-world-factbook/geos/tw.html。2018 年 5 月 2 日檢索。
② 台灣民俗文化研究室《行業與信仰——臺灣的行業神》，https://www.folktw.com.tw/culture_view.php?info=116 。2018 年 5 月 2 日檢索。
③ 李喬《中國行業神》上卷。1996，臺北，雲龍出版社，頁 37—65。

著這些虔誠樸實台灣子民。

與行業無直接關連，但是祈求平安、求發財、求因緣、求子嗣、求功名等等，也各自分官設神，各司其職。例如學子祭拜孔子、文昌帝君；生意人拜土地公、財神爺；夫妻求子拜註生娘娘；拜保生大帝求健康長壽；拜月下老人，求姻緣桃花等，亦是洋洋灑灑，神明數龐大無法詳述。

這類型神明祭拜還有淡季旺季之分，自然是依據保佑眾生的種類，神明的生辰吉日等而有不同。也不像行業神一般，此類神明較少有信眾請回家中安座，大多至廟中參拜。因此考試季節接近時，文昌帝君廟便香火鼎盛；黃道吉日後，註生娘娘廟信徒便絡繹於途，好不熱鬧。

在閩粵地區廣受祭拜神明，也是臺灣最普遍受人敬拜的民間信仰。多數台灣人的生活是“在家拜祖先，上班拜神仙，節慶跑宮廟，繞境跟著走”。這樣的拜神敬鬼信仰影響台灣數百年，是宗教也是生活，他們交互影響，在臺蓬勃發展。

歷史許多為國犧牲奉獻的偉人，史家將其編寫入史籍，以彰其氣節、顯其功勳。這些為國盡忠之國家棟梁，更進一步接受皇帝冊封為神，從而由家族神桌、祠堂的私人膜拜，躍升為國家表揚之官廟祭祀，身分亦由家族的守護神變身為國家守護神。這不僅是個人的最高無上榮譽，亦是家族永世之榮耀，代代子孫永誌不忘祖先顯榮。

因為人可升格為神，因此民間神祇，不但有名有姓，有籍貫，出生年年月日可考，就連生辰八字，祖宗八代，後世子孫都交代的一清二楚，絕不含糊。這是朝廷以法制、律例統治百姓之外，另一種無形但有強而有力的團結全民方式。即便子孫移居海外打拼，仍將原鄉信仰背負在身帶到異鄉，無論是到南洋，到臺灣，或是遠渡重洋到歐美等國，一旦落地生根，我民族特有的民間信仰就茁壯成長，開枝散葉。

台灣民間信仰信眾最廣者首推海神媽祖；全臺天后宮廟宇多達六百餘座，香火鼎盛。[①] 她是討海人的守護神，也是全臺二百萬林姓子孫共同祭祀的祖先。媽祖開始神格化起自北宋，設官廟為朝廷所承認。宋高宗敕封期為靈惠夫人；元代加封為“天妃”；清康熙十九（西元 1680）年封為護國庇民妙靈昭應安仁普濟天妃，於康熙二十三（西元 1684）年改封為“天后”。每年農曆 3 月 23 日

---

① 林進源《台灣民間信仰神明大圖鑑》。臺北，進源書局，1994 年 12 月。頁 294—295。媽祖，姓林名默娘，福建泉州莆田人士。生於宋太祖建隆元年（西元 960）年 3 月 23 日，卒於雍西四年（西元 987）年 2 月 17 日，得年 28 歲。

媽祖誕辰前後，臺灣大甲鎮瀾宮舉辦為期九天出巡遶境，祈求四境平安的進香活動，場面莊嚴浩大，被評為世界三大宗教活動之一。聯合國教科文組織於2009年將媽祖信仰列為世界非物質文化遺產，[①] 對此信仰無疑是極大的鼓勵與肯定。

排名第二為"關老爺"，在台極受景仰敬重，信徒遍布全台各地，關公乃中國傳統忠義精神之代表，廟宇全台數量超過三百六十座，數量僅次於媽祖，而信徒卻不少於媽祖，主因祭拜關公者幾乎包含所有行業。關公歷朝歷代受封甚多，神格位階較高，大多關帝廟氣勢恢宏，格局講究莊嚴，相對而言天后宮較為親民。[②]

關羽最為特殊之處是其倍受中華文化歷代推崇，列為神祇膜拜，產生關羽信仰，多次被後代帝王褒封，直至"武聖"，與"文聖"孔子齊名。故也俗稱為關聖帝、關聖帝君、關帝爺等而流傳至今。道教亦尊關羽為協天大帝、伏魔大帝、翊漢天尊等；漢傳佛教及藏傳佛教皆奉其為護法神之一，稱為"伽藍菩薩"。

在歷朝歷代對關公的加封之中，以元文宗至順二年（西元1331年）敕封的十三個官職最多，其次為清德宗光緒帝的"忠義神武靈佑仁勇威顯護國保民精誠綏靖翊讚宣德關聖大帝"共26個字最長封號。[③]

排名第三為"開漳聖王"陳元光，全台主祀陳元光之廟宇加總約三百餘座，是福建漳州在台移民祭祀主神之一。陳姓為全台十大姓氏之首，人口約二百六十二萬人。每年開漳聖王誕辰與媽祖誕辰地位相當，同為台灣重要宗教與祭祀活動。[④]

開漳聖王 [⑤] 陳元光為福建漳州第一家姓陳家族，自唐代迄今發展為福建與台

① 中央社，《世界三大宗教活動——大甲媽9天8夜遶境》。中時電子報，2016年4月7日。梵蒂岡耶誕夜彌撒、伊斯蘭教麥加朝聖、台灣媽祖遶境，被評為世界三大宗教活動，參加者均超過百萬人以上。

② 林進源《台灣民間信仰神明大圖鑑》。臺北，進源書局，1994年12月。頁256—257。關羽，字雲長，生於東漢桓帝延熹三年農曆六月二十四日（西元160年），山西省運城市人，東漢末年名將，與劉備、張飛於桃園三結義。卒於漢獻帝建安二十四年農曆十二月（西元220年1月），得年61歲。蜀漢後主劉禪景耀三年（西元260年），追諡壯繆侯

③ 維基百科《關羽》，https://zh.wikipedia.org/zh-tw/%E5%85%B3%E7%BE%BD。2018年5月4日檢索。

④ 同上。頁332—333。

⑤ 維基百科《陳元光》，https://zh.wikipedia.org/zh-tw/%E9%99%B3%E5%85%83%E5%85%89 2018年5月4日檢索。陳元光，唐高宗顯慶二（西元657）年生，河南省固始縣人。13歲隨父入閩平亂開始軍旅生涯，19歲襲其父職，建請朝廷建郡縣以教化人民，高宗垂拱二年（西元686），奉旨建漳州。此後，陳元光平定閩粵亂三十六寨，建堡屯兵，安定邊陲。使北至泉州，南至潮州，西至贛州，社會安定。唐睿宗景雲二年（711年）11月，作戰陣亡，得年55歲。

灣巨姓。唐玄宗賜贈陳元光為"豹韜衛大將軍"等，後又追封他為"穎川侯"。

宋徽宗賜與陳元光"威惠廟"匾額；宋孝宗加封陳元光為"靈著順應昭烈廣濟王"。明朝又加封他為"昭烈侯"。再次驗證，皇帝加封對表彰功業，榮耀家族，對凝聚孝親敬祖，忠君愛國等意識，起到重大作用。

三、民間信仰形塑民族意識

台灣民間信仰祭拜祀奉的神祇遠超過上述的三位，全臺各地向當局登記立案的佛、道教寺院、地方神祇祭祀廟宇總數 12,214 座；加上未登記立案廟宇寺院，總數超過一萬六千座以上；[①] 祭祀各類神明約一百四十餘位，幾乎中國歷史所有賢臣大德皆有大批信徒頂禮而拜；大多信眾逢廟便拜，求平安求保佑。

中華文化綿延數千年，為文明、古國；然而不可諱言的是，古代教育並不普及，知識是由士大夫、貴族階層專享，受教育者僅占全國人民 10%，經過科舉考試成為統治階級，此為國之精英。其餘大部份百姓因難有受教育機會，知識水平較低，成為下階層被統治者。古今中外所有統治者眼中，被統治階層的教育程度愈低，是愈易於統治的。今日世界許多開發中國家或政府，仍有類此想法。

中國自秦以降，占總人口約 10% 的士大夫階層，透過管理國家政務，漸形成天下"大一統"的觀念；而天下的黎民百姓，則透過朝廷對功臣烈士的封賞，對民間信仰的提倡與推動，產生對民族、國族認同。數千年來，中國歷經起伏，疆域隨國勢強弱擴張時而減縮，然而，無論歷經多少戰亂、災禍與分合，最後終將統合為一，因為千年來上自天子下達黎民百姓，中國人世代傳承著"大一統"思想，這個思想成為我們文化印記，即便遠離故土，這個印記民間信仰一樣，透過祭祀神祇，將來自五湖四海，操著不同口音，甚至不同語言的華人，串聯在一起，祭祀共同的祖先。

世界各國，凡有華人移民聚居之處，必有"唐人街"、"華埠"或"中國城"；唐人街入口必有中式牌坊，上書唐人街或華埠的漢字。進入唐人街必見中式歇山寶頂，飛簷上盤著各式祥獸仙人的媽祖、恩主公廟等廟宇，而南洋麻

---

① "內政部"統計通報；《104 年底宗教寺廟、教會統計概況》。臺北，"內政部"統計處，2016 年 7 月 9 日。2015 年底島內登記有案之寺廟；按宗教別分，以道教寺廟占 78.5％最多，佛教寺廟占 19.3％次之。

六甲有鄭和廟，香港與紐約等地可見黃大仙廟等特殊祭祀之廟宇。[①]

這是文化的印記，別的民族顯有此印記。筆者曾遊歷日、韓、越、柬、新、馬等東亞國家，亦感受到地主國自有的風格品味，但恍惚間總使人覺得他們的文化印記，大多山寨自中國，稍做些改變而已。我民族有如此千年烙印的印記，緊密合體，何懼異族覬覦。

四、姓氏宗祠 尋根探源

大多數中國人的姓氏，都有千年以上的歷史，只要記載詳實可考，都可追尋到姓氏數千年前的起始點。姓氏的作用，在原始母系社會中，作為部落間識別圖騰，商周時期，各部落逐漸歸於封建制度，姓氏也開始成為跨部落通婚的依據，制訂姓氏規範，確定由母系社會過度至父系社會，姓氏成為父系社會判定族群的重要依據，流傳至今。

姓氏的類別，依據左傳記述："天子胙之土而命之氏，因以為族，官有世功則有官族，邑亦如之。"舉此確立，在周朝接受姓氏之途有四種方式

一、天子下令分封諸侯以受封之國名為姓氏。

二、侯國之支庶，以王父之名字為姓氏。

三、世代為官者，則以其官職為姓氏。

四、受有采邑（封地）者，以邑為姓氏，且後世之姓氏，很少有出自這四類之外者。[②]

漢應劭風俗通姓氏篇序，則把姓氏分為九類，鄭樵通志氏族略再將姓氏區分為三十二大類，至此將大部分姓氏來源考據分類出來；另有部分特殊理由分出姓氏者，如胡人漢化改姓，皇帝賜姓等因素獲得姓氏，但此類稀姓比例不高，發生頻率亦低。

臺灣姓是絕大部分源自大陸渡海臺之漢人，以及少數臺灣少數民族姓氏共同組合而成，總數量為 1,964 姓；其中罕見姓氏很多，而占人口比例極低；反之常見姓氏（亦即大姓）不多，所占人口比例卻極高。"內政部"於 1954 年、1956 年即 1978 年三次調查，前十大姓均維持不變，僅第至 6 第 9 位置互換，佔全台總人數 52.5%，其中尤以陳、林二姓即佔全台姓氏約 20%，較大陸同姓

① 維基百科，《黃大仙》。https://zh.wikipedia.org/zh/%E9%BB%84%E5%88%9D%E5%B9%B3。2018 年 5 月 14 日檢索。大仙本名黃初平（西元約 328 年—約 386 年），後世稱為黃大仙，著名道教神仙，出生地浙江省金華市，山中修煉得道。宋代敕封為"養素淨正真人"。

② 吳昆倫、林猷穆，《臺灣姓氏源流》。台中，臺灣省政府新聞處，1971 年 10 月三版，頁 2—3。

人口比例高許多。[①]

中華民族一向重視倫理道德，特別重視家族與宗族之親密團結，講究孝道和禮敬祖先。我民族數千年來不論是人為因素，自然天災，或動亂或國家需要而遷至四方，都不會忘懷他們來自何處，這種不忘本源的倫理精神，促成了家族宗族團結壯大，其中，姓氏與堂號發揮極大的催化作用。

建祠堂、立堂號為我國特有文化傳統，透過祭祀祖先具體實現儒家的孝親思想。古代君子將營宮室，以宗廟為先。東周列國時期諸侯、公卿貴族才能立宗廟，例如公卿有三廟，大夫立二廟，庶人無廟稱為祠堂。[②] 今天臺灣地區所見，一般名稱雖有多種，包括宗祠、家廟、祠堂，但都是以奉祀始祖、始遷祖，或歷代績有功德之祖先神位為主，習慣上我們也都以"祖廟"稱之。

在過去傳統社會之宗法制度下，相傳民間可以有宗祠是從宋朝開始的，卻無實證傳世。直到明神宗萬曆年間，才下旨明令准許百姓興建祠堂，以為擴大祭祀祖先，因此今日所見較為老舊的宗祠古蹟，要以明朝所興建的各姓氏宗祠之歷史為最久。在傳統農業社會中，宗祠、族譜、祭田，逐漸構成維持家族制度的三大支柱。

祖先遷移他鄉在異地生活發展，在安居落戶之後，為了能夠得到基業永固及尊祖敬宗之目的，他們常有創建屋宇與祠堂之舉，歷經幾百年之後，他們的子子孫孫就有"祖厝"及"祖廟"之蹟可尋。在族譜中，也常會有"祠宇"卷之記載。

堂號即祠堂的名稱或稱號，堂號之來源主要有：地名（一般表示宗族的發源地）、典故（與本族祖先相關的故事或傳說）、訓詞和祖先名等。堂號除在祠堂使用外，還會在宅院、族譜、禮簿等處。

部分家族會以郡號取代堂號，主因是"郡"乃秦漢時期行政區域，經過魏、晉等朝演變，成為官府選拔官員條件之一。久而久之郡中望族便成為"郡望"，便採用均號為其堂號，亦隨子孫遷居而擴散四方。要用於區別姓氏、宗族或家族。是一個姓氏的淵源，也是姓氏代稱。台灣閩客家族在祠堂正廳外掛出祖先堂號，視為光榮標記，以明木本水源之所自，緬懷祖先之創業垂統，以光前裕後。[③]

---

① 揚緒賢，《白話臺灣區姓氏堂號考》。臺北，臺灣新生報，1980 年 12 月，頁 13—15。

② 臺灣尋根網，中央圖書館台灣分館，數位典藏資料庫。http://museum02.digitalarchives.tw/ndap/2002/genealogy/ancestral_shrine_01.html。2018 年 5 月 8 日檢索。

③ 楊玉姿、張守真，《臺灣的姓氏與堂號源流》。高雄，高雄市政府教育局，2007 年，頁 3。

堂（郡）號記述著一個族裔的家族史。當一族氏在祖居地世代繁衍，子孫族人日多後，便開始遷居他處，尋求新生活空間，亦或者流浪他鄉，離鄉時攜帶族譜，將堂（郡）號加在姓氏之上，以表明不忘本源的深意。因此，凡以郡號為名的堂號可區分為：以發祥地為根據的"總堂號"，及以名望顯貴為基準的"分堂號"，這兩類都可稱之為"郡望堂號"，也就是"郡號"。但亦有若干姓氏，以同一郡號使用於總堂與分堂號，也有一些姓氏有兩個以上堂號。

臺灣各族氏所見的"堂號"，其實絕大多數都是"郡號"。因此多數台灣人認為"堂號即是郡號"，在多數情況下，事實的確如此，臺灣各巨姓望族所有堂號不外乎，"郡望堂號"、"總堂號"、"分堂號"三類為主。[①]

五、族譜密碼　顯露家世

家譜：又稱族譜、祖譜、宗譜、譜牒、家乘、世譜等。是一種以表譜形式，記載一個家族的世系繁衍及重要人物事蹟的書。殷商時期，家族世系已出現在青銅器銘文，是為家譜最早根源；譜牒記載則於西周禮樂完備之後出現。帝王貴族的家譜稱玉牒，如新朝玉牒、皇宋玉牒。它以記載父系家族世系、人物為中心，由正史中的帝王本紀及王侯列傳、年表等演變而來。[②]

家譜是一種特殊的文獻，就其內容而言，是中國五千年文明史中具有平民特色的文獻，記載的是同宗共祖血緣集團世系人物和事蹟等方面情況的歷史圖籍。家譜屬珍貴的人文資料，對於歷史學、民俗學、人口學、社會學和經濟學的深入研究，均有其不可替代的獨特功能。

鮮卑族北魏孝文帝（西元 471—499），入主中原主宰天下，大力推動漢化，改漢姓、胡漢通婚、用漢制等。而當時留居北方的中原士族，開始盛行編寫族譜，記載自己宗族歷史以自貴，更標出堂（郡）號，指出自己來源與外族不同。其時門第勢力興起，有九品官人法的產生，[③] 政府舉才往往先察訪其家譜，任用顯赫人士為官，是謂世族。於是，一種"以堂（郡）地望來分別族類"的風氣逐漸開始流傳。

隋、唐時期"人尚譜系之學，家藏譜系之書"，官修譜牒與私譜修編方興未艾。唐朝中期私家修譜漸漸興盛。明清兩代的宗族觀念達到鼎盛，宗族觀念十

---

① 揚緒賢，《白話臺灣區姓氏堂號考》。臺北，臺灣新生報，1980 年 12 月，頁 58。

② 維基百科《家譜》，https://zh.wikipedia.org/zh-tw/%E5%AE%B6%E8%B0%B1，2018 年 5 月 14 日檢索。

③ 維基百科《九品中正制》，https://zh.wikipedia.org/wiki/ 。九品中正制，又稱九品官人法，是魏晉南北朝時期中央政府的官員選拔制度。2018 年 5 月 9 日檢索。

分強烈，族譜詳細記載著全族男子的譜名、名諱等詳細資料，有些家族並規定每 30 年修編一次族譜，務求詳實記錄家族演進發展進程。[①]

家譜的内容一般除了各世代人物姓名、事蹟外，也會包括家族的大事、居地產業的變送以及祖傳的家訓等，許多顯赫家族族譜記載達數百甚至上千年，例如榮登金氏世界紀錄的"孔子家譜"等，不只受到家族重視，更是國家乃至世界珍貴遺產；家譜對於一個家族的自我認同和凝聚力的形成有巨大的作用。

位於臺灣台北的陳氏大宗祠"德星堂"（市定古蹟）、台中林氏家廟"尚親堂"（市定古蹟）、新竹竹北林家宗祠"問禮堂"（縣定古蹟）、臺北市李氏大宗祠、台南王姓大宗祠、臺北北投詹氏大宗祠、臺南吳氏大宗祠"至德祠"（市定古蹟）。其他黃氏、范氏、辜氏、曾氏等遷台數百年之名門望族，無不修建恢弘典雅大宗祠，祀奉祖先牌位昭穆，更成立法人機構，每年舉辦孝親、祭祖、敬老、獎助宗親學子，以及尋根等活動，一切制度化、組織化運作，務求對宗親、宗族文物保管維護等工作盡全力維護，以求飲水思源，光宗耀祖。

六、結論

世界不斷演變進化，萬事萬物皆隨著時間而不斷改變，舊科技隨時會被新科技替換；舊思維也隨時被新思維取代；季節、潮汐、生命輪迴與更新，一切皆在變化，似乎宇宙間唯一不變的，就是變化這件事本身。

世上無永遠存在的政權，王朝的興衰更迭，是歷史常態，但中華文化的傳承，不會隨政權起落而改變，在數千年時間中，歷經無數朝代，各種外族入侵破壞、外來文化挑戰，卻歷久彌新。不論世界如何變化，中華文化只會隨時間推進而擴張，對世界產生更多正面影響，成為人類文化瑰寶。

臺灣地處西太平洋樞紐，位居東北亞與東南亞分界位置，為西太平洋登臨亞洲大陸之鑰鎖，自古即為兵家必爭之地，為我國東南海疆屏障。十七世紀開始西方海權興起，愈顯台灣對我國戰略防禦之重要，明代延平郡王收復臺灣；清末名臣沈葆楨打造"億載金城"砲台旗津砲台等，均源於此一理念。而今兩岸雖然分治，但維護國家領土主權乃全民族共同使命，軍隊接受全民委託，行使衛國護民工作，自是責無旁貸，不可推諉。

近年來民粹思想影響全球政壇，台灣亦受衝擊。各類政治主張如同種流行文化與流行商品般傳播。民粹型政客運用"商品化、文創化"概念，將"國家

---

① 揚緒賢，《白話臺灣區姓氏堂號考》。臺北，臺灣新生報，1980 年 12 月，頁 56—57。

未來願景"與政治訴求,用"文創"包裝政治主張,卻無堅實的研究與負責可行的計畫,欺騙選民於一時,但無法經得起檢驗。

近年台灣的"去中國化"手段,是將"中國人"這個泛指中華民族的概念,扭曲成"中國人"就是"中華人民共和國公民",而台灣人不是"中華人民共和國公民"。由此基點開始行銷"仇中"、"去中"思想。如此粗暴的手段,很快引發爭議,從中學課綱文言文刪減,到中樞祭迴避祭孔,中樞停止主持"開台聖王"鄭成功祭祀等,都挑戰台灣人對中華文化傳承的底線,引發許多衝突,類此企圖以政治力介入傳統文化的案例,使台灣民眾普遍反感,對於政府施政作為不滿意迅速增高,這印證了政治力無法撼動文化。

中國大陸近年以堅實的國力帶動與多跨領域、跨國大型經濟建設,此過程不僅展現"中國崛起""中華民族偉大復興"的意志,向海外傳播中華文化,更使世界各地華人感到身為中國人的驕傲。

要凝聚海內外華人對國家的向心力,須仰仗文化的力量,它的無形力量超過政府統治力,且能克服時空因素,因此政府須心誠意正,拳拳服膺,不可虛假造作。一個真心維護中國傳統文化的政府,就能贏得海內外華人的向心與尊崇。任何欲以政治力打擊中華傳統文化者,終將徒勞無功。因為政治只能逞一時之快,而文化是恆久長存的。

台湾社会的"日本情结"
与两岸同胞心灵契合格格不入

王正智[*]

台湾的一些人，尤其是民进党人，长期"反共仇中"、媚日哈日，讲中文写汉字却不承认自己是中国人，甚至不惜动用各种手段鼓噪误导下一代。在"太阳花学运"，有学生竟然举着"支那猪滚回去"的标牌，可见台湾社会的"日本情结"之重，青年一代受害深，以及对文化认同、民族认同、国家认同产生的影响之大。近些年来，民进党当局大搞"去中国化"，以强化"日本情结"来冲击台湾社会中国认同，玩的是典型的依赖美国投抱日本的"渐进台独""柔性台独"伎俩。促进两岸经济文化交流，推动两岸同胞心灵契合，必须正视台湾社会这种与两岸同胞心灵契合格格不入的"日本情结"，引导台湾同胞尊重史实，珍惜民族情感，突破心理屏障，不断为祖国和平统一凝心聚气。

一、"日本情结"没有因当年岛内日本人被遣返而逐渐淡化

1945年台湾光复后，有不少日本人留恋台湾生活，不愿意回日本。加上当时的台湾人才不足，有不少日本技术人员被留用，协助水厂、电厂等维持运作。但在"二二八"事件期间，一些日籍人士参加暴动。事件平息以后，担任台湾长官公署长官，集军政大权于一身的陈仪下令将日本人全部遣返，声称一个不留。尽管如此，在岛内还是有一些日本人潜伏下来，但为数并不多。可是，有日本人血脉、与日本有着千丝万缕联系的"假洋鬼子"却分散在岛内各个角落，并伺机掌权图谋日后兴风作浪。"解严"后有着浓厚"日本情结"的李登辉上台以及2000年台湾第一次政党轮替，台湾社会的对日好感逐渐演变成社会化现象。虽然2008年国民党重新上台执政，两岸间交往更加密切，但民调显示，台

---

[*] 王正智，北京市人民政府台湾事务办公室研究室正处级研究员。

湾社会对大陆的认同感却有所下降,反之,对日本的好感度却在升高。在台湾社会"主体性"凸显的同时,其"日本情结"也有所膨胀,从老到少媚日、哈日有增无减。

怪象之一:推崇日本文化。日本不仅对台湾社会有一定的政治影响力,思想文化上也在不断地同化台湾人。年轻群体中有迷恋日本文化的"哈日族",特别迷恋于日本流行文化,对日本的动漫、娱乐文化、时尚玩物情有独钟。每年都有大批的台湾学生喜爱到日本观光、访学、留学,日本成为许多台湾学生休学旅行的首选地。日本许多公立及私立的大学都会给来日留学的台湾生名目繁多的奖学金,鼓励他们来日留学,每年台日间各大高校会定期互访。近几年,台日间的各界别各领域交流互动日趋密切。日本政府也以多种管道在台湾社会以"文化渗透"的方式来保持其在台湾社会的影响力。在一片经济低迷的氛围中,台湾年轻人受外界影响,不是选择去打拼而是以"小确幸"自我慰藉。

怪象之二:"认同"严重错位。台湾的"3·18"反服贸学运,表面上是反服贸"黑箱"操作,实际上参与抗议的年轻人对两岸服贸内容真正有所了解的只占少数,大部分都属跟风盲目反抗。为什么当时台湾社会会出现"抗中、亲日"的社会情绪?美国社会心理学家乔治·米德认为,社会是在人与人互动之间产生的。所以,人与动物最大的区别就是人具有反思能力,在反思的基础上,个人意识受社会环境的影响,同周围的人对某一现象形成一个共同的反应。台湾社会"抗中、亲日"的氛围,很容易使社会中的个人受到影响,汇聚成一股集体意识。再者"解严"后,追求"台湾主体性"变成爱台湾的表现,而过去的被殖民记忆却成为反抗曾经的"祖国认同"的情感依据,由于"日本情结"和"台湾认同"二者的捆绑式发展,"日本情结"就成为对抗大陆争取台湾"主体性"的对抗性情绪。"台湾主体性"是后殖民情绪表现出的自保意识。经历长期特殊的殖民历史背景的台湾,在自我反思过程中产生了急切想摆脱被政治控制和思想束缚的困境。但近年来在摆脱后殖民困境的进程中,摆脱"中国认同"的意识占据道德高地,而对真正殖民过自己的日本却反常地亲近,其中一个很重要的原因就是二战后国民党对台湾社会实行"威权"思想控制的基础是"中国意识",在国民党失去"中国"正统代表权后,对台湾的统治也渐渐与曾经殖民统治过台湾的帝国主义国家画上等号,产生心理上的认同和情感障碍。

怪象之三:认贼作父与狼共舞。二战后,日本在台湾的经济发展史上有着举足轻重的地位,台湾是典型的外向型经济体,日本成为台湾重要的贸易伙伴之一。在很长一段时间里,台湾都处于日本经济上的依附地位。2008年国民党重新上台执政，两岸关系进入和平发展新阶段，台日间经济关系不但没走下坡路，相反还随之强化。台日间为了共享大陆的广阔市场更加强调两者间的互补性，在基于长期建立的信赖关系上结合成为"台日经济共同体"。特别是在两岸签订了"海峡两岸经济合作框架协议"（ECFA）后，台日经济关系更加紧密。日本"亲台"人士和"台独"势力都喜欢宣言台湾与日本是"命运共同体"，宣扬台湾与日本是经贸上密切合作的伙伴，并且拥有共同的民主价值理念。在台湾社会，支持台日双方是"命运共同体"的人却把大陆作为假想敌，日本"亲台"势力通过"台独"组织在台湾社会渲染对日认同，强化"日本情结"，并以此为基础宣扬"中国威胁论"，持续向台湾社会输入日本的价值观念，试图恶意挑起两岸的对抗情绪。

二、"日本情结"是导致台湾社会认同错位的主要根源

台湾有其自身特殊的历史遭遇，二战后台湾人在潜意识里仍对日本怀有特殊的感情。但是，这种感情在复杂的历史条件下，逐步演变成阻碍中国认同、助推社会认同异化的政治工具。

第一，日本"亲台派"极力扩大对日认同。日本政界的"亲台"势力不断向台湾社会输入"亲日"的政治意识形态，民间组织通过更多元的管道助推台湾社会的对日认同。台湾社会"解严"后，台日互动环境逐渐宽松，台日民间组织也逐渐发展起来。如"李登辉之友会"，一直是帮助李登辉在日本扩展影响力。另一个在台湾有历史基础的民间组织"高座会"，在1943年当时台湾有8000多名少年到日本神户接受训练。日本政界透过台日民间组织，保持日本在台湾的存在感，特别是透过台湾社会残留日本殖民统治的遗绪来拉近台湾民间对日本的"亲近感"，扩大对日认同。

第二，台湾社会的"本土"认同差异。台湾社会是一个移民社会，不同的族群受日本统治的历史遭遇不同，对"日本情结"的认同也显现出本土认同的差异。本省人与外省人间的族群矛盾主要体现在对日态度上，本省人曾经被日本殖民统治的历史记忆成为与外省人对立的情感基础。以李登辉为代表的受过皇民化教育的本省籍政治人物，上台后会故意挑起族群矛盾发动增强台湾"主体性"的政治动员，把"去中国化"与"亲日"情感进行捆绑，以此来扩张"本土"意识，"抗中与亲日"的思维成为当前许多台湾人的处事价值观。本省籍年轻人受其祖辈对日本怀旧情感的影响，加上在"亲日"的环境下成长，形成对日本的特殊好感。而现今的外省籍年轻人由于与本省籍年轻人一样都在

"亲日"的环境中成长,对于日本他们有共同的兴趣爱好,由于他们没有像他们祖父辈有遭受过日本人欺侮的记忆,他们对日本的好感程度已经与本省籍青年没有太大差别。台湾的少数民族与本省人和外省人相比一直处于弱势的地位,在日据时期所遭受的统治与台湾本省人也有很大差别。日据时期在山里的少数民族由原本带有歧视意味的"蕃"改名为高砂族。由于少数民族的民族特殊性,日本对其统治更加严酷,实行所谓的"蕃政"。在日本战败后,许多少数民族部落仍就使用日语进行交流。在统治台湾的"外来殖民政权"中,少数民族感情最深的是日本人。

"二·二八"事变的爆发,一部分台湾人认同再一次异化,后殖民遗绪中一直摆脱不了"日本影子"。当前,台湾社会"日本情结"的膨胀及其"本土"认同的差异,已经成为培植其"主体性"认同的政治工具。

三、推动两岸同胞心灵契合必须遏制台湾社会的"日本情结"的恶性膨胀

中华民族相来爱好和平,睦邻友好是我们与世界各民族平等相处的基本外交政策。包括台湾同胞在内的全中国人民与日本进行友好往来,有利于维护稳定的中日关系,本无可厚非。但是,台湾社会的这种"日本情结"是一种具有鲜明政治色彩和排他性的特殊情感,已经成为异化台湾人身份认同、国族认同、文化认同,且受人操控的政治工具,我们要从维护祖国统一,实现民族复兴的高度加以引导,遏制其恶性膨胀。

一是对日本政界蓄意强化对日认同的做法要密切关注保持警惕。日本政界蓄意强化对日认同,不能简单地视为对台湾、对整个中国、对中华民族的友善,而是离岸分离主义作祟,对此我们必须保持警惕。首先要划清民族主义与去"日本情结"的界限。一方面,要引导两岸同胞在深化中日传统友谊,发展睦邻友好关系的基础上,认清当前台湾社会的对日认同和割舍不断的"日本情结"已经异化,成为许多台湾同胞身份认同、国家认同、民族认同的严重障碍,这种不良情感已经有明显的有悖于一个中国原则的政治倾向。我们必须站在祖国统一和民族复兴的高度,认清台湾社会的对日认同和"日本情结"对国家和民族利益的危害性,认清日本政界的不良用心和政治目的性。推动台湾社会去"日本情结",是维护国家和民族利益的正义之举,是发展健康稳定中日关系和两岸关系的现实需要,这与民族主义有着本质区别。另一方面,要提倡和鼓励两岸同胞与日本各界进行正当往来互动,发挥中华传统文化优势和对日外交资

源优势，推动两岸与日本间各领域的务实合作，巩固扩大海外统战工作成果。要引导两岸同胞和各界人士面向未来正视历史，积极化解矛盾，避免在中日关系上的不良炒作或刻意煽动民族仇恨等民族主义行为。

二是对岛内亲日势力和"台独"人士进行强化"日本情结"的活动要作必要的反制。岛内"台独"人士通常都亲日，越是台面上政治人物"日本情结"越重。李登辉、陈水扁、蔡英文、谢长廷、苏贞昌无一例外，都算得上是亲日、媚日、哈日的忠实代表。日本政府以公益财团法人所设立的民间机构日台交流协会，以及台湾在日本的对口单位台湾日本关系协会及台北驻日经济文化代表处，是密切台日交流往来，输送对日认同和"日本情结"的主渠道，甚至还是反共反华势力的大本营，我们必须掌握其活动动向，发现有悖中日友好关系和两岸关系健康发展的举动，要及时干预，必要时采取措施加以反制。

三是对岛内统派和海外人士的爱国促统活动给予积极引导和支持。当前，祖国大陆的迅速崛起和两岸民间交流合作日益频繁和深化，为岛内反"独"促统奠定了坚实基础。大陆支持统派是民族大义和祖国和平统一大业的现实需要。爱国不分先后，国家统一需要汇聚海内外华人华侨的智慧和力量。在岛内，要努力搭建统派联谊联合平台，建立工作协作联动机制和情况通报机制，促进统派力量整合，形成反"独"促统的强大阵势。大陆各级统战和对台工作部门，应加强规划，密切与岛内统派组织的联系，关注统派组织的力量建设，指导统派组织有序开展活动。要在全社会营造支持、声援统派的氛围，旗帜鲜明地高举反"独"促统大旗，提升统派士气，震慑"台独"分裂行径。要整合优势资源和力量扶持统派组织，指导和策应各项活动。最近，魏明仁的爱国主义教育基地受到"台独"势力的冲击，洪门头领闻声驰援，大涨统派士气。在"美国在台协会（AIT）"台北新馆举行启用仪式时，统促党组织抗议活动，送上"悬崖勒马"匾额，表达反美之声，产生很好的影响。在支持统派进行"反独、遏独"行动的同时，还应探索建立党的组织、发展党员和选拔培养人才等机制。

四是对岛内学界、舆论界和教育界要持续施加影响。台湾社会的"日本情结"的恶性肿胀，既有特殊的历史因素，也有日本政界和台湾当局的政治算计，必须多措并举严肃对待。首先，要发挥学界的理论引领作用。学者对两岸问题和日本问题的认识比较理性，理性的声音更有亲和力和感染力。北京市台办联合民革北京市委、中国政法大学、中央民族大学举办的京台学者共研会，每年围绕一个主题组织两岸学者展开研讨，在涉及两岸关系的重大理论和实现问题上不断寻求突破，对于强化两岸认同和情感纽带发挥重要作用。诸如此类两岸学者的研讨活动应注重实效持续开展，并推动成果转化运用。其次，要发挥舆论的宣导纠偏作用。由于种种原因及美国的插手，岛内的舆论工具形成"一边倒"态势，大陆与亲日亲美势力争夺话语权的斗争将是长期的。宣传舆论工作必须适应新的时代特点，创新模式、内容和载体，让两岸民众，特别是台湾青少年接受正向宣导。再者，要发挥基础教育的正本清源主渠道作用。台湾社会的"日本情结"与基础教育有很大关系，所谓的"同心圆"史观，以及在"去中国化"课纲下不同版本的教科书，都是在给幼小的心灵种上"哈日"的种子。北京举办的两岸基础教育校长峰会、两岸媒体人峰会，让两岸中小学校长和教育界、新闻界人士深入研讨两岸基础教育交流、新闻媒体交流互动问题，就年轻世代树立正确史观，强化民族情感纽带等问题作了有益探索。实践证明，进行多种形式的交流，有益于抚平台湾同胞"中国意识"与"台湾意识"之间的认同鸿沟，对于强化两岸情感纽带有根本性作用。

试论大法官"释宪"司法政治化倾向

李晓兵　　王译圆[*]

一、大法官"宪法解释"的政治性格

（一）宪法是政治法

现代民主法治国家，宪法是国家与人民缔结的契约，以规范国家的政治生活，保护人民的权利不受侵犯。宪法以国家的政治生活为规范对象，这一特质使得宪法与政治具有密切关系，甚至被称为"政治法"。宪法具有强烈的政治性格，一方面宪法有规范政治权力之运作的功能，另方面却是政治力的产物。[①]因此，宪法不同于刑法、经济法、劳动法等其他与政治关联度较低的法律领域，宪法与政治在本质上即存在着矛盾的关系，二者间如何进行互动与调和便成为相当值得研究的问题。

关于"政治"本身的多元涵义，本文无意深究。但本文以台湾地区为立足点展开研究，就必须结合岛内的政治生态环境把握"政治力"的内涵。台湾岛内政治运作的突出特点之一即是政党政治。威权时期国民党"一党独大"，操控台湾将近四十年，解严后民进党势力发展壮大，虽然还有其他小党派林立，但基本形成了台湾岛内两大"泛蓝""泛绿"阵营，此二股势力在政治领域的互动，对1946年"宪法"在台湾的运作产生极大的影响。

1946年"宪法"被带到台湾后并未得到真正的施行，在此特殊的政治环境下，"动员戡乱临时条款"取代了"宪法"的地位，冻结了"宪法"条文中关于"总统"权力的诸多限制，赋予"总统"超越"宪法"的至高权力。"临时条款"从1948年产生到1991年废除的几十年间，经过几次修正，"总统"得以无限连

---

* 李晓兵，法学博士，南开大学法学院副教授、台港澳法研究中心执行主任。王译圆，台港澳法研究中心研究助理。

① 许宗力，《宪法与政治》，载于《宪法与法治国行政》，台北：元照出版社，第6页。

任、将各"院"的权力收归己有,"宪法"无法发挥应有的作用。1946年"宪法"在"动员戡乱时期"的台湾被政治力量架空,蒋氏父子利用"临时条款"维护自己的威权而成为"超级总统"。

随着第三波民主化浪潮、国际关系中两岸角色的互换和岛内民众诉求的推动,1987年,蒋经国一声感慨"时代在变,环境在变,潮流也在变"决心推动革新,威权体制终于瓦解。1988年,蒋经国去世,李登辉继任。威权体制虽然结束了,但是"宪法"仍然被"临时条款""冻结"着无法发挥效力。面对此时的政治环境,李登辉在其就职演说中明确表示,要开启"宪政改革"。

1990年至2005年短短十几年的时间里,"修宪"次数高达七次。在这一段"修宪频仍"时期,在各方政治势力利益的竞逐与妥协下,"国民大会"由兴到废,"行政院"成为了"总统"的幕僚,"监察院"权力被大大削弱,"中华民国宪法"诞生时所依据的"权能区分"的"宪政理念"和"宪政体制"被彻底毁弃。[1]尤其是在2000年首次政党轮替后,民进党得到了执政权,然而国民党仍为"立法院"的多数,行政权与"国会"多数分属不同的政党,台湾由此进入"分裂政府"时期。在"分裂政府"的政治运作下,行政与立法经常出现意见歧义、相互对抗的情形,这些问题根源于政党的"蓝绿矛盾"。政治系统面对大规模的政治风暴往往诉诸"宪法"以寻求政策的合法性,因此"修宪"议题便被愈炒愈热,各党派力图在"修宪"条文中寻得利益的平衡点。当政治系统无法有效或自行解决问题时,甚至需要将这些问题"外溢"给司法机关处理。

(二)宪法解释方法的政治考量

1.政治问题不审查原则及其实施

宪法在社会生活中的运作和落实必然离不开宪法解释,司法机关在作出解释时是坚持纯粹的法学逻辑,还是亦会夹杂政治考量,便成为一个值得研究的问题。

德国早期以拉班德为代表人物的宪法实证主义学派,自始就否定宪法解释的任何政治性格,而标榜宪法学的法纯粹性。[2]的确,这种"除政治化"的主

---

① 李晓兵:《从"宪法修改"到"宪政改造"——台湾"宪法演进"的再思考》,载于《"一国两制"研究》第5期,第110—123页。

② 正如拉班德的名言:"实证法的释义任务在于法制的体系构思、确保个别规范与一般概念的合致性,以及从这些概念推导出结果。这个工作……是纯粹的逻辑操作。要完成这项工作,舍逻辑外别无他法;所有历史的、政治的与哲学的观察——即便其本身多么有意义——对任何具体法律案材的释义都不具任何意义。"转引自许宗力:《宪法与政治》,载于《宪法与法治国行政》,台北:元照出版社,第20页。

张可以避免宪法学因其本身的政治色彩而被认为是可以被政治任意操弄的学科。即便如此，宪法是特定政治思想与价值冲突妥协下的产物，这一特质是不容忽视的。承认宪法解释方法的政治考量并非否认传统的法律解释学方法，将二者结合能更好地避免宪法解释变的恣意或迁就权力者。[①]

"政治问题不审查"便是一种掺杂着政治考量的较为消极的解释方法。台湾学术届对"政治问题不审查"原则的讨论颇多，究其根源在于"政治问题"本身就是一个模糊概念。"大法官"面对棘手的政治议题时，基于诸多政治因素的考量，往往会祭出"政治问题不审查"原则作为挡箭牌。"释字328号解释"中，"大法官"首度运用"政治问题不审查"，解释文和解释理由书均寥寥数语带过。这是因为在九十年代初期，"统独"问题无论是在国民党和民进党之间，还是国民党内部都存在着极大的争论。"大法官"可以回避解释"固有疆域"的概念，是可以避免触碰两岸关系的底线，成为逃避明确两岸关系的借口。

2. 结果取向的解释方法

释宪者会对宪法背后所持基础的政治规制理念及规制理念产生的政治背景进行考察。如果在进行宪法解释时进一步考量不同解释会带来的政治影响与后果，即根据可能的政治影响来决定解释方向则会使宪法解释的方法更具有政治性格。[②]

结果取向的解释方法本身就是一个极富争议的问题，这关乎解释在将过去的事实涵摄于法律的过程中，是否将"结果的影响"这一未来的事实提前在解释中斟酌。台湾地区"大法官"在司法决策中是否运用结果取向的解释方法，仅从公布解释资料中很难判断。不过，有台湾学者表示，因"宪法"解释独具的特质，结果取向的解释方法普遍存在于决策过程，却又未在方法论中得到明确的承认，实务上时而出现坦白的结果考量，时而隐藏于目的解释中。[③] 曾任第二、三、四届"大法官"的林纪东先生对于"大法官会议法"的规定"大法官会议解释案件，应参考制宪及立法资料，并得依请求或径行通知声请人及其关系人到会说明"，表示"历史解释"的观点只是一种参考，解释"宪法"仍应首先注意"法与时转则治"。[④] "大法官释字第31号解释"可以说是少见的坦率作政治后果考察的例子，"……若听任立法、监察两院职权之行使陷于停顿，则显

① 陈华：《论宪法解释的一些基本问题》，载于《宪政时代》，1995年第20卷第4期。
② 许宗力：《宪法与政治》，载于《宪法与法治国行政》，台北：元照出版社，第25页。
③ 苏永钦：《结果取向的宪法解释》，载于《合宪性控制的理论与实际》，台北：月旦出版社，1994年，第12页。
④ 林纪东：《大法官会议宪法解释析论》，台北：五南图书出版社，第40页。

与宪法树立五院制度之本旨相违"。①虽然宪法因其规范范围的高度政治性，很难像一般法律解释一样仅需依据一定的方法适用于个案即可得出相当合理化的解释，宪法解释者往往需要更大的评价空间，但也绝不表示在解释宪法时有更大的自由。

二、"大法官""释宪"机关的政治地位

（一）"大法官解释"：终局解释权

台湾地区"司法院大法官"在宪政体制中享有卓越地位。一方面"宪法"文本规定"司法院"作为"国家最高审判机关"，拥有民事、刑事、行政诉讼司法终审权，以及公务员惩戒权"宪法"及法律命令解释权。另一方面，从实践层面来看，"司法院大法官"在台湾地区的"宪政改革"过程中扮演着极为重要的作用，其终局解释权被用作化解政治僵局政治利器。

国民党当局于1949年退台后，实行全面戒严政策，在政治力的挤压下，"大法官"发言的机会并不多，但却被动地扮演着"宪法"争议上的解套角色，其中最为著名的"释字第31号解释"使得第一届"中央"民意代表继续行使其职权，蒋当局借此获得维持其统治的正当性。随着1987年当局解除对台湾桎梏已久的戒严令，接着一连串社会控制的放松，各界要求"万年国大"老代表下台以因应社会对民主政治的期待，当局面对社会的压力与本身统治理念上的转变而欲使老代表退职，但却又同时须面对来自老民代的激烈反抗与背弃"法统"的质控。这一烫手山芋只好交由当时的"大法官"加以解决，"大法官"又成为政治力宣泄的管道，因此作出重要的"释字第261号解释"。②

2000年政党轮替后的"分裂政府"时期，"司法院大法官"成为政治力宣泄的最后管道的现象尤为常见，多表现于行政与立法两权的冲突。诸如"释字第520号解释"，核四停建案中"行政院"是否可以单方停止执行"立法院"通过的预算之争议；"释字第585号解释"，三一九枪击案中"立法院国会"调查权之有无或当属行政调查权；"释字第613号解释"，"NCC组织法违宪案"中人事权是否为行政权之核心而不容立法院实质剥夺等。实际上，在政治体制内合法解决这些政治僵局的途径是存在的，即"立法委员"对"行政院长"提出不信任案。但依据"修宪"后的规定，"行政院长"由"总统"全权任命而不需

---

① "大法官解释"第31号释字解释文。

② 叶俊荣：《从国家发展与社会变迁论大法官的释宪机能：一九四九至一九九八》，载于《台大法学论丛》，1999年第28卷第2期。

经"立法院"同意，若"立法委员"选择"倒阁"，其结果只能是换任"行政院长"，而"立法院"又不能干涉新任"行政院长"的人选，继任者很可能继续原来的政策。而一旦"行政院长"于"倒阁"后呈请"总统"解散"立法院"，改选"立法委员"，而"立法委员"又不能保证再次胜选。利弊权衡后，"立法院"几乎不可能选择提出不信任案，体制内解决政治僵局的管道被封闭，而司法者却成为极好的选择。

2016 年的台湾地区又一次政党轮替，而此次绿营大获全胜，在岛内实现全面"执政"。民进党一上台，就以转型正义为其政治标榜，但其首要关注点和发力对象似乎不是如何扭转日趋下滑的岛内经济，而将矛头对准"满盘皆输"的国民党，似乎仍沉浸在"党派斗争"中。民进党凭借在"立法院"的优势通过"不当党产条例"对国民党大清洗。处于被动地位的国民党无力自救，又不愿任凭摆布，将最后的筹码押注司法，向"司法院大法官"提出"连环套"的"释宪"声请案。国民党期待"大法官"认定"不当党产条例""违宪"而"起死回生"，政治势力在权力竞逐再一次将司法作为最后的救命稻草。①

（二）"大法官解释"受制于其他政治部门

在分权体制下，违宪审查机关并无执行其判决或解释的权力，故宪政制度的设计是否课其他权力机关以遵循违宪审查机关判决或解释的义务，或其他权力机关抗拒违宪审查机关解释或判决之宽窄，将影响违宪审查解释或判决被遵循的程度。② 当法律违宪时，从保障人权与维护宪法秩序而言，违宪审查机关当然应该宣告该法律违宪并立即失效，有关机关应立即遵行，但在台湾地区"大法官释宪"的实际运作中并非如此。

---

① 根据"司法院大法官审理案件法"第 5 条规定，"立法院"提出"释宪案"必须有总席次的 1/3 联署，国民党必须争取到 38 席"立委"的支持联署，才可以提出"释宪案"，但国民党目前在"国会"的席次仅 35 席，因此对于提出"党产条例"的"释宪案"，一直卡在"立委"联署的人数限制。

国民党考纪会主委刘汉廷表示，由于国民党针对"大法官"审理案件的第 5 条规定，"立法院委员"联署"释宪"门槛有所疑义，决定以"国民党"作为申请人提出"大法官释宪"申请。刘汉廷认为，"大法官审理案件法"的立法目的，主要是要保障少数党申请"释宪"的权利，但联署门槛却比其他国家还高，等于限缩"大法官"的职权。事实上，2013 年"司法院"也曾针对"立院"联署门槛有讨论到是否"修法"，但后来也不了了之。

但经过"司法院大法官"第 1446 次会议，议决不受理此案，理由是声请人为"立法委员"廖国栋、林德福等 35 人，人数未达"立法委员"现有总额三分之一，因此不符合"司法院大法官审理案件法"的规范，是以不受理。

② 任冀平、谢秉宪：《司法与政治——我国违宪审查权的政治限制》，载于《宪法解释之理论与实务》（第四辑），台北："中央研究院"法律学研究所，第 466 页。

在早期的"大法官释宪"历史中，曾出现过政治部门不理会"大法官"的"违宪"宣告或"宪法"解释的情形，第一个著名的例子就是"大法官"于1960年8月作成的"释字第86号解释"。"大法官"主张"高等法院"以下各级法院应隶属于"司法院"，而不应该隶属于"行政院司法行政部"，释字作成后并未得到政治部门的遵行，直到二十年后的1980年6月，政治部门才修改"行政院组织法"，实施审检分离。第二个是"大法官"于1980年11月作成的"释字第166号解释"，"大法官"认为"违警罚法""违宪"，但政治部门置之不理；1987年解严后，社会各界普遍对"违警罚法"有疑义，以致"大法官"于1990年在"释字第251号解释"中宣告"违警罚法"定期失效①，政治部门才于1991年6月29日废除"违警罚法"。

第二届"大法官"作成的"释字第86号解释"和第四届"大法官"作成的"166号解释"形成于威权统治时代，政治与社会控制十分严格。在此种政治局势下，"大法官"即便认为法令"违宪"，也不太可能在解释文中直接地作出"违宪"宣告甚或法律失效，多半是先阐述"宪法"的意旨，再委婉地劝说有关机关"应尽速修法，以符合'宪法'之本旨"。②而"大法官"在"第251号解释"中的用语则更加积极，表明1990年代戒严解除后，"大法官"的功能开始强化，已经开始改善"宪法"解释的执行赤字了。

司法因其不告不理及无法自行执行的先天限制，势必受制于行政和立法机关。"宪法"并未对"大法官"的组织、职权及职权行使程序加以规定。因此，"立法院"可藉由立法规范来控制"大法官""违宪审查权"的行使。第五十九条规定，"行政院于会计年度开始三个月前，应将下半年度预算案提出于立法院。"又根据台湾地区"预算法"的规定，"行政院"根据各主管机关之概算，编制预算。换言之，"大法官"之预算亦需要"行政院"编制概算且尤其核定。在此种制度设计下，"行政院"可经由预算编制控制"大法官"。③1997年第四次"修宪"，在司法界力争下，增订"司法院所提出之年度司法概算，行政院不得删减"（"宪法"增修条文第五条第六项），以期摆脱行政部门对司法部门的政

① "定期失效"已成为台湾地区"违宪"审查实践的重要特色之一。在台湾地区大法官"释宪"实务中，会给予"违宪"法律一段宽容的期间，在一定的期间后才失效，让政治部门在这段时间中修法或制定新的法律替代"违宪"法律，这样的"违宪"宣告称为定期失效解释或违宪但附期限的解释。参见叶俊荣，《违宪政治——司法院大法官附期限违宪解释的实证分析》，载于《2011司法制度实证研究》，台北："中央研究院"法律学研究所，第5页。

② 《违宪政治——司法院大法官附期限违宪解释的实证分析》，载于《2011司法制度实证研究》，台北："中央研究院"法律学研究所，第14页。

③ 周志宏：《司法预算及规则制定权》，载于《民间司法改革白皮书》，1997年，第53页。

治控制。

台湾地区"司法院大法官"已成为岛内政治运作的重要一环,因"众口难调",不免会遭到政治部门的报复。诸如,1958 年,"立法院"不满"释字第 76 号"将其与"监察院""国民大会"并列为"国会",制定"司法院大法官会议法"以控制"大法官"。"大法官会议法"将"违宪审查"可决人数从"大法官"总额过半数,调高至"大法官"总额之 3/4 出席,出席者 3/4 同意;同时对声请要件作出明确规定。1999 年第三届"国民代表大会"自行通过延长任期二年的"自肥条款",翌年,"大法官"以"释字第 499 号解释"宣告延任案"违宪",但不久后,"国民代表"在"修宪"时,删除"大法官"终身待遇的优遇条款回敬。2004 年 12 月间,"大法官"宣告"真调会条例"部分"违宪",国亲"立委"翌年初即以"大法官"不是法官为由,删除"大法官"及"司法院秘书长"每月薪水中的九万余元新台币"司法专业加给"的相关预算,经柯建铭等 74 位"立委"声请"大法官解释","大法官"以"释字 601 号解释",宣告"立法院"此一决议"违宪",并明确将"大法官"属性定位为"宪法上法官"。

三、"大法官释宪"的"司法政治化"倾向

(一)台湾地区"宪政"权力的运作模式:"政治司法化"

"政治司法化"所指涉的内涵乃由于宪法的争议免不了涉及政治问题,那么对于政治问题的调解,就不必然委由政治过程解决。台湾地区的"宪政"权力运作环节中设"大法官会议"一环,作为"违宪审查"机制。政治领域和法律秩序之间本身就有着难以调和的矛盾,而在"司法违宪审查"机制下,因而在司法"违宪"审查的机制下,即使是政治性决定法院也会成为最终决定者,这就势必导致"政治司法化"。

司法机关虽有独立性的加持,但在政治民主化发展尚未成熟而社会不断变迁的洪流中,也不可避免地成为政治角力中的一环,以回应社会期待。社会冲突是社会变迁中的常态,不少社会冲突会转化为政治争议。当政治系统本身无法消化矛盾,而社会齿轮地不断前进又在迫使这些"国家机器"继续运作,于是司法者便成为政治力诉诸的管道。

具体以视,"政治司法化"主要有两种:一种是决策权从立法及行政水平地转移至法院的过程,亦即法院领域的扩张是造成其他行政者或政客的牺牲另一

是指司法决策的方式在法院以外机制的扩张。[①]

（二）"政治司法化"的必然结果："司法政治化"

"释宪"本身就有着政治领域和法律秩序难以调和的矛盾。司法院大法官作为层级最高的"宪法"审判机关，其管辖的事项常属具政治争议或社会冲突为内容的法律案件，深受社会变迁的影响，尤其与政治体制的改变，息息相关。[②]国民党退台后在台建立起威权体制，为解决"法统"问题，基于当时时局和政府的主张，"大法官"作出"释字第 31 号解释"，维持国民党政权在台的合法性。此时期的"大法官"未能站在独立超然的立场，而为统治权威的"合宪"背书。从后续的"释字第 76 号、85 号"等关于"中央"民意代表的解释来看，"大法官"以较快的速度便作出决定，再度证明了司法面对政治势力时的脆弱。

随着民间社会势力的动员和执政党政策的调整，民主呼声高涨。曾经的民意代表此时成为沉重负担，此时司法被再度引入干预，"大法官"强势作成"释字 261 号解释"，终止了"31 号解释"产生的"万年国会"。同时，"释字 261号解释"最后应当时岛内的气氛，要求举行"全国性选举"。"大法官解释"在解决政治僵局的过程中逐渐获得了实质拘束力，获得人民的信赖，也成为解决政治部门之间权限争议的主要机制。

第三波民主化浪潮成为"大法官解释"的"分水岭"。因民主化对台湾地区的洗礼，台湾地区政治体制开始转型，使"大法官解释"在民主化的过程中取得对"宪法"秩序的支配地位。随着台湾地区政治运作日趋复杂，行政与立法部门的对立致使朝野政党于协商破裂、无法化解僵局之际，便以"声请大法官解释"的方式请司法收拾政治残局。"政治司法化"的结果又会使法院介入各项重大政治决定，因而造成"司法政治化"。"司法政治化"会使"宪法"适应变动的社会实情，是"修宪"与随环境实际变更"宪法"意义的第三条途径。

四、"司法政治化"在台湾地区的问题："司法积极主义"

（一）"司法积极主义"的界定

司法权是权力平衡的产物，在权力制衡的制度设计中被默认为应保持价值中立，然而，绝对的价值中立在需要做出价值判断的社会科学研究中是无法达

[①] 林春元：《全球化下的法院——从司法空间的转型角度分析之》，台湾大学法律研究所硕士论文，2004 年，第 73 页。

[②] 吴庚：《社会变迁与宪法解释》，载于《宪法解释之理论与实务》（第四辑），台北："中央研究院"法律学研究所，第 4 页。

到的。结合台湾地区在社会转型实际情况，政治因素发挥主导性作用，价值中立的目标难以达成。为维持"宪政体制"的顺利运作，台湾地区的大法官灵活地游走于与政治的互动链条中，创设出自成一体的司法哲学。就司法哲学层次言之，司法积极主义和司法消极主义都属于司法哲学范畴。①

关于"司法积极主义"（judicial activism）这一概念，美国学者多有基于本国司法审查的讨论。该词最早出现在阿瑟·施勒辛格的文章中，他将美国联邦最高院的九名法官对司法与政治的态度分为了司法积极主义、中间派和司法消极主义三类。他认为司法积极主义是指司法是与政治分不开的，因此法院在判决时应当考虑到社会利益等因素。相应地，司法消极主义则是明确将司法与政治分离开来，主张法院在进行司法活动时坚持分权和民主等基本法律原则和信仰。②但是，如果以美国学者的定义来考察台湾大法官解释制度的司法积极主义似乎并不妥帖，毕竟不同国家（地区）的违宪审查制度有所区别。

其实，司法积极主义和司法消极主义就是发挥法官能动性的司法哲学和审判方式。在本文中，笔者将结合涉及政治问题的"大法官解释"，采取较为具体的判定标准来区分"大法官"的态度是积极还是消极。判定标准如下：若"大法官"直接引用政治问题理论作为司法权的自我设限，拒绝予以审查，则评定"大法官"态度为消极。若未引用"政治问题不审查"回避，则区分案件类型讨论，对于解决政治运作困境案，"大法官"调整制度设计以回应当局需要，则属积极；对于法律"违宪"疑义案，若明确作出"合宪性"判断，则态度偏向积极，若认法律之实质"合宪性"不宜由其决定，则态度偏消极；对于机关权限争议案，若"大法官"加以明文界定，态度较积极，若语带保留，模糊斡旋，则态度偏消极。

（二）"大法官"对政治议题的态度：偏重"司法积极主义"

法院成为问题的最终决定者，势必会导致"政治司法化"。但"大法官会议"有权受理，并不代表其一定得审查相关之政治案件，其接受与否就得视"大法官"在各历史时空态度下是采"司法积极主义"，还是"司法消极主义"。但在台湾地区，"司法消极主义"从实务上观察并非值得担忧的问题，反倒是屡屡出现于"大法官解释"中的"司法积极主义"更值得关心。

① 许志雄：《司法消极主义与司法积极主义》，载《月旦法学杂志》第 2 期，成阳印刷股份有限公司，1995 年 6 月 15 日印刷出版，第 40 页。

② [美]肯恩·凯密克：《司法积极主义的起源和当代含义》，范进学译，载《法律方法》（第 11 卷），陈金钊、谢晖主编，山东人民出版社，2011 年 5 月版，第 59—71 页。Keenan D. Kmiec ,The Origin and Current Meanings of "Judicial Activism", 92 Calif. L. Rev. 1441, 2004.

在"动员戡乱"时期,"大法官"为了"国民大会"的正常召开以及解决执政当局的正当性不足,在解释文中多次运用司法积极主义的解释方式,协助"国民大会"构建和维持"动员戡乱"时期的"宪政体制"。如释字31号、85号、150号解释,借助民意代表因应统治需要。到了"政治转型"时期,"大法官"延续解释的积极主义倾向,顺势而为,释字261号解释拉开"宪政改革"大幕,接着又通过一系列解释对"宪政体制"进行定位。从这一时期开始,"泛蓝"、"泛绿"势力此消彼长。尤其是2000年政党轮替后,台湾处于"分裂政府"时期,行政与立法间的紧张关系较政党轮替前,国民党掌握行政权及立法院多数的一致政府高出许多,很多重大政治问题无法达成一致,司法便成为政治"外溢"的管道,这时就需要"大法官"发挥积极主义的风格来定纷止争。如在"释字第585号""真调会"案中,逐条检验"真调会条例"的"合宪性",对"违宪部分"宣告立即失效;在"释字第613号""NCC独立机构案"中,采取严格的审查标准,对"NCC"设立的目的与手段的关联进行实质性审查;在"释字第645号解释"中,"大法官"立场明确,未回避对"公投立法"的审查,对争议条文逐项进行解释。

虽然对于政治议题极强的案件,"大法官"曾采政治问题理论直接回避,如"释字328号领土范围案";或不回避但也不为实质性审查,如"释字520号核四停建案","大法官"未回避,但也未作出"合宪"或"违宪"的宣告,而是提出诸多参考方案。但是,总体而言,"大法官"自"释字520号解释"后,似乎扮演起协调者的角色,另订"游戏规则",对政治议题转向更为积极的态度。

(三)"司法积极主义"的滥觞风险:"释宪台独"

政治权力竞逐者有扩大自身权力的倾向,但在现在的法治型统治系统里,每个权力者不可能进行赤裸裸的操作,而是会用尽一切办法找出一个法理上的论述,从而隐藏其政治动机,进而满足其政治发展需求。"司法积极主义"即潜在暗藏着这一滥觞风险,以当前民进党执政的大环境来看,其很有可能会通过"法理台独"来实现其政治主张。

如今,民进党当局在岛内实现"全面执政"且民意结构较马英九时期也出现较大改变,民进党当局在这一时期通过"司法院大法官"个案解释的方法推动"释宪态度"的可能性极大。自"亲绿"派学者许宗力接任"司法院院长大法官"后,可以看出,当前"大法官释宪"的速度明显加快,从而改变"大法官"解释"慢半拍"的局面,暗合民进党当局的政治表态。尤其值得警惕的,即是如果蔡英文连任,其任期内将会提名15位"大法官",未来很可能会在第二轮大法官的人事变动后推动"释宪台独"。"大法官"已在岛内拥有高度的政治权威，其解释已受到岛内主要政治势力的尊重和认同。一旦"大法官"通过大量的法律辞藻来包装"台独"活动，将会对两岸关系产生实质性的危害。

"释宪台独"具有高度隐蔽性。正如笔者在前文所提到的，"大法官"因司法独立性的加持，显得"神圣不可侵犯"，更容易让各方忽略其根本的政治动向。"大法官"已作成多号涉及两岸关系的解释，虽然总体上是站在一个中国的立场，但也可以发现在陈水扁和马英九不同领导人执政时期态度的摇摆。因此大陆方面必须提高警惕，以维护一个中国原则，坚决遏制一切形式的"台独"活动。

民調在選舉中的角色

黃信達

一、民調及技術的起源

民意調查在政治學的理論基礎支撐乃是基於統治需求，尤其是相關的多數統治理論、主權在民、人民諮商的論點。然而民調的發展關鍵是由於民主國家政治環境變化、大眾傳播媒體的興起與多樣化、學術上政治學、統計學、心理學與社會學的興起，尤其是政治學中的政黨選舉投票相關研究領域興起，並且進一步運用統計學的抽樣與迴歸等相關技術為基礎，整合心理學、社會學等相關學門的技術來進行投票研究。1913 美國洛威爾（Abbott Lawrence Lowell）出版的《民意與政府》（Public Opinion and Popular Government）[1] 以及 1922 李普曼（Walter Lippmann）出版《民意》（Public Opinion）[2] 可以視為為相關領域最早的專門著述。美國史上第一次的民調，應該是美國政府所屬人口普查局（United States Census Bureau）在 1790 年根據美國憲法規定，做了美國歷史上第一個有系統的民意調查。之後由於美國眾議院的議席需按人口比例提升，於是美國人口普查局透過收集國民的性別、種族、年齡、階層等基本資料，先後做了不同規模的民調。[3]

至於因為媒體對選舉過程預測、與結果的新聞報導需求，可以追溯早至 1824 年美國總統選舉時，《哈里斯堡賓州人報》（Harisburg Pennsylvanian）使用"模擬民調"（Straw Polls），該報採行詢問過路行人，他們會投給當時參選總

---

* 黃信達，東海大學政治系助理教授。

① Abbott Lawrence Lowell, 1913, *Public Opinion and Popular Government*. New York: Longmans, Green, and Co.

② Walter Lippmann, 1922, Public Opinion. New York: Harcourt, Brace and Co.

③ 尹子軒、曾朗天及孫超群，2016.11.24，《數據惡果：美國大選民調故事》，https://global. udn.com/global_vision/story/8663/2126325。

統的亞當斯（John Quincy Adams）、克萊（Henry Clay）、克勞夫德（William H. Crawford）或傑克遜（Andrew Jackson）？並於詢問後計算推估該次選舉結果；稍晚北卡羅來納州的羅利星報（The Raleigh Star）也運用相似手法進行了模擬調查，可以視為媒體民調的濫觴。① 此後的各項選舉中，美國許多報紙常執行這種"模擬民調"來作為選舉預測的方式，但方法大多草率、隨便且不具科學性。但自1916起《文學文摘》雜誌（Literary Digest）開始採用讀者回函的郵寄問卷方式來預測美國總統大選，並且頗為精確地預測美國1916、1920、1924、1928和1932年的總統選舉結果，文學文摘所根據的理論想法是所詢問的選民數量愈多（回函數），則預測的結果愈可靠，而文學文摘因此寄給全美雜誌訂戶、電話及汽車用戶，透過讀者回函收集了上千萬份回函的樣本，並予以統計結果來預測結果，只是在1936年文學文摘的總統選舉調查中，即便其收回的問卷中有二千四百萬份表示要現任的羅斯福（Franklin D. Roosevelt）總統離開白宮，但是開票結果，羅斯福反而以60%的票數獲得壓倒性勝利。② 文學文摘此次的選舉結果預測失敗，導因於因為自願性樣本問題的影響，也等於宣告了"模擬民調"這種非科學抽樣方法的沒落。相對的，在同一次選舉中，統計學者埃爾摩羅珀（Elmo Roper）和喬治蓋洛普（George Horace Gallup）所創立的蓋洛普商業民調公司卻以統計學分層系統隨機抽樣的方法，收集了約五萬份的樣本，正確的預測了民主黨籍的羅斯福（Franklin D. Roosevelt）的連任，正式確立他們在政治民調的地位，以及現代統計科學抽樣做為民意調查基礎的調查方式。③

　　隨後，隨著統計學抽樣技術的提升與進化，學術研究對投票選擇的課題興趣投入，使得對於投票與民意調查的理論基礎提出，如1960年《美國選民》（The American Voter）④所提出的漏斗模型或1985年軒尼施的《民意》⑤提出可以從理性主義的途徑、幼兒成長的途徑、社會組織的途徑、經濟決定論的途徑等等來研究民意形成等。再加上媒體對選舉結果新聞報導與預測需求因為電視傳媒興起而更加催化，當然最根本的是政黨及候選人對選舉的勝選追求，開始在競選中使用民意調查來做為競選輔助工具，使得民意調查在選舉中的角色日趨

　　① 陳陸輝主編，2013，《民意調查新論》。臺北：五南出版，頁10；鄭紅主編，2012，市場調查雙語教程。北京：中國財政經濟出版社，頁44。

　　② 陳陸輝主編，2013，《民意調查新論》。臺北：五南出版，頁10。

　　③ 陳陸輝主編，2013，《民意調查新論》。臺北：五南出版，頁11；尹子軒、曾朗天及孫超群，2016.11.24，《數據惡果：美國大選民調故事》。

　　④ Angus Campbell, Philip E. Converse, Warren E. Miller, Donald E. Stokes,1960, *The American Voter*. New York: John Wiley & Sons, Inc.

　　⑤ Bernard C Hennessy, 1985, Public opinion. Monterey, California: Brooks/Cole Publishing Co.

重要，並且影響擴及多數民主國家，成為民主國家選舉投票中不可或缺的要角。

二、傳播媒體與民調

傳播媒體的出現源自於人們對於資訊的需求，而新聞媒體在從平面報紙，發展到無線廣播與進化到電視乃至網路的過程中，其傳播運用介面也從平面文字圖像發展到影像聲音，而少數具有高資本投入的製作播送機構，如今也因為網路、手機、電腦、影音編輯軟體等的科技條件配合，發展成為社群乃至個人都可能成為新聞資訊來源發送端。

觀察媒體的發展與傳播內容，吾人可知從最早初平面媒體的出現伊始，西方國家的政治生活中的選舉，理所當然的成為媒體報導的重要內容之一，政黨與政治人物的政策論述需要透過媒體傳播給選民，而媒體也需要訂戶與穩定閱聽收視戶，因此從媒體最原始的動機來看：收視率等於廣告收入，選舉過程中賽馬式報導（horserace journalism）以及搶先的獨家選舉內幕則能吸引收視率。也因此在選舉期間，媒體對選舉過程的新聞報導成為必然自不在話下，然而只是報導政黨的政治主張與政策，候選人背景軼事與政見議題主張或辯論，在媒體競爭日趨激烈的過程中，上述內容自然而然的並不能滿足媒體的需求，也因此，當民調技術能在選舉過程中提供選舉結果預測，更大程度滿足媒體賽馬式報導的需求時，自然如果基於利益與成本衡量許可下，媒體便存在設立自有民調中心或者委外進行民調以取得"獨家選情"賽馬式民調報導（horse-racing poll）的誘因與行為。

雖然媒體對於選舉的報導以及偏好報導選情預測民調的行為可以從媒體最原始的動機"收視率等於廣告收入"獲得理解，然而在選舉年由選舉民調打頭陣的相關媒體新聞報導，這種將報導重點，放在參選人中誰輸誰贏的觀察面向上的傳統風格賽馬式選舉新聞，這樣的報導方式，固然可以維持選舉熱度，帶動民眾的政治參與熱誠。但是也被學界認為如果將選舉新聞的所有報導重點，都放在候選人的輸贏動態上而忽略了政策議題及更深入的政策內涵釐清與辯論報導，則民主選舉的意義，也就被扭曲及窄化成激情的競賽活動，而失去了選舉本身選賢與能的本意與媒體的社會責任。

關於媒體的社會責任（social responsibility theory），其內涵說法因其源自威權主義（authoritarianism）、古典自由主義（libertarianism）、社會責任論、蘇維埃共產主義（Soviet communism）四大不同政治哲學思維理論依據差異，而分別反映出媒體與政府、市場、公民社會之間的不同關係。① 簡而言之，如果從媒體的角色行為表現與規範可以概略歸納呈現為下列幾種典型行為特徵，1. 消極中立：單純的、忠實的傳遞資訊，其中不夾帶任何價值判斷。2. 監督聲刺（watch-dog）：媒體自詡站在人民這邊，做為第四權制衡權力的看門犬。3. 傳聲筒（guard-dog）：媒體作為被視為維護特定權力者或團體的警衛犬。4. 角色搖擺的（lap-dog）：媒體行為被認為是為求利益與生存，迎合權力中心的哈巴狗，牆頭草。

在民主國家，基於古典自由主義（libertarianism）或社會責任論的觀點，媒體常常被期待行為應是積極的監督聲刺或至少消極中立單純的、忠實的傳遞資訊。然而資本主義自由市場競爭下的媒體環境，往往使得這種古典自由主義的期許難以實踐。1980 年代美國若干報紙開始反省賽馬式選舉新聞的缺失，發動了被稱為"公共新聞報導"或"公共新聞學"的革新運動，並迅速引發熱烈回響。原因是 1988 年美國總統選舉，候選人對於負面競選策略（negative campaign strategy）的運用達到高峰，造成許多美國公民對選舉活動的疏離。因此主張公共新聞報導的學界及新聞實務界人士更認為，如果美國媒體還是將選舉新聞的報導重點，單單聚焦在候選人如何取勝的單一觀察面向上，只會更加深美國選民對選舉的失望與提高選民政治冷漠與疏離（political alienation）情形。②

臺灣的媒體在黨禁報禁解除之後，新聞傳播媒體更加的蓬勃發展，而臺灣各種選舉頻繁，即便 2014 年後的選舉週期整併，也仍是每兩年便會有一個大型選舉週期，所以自從 1986 年趙少康、丁庭宇等於 1987 年發表第一次"民眾對『中央政府』首長施政表現滿意度民調"，引起社會廣泛的注意後，等於開啟了日後臺灣民意調查蓬勃發展的序幕。③ 而 90 年代起臺灣媒體因為新聞競逐也紛紛成立自己所屬的民調部門，平面媒體例如中時、聯合報，而電視媒體例如 TVBS、中天、東森、年代等，然而隨著時間的演變，當商業民間公司與學界民調中心也逐漸出現，媒體民調部門維持效益低落時，我們也見到有些電視媒體

---

① Fred S. Siebert, Theodore Peterson, and Wilbur Schramm, 1979, *Four Theories of the Press: The Authoritarian, Libertarian, Social Responsibility and Soviet Communist Concepts of What the Press Should Be and Do.* Champaign, IL: University of Illinois Press.

② 胡幼偉 2014.02.21，《媒體評論－不該只有賽馬式選舉新聞》，《中國時報》，http://www.chinatimes.com/newspapers/20140221000901-260109

③ 陳義彥、許志鴻、盛杏湲，1995，《民意測驗》。台北：華視文化事業股份有限公司。頁 53－54。

將民調部門給分割出去，但是不變的是媒體對於選舉賽馬式報導並未稍緩或停歇。

由於大眾傳播媒體在資訊傳遞效果上，普遍具有議題設定、沈默螺旋、預示效果、形象設定等等效果，而媒體本身儘管其本質是商業逐利的，但是在政治上能難免發展出特定的政治意識形態偏好，不論此種意識形態偏好的產生是因為基於特定利基市場（niche market）佔有選擇，亦或是基於經營主導者本身政治立場偏好所致，臺灣大眾傳播媒體現今幾乎都已經發展成偏好支持特定政黨或特定意識形態的情形。[①] 此種情形並非臺灣媒體所獨有，美國或多數民主國家亦然。但是臺灣近幾年，在藍綠對立政治分為與統"獨"議題框架下，所出現比較特出的現象則是媒體不論基於本身利基市場亦或是基於經營者政治立場，卻開始出現試圖主導選舉議題主軸甚至影響選情的行為，此種現象不一定只是在選舉新聞偏好特定政黨，由時乃至特定黨內派系、特定候選人，而除了透過新聞解讀視角，標題下標等方式外，民調資訊的公布或透過專訪造勢也常成為運用工具的選項。這也導致我們常可以觀察到不同電視媒體公布的相近時間點的選舉民調數字可能出現對立結果，而事實上此種情形現今很難單純以誤差來自於媒體機構效應（house effect）解釋來帶過。關於選舉民調從單純提供賽馬式報導功能，延伸出"丞相，起風了！！"的現象（亦即新聞媒體嘗試報導的"帶風向"功能），例如近的來看，對於 2018 年台北市市長選舉議題，一般而言民視與三立一樣被一般認知為傾向偏好泛綠政黨，但是兩家對於對柯文哲新聞態度與新聞量便有所不同，對於民進黨是否提名抑或禮讓柯文哲似乎也呈現不一致偏好。遠一些的則較為經典為自由時報 2005 臺北縣長與 2006 年高雄市長選舉期間公布選舉民調行為，乃至 2010 年 ECFA 假民調風波案。2005 年自由時報在台北縣長選舉中，分別於選前當月 11 日公布民調新聞，指稱民進黨及羅文嘉民調支持小輸國民黨周錫瑋，以及與 11 月 30 日（投票日為 12 月 3 日）民調新聞指稱羅文嘉與周錫瑋選情膠著，在誤差範圍內，中間選民成決定勝負關鍵。[②]2006 年高雄市長選舉則是於 12 月 6 日報導稱自家民調結果顯示，民進黨候選人陳菊與國民黨候選人黃俊英支持度相當，12 月 9 日投票日報導稱"高雄市長方面，陳菊與對手呈現五五波，勝負將在兩萬票內，只要催出票源就能勝

---

① 　由類似這篇報導中，自由時報於報導中直接指明聯合報為"偏藍媒體"可窺知一般。自由時報電子報，2018.05.31，《吊詭民調 林佳龍連任看好度、盧秀燕支持度都是 39%》，http://news. ltn.com.tw/news/Taichung/breakingnews/2439457。

② 　自由時報電子報，2005.11.30，《本報北縣民調 全國最大縣 選情膠著》，http://news.ltn. com.tw/news/focus/paper/45800。

利"。^①自由時報公布民調爭議在於它自己本身當時並無民調中心，而且公布民調結果內容與當時多數機構結果都相反，被質疑為替特定候選人"催票"。而自由時報 2010 年 ECFA 假民調風波案，則可以視為是新聞媒體因為各自立場差異，對彼此公布民調資料的公開質疑論戰的開始。該案源自於自由時報所發佈對"雙英 ECFA 電視辯論"會後雙方表現與民眾對 ECFA 支持看法的民調，與島內外媒體所作民調數字顯示差異過大，中國時報率先發新聞質疑自由時報違背媒體專業與道德，製造假民調，誤導、欺騙泛綠民眾，引起兩報新聞論戰，聯合報及電視名嘴也予以批評，自由時報提訴，但最訴訟因法院認其無常設民調中心及品質堪慮而敗訴。^②比較令人失望的是臺灣媒體並未能自此提升調查數據品質，反而更肆無忌憚，2012 "大選"，眾家媒體發佈民調數字的數量與頻率，從該年 7 月份到 11 月份，至少有超過 130 份的民調被公開。^③此外，媒體透過開設政論節目來"造風"也成為常見，媒體的 Call-in 投票早已成為製造假民調的溫床，而比較特別的是透過媒體專訪的形式創造"同溫層"，如宋楚瑜的2012 年及 2016 年的參選，年代電視台謝震武主持的《新聞面對面》專訪，也常被認為是年代高層授意為宋楚瑜參選以及選舉的推波助瀾。儘管臺灣相關選舉法規至 2007 年便已完全禁止選前 10 天公布民調結果，但是並不能改變媒體對於選舉民調的熱中，或對於重大政府政策，施政滿意度，社會議題使用媒體自己的民調來作為報導的行為。

① 自由時報電子報，2006.12.06，《最新民調：陳菊黃俊英 支持度相當》，http://news.ltn.com.tw/news/focus/paper/105513；自由時報電子報，2006.12.09，"超級決戰日 北高都沸騰"，http://news.ltn.com.tw/news/focus/paper/105962。

② 中時電子報，2010.04.28，《〈自由〉民調做假——應釋疑昭公信》。http://www.chinatimes.com/newspapers/20100428002989-260107；中時電子報，2010.04.28，《電話轉不到自由時報有民調中心嗎？》，http://www.chinatimes.com/newspapers/20100428002965-260107；自由時報電子報，2010.04.29，《中時又來了 ECFA 民調結果不同就質疑本報》，http://news.ltn.com.tw/news/focus/paper/391631；聯合新聞網，2010.04.29，《社論：聯合報黑白集，不可汙蔑自由時報》，http://tx.liberal.ntu.edu.tw/~purplewoo/Literature/!Methodology/!SurveyCaseStudy/%E8%87%AA%E7%94%B1%E6%99%82%E5%A0%B1%E5%8F%AF%E6%AE%BA%E4%B8%8D%E5%8F%AF%E8%BE%B1%20%20%E7%A4%BE%E8%AB%96%20%20%E6%84%8F%E8%A6%8B%E8%A9%95%E8%AB%96%20%20%E8%81%AF%E5%90%88%E6%96%B0%E8%81%9E%E7%B6%B2.htm；ETtoday 新聞雲，2012.07.13，《自己編數字？罵〈自由〉假民調 董智森勝訴定讞》，https://www.ettoday.net/news/20120713/74107.htm；蘋果日報，2012.04.17，《批〈自由〉假民調 董智森勝訴 法官：無設民調中心 真實性可懷疑》，https://tw.appledaily.com/headline/daily/20120417/34164740。

③ 潘建志，2011.12.10，《總統大選合格選民必看——台灣媒體操弄民調，3 個集體心理學的騙局》，http://billypan.pixnet.net/blog/post/37230893。

三、政黨候選人對選舉的勝選追求

民調於政黨及候選人在選舉的勝選追求上所扮演的角色，隨著學術上政黨選舉相關理論的發展以及統計民調技術的日益提升，其角色也越趨重要。就政黨而言，在選舉過程中，初始的動機可能是單純的選情掌握，作為政黨輔選排序與資源分配依據的參考，而對於掮客型政黨（broker party）而言，由於其運作主要是說服選民該黨候選人為最有能力滿足並落實選民政策需求之經理人，故而在政黨產生候選人的黨內初選中，運用民調方式輔助甚至是決定產生被提名候選人就變得理所當然與被容易被理解。有趣的是對於理念型政黨（missionary party）諸如國民黨或民進黨，黨內初選決定提名候選人人選，卻也越來越倚重甚至是由全民調來決定，這在理論本質上已經違反該使命型政黨選擇候選人應選擇最能宣傳並推行落實政黨理念的黨員，以求執政或擴大政黨群眾加入支持。在臺灣，國民黨早年由關中引進美國黨內初選制度時，原意是因為要落實對地方派系進行派系替代策略與"吹台青"政策過程中，權衡黨中央屬意之形象清新青年才俊與黨內地方派系候選人優勢差異，利用於黨內提名過程引入民調可以有利於"空降"之候選人與地方派系候選人之黨內競爭。演變到後來，當國民黨中央對地方派系或黨內候選人節制甚至協調能力下降後，民調作為提名所倚重之機制，則是成為國民兩黨黨務系統解決黨內競爭提名，甚至跨政黨合作提名時的"公平遊戲規則"，所以我們可以看到 2014 年民進黨與柯文哲在台北市的透過民調來決定參選方誰屬，用以合作共同對抗國民黨台北市長候選人，而今年國民黨台中市市長提名盧秀燕與江啟臣之爭，盧秀燕以支持度 50.308% 以僅高於江啟臣（49.692%）的 0.616 個百分點而取得國民黨的提名，代表國民黨參選台中市長。[①] 由於雙方差距在誤差範圍內，但是因為國民黨中央提名協調小組開會時就協議，以民調結果作為提名依據，民調結果高者勝出。此例便可以充分說明，在臺灣的理念型政黨運用初選民調做為提名，不見得是在意民調的準確性，因為就調查常識而言，誤差範圍內的調查數據，就是相等之意，而三家調查數據平均也非常規學術解讀統計數據方式，但是就"一個共同接受遊戲規則"而言，卻是可以接受的。而民調對臺灣的政黨尤其是黨紀日益削弱的政黨，也就更形重要，因為其不止是協助提供了黨內提名公平性，降低黨員分裂或脫黨參選問題，也使得黨內初選民調成為政黨提名替政黨對內對外取得正當性甚至造勢的工具之一。當然，選舉民調做為選舉欺敵、打擊對

---

① 中央通訊社，2018.02.09，《藍台中市長擬提名盧秀燕 江啟臣民調輸 0.6 個百分點》，http://www.cna.com.tw/news/firstnews/201802090071-1.aspx。

手工具，或做為凝聚支持者避免棄保（包含操作棄保）、動員游離選民工具，也見諸於臺灣的選舉過程中，不論是夜路吹哨狀聲勢，還是利用游離選民容易在投票上有依偎效應（coattail/ bandwagon effect）催票或提高投票率行為，甚至是企圖以假民調來影響選舉賭盤進而影響選舉結果等，[①] 在臺灣歷次選舉中並未少見。比較知名的或爭議性的，例如 2000 年"大選"，李登輝授意時任台北市長兼國民黨秘書長馬英九與劉兆玄選前之夜造勢晚會公布連戰民調高於宋楚瑜，便被認為是公布假民調，而導致宋楚瑜敗選。[②]

就投身選舉中的候選人而言，民調扮演的角色，從美國歷年總統大選中，我們便可以知道，在美國的競選輔選已經發展成為一項專業職業，而有別於宣傳目的，民調主要被用來作為候選人競選策略擬定、執行過程結果評估、策略修正依據等功能，也就是扮演"三發修正歸零射擊"的功能。從候選人投入選舉與否，便透過民調評估釐清選民的類型與如何吸引選民的青睞，提供選民關注政策議題項目及偏好態度，在競選過程中，針對重大議題或競選活動，候選人行為表現的民調則用來修正調整小從候選人造型大到候選人政見論述內容以及決定廣告投放等，幾乎都相當的依賴民調作為取得可靠評估資訊的工具。在臺灣，類似美國總統的選戰運用民調方式，比較常見於高層級的選舉競選中，主要是民調所費不貲的問題，而越地方層級的選舉，對民調此種科學化選舉資訊取得方式的依賴就越低，有時候往往整個過程中候選人只在選前一週做個民調，試圖"預知"即將到來的選舉結果。然而，就民調的本身特性，例如成本、時效、誤差控制等考量而言，一個常見基於 95% 信心水準誤差控制在正負 3% 左右的民調，並不一定能完全滿足各種不同競爭激烈程度的選舉需求，所以比較能理解的是，一旦當政黨與候選人願意將所費不貲的民調結果公布"分享"給大眾或對手時，其動機便值得留意，數據的解讀也宜應保守以待為宜。

四、學術研究對投票選擇的課題興趣

民調對於學術研究運用而言，主要目的可以分為兩大類，一是在選前進行的民調，其重心與關注焦點主要在"建立事前預測能力"，也就是不管是作為發展民調預測技術，亦或是選舉投票理論的驗證發展。另一類則是選後進行的民

---

① 聯合新聞網，2018.03.07，《社論：聯合報黑白集／詐騙島特色的民調》，https://udn.com/news/story/7338/3018625。

② 聯合新聞網，2018.01.31，《看民調烏龍 宋楚瑜：若當年沒有假民調我總統早當完》，https://udn.com/news/story/6656/2960110。

調，目的主要多是"建立解釋現象能力"作為民主理論的增益，或是對選舉投票相關現象來提出解釋與理論建立。於由學術研究本身的特殊性，所以學術單位進行的民調往往會強調嚴謹與科學性，即便在選前的調查也會盡量避免影響選舉結果，與媒體或政黨的民調目的需求本質便相去甚遠。

如前所述一般而言，依研究時間角度來區分學術研究使用的選舉民調，可以區分為 1.事前預測 2.事後解釋。在事前預測部分，較常見的除了選前電話民調外，還有出口民調（票站調查 exit poll），在美國出口民調是常見的調查方式，雖然昂貴，但因為出口民調的效果好，又能克服美國東、西部的州時差問題，比選務單位更能即時掌握開票與選情的發展，在臺灣，則 2004 年 TVBS 曾與學術單位合作進行過，但因為臺灣特殊民情，後來並未再持續。不論如何一般而言，選前民調基於事前預測，重點主要在建立有效預測模型。至於第二大類，且佔選舉學術研究民調的絕大多數比例的是事後解釋，此類調查研究重點在探求影響投票行為因素與理論建構。例如著重理論建構的相關研究方式有選民結構預測模型（The Structure of Electorate Predictive Model）、政治版圖預測模式（Aggregate Data Assisted Predictive Model）、因果關係漏斗預測模型（Funnel of Causality Predictive Model）、候選人形象預測模型（Candiate's Image Predictive Model）、簡單模型分析（"Simple" Model）、選民需求指標分析模型、情感溫度計（Feeling Thermometer Model）、特質調整模型（Joined Idiosyncrasies Adjusted Model）等等，而著重統計應用的研究則有 L O G I T 預測模型、貝氏多階段比例推估模式（Bayesian Multi-stage Imputation and Estimation）、區辨分析模型（Discriminant analysis）、整合分析（Meta Analysis）、模糊統計分析模型（Fuzzy Statistics Model）、基因分析（Genetic Algorithm Model）、趨勢線分析（Trendline Model）、區隔分析應用模式（CHAID, Chi-Squared Automatic Interaction Detector）、選樣偏誤模型（Selection Bias Mode）等等。[1]

綜合來說，一般學術對於選舉與投票行為研究至少包含有四大課題：（一）影響選民投票的變項為何？如何測量？（二）變項間的關係為何？權數是否固定？（三）選民評價候選人法則為何？存在一個或多個主要通則？（四）選民投票決策過程為何？最佳（optimal choice）V.S. 最喜歡（most favored）及衍生的投票與否和策略投票問題等。

---

[1] 黃信達，2006，《我國選民投票行為模型之檢視與重構：以三次總統選舉為例》，政治大學，博士論文，頁 12—36。

五、小結

由前文的簡述，我們大致可以理解到，在臺灣，民調在選舉中扮演的角色會因為不同的需求者而由不同的功能與角色扮演，撇除商業行為不論，大眾傳播媒體與政黨、參選人對於民調的角色功能定位便不盡然相同，也因此運作的方式與呈現的效果便會呈現出不同的樣貌，這是吾人在觀察臺灣選舉中的民調宜應留意的地方。

隨著網路的發展，繼媒體數位化之後而來的是媒體社群化社群媒體的興起，其所具備的一些特性，對於選舉中的民調將會有一些影響，例如網路社群的越趨多元化，每個人都可以發聲、每個人都可以是意見領袖、每個人都有機會創造社群，自媒體的衍生也因此社群越來越多元，而組成的成員也越來越多元。其次，網路使得訊息不再受制於時間與距離，訊息分享速度持續增快，訊息傳播不受限制。並且只要曾經在網路上留下內容，幾乎是不會消失，而且留存的訊息是非常容易被找到的。易而言之，社群媒體的一大功能即是：因具有即時、互動和資訊易獲得的特性，而容易產生病毒行銷效果，而從社群媒體的背景資料中產生的訊息則能供更多更深入的分析運用以提供更多的訊息，也就是所謂的"大數據"概念。柯文哲 2014 年在台北市選舉競選過程，便被視為是這些特性的顯例，其大量依賴從社群媒體取得的調查背景數據作為選策調整依據，當然美國川普的競選過程也更突出了未來民調在選舉中的角色，不論是強化或技術的挑戰，還是媒體應該如何看待民調才是正途的思考。

中国古代负面界定
——民法三大原则的法文化思维

李显冬　薛璟*

一、法律在本质上是一种包含人文内容的制度及文化行为规范

（一）儒家文化"导民向善""禁人为非"均"于礼以为出入"

1. 中国古代民事法律规范零散而不系统。

中国有民法典的历史很短，在中国古代专制主义制度下，自然经济"重农抑商"使中国古代法缺乏制定民法典的制度需求，历朝历代的统治者立法的主要着眼点都放在维护王权及其封建专制的国家统治上，而仅将私人之间的利益冲突视为"薄物细故"，"对民事案件经常以调处代审理，调处不决才允许起诉"，[①]致民事法律规范零散而不系统。

从思想文化角度看，反映大一统专制的政治要求使得以经验主义著称的律学缺乏抽象思辨的内涵，只能礼乐行政综合为治。因此，中国古代的县官们是像父母处理子孙们的争执那样，是用道德教诲子民，使他们明白道理，而并不都要依法律来判案，是为"以德治国"。

2. 中国古代道德与实用文化双重矛盾影响下的"实用道德主义"。

在中国古代州县官们的审判活动中，通常受到道德文化和实用文化的双重影响，这两种文化的矛盾结合，被黄宗智称之为了"实用道德主义"。[②]一方面，在儒家思想的灌输下，"无讼"的理念深入人心，因此中国古代民事诉讼并不

---

* 李显冬，中国地质大学（北京）特聘教授、澳门科技大学博士研究生导师、中国政法大学国土资源法律研究中心主任。薛璟，中国地质大学（北京）法律硕士研究生。

① 张晋藩：《再论中华法系的若干问题》，载《政法论坛》1984年2月。

② 黄宗智：《民法的表达与实践：清代的法律、社会与文化》，上海书店出版社2001年版，第209页。

多，即使民众鼓足勇气向县衙提起诉讼，也会因为各种原因——诉讼外民间调处作为事实上的诉讼前置程序，使大部分案件在县官审判前就能得到解决；另一方面，县官在审理案件时，虽说受到正律中条文的限制，但是只要不违反正律，县官对于其判案可适用的法律渊源有极大的选择空间，"先例"作为实质意义上的判例法在中国古代法律渊源中占据了主导地位，"情理"二字构成了旧中国指导纠纷处理的基本准则或理念。①

这样一来，官方法庭不必承担相当多的民事诉讼纠纷解决的责任，不必花销更大的行政及司法资源，亦毋须制定周密详细的民事法典。②

（二）中国古代特有的诸法合体的法律规范大系统

1. "有法依法，没有法律依习惯，没有习惯依法理"。

清末改制时我国才开始起草民律草案，虽然其是清末移植西方法律制度中最重要的内容，在当时也并未颁行一部《民法典》，而只是产生了一个《大清民律草案》，加之清王朝很快被推翻，使得《民律一草》从未正式颁布实施。由于中国古代一直没有产生正式的民法典，导致法学家们对中国古代民法逐渐形成了一种误解，并很快在中国法学界占据了统治地位，甚至在今日，中外仍旧有很多学者认为中国古代历来就是"诸法合体、民刑不分"，从而抹杀了中国古代民法的内在法律规范系统。

在各种法学著述依"诸法合体、民刑不分"这一模式来阐发或论述中国法律的发展历史时，多从两个角度来说的：一是指民法是与刑法同编在一部法典之中；再就是指，有关民事诉讼，如户婚、田宅、继承等社会关系的调整都是通过刑罚手段来进行的。③而我们今天论及"民法"，一般都是指近代法律体系中的一个以系统完整的民法典为其表现形式的、以权利为本位的基本法律部门。因此很多学者都坚持：在中国传统的国家制定法系统内，是很难找到其完整的对应部分的。④如果仅从中华法系的"正律"如《唐律》《大清律》等中寻找，其中能称之为民事法律规范的规定当然相当有限，但是在《大清民律草案》和《中华民国民法典》中却都曾明文规定：民事法律关系，有法律者依法律，没有

① ［日］寺田浩明：《日本的清代司法制度研究对'法'的理解》，载《明清时期的民事审判与民间契约》，法律出版社 1998 年版，第 121—122 页。

② 参见［日］滋贺秀三：《中国法文化的考察——以诉讼的形态为素材》，载《明清时期的民事审判与民间契约》，法律出版社 1998 年版，第 77 页。

③ 郭成伟：《中华法系精神》，中国政法大学出版社 2001 年版，第 49 页。

④ 张生：《略论民事习惯在民初司法中的作用》，载《人文杂志》2001 年第 4 期，第 20 页。

法律依习惯，没有习惯依法理，①可见中国古代民法渊源形式之多元。

2. 中国古代有广义的实质意义上的民事法律规范系统。

（1）没有《民法典》并非就没有民事法律规范系统。

二十世纪八十年代，国内学者冲破了旧观念的束缚，把法律史研究的视野投向民法领域，并逐渐意识到对中国古代民法的研究不能仅限于在官方的正式法律制度之内。其中，张晋藩老师即认为，中国古代"民刑不分的是它的法律编撰体系，而不是它的法律规范体系"，中国古代的法典编撰体系是民刑不分的，但是并不能由此即认为，它的规范体系也是"民刑不分的"。②且法律史研究中对正律以外的大量史料的考证更说明，既然中国古代存在着繁荣的国际和国内贸易，那么存在调整这些商品交换关系的大量的行为规则和裁判规则亦不容置疑。只要转换思路，从实质意义上的民法角度来看问题，就不但可以发现中国古代民法的实在体系，而且可以概括出其特有的调整模式。③

（2）中国古代民法的广义的实质意义上的法律渊源表现形式。

要想彻底解决中国古代究竟有无民法的争论，首先要解决的就是究竟何谓"中国固有民法"的问题，亦即要搞清中国古代民法的法律渊源是以何种形式表现出来的。

古人针对当时的社会需求，建立起了比较完善的调整有限的商品经济的法律规范系统，当然也包括其他各种各样的调整特定社会领域的法律规范系统。这样的一个个的法律规范系统，交叉重叠，相互联系，最终构成了中国古代封建社会的特有的诸法合体的这个"寻求自然秩序中的和谐"的法律规范的大系统。

（三）仅以民法典来定位自忽视了其中传统文化的深刻影响

1. 中国古代"官有公法"和"民有私约"。

在质疑中国古代没有民法的问题上，可以从两方面来反驳。首先，中国古代虽无法典意义上的民法，但通过对大量史料的考证，可以发现其存在着被民间广泛接受的，并为国家所承认和保护的民事行为规范，特别是反映此类行为规范的法律思想。例如，"民有私约如律令"即"民间的私约具有如同官法的效

---

① 《大清民律草案》第一条："民事法律所未规定者，依习惯法；无习惯，依法理。"《民国民法典》第一条："民事法律所未规定者，依习惯，无习惯者，依法理。"

② 张晋藩：《从〈大清律例〉到〈民国民法典〉的转型》，中国人民公安大学出版社 2003 年版，第 2 页。

③ 李显冬：《试论中国固有民法的开放性体系》，载《杭州师范学院学报》（社会科学版）2003 年第 5 期。

力"之理念，[①]不但源远流长，而且得到了普遍认同。"如律令"之谓，就是官府、民间和道教三者相互影响、彼此融合的产物。民间缔结的"私约"具有近乎官府制定的"公法"那样高的效力，只是在调整的领域上存在差异，其强调"契约效力"的"至高无上"。这既是中国古代民间对契约的认识，也是中国古代社会对调整"薄物细故""户婚田土"关系之契约的功能、意义及重要地位的认识。[②]

另一方面，虽然中国古代法典被公认为"诸法合体、民刑不分"，但这并不意味着中国古代以刑罚作为民事法律关系唯一的调整手段，而是说明中国古代仅仅是将那些以刑罚为主要表现内容的正律，作为了民事活动的最基本的要求而已。中国固有民法的种种重要表现形式，在成文法规定所限定的框架内形成了一种自己特有的法律规范系统。

近代西方民法理念认为，商品交换的本质体现为法律行为中的"意思自治原则"。法律行为制度集中体现了私权可处分性的法律特征，个人在私法领域内，只要不违背国家法律的强制性或禁止性规定，就可以根据自己的意思，自由创设法律关系。

而中国固有民法虽没有明文规定"私权神圣"原则，但是，在现实商品交换过程中，人们仅将"正律"理解为一种作为民事活动底线的最基本的要求的话，其实就是告诉人们：凡是不违反法律和基本社会准则的那些"薄物细故"，都是百姓可以去做的事情。

2. 成文律例与习惯法及情理共同构成了商品交换的行为规则。

民法作为规范民众自治的法律，其主要目的不在指导或强制民众为或不为一定的行为，而在设定行为规范。当民事主体的行为合于规范时，就能得到法律的承认，就可以在必要时凭借国家的公权力来保障其实现自己的权利。因此，尽管西方法定主义的调整方式对法律关系要素的确定具有统一、明确等好处，但我们的古人却早已明白：国家的法律不可能、也没有必要对经济生活中的每一种行为都做出具体的规定，再庞大的法典也无法穷尽所有的法律关系。法律即不得不借助于各种禁止性的法律规定，规定出一个最一般的行为规则，使人们在社会生活中的各种行为都能受到法律的调整。从这个意义上说，中国古代的这种仅以正律作为一种民事活动底线的最基本的要求，在实定性的私法体系外设想和构筑的民事法律制度，具有法定主义方式所无法具备的法律调整功能。

---

① 范文澜：《文心雕龙注》，人民文学出版社 1958 年 9 月第一版，第 486 页。
② 张晋藩：《论中国古代民法研究中的几个问题》，载《政法论坛》1985 年第 5 期。

其不但可以为司法审判提供法律依据，而且可以弥补民事法律规范的疏漏与不足，故不失为一种调整社会关系的有效措施。[①]

二、中国古代独特的负面调整之价值理念与处事方式

（一）仅将"正律"理解为一种作为民事活动最基本的底线要求

中国古代的正律仅是一种作为民事活动最基本的底线要求，统治阶级是通过放任的"控制"方法实现的"外部的"制度保障，民事规范只有在具体的案例中才能够内在地得以彰显，中国固有民法是以成文的"律例"与不成文的习惯法和情理等"正律"以外的广义的民法渊源为其重要的表现形式，在成文法规定所限定的框架之内而形成的一种法律规范系统。

黄老的"无为而治"将国家权力适当排斥于私人生活之外，"纳赎"制度可补存和平衡靠刑罚处置民事纠纷的缺陷，凡不违法的"薄物细故"都属于百姓可以自行去做之事。以此为基础切入社会生活即符合人性，既可以实现了人的权利和自由即"个人自由"，又能带来社会竞争和社会正义即"公平"，也会达到那种"各归其所"的秩序状态即"秩序"。[②]

中国古代此种以"礼"给出模糊的，而又以"律"最终给予确定的行为规则，同样可以使民事主体懂得，如何才能合法有效地通过自己的行为去取得权利和设定义务。而且，再庞大的"正律正典"也无法穷尽所有的法律关系，说到底，这无非是法律为实现其对社会关系的调整的一种有效措施而已。

（二）民法规范大量掩藏在解决实际问题的定型化临时措施中

1. 在中国古代民法中今之所谓国家法只是整个法律构成的一小部分。

中国古代的调整商品交换的行为规范大量掩藏在解决实际问题的定型化临时措施"例文"之中。中国古代各朝的律例本身就是一个多层面的混合体。通过历史考察，在夏、商及西周三代，不成文的习惯法曾居主导地位，但除基本法典以外，中国历史上先后出现过的令、科、比、格、式、典、敕、例、指挥、故事等名目繁多的法律形式，作为成文法典的补充一直被用以全面调节和规范各方面的社会关系。

黄宗智认为：一般来说，《大清律》的"四百三十六条律比较道德化、理想化，而在清末的将近两千条的'例'则比较实际。对于那些由特定国家机构制

---

① 参见拙作《中国古代民事法律调整的独到之处》，《晋阳学刊》2005 年第 9 期。

② 易继明：《私法精神与制度选择——大陆法古典模式的历史含义》，中国政法大学出版社 2003 年版，第 200 页。

定、颁布、采行和自上而下予以实施的法律，即我们一般理解的所谓国家法，在以往，许多法学家不但主张只有这些才是法律，而且倾向于认为它们是全部的法律。结果，一个更广大的领域被忽略了，事实上，国家法在任何社会里都不是唯一的和全部的法律，无论其作用多么重要，它们只能是整个法律秩序的一部分。

2. 在国家法之外无疑还有各种各样其他类型的法律渊源。

广义的实质意义上的各种法律渊源不但填补国家法遗留的空隙，甚至构成国家法的基础。这样判断尤其可以适用于中国古代社会。①

何勤华先生也曾经指出：以清代为例，对那些律、例、习惯法和判例所未能顾及的领域，就得由情理来规范了。而且他认为特别应当注意的是，在中国清代的司法实践中，作为一种由国家审判机关适用的法律渊源，情理的内涵是非常丰富的。所谓"情理"既是司法审判的法源之一，更是法律适用的价值基础，其核心是"至公""至当"。他甚至认为，从形式上看，中国古代的情理与英国中世纪的衡平法十分相似。②

从对明清判读档案中实际案例的考察还可以知道，处理民间词讼所适用的法律是极富弹性的，中国古代的天理人情所带有的高度道德化的含义，在其法律制度的儒家式表达中，比在其实际运作中更重要。不管古代体现儒家理想的法律制度是如何规定的，在古代民事审判实践中实际起指导作用的是道理、实情、律例三者。习惯与法律、民间法与国家法的界限都十分模糊，③从某种意义上可以说，官府所适用的即是法律。

（三）中国古代民法不断修改和增补以回应社会现实的变化

1. 中国古代的礼法秩序使各种纷杂的法律现象变得井然有序。

中国古代的法律同时具有双重的使命与性格，一方面其既要维护一个基本上是"私有"的社会秩序，另一方面又得保护和贯彻一个本质上是去私的道德秩序，把在现代人看来，似乎是不能相容的两种东西却和睦地融为了一体。所以很多学者认为，其既不是道德也不是法律，当然更不是什么"民法"了，而将其称之为了"礼法"。④

坚持中国古代没有民法之观点的最大错误即在于，其把以法律关系为线索

---

① 梁治平：《清代习惯法：社会与国家》，中国政法大学出版社1996年版，第35页。
② 何勤华：《清代法律渊源考》，载《中国社会科学》2001年第2期，第126—128页。
③ 梁治平：《清代习惯法：社会与国家》，中国政法大学出版社1996年版，第19页。
④ 梁治平：《寻求自然秩序中的和谐——中国传统法律文化研究》，中国政法大学出版社1997年版，第246页。

的法典外在表现系统视为了唯一表达的形式，忘记那些潜藏在法律形式内的最终目的，忘记了编纂民法的目的到底是什么。我们以大清律为例，在中国固有民法中，其内容多掩藏在某条律文的中间或末尾，或者插在一条不起眼的例文里，再伴随着其他一长串的例文，随着律例不断的逐步回应现实的需要，这些例文也不断地增添，甚至其中有些例文会与律例原先的意图相悖，这就是所谓的"以例破律"或"以例废律"的现象。如果我们按照立法者只是提出了对问题的救济措施，也就是法仅为"定型化的临时措施"①的观点，将中国古代的"律例"跟中国古代民事法律制度的实际运作，联系起来进行考察，我们就很容易会发现，在实际运作上，中国古代固有民法最重要的部分乃是后来不断修改和增补的那部分内容，其无疑是对变化中的社会现实的实际回应。故而研究古代法律的实态，必须从例文的变化着手，也正是因为这个原因，晚近对明清民事档案资料的研究多把焦点投放到易受忽略的实际诉讼运行层面上。②

三、中国古代开放性的民事法律规范的体系形成

（一）极为成熟高度精致又具有自身内在价值的人类文明的体现

通过对古代律例的考察我们可以发现，仅对国家的所谓正律进行研究，非常容易使人产生一种错误的印象，不但容易使人以为其几乎从不过问民事法律关系；而且容易使人认为，即使县官受理了民事案件，往往也是仅凭自己的意思作行政上的处理，或只是居间调停，息事宁人，而无须依据律例进行判决。传统中国的固有民法与中国的民事审判可以说是人们从另一个方向上来设想和构筑社会的秩序，并将其发展到极为成熟、高度精致的产物，是另一种同样具有自身内在价值的人类文明的体现。③

（二）中国古代"以例辅律，以例破律"的历史传统的自然延续

要理解中国古代固有民法的深刻内涵，以及"理解正式律例与法律实践之间的关系，其关键在于把握律例与司法实践之间的联系"④，应该看到:在全国一致适用政府制定的采用刑罚来规制人们行为的正律的外表下，各州县的县官们

---

① ［英］密尔松:《普通法的历史基础》，李显冬等译，中国大百科全书出版社1999年版，第18页。

② 黄宗智:《民法的表达与实践:清代的法律、社会与文化》，上海书店出版社2001年版，第217页。

③ 王亚新:《关于滋贺秀三教授的论文》，载［日］滋贺秀三等:《明清时期的民事审判与民间契约》，王亚新、梁治平编，法律出版社1998年版，第98页。

④ 黄宗智:《民法的表达与实践:清代的法律、社会与文化》，上海书店出版社2001年版，第104页。

对正律的实际适用却因为结合当地的不同情形以及情理等理念而千差万别。正如英国著名的法学家密尔松所说的：“法律是临时应急措施的定型化”，^①亦即“所谓实在法的全部内容的各种制度本身、法院的结构和它们的程序，都是人决定的。它们并非是一种固定不变的秩序的组成部分”，^②所以事实上对于许多属于民法调整范围内的，但民法又没有明文规定的社会关系，任何国家都不得不通过判例的方式来予以调整，我国的许多类似情况就是通过最高法院对具体判例的司法解释即认可而来予以规范的。这其实是中国古代“以例辅律，以例破律”的历史传统的有意无意、自觉不自觉的延续。

（三）中国固有民法存在于一个包含有多个法律规范系统之中

我们再从法律方法论的角度来进行的考察，即可了解中国固有民法主要是用一种负面防范的表述方法，也就是用现代民法中那种“凡是不违法的就是合法的”的思维方式来界定民事法律关系的，这无疑就是一种权利和行为的开放调整模式；而如果以此再去看其规范财产关系的律例条文大多为禁止性的消极规范，就更明白了，中国古代的任何社会规范，原则上只要附有了法律制裁，就变成了法律的道理，显然这无疑就体现着法律责任的开放性。

从法律方法论的角度来看，所谓“出礼入刑”其实并非是说中国古代只以刑罚作为民事法律关系的调整手段，而是意味着，以刑法为其主要表现内容的正律仅仅是一种作为民事活动底线的最基本的要求而已。中国固有民法是在实定性的私法体系外设想和构筑市场秩序的。由于中国古代的民法无非是长期积累的临时应急措施的定型化，故民事法律规范大量掩藏在了律典的例文之中，这些无疑又都充分体现了法律渊源的开放性。

中国古代实施着多种法律渊源综合调整的法律规制方法。可以说，中国古代是自觉或不自觉地应用系统论的方法，形成了中国古代开放性的民事法律规范的体系，中国古代综合运用各种法律手段来进行法律调整，这显然又表现着调整手段的开放性。

四、结语

许多专家认为，《大清律》“户律田宅门”“盗卖田宅律文”的规定，清楚告

---

① ［英］密尔松：《普通法的历史基础》，李显冬等译，中国大百科全书出版社1999年版，第18页。

② ［英］密尔松：《普通法的历史基础》，李显冬等译，中国政法大学出版社1999年版，第84页。

诉人们该法条的意图，循守其原则，即可维持和保护合法的田宅所有权，[①] 故而从反面体现了私有财产神圣不可侵犯的原则。同样的情况也体现在对"负欠私债违约不还者"问题上[②]，即逾期不履行债务的人施以刑罚，客观上就是在维护"债权人"的权益。这岂不就是"合同就是法律"的负面表达吗？！至于体现过错责任原则的规范，在中国古代法律中，更是比比皆是。

法律作为一种包含人文内容的制度与文化，在体现最高水平的进步性的同时，也应具备与社会相协调的兼容性。唯有这样，法律才能实现其通过规范人们的行为而保持社会在统一、稳定的秩序中前进、发展的目的。[③] 因此，只要我们抛弃那种僵硬、狭隘和陈旧过时的实证主义的法律定义，就可以清楚知道，中国古代也存在着大量的民法规范，并形成了其独特的调增方式，为维护政府的统治发挥了非常重要的作用。这些丰富的宝贵经验在几千年的发展历程中不断积淀丰富，倘若有一天中国法学界的同仁都意识到固有民法的重要价值，那么我们千千万万法学家阶层的同仁，该在这一伟大的思想宝库中发掘出多少可资借鉴的历史财富啊！

---

① 黄宗智:《民法的表达与实践：清代的法律、社会与文化》，上海书店出版社，2001 年 8 月第一版，第 79 页。

② 马建石、杨育棠主编:《大清律例通考校注》，中国政法大学出版社，1992 年 10 月第一版，第 422 页。

③ 朱勇:《中国法律的艰辛历程》，黑龙江人民出版社 2001 年版，第 361 页。

推動孝道的幾個看法

汪中文[*]

一、孝道思想的三個關鍵問題：教、養、敬

本文論及了傳統儒家孝道思想的幾個關鍵問題：一是下對上之"養"強調"敬"，及子女對父母的奉養不僅包括經濟贍養，更要注重對老人的精神慰藉並存恭敬之心；二是上對下之"養"對"教"，及父母對子女教養，不僅要滿足其物質需求，更應注重其人格培養；三是父子之倫中的"諫諍"，強調和諧，即使父母有小過，晚輩也應在合乎禮的前提下，對其委婉勸說。

二、孝文化推展的兩個看法

推動孝文化要以家庭教育為原點。家庭教育為任何養成教育的原點，人一出生即接觸家庭，家庭中成員的言行舉止和融洽氣氛，是受教者最直接也最親近的學習。

學習者的人格品性雖可由讀書和修養來達於真善美，但學習者的人格素質養成卻是在家庭中塑造成形。故家庭教育若是不完整不建全，而後之養成教育將難以銜接。所以推動孝文化，宜自家庭教育始。

推動孝文化宜重視子女完整人格的培養。古代教育雖未分門別類，然甚為重視個人"人格"的養成。或可言古代教育的意義，在塑造一完整的"人格"，而國藩受其儒家思想薰陶，為傳統教育中一個成功的例子，所以國藩嘗曰："讀書只為'進德'和'修業'二事。"因此自身力求達於聖賢之人的標準，並將其修養和自省歷程，轉教導於諸弟子侄，期望子女也能培養符合儒家聖賢的完整人格。

---

* 汪中文，任職嘉南藥理大學儒學研究所。

　　現今社會講求快速，甚少有人會停下腳步思考切身問題，因而對人格價值茫然不知，在學習事物的過程中，皆只以知識和技能為主，反而忽略人格價值的培訓和養成。再者，現今教育普及，學校教育採提供多門的課程、多元的評量，學生從做中學習知識技能和人格發展，但家長只是注重學科成績，和不重視其他術科的學習，並且在不了解學習過程的情形下，往往只會培訓出一位缺少人文素養、人格缺陷的高材生。

　　國藩教育諸弟子佭知識技能，但更重要的是國藩亦教其人格的養成，和身心的健全，其嘗曰：“吾望爾兄弟殫心竭力，以好學為第一義，而養生亦不宜置之第二。”可見國藩雖希望二子在學術上能勤奮好學，但在身心方面亦能注意，這種“完整人格”的觀念在國藩的教育思想中皆可深受到，而這一觀念與現今教育相較，我們的教育是否因時代進步而有所進展，是值得深思。

　　家道興盛責任；體悟人生閱歷，傳承治世經綸之經驗，教育子弟處世態度。其思想和言行務實而真切，其教法多樣而不呆板，值得現代為人父母者，或為人師者借鑑和深思。

蔡英文的两岸论述：
演化脉络与"李登辉化"可能性

庄吟茜[*]

政治话语向来是政治实践的核心构成要素与影响因子，而在两岸关系中，由于存在"主权"和"政权"的双重纷争，并因此导致了两岸直接行为往来的局限性，故而话语建构与交互的意义尤为凸显。几十年来，"隔空喊话"已经成为两岸互动的基本通路之一，并锻造出两岸政治区别于一般政治实践的独特样貌。两岸政治话语主要包括三个维度——称谓话语、政策话语和论述话语，其中，论述话语是指两岸官方对于两岸政治关系的定位论述，因其系统性、严谨性以及对两岸关系基石性问题的界定而占据两岸政治话语体系的中心位置。^① 在两岸论述话语中，又以台湾当局的论述话语更引人注目，因为大陆论述话语长期以一个中国为主轴，稳定性与连续性较强，唯一醒目的转变大概是1992年两会会谈后对"九二共识"的坚持，以及20世纪90年代末"新三句"对"旧三句"的逐步更替；相比之下，台湾的论述话语显得极为丰富、多变，不仅历届当局之间差异颇大，而且在同一当局期间也可能前后不同。

2015年初，蔡英文在民进党党内台湾地区领导人初选中获胜，考虑到国民党在2014年"太阳花学运"与"九合一"选举后的颓势，舆论普遍认为台湾第三次政党轮替在所难免，自此，蔡英文的两岸论述话语（后文简称两岸论述）成为形塑两岸关系的关键自变量。事实上，蔡英文早在2012年第一次参选时就

---

* 庄吟茜，对外经济贸易大学国际关系学院讲师、博士。

① 由于篇幅有限，文章对称谓话语和政策话语不做展开分析，这里仅以例举的方式稍作解释。典型的两岸称谓话语包括：大陆在提及台湾地区"宪法""法律""大选"以及"中央"层级的公权力机关时一律添加引号，"习马会"时两岸领导人互称"先生"，蔡英文上任后一度将对大陆的称谓由"中国"改为"中国大陆"，等等；典型的两岸政策话语包括：大陆方面的"和平统一、一国两制""两岸一家亲"和融合发展等，台湾方面的"亲美、友日、和陆""三新说"和"新四不说"等。

提出过自己的两岸论述——"台湾共识"，只是由于内容空洞而饱受诟病，蔡英文也因此未能当选。之后，蔡英文将马英九的"维持现状说"拿为己用，期待以此作为开启民共互动的论述基础（毕竟马英九就是在"维持现状"的口号下维持了八年的两岸和平发展局面），并一直沿用至今。然而，蔡英文对"现状"的认知是与大陆截然不同的，而且其也并未承认"九二共识"，甚至未如马英九当年一样在"维持现状"之外构筑一系列"准一中"论述作为配套（如"一中各表""互不承认主权，互不否认治权"和"不统、不独、不武"等），所以大陆并未接受"维持现状说"，而是要求蔡英文正面表明其对"九二共识"的立场。

鉴于此，蔡英文在 2015 年 6 月访美时抛出了"宪政说"，开启了其通过两岸论述向大陆"答卷"的曲折历程；此后，蔡英文又提出了一系列新论述，这些论述不仅隐晦地反映出其对"九二共识"的否定态度，而且成为了两岸气候骤然恶化的重要推力。基于以上分析，本文回顾和梳理了蔡英文自 2015 年 6 月以来建构的两岸论述，并从历史脉络与未来走向两个方面进行深入分析。其中，前两部分是对三年以来（2015.6—2018.5）蔡英文两岸论述的纵向描摹，并提炼出一条较为明晰的演化逻辑；第三部分是对蔡英文两岸论述未来突破方向的预判，着重探讨了蔡论述"李登辉化"的可能性；最后一部分是对大陆应对策略的一些思考。

一、"5·20"前：向"九二共识"的有限靠拢

2016 年"5·20"之前，由于蔡英文尚未当选或正式就职，加之民进党时隔八年重新执政，民共之间尚处于尝试建立直接联结的摸索阶段，因此蔡英文精心设计了一系列论述以回答大陆对其是否会坚持"九二共识"的不断追问。自 2015 年 6 月至 2016 年 5 月，蔡英文先后抛出了三个两岸论述，包括"宪政说"、"九二史实说"和"宪法+条例说"，这三个论述虽然向"九二共识"靠近了一小步，但仍存在相当距离。

（一）访美时的"宪政说"

2014 年 11 月，民进党在"九合一"选举中大获全胜，大陆方面据此判断民进党再次上台执政已成定局。为了保住两岸来之不易的和平发展成果，2015 年 3 月 4 日，习近平总书记在出席全国政治协商十二届三次会议期间重申："九二共识"是两岸和发展的政治基础，"如果两岸双方的共同政治基础遭到破坏，

两岸互信将不复存在,两岸关系就会重新回到动荡不安的老路上去。"① 显然,大陆这段话的目标听众是民进党,因为国民党向来承认"九二共识",不存在破坏两岸政治发展基础的问题,对此蔡英文心领神会。② 为了回应大陆喊话,也为了让美国放心,更为了在接下来的"大选"中获得更多选票,蔡英文于2015年6月3日在美国华盛顿智库战略与国际研究中心(CSIS)演讲时表示,未来将在"中华民国现行宪政体制"下,依循普遍民意,持续推动两岸关系的和平稳定发展。③ 之后,蔡英文又进一步解释道,"我所说的是中华民国现行宪政体制,我也以教授身分提供定义,包括'宪法'的内文、增修条例、相关'宪政'释文、法官判决以及政府与人民的相关运用,只要是跟'宪法'有关、'释宪'有关、跟运用有关,都含在我所谓的'现行宪政体制'里。"④ 蔡英文的以上论述被外界简称为"宪政说"。

"宪政说"是蔡英文第一次在公开场合对"中华民国宪政体制"作肯定性表态,因此被部分大陆学者判断为释放了一定善意,流露出民进党向"九二共识"缓步靠拢的可能。⑤ 然而,该论述毕竟只接受了"中华民国宪政体制",考虑到"宪政"与"宪法"存在显著分野,蔡英文实际上巧妙地规避了对"中华民国宪法"的硬性承认。据蔡英文的解释,"中华民国宪政体制"涵盖四方面内容:一是"宪法"本文,二是增修条文,三是"大法官释宪",四是在台湾的具体实施情况。换言之,任何关于"宪法"的修订、解释与运用都包含在"中华民国宪政体制"之内,所谓"中华民国宪政体制"其实是一个范围远大于"中华民国宪法"的、边界模糊且内涵多变的泛化概念。然而众所周知,涵义越广、变化越多的概念就越容易被任意拉扯,所以对蔡英文而言,接受"中华民国宪政体制"远比接受"中华民国宪法"有利,这种仅提"宪政"而不谈"宪法"的做法为民进党充分预留了攻守进退的余地。

---

① 《习近平看望全国政协十二届三次会议的民革台盟台联委员并发表重要讲话》,中华人民共和国中央人民政府网,网址:2015-03-04 http://www.gov.cn/xinwen/2015-03/04/content_2826040.htm。

② 王英津:《坚持"九二共识"是两岸交流与对话的政治基础》,华广网,2015年3月7日,网址:http://www.chbcnet.com/zjps/content/2015-03/07/content_1086797.htm。

③ 蔡英文在美国战略与国际研究中心演讲:《台湾迎向挑战——打造亚洲新价值的典范》,2015年6月3日。

④ 邵宗海:《小英谈宪政,回避一中》,2015年6月7日,中时电子报,http://www.chinatimes.com/cn/newspapers/20150607000329-260109。

⑤ 《台媒:大陆学者认为蔡英文的两岸思维需补课》,新华网,2015年5月9日,http://www.xinhuanet.com/tw/2015-06/09/c_127894476.htm。

对此，中国人民大学的黄嘉树教授曾有精辟分析，他认为，蔡英文之所以不厌其烦地将与"宪法"有关、与"释宪"有关、与"宪法"运用有关的要素都包含在所谓的"现行宪政体制"中，就是为了证明尽管台湾现在仍沿用"中华民国"的符号，但"现行宪政体制"是仅代表台澎金马2300万人民的"第二共和"，尽量将"现行宪政体制"与"宪法"文本剥离，将现在的"中华民国"与历史上的"中华民国"脱钩。① 不过，考虑到蔡英文尚未"当选"，大陆并未公开驳斥"宪政说"，而是采取了继续引导蔡英文相向而行的策略，要求其进一步说明"两岸之间是什么关系"②。

（二）胜选后的"九二史实说"

为了帮蔡英文接受"九二共识"铺设台阶，在2015年11月7日的"习马会"期间，大陆对"九二共识"进行了拆分处理，将其历史性地区分为"历史事实"与"核心意涵"两部分，以此缓解蔡英文因接受"九二共识"而面临的压力。③ 作为回应，蔡英文于"大选"后不久的2016年1月21日在接受台湾《自由时报》专访时表示："理解和尊重1992年两岸两会沟通协商达成了若干共同认知与谅解，愿在这个基本事实和既有政治基础上，持续推动两岸关系和平稳定发展"④；另外，蔡英文还通过其办公室表示，自己会在以1992年两岸两会会谈的历史事实与双方求同存异的共同认知、"中华民国现行宪政体制"、两岸过去交流成果，以及台湾民主原则与普遍民意等"既有政治基础"上，持续推动两岸关系和平稳定与发展。⑤ 这是蔡英文第一次对其"既有政治基础"主张进行详细阐释，并萃取出四个关键元素，以上论述构成了所谓的"九二史实说"。

其实，从严格意义上说，蔡英文所说的"九二史实"并不等同于大陆方面的"九二共识的历史事实"，因为其将"九二史实"定义为"1992年两岸两会秉持相互谅解、求同存异的政治思维，进行沟通协商，达成若干的共同认知与谅解"⑥，这与大陆对"九二会谈"的历史还原存在出入。不过，"九二史实"已经很接近"九二共识的历史事实"了，故大陆学界普遍认为其已接受了"九二共识"的第一层含义，但仍未接受更重要的第二层含义，即"九二共识"的

---

① 黄嘉树：《蔡英文的"维持现状"是偷换概念》，2015年8月5日，网址：http://bj.crntt.com/crn-webapp/mag/docDetail.jsp?coluid=0&docid=103877717。
② 《大陆明确要求蔡英文讲清楚"两岸是什么关系"》，《联合早报》，2016年5月11日。
③ 《张志军详解"习马会"》，《人民日报（海外版）》，2015年11月9日。
④ 《蔡英文：九二历史事实，推动两岸关系》，《自由时报》，2016年1月21日。
⑤ 《蔡英文首度提既有政治基础四关键元素》，《联合早报》，2016年1月22日。
⑥ 《蔡英文520就职演说全文》，《联合早报》，2016年5月20日。

"核心意涵"。在蔡英文的演讲原文中，甚至连"共识"二字都未曾出现，取而代之的是"事实""谅解""求同存异"和"共同认知"等语汇，可见其意图将"九二共识"矮化为"九二史实""九二谅解"或"没有共识的共识"，以此规避对"九二共识"的真正承认。于是，大陆继续向蔡英文喊话，期待她能在"5·20"就职时再有所突破。

（三）就职演说时的"宪法＋条例说"

针对蔡英文所提的"九二史实说"，2016年3月初大陆"两会"期间，习近平总书记、李克强总理、全国政协主席俞正声、国台办主任张志军先后就两岸关系问题作出表态，再度重申"九二共识"是两岸关系和平发展的政治基础。① 至此，大陆已经彻底亮明了与民进党进行政治互动的底线大陆，即必须接受"九二共识"的核心意涵。面对大陆的坚定表态以及岛内民众的重重质疑，蔡英文在"5·20"就职演说时进一步表示"将依据'中华民国宪法'、'两岸人民关系条例'及其他相关法律，处理两岸事务"②，笔者将该论述简称为"宪法＋条例说"。

"宪法＋条例说"一经发表就引起了两岸的高度关注，因为这是蔡英文首次明确承认"中华民国宪法"和"两岸人民关系条例"，两者分别包含一定程度的"一中"或"准一中"元素，故而受到部分大陆学者肯定。③ 当时学者们的乐观情绪不是毫无根据的，因为"中华民国宪法"所规定的"固有疆域"涵盖外蒙古和大陆地区，具有强烈的"大中国"意味，而且该"宪法"于1946年在南京制定，若民进党予以承认，就意味着间接承认了台湾与大陆之间的历史连续性，所以民进党向来视"中华民国宪法"为沉重包袱，极力撇清台湾与"中华民国宪法"的关系，甚至一度以重新"制宪"为政党目标，当时蔡英文能够接受"中华民国宪法"实属突破。而且，由于"两岸人民关系条例"将两岸关系定性为"中华民国之内的大陆地区与台湾地区"，故被诸多绿营人士所反对，如今蔡英文能够主动表示依循该条例处理两岸事务，的确向大陆释放了一定善意。从这个角度说，"宪法＋条例说"的确向"九二共识"挪动了一小步。

① 《"九二共识"的核心意涵不能回避》，《人民日报》，2016年3月7日；《李克强："九二共识"是两岸和平发展的基石》，中国网，2016年3月16日，网址：http://www.china.com.cn/lianghui/news/2016-03/16/content_38039378.htm；《张志军：不承认"九二共识"就是改变两岸现状》，环球网，2016年3月8日，网址：https://w.huanqiu.com/r/MV8wXzg2NzE3MTNfMTY2N18xNDU3NDE0NzYw。

② 《蔡英文520就职演说全文》，《联合早报》，2016年5月20日。

③ 《大陆批蔡英文演说"一份没完成的答卷"》，《联合早报》，2016年5月21日；《台学者：大陆口说不满 其实很开心》，《明报》，2016年5月21日。

然而，向"九二共识"挪动不等于已经达到了"九二共识"，事实上，"宪法＋条例说"仍与"九二共识"相距甚远，主要原因有以下三点：

第一，虽然"中华民国宪法"含有"一中"内容，但经过七次"修宪"后，"一中"内容已被大幅稀释，现在的"中华民国宪法"可以向"一中""独台"或"台独"三个方向解读。① 如果蔡英文承认"中华民国宪法"，但同时又坚持"中华民国是台湾"，那么承认"中华民国宪法"就等同于承认翻版的"台湾宪法"，这与"九二共识"南辕北辙。

第二，退一万步讲，即便目前的"中华民国宪法"仍是"一中"宪法，蔡英文也承认其"一中"性质，但蔡英文同时也承认中华人民共和国宪法，而且这种承认远远早于对"中华民国宪法"的承认。在这种并列对等的思路下，两岸同时存在两部具有正当性"宪法"，"两部宪法"分别治理两岸事务，于是尽管各自均宣称自己为"一中宪法"，其所形成的局面仍是"两宪各表""一中两宪"乃至"两国两宪"。这两类论述与"一国两府""一国两治"等一样，都是虚化"一中"、口惠而实不至的"事实台独"论述，大陆历来不予接受。② 况且，蔡英文从未将"中华民国宪法"界定为"一中宪法"，相反，其在公开讲话时总是有意将"我国""中华民国"和台湾混用，既然从未承认过"一中宪法"，那就根本谈不上虚化"一中宪法"了。

第三，一直以来，大陆均不接受"一国两府""一国两治"或"一中两体"等两岸关系定位论述，但对"一国两区"却表示一定程度的体谅。这一来是因为"一国两区"的"地区"措辞演绎于通常所说的"两岸"概念，更加偏重地理性而非政治性，甚至可以说比马英九的"互不承认主权，互不否认治权"论述还要更接近"一中"；二来是因为国民党在提"一国两区"时还配套了其他"准一中"论述，如"一中各表"等，几者相加能大致表达出"两岸一中"的政治立场。③ 但是，"一国两区"毕竟将两岸做了拆分处理，极易异化为"一国两府""一国两治"或"一中两体"等"独台"或"台独"论述，而且蔡英文也未提出其他"一中"论述与之配套，甚至未直接将其从"两岸人民关系条例"中提炼出来，所以大陆无法接受。

尽管"宪法＋条例说"与"九二共识"还存在很大差距，但考虑到蔡英文

---

① 王英津：《蔡英文"宪法"论述的"进"与"退"》，载《分离与统一——变动中的两岸关系》，北京：九州出版社，2017年版，第122—123页。

② 王英津：《两岸政治关系定位研究》，北京：九州出版社，2016年，第241—245页。

③ 《中评深度专访：王英津析陈明通钥匙》，中国评论月刊网络版，2018年3月27日，http://www.crntt.com/crn-webapp/mag/docDetail.jsp?coluid=0&docid=105021503&page=2。

上任伊始政权未稳，而且承受着来自民进党内"基本教义派"的巨大压力，还要对之前为自己投下选票的深绿选民有所交代，所以大陆给予了极大的宽容，最后以"未完成的答卷"相喻，希冀蔡英文能在今后的两岸关系"答卷"中补全对"九二共识"核心意涵的明确承认。

二、"5·20"后：对"九二共识"的回避拒斥

"5·20"后，蔡英文设计两岸论述的热情骤然降温，不仅再未提出任何具有实质突破性的论述，大玩文字游戏搪塞大陆，而且还宣称大陆要求台湾做"答卷"是单边主义的粗暴行为，对两岸关系缓和有弊无利。自 2016 年 5 月 21 日至今的两年间，蔡英文一边在行动上不断挑衅大陆，一边在论述上冷待自己所提出的"宪法＋条例说"，并提出了一系列粗糙简陋的两岸称谓或模棱两可的两岸政策，意图以此充当两岸论述，麻痹拖延大陆。可以说，蔡英文回避拒斥"九二共识"的立场已不言自明。

（一）作为两岸称谓的"中国大陆与中华民国台湾说"

两岸论述之所以重要，是因为其包含了对两岸政治关系的基本定位，是两岸其他政治话语（涵盖两岸称谓和两岸政策）的结构性支撑。如果缺少了两岸论述这个定位之锚，那么其他话语形态就都是隔靴搔痒。然而"5·20"后，蔡英文却刻意回避对于两岸论述的建构，仅仅抛出少量两岸称谓与两岸政策，这些话语不仅非常敷衍，而且暗藏玄机，很大程度上是在助力蔡英文通过曲线救国的方式拒斥"九二共识"。

蔡英文提出的两岸称谓主要包括"中国大陆与中华民国台湾说"。2016 年 5 月 26 日，陆委会前主委张小月在讲话中以"中国大陆"称呼大陆；同一天，前"行政院长"林全向"立法院"提出施政方针报告初稿，其间三度使用了"中华民国台湾"一词。[①] 此后，蔡当局在不同场合多次使用这两个称谓。9 月 15 日，陆委会副主委林正义在华府智库布鲁金斯学会就两岸关系发表演讲时指出，民进党过去一向称大陆为"中国"，现在改称"中国大陆"，这是善意的释放，希望北京能放大感受。[②]

的确，如果蔡英文仅接受了"中国大陆"的新称谓，那么当然是善意的释放，但她同时还使用了"中华民国台湾"一词，结合两者就会发现其并未脱离

---

① 《林全施政报告 3 度提"中华民国台湾"》，中时电子报，2016 年 5 月 27 日，http://www.chinatimes.com/cn/newspapers/20160527000944-260302。

② 《陆委会副主委：蔡政府对"九二共识"有很多善意》，《联合早报》，2016 年 9 月 16 日。

"台独"称谓的窠臼。一直以来，"中国大陆"一词都与"中国台湾"一词对应，是国民党对两岸的典型称谓，意指一个中国下面的大陆地区和台湾地区，属于"一中"称谓。然而，蔡当局的"中国大陆"却与"中华民国台湾"相对应，其中，前者的完整意涵其实是"中国是大陆"，后者的完整意涵其实是"中华民国是台湾"，两者对等并举的结果就是两岸变成了两个互不隶属、平起平坐的"主权国家"。蔡英文此举可谓颇具迷惑性，这两个称谓，单看其中哪一个，都很难引起大陆警觉，一些人可能还会因民进党"突破性"地使用国民党话语而表示赞赏。如此一来，蔡英文就可以逐步将两个称谓捆绑并举，用"中华民国台湾"VS"中国大陆"替换"中国台湾"VS"中国大陆"，使之成为新的"台独"称谓固定搭配。从表面上看，蔡英文似乎是在向"一中"靠拢，但实际早已"移花接木"，其真实意图是用传统的"一中"措辞重新包装"台独"表述，使大陆接受"台独"话语而不自知。[1] 鉴于以上分析，大陆对蔡英文的称谓微调颇为冷淡，几个月后，蔡英文便将称谓改了回去。[2]

（二）作为两岸政策的"新四不说"与"三新说"

除了微调称谓外，蔡英文还提出了两个简陋的两岸政策，分别是"新四不说"和"三新说"。2016 年 10 月初，蔡英文在接受美国《华尔街日报》和日本《读卖新闻》的专访时提出了"新四不说"，即"善意不变、承诺不变，不会走回对抗的老路，但也不会在压力下屈服"。[3] 显然，"新四不说"只是一段模棱两可的文字游戏，没有提供任何两岸关系定位增量。不过，空洞并非"新四不说"的最大问题，其最大问题在于间接拒斥了"九二共识"，因为所谓"善意不变、承诺不变"的潜台词是"我在两岸政策上的让步已达极限，以后不会比现在更加靠近'九二共识'，大陆不必再有所期待"，而所谓"不会在压力下屈服"的潜台词则是"无论大陆如何政治隔离、经济制裁或武力恫吓，我都不会接受'九二共识'"。

2017 年 5 月 3 日，为了争取台湾参加 WHA 的最后机会，蔡英文又在接受台湾《联合报》专访时抛出了"新情势、新问卷、新模式"的两岸互动主张，表示在变动中的情势下，台湾与大陆要共同维护一个和平稳定的状态，这是双方需要努力的，而且需要有一些结构性的合作关系。同时还强调，大陆的"未

---

① 庄吟茜：《蔡当局"中国大陆"称谓暗藏玄机》，中评网，2016 年 9 月 18 日，http://bj.crntt.com/doc/1043/9/3/0/104393080.html?coluid=0&kindid=0&docid=104393080

② 《蔡英文邀 6 国媒体专访，公然改称"中国大陆"为"中国"》，观察者网，2017 年 5 月 6 日，http://www.guancha.cn/local/2017_05_06_406984.shtml

③ 《"台湾双十庆典"蔡英文演说全文》，《联合早报》，2016 年 10 月 10 日。

完成的答卷"是一个缺乏善意的讲法,因为情势已经变了,现在两岸共同面对了一张新问卷,不是任何人可以单独回答的,①此为蔡英文的"三新说"。显然,所谓的"新情势"是指岛内民意对"维持现状"的支持,以及对"台湾是一个主权独立国家,这个国家叫'中华民国'"的认知;所谓的"新问卷"是指缓和两岸局面的责任不能仅落在台湾一方肩上,"大陆出题、台湾回答"的单边模式应让位于"共同出题、共同回答"的双边模式;所谓的"新模式"是指将"九二共识"从考题变为议题、从政治前提变为政治问题的两岸互动模式。②可见,"三新说"是对"九二共识"的进一步拒斥。

(三)对"宪法+条例说"的消极重申

虽然蔡英文在"5·20"时提出了"宪法+条例说",但从那时之后,其再未在公开场合重申过该论述,只有2018年3月新上任的陆委会主委陈明通在重重压力下有所提及。"5·20"以后,大两岸与小两岸的政治生态持续恶化。就小两岸而言,先是世界卫生大会将台湾拒之门外,此后圣普、巴拿马和多米尼加相继宣布与台当局"断交",尼日利亚等五国要求当地台湾办事处更名,一向与大陆龃龉颇深的梵蒂冈也开始向大陆投递橄榄枝,与此同时,解放军战机航母"绕台"航行逐渐实现常态化。就小两岸而言,2017年8月,美国时隔七年之后宣布启动针对中国的第六次"301调查",2017年12月,美国首份国家安全战略报告将中国大陆定性为"修正型强权"的竞争对手,并在对台军售、美台高官互访和美舰赴台等议题上大幅偏离"一中"原则,中美之间一时剑拔弩张。也许是迫于民共之间迟迟无法建立互动而两岸关系冰封的压力,也许是担心作为美国"旗子"的台湾在中美角力的激烈赛场上沦为牺牲品,2018年2月23日,蔡英文任命曾在陈水扁时期担任陆委会主委的陈明通"回锅"接任陆委会主委,考虑到陈明通精通两岸论述,且在大陆人脉积累深厚,蔡英文此举被外界解读为将软化两岸僵局的重任交付于陈明通。

2018年3月21日,陈明通赴"立法院内政委员会"接受"立委"质询时表示,为避免两岸敌意持续恶化,希望日后逐渐解开两岸僵局,并希望任上有机会推动两岸两会互设办事机构。③3月22日,陆委会副主委邱垂正紧接着在陆委会记者会上表示,台湾当局化解两岸僵局的钥匙就是站稳"中华民国宪法"

---

① 《蔡英文提"三新"两岸关系互动主张》,《联合早报》,2017年5月3日。

② 王英津:《蔡英文"三新"主张,陆学者:不可能打开两岸僵局》,《联合报》,2017年5月3日。

③ 《陈明通:希望推动两岸两会互设办事机构》,中央通讯社,2018年3月21日,http://61.219.29.200/gb/www.cna.com.tw/news/aipl/201803210136-1.aspx。

与"两岸人民关系条例"及其他相关"法律"及处理两岸事务的立场，以及在过去历史事实及政治基础上来求同存异。[①] 尽管这是时隔近两年后蔡英文当局再度提及"宪法＋条例说"，并提出了两岸两会互设办事机构的具体建议，但两者皆是老调重弹，[②] 截至 2018 年"5·20"两周年，蔡英文再未提出任何具有实质突破性的两岸论述。

三、蔡英文两岸论述的"李登辉化"可能性

由上文分析可知，蔡英文建构两岸论述的热情经历了一个由盛转衰的过程，其对"九二共识"的态度也呈现出了一种从缓步接近到回避拒斥的转变。从蔡英文近期的言行以及其在"5·20"两周年时的讲话来看，其在短期内似乎没有建构新两岸论述的意愿，但问题在于，随着两岸僵局的持续和中美博弈的白热化，蔡英文恐怕很难在长期内顶住大陆不断加码的经济、政治乃至军事压力。在"压死骆驼的最后一根稻草"落下之前，蔡英文势必要打破两岸僵局，而最重要的途径就是在论述层面有所突破。那么，蔡英文可能从何处突破呢？笔者认为有可能是"一中的中华民国宪法"（后文简称"一中宪法"），而这将导致蔡英文两岸论述的"李登辉化"。

（一）王金平的论述建议：升级版"宪法＋条例说"

在讨论蔡英文两岸论述的未来走向之前，本节将先将目光投向王金平于 2018 年 4 月提出的一个新论述，因为该论述不但是对蔡英文既有论述的推衍升级，而且升级方向正是"一中宪法"。2018 年 4 月，随着"5·20"两周年的临近，外界对于蔡英文是否会建构新论述的猜测日益增多（2017 年"5·20"一周年时蔡英文采取回避战术，没有发表演说）。4 月 19 日晚，台湾前"立法院长"王金平在接受民视政论节目"新闻大解读"访问时表示，蔡英文若要绕过"九二共识"，要有新说法、新名词，蔡英文说会遵守"中华民国宪法""两岸人民关系条例"，但"宪法"中也隐含"一个中国"，"两岸人民关系条例"也强调两岸是非国与国关系，现在只差一步之遥，新的讲法出现后，若双方同意的话，两岸问题就可以迎刃而解。[③] 王金平所言被外界解读为是在帮蔡英文解套，加之

---

① 《陆委会：化解两岸僵局钥匙是"宪法"与两岸条例》，中国评论网，2018 年 3 月 22 日，http://www.crntt.com/crn-webapp/wap/wapDetail.jsp?coluid=46&kindid=0&docid=105017942。

② 两岸两会互设办事机构的建议在马英九任内就被提出过，只不过因为事务繁杂牵涉甚广而未能实现。

③ 《王金平：蔡政府要绕过九二共识要有新说词》，中国评论网，2018 年 4 月 20 日，http://www.crntt.com/doc/1050/4/3/6/105043633.html?coluid=0&kindid=0&docid=105043633。

其基本是蔡英文"宪法 + 条例说"的升级,因此笔者称之为升级版"宪法 + 条例说"。那么,该论述究竟能否为蔡英文解套或者取代"九二共识"?

细读王金平所言,不难发现有四个关键词令人瞩目,分别是"中华民国宪法""两岸人民关系条例""一个中国"和"非国与国关系",其中,前两个关键词早已被蔡英文纳入"宪法 + 条例说"之中。所以,升级版"宪法 + 条例说"的重点就在于比旧版多出的那两个关键词或者说王金平从蔡论述中推导出的两个新关键词,即认为"中华民国宪法"中也隐含"一个中国","两岸人民关系条例"也强调两岸是"非国与国关系"。那么,这一推导有何意义?此前,蔡英文虽然也说过将依据"中华民国宪法"和"两岸人民关系条例"处理两岸事务,但"宪法"和"条例"与"一中"的联结毕竟是间接的、隐微的、解释空间极大的,因此王金平此言其实是进一步阐释"宪法 + 条例说",将"宪法"和"条例"所隐含的"一中"内容明晰化、公开化,抽走中间介质建立民进党两岸论述与"一中"的直接联结。从这个意义上说,该论述比蔡英文的"宪法 + 条例说"更加接近"九二共识"。

然而遗憾的是,王金平的论述建议仍未抵达"九二共识"。就表达形式而言,该论述仍未将"两岸一中"的意涵直接萃取出来,而是通过"一中的中华民国宪法"和"两岸是非国与国关系"间接表达,虽然比之前的"宪法 + 条例说"更加深化、具体化,但仍未直接说出"答案",而是要大陆自己拿着放大镜去寻找"两岸一中"的蛛丝马迹,对论述内容进行"二次翻译";就核心意涵而言,新增的两个关键词也未充分表达出"两岸一中"的含义。

仅承认"中华民国宪法"是"一中宪法"的漏洞在于,这种承认过于单薄简陋,无法清晰有力地将蔡当局框定在"两岸一中"的架构内。具体而言:其一,这里的"一中"显然是指"中华民国",而"中华民国"又可能指涉领土主权及于大陆的"大中华民国"或仅包含台、澎、金、马在内的"小中华民国"。若是前者,则当然能够表达出"两岸一中",为大陆所乐见;但若是后者,则所谓的"一中宪法"就是新瓶装旧酒的"台湾宪法",与"两岸一中"相去甚远。其二,正如前文分析"宪法 + 条例说"时所言,蔡英文在接受"中华民国宪法"的同时也承认中华人民共和国宪法,于是尽管各自均宣称自己为"一中宪法",所形成的局面仍是"两宪各表""一中两宪"乃至"两国两宪",而非基本符合"两岸一中"的类似于"一中各表"的"一宪各表"。

仅承认两岸是非国与国关系的漏洞在于,从严格意义上讲,非国与国关系的补集并非国内关系,因此无法完全排除"两国论"。具体而言:其一,从历史上看，当年东西德也主张双方是一个德国内部的关系，而非国与国关系，且学术界也建构了"分裂国家理论"来定位这种特殊关系，但无论两国自己如何定义，就国际法和国际社会而言，东西德就是主权国家与主权国家的关系。[1] 其二，按照李登辉执政中前期国民党当局的两岸论述或部分蓝营学者所设计的"独台"理论，在国与国关系和非国与国关系之间还存在一片灰色地带，即一国之内两个对等中央政府之间的关系；换言之，非国与国关系很容易被异化解读为"一国两府""一国两治"或"一中两体"，这种偷梁换柱的操作是当年李登辉迈向"台独"的经典手法。事实上，王金平未必不知道非国与国关系的漏洞所在，许多岛内人士之所以钟情于对"非国与国关系"的讨论，很大程度上正是因为其与纯粹的国内关系并不相同。正如林祖嘉所言，两岸既不是"国与国关系"，也不是国内关系，就是特殊关系；[2] 吴子嘉和童振源也曾提出过两岸是"'中华民国宪法'下特殊关系"或"'中华民国'管辖境内、境外关系"，[3] 以上论述均试图通过强调两岸关系的"特殊性"来规避扎实的国内关系界定。

可见，尽管王金平的论述建议打破了民进党多年来对"一中宪法"的回避态度，但仍存在诸多模糊之处，为"台独"解释与操作预留了充足空间。

（二）李登辉的"台独"策略：以"独台"为过渡论述

在解析了王金平的升级版"宪法＋条例说"之后，就可以勾勒出"一中宪法"论述的大致样貌，那么，这与蔡英文两岸论述的"李登辉化"有何关联呢？在回答这个问题之前，有必要对李登辉当局的两岸论述进行简要回溯。

纵观20世纪90年代，李登辉当局的两岸论述大致呈现出从"一中"到"独台"再到"台独"的渐进式转变。李登辉执政伊始，基本沿用了两蒋时期

---

[1] "分裂国家理论"只是部分学者的理论设想，不同于自决、独立、分离或分立，分裂并非一个严谨的国际法概念，而是类似于中国古代的"天下大势，合久必分，分久必合"思想，因此许多学者都质疑"分裂国家"作为一个独立概念的必要性。例如，英国分离研究领域的知名国际法学者克劳福德教授就曾指出，纵然"分裂国家"概念的提出对冷战以来的政治现象解读有所裨益，但将其作为一个独立的国际法或学术概念提出未免有些武断，毕竟判定国家性质的关键不在于它们是否同属一个民族，或者是否怀有再次统一的信念，抑或彼此之间的边界是否是暂时的（"分裂国家"一般在法理上宣称己方"领土主权"范围涵盖对方），而在于它们当下是否具备主权国家的基本要素。参见 James R. Crawford, *The Creation of States in International Law*, Oxford: Oxford University Press, 2006, p.451, p.477.

[2] 《林祖嘉：蔡讲不出两岸非国与国 就僵住了》，中评网，2015年5月1日，http://www.crntt.com/doc/1050/5/5/9/105055900.html?coluid=0&kindid=0&docid=105055900。

[3] 吴子嘉：《中华民国宪法下"特殊关系"，或为两岸解套》，中时电子报，2016年3月24日，http://www.chinatimes.com/cn/newspapers/20160324000847-260301；童振源：《两岸为管辖境内境外之特殊关系》，中时电子报，2012年3月26日，http://www.chinatimes.com/cn/newspapers/20120326000332-260107。

的两岸论述,即纯粹的"一中"论述(当然是以"中华民国政权"为唯一"法统")。然而从 1991 年起,台湾当局的两岸论述逐渐异化。在 1991 年 3 月,台湾当局颁布了"国家统一纲领",其中出现了"在互惠中不否定对方为政治实体""在国际间相互尊重,互不排斥""两岸应协力互助,参加国际组织与活动"等表述,成为"一中"政策软化、松动的开端。[①] 1992 年 8 月,在李登辉的主导下,"国统会"又通过了"关于'一个中国'的涵义"决议案,文中坚持"一中"即"中华民国","其主权及于整个中国,但目前之治权,则仅及于台澎金马",且"中国处于暂时分裂之状态,由两个政治实体,分治海峡两岸"。[②] 据此,国民党未来用于定位两岸关系的"主权—治权"分析框架初步形成,并由此衍生出"一国两府""一国两治"和"一中两宪"等一系列"独台"概念。

1994 年 7 月,"陆委会"发布"台海两岸关系说明书",文中虽然依旧坚持"中华民国自公元一九一二年创立以来,在国际间始终是一个具独立主权的国家",但同时提出用"一个中国,两个对等政治实体"来定位两岸关系,且所谓的"一个中国"是指"历史上、地理上、文化上、血缘上的中国"[③],进一步剥离了"一中"的主权意涵,使得"一中"彻底沦为"台独"的遮羞布,所谓的"一中两体"实际上是"一中两国",而所谓的"中华民国"就是台湾的同义词。1999 年 7 月,李登辉在接受德国之声专访时正式抛出"两国论",认为两岸"至少是特殊的'国与国关系',而非一合法政府、一叛乱团体,或一中央政府、一地方政府的'一个中国'内部关系"[④]。至此,两蒋时期的坚定"一中"政策基本被国民党遗弃。

纵览李登辉时期的国民党两岸论述,可以提炼出如下演化逻辑:(1)"一中即中华民国"(属于"一中"论述)→(2)"一中即中华民国,但仅主权涵盖大陆"(实质是主权治权分立框架下的"一国两府",属于"独台"论述)→(3)"一中即历史上、地理上、文化上、血缘上的中国,中华民国是其下两个对等政治实体之一"(实质是比主权治权分立框架走得更远的"一中两国",属于"独台"论述)→(4)"不谈一中,中华民国是与中华人民共和国对等的特殊国家"(属于"台独"论述)。其中,只有(1)属于真正的"一中"论述,(2)和(3)

---

① "国家统一纲领","行政院"大陆委员会大陆咨询及研究中心,https://www.mac.gov.tw/MAIRC/cp.aspx?n=F368176BE5500567&s=2947BC4C3FBC8E1C.

② 《"国统会"对"一个中国"的涵义做成的结论》,《中央日报》,1992 年 8 月 2 日版。

③ 陈志奇主编:《台海两岸关系实录》(上册),台北:财团法人"国家"建设文教基金会台海两岸关系研究中心,1998 年,第 360—361 页。

④ 台湾《中国时报》,1999 年 7 月 9 日版。

是披着"一中"外衣的"台独"论述，即"独台"论述，（4）是彻底撕去"一中"伪装的"台独"论述。而且，前三个论述只是通向最后一个论述的过渡阶段而已，李登辉一开始的目标就在于（4），之所以用了八年时间铺垫前三个论述，只是为了麻痹大陆，以更稳妥、更顺畅地实现"台独"目标。由此可知，将"一中"措辞与"台独"内容巧妙嫁接，并由此形成本质为"独台"论述的"伪一中"论述，是李登辉两岸论述的核心建构策略。

（三）蔡英文的突破方向："一中宪法"与"李登辉化"

最后将分析收束于蔡英文的两岸论述。前文已经解释过，就蔡英文两岸论述的未来走势而言，"一中宪法"是一个可能性较高的方向，这一方面是因为"一中宪法"与蔡英文之前的"宪政说"和"宪法＋条例说"一脉相承，均以"中华民国宪法"为主轴；另一方面是因为"一中宪法"的涵义十分模糊，能给蔡英文提供较大的回缓余地，而且又包含"一中"字样，（至少在蔡英文看来）大陆有一定的接受几率，看上去是一个能被两岸双方同时纳入考虑范畴的折中论述。而一旦蔡英文选择以"一中宪法"做为打破两岸僵局的突破口，那么其两岸论述便会出现"李登辉化"的迹象。

此时，蔡英文的两岸论述将呈现出如下演变逻辑：（1）"接受中华民国现行宪政体制"→（2）"接受中华民国宪法"→（3）"接受体现一中的中华民国宪法"。其中，论述（1）和论述（2）虽然接受"中华民国宪政体制"或"中华民国宪法"，但均不承认"一中"，所谓的"中华民国"就是台湾，"中华民国"与中华人民共和国的关系就是"国与国"，因此类似于1999年李登辉发表的"两国论"。论述（3）显然承认"一中"，问题在于所谓的"一中"具体指什么？这里可以用排除法来确定：其一，此处的"一中"应该不是指中华人民共和国，因为如此一来两岸局势仍是"两个中国"，对民进党的既有论述没有任何实质性升级，对建立两岸的"一中"连接也没有任何助益。其二，"一中"也不应该是指"历史上、地理上、文化上、血缘上的中国"，因为李登辉早在1994年就提出过这一表述，2014年台湾七位学者提出的"大一中架构"也建立在此类"一中"意义之上，对此大陆均坚决反对；而且，民进党自身在短期内也很难接受该表述。排除以上两种可能，那么蔡英文所谓的"一中"就只能指涉"中华民国"了。

既然"一中"是指"中华民国"，且蔡英文同时也承认中华人民共和国，那么论述（3）就可能存在两种涵义：①"一中"是"小中华民国"，且与中华人民共和国并列对等。显然，这与论述（1）和论述（2）并无实质差别，仍是李登辉"两国论"的翻版，此时的"一中"并无实质意义。② "一中"是"大中华民国"，且两岸政权并列对等。在这种解读下，"一中"虽然在表面上存在，但完全是虚体的，正如同1992年李登辉当局的"一国两府"论述。综上所述，不添加任何限制条件的"一中宪法说"其实是对1992年李登辉当局"独台"论述的变相回归，然而历史经验已经表明，九二论述只是李登辉走向"台独"的铺垫而已。鉴于此，即便蔡英文未来接受"一中宪法"，那么其动机与论述性质也很可能与李登辉当年类似，距离"两岸一中"还有相当距离。

四、大陆应对思路的转变

基于以上分析，笔者认为，大陆在因应蔡英文的两岸论述时，应根据两岸关系变化了的新情势而进行策略上的调整，实现从"拆分处理"到"打包处理"的转变，同时在"听其言"的基础上更加注重"观其行"。

（一）从"拆分处理"到"打包处理"

"5·20"之前乃至其后相当一段时间内，大陆都对蔡英文的两岸论述保持着较为开放的态度，尤其在2016年的"双十讲话"前，大陆一直希望蔡英文能进一步"补完答卷"。换言之，大陆愿意给蔡英文创造一定的缓冲空间，让她不必一次性接受"九二共识"，而是通过不断抛出新论述的方式分阶段、分步骤地渐次达至"九二共识"。事实上，"5·20"前两岸相处的模式也正是"投我以桃，报之以李"，通过你释放一点善意，我回报一点善意的方式逐渐靠近。12月2日"川蔡通话"前，大陆学界甚至热议过替代论述问题，认为如果蔡英文觉得直接承认"九二共识"压力过大，那么可以设计一个新论述作为替代，只是后来蔡英文的所作所为迫使大陆关闭了这条通路。

然而，现在大陆对蔡英文的态度不会一如当初了，因为蔡英文的所作所为已经明确昭示，积极建构新两岸论述不是为了缓步向"九二共识"前行，而是为了麻痹大陆，让大陆因为对蔡英文抱有期待而暂缓制裁，最大限度地为民进党推行"柔性台独"争取时间。事实证明，蔡英文上任后虽然口头表示遵循"中华民国宪法"和"两岸人民关系条例"，但实际作为却南辕北辙，这与李登辉当年打着"一国两府"和"一中两体"的幌子从事"台独"的行径如出一辙。① 如果大陆同意蔡英文缓慢向"九二共识"挪腾并接受某种"过渡论述"，那么就会落入她的陷阱，届时蔡英文很可能永远停留在"过渡论述"，再也不会

---

① 《中评深度专访：王英津析陈明通钥匙》，中评评论月刊网络版，2018年3月27日，http://www.crntt.com/crn-webapp/mag/docDetail.jsp?coluid=0&docid=105021503&page=2。

向"九二共识"迈进。最终结果是，蔡英文既不用接受"两岸一中"，又可以逃避大陆制裁；一边从容无忧地实现"台独"大计，一边还能享受两岸和平发展的政治果实；用最低廉的成本换取最丰厚的收益，而这显然是大陆无法接受的。因此，建议大陆对蔡英文的两岸论述做打包处理，当下摆在蔡英文眼前的只有两条路，一条是继续拒不承认"九二共识"，另一条是全盘接受"九二共识"，中间通路已被封死。

当然，全盘接受"九二共识"不代表非要用这四个字，考虑到"九二共识"在岛内的高度污名化处境，只要能够清晰表达"两岸一中"，大陆也许能为蔡英文保留一定回缓余地。以王金平的试探性论述为例，笔者认为，若蔡英文有心采纳，则可在两条路径上进行完善。其一，就"中华民国宪法"的"一中"意涵而言，需要进行如下三步解释：第一步，明确将"中华民国宪法"界定为"一中宪法"，而非如王金平所言仅模棱两可地表示"'宪法'中也隐含'一个中国'"；第二步，说清"中华民国"的领土主权范围，表明其涵盖大陆地区或至少仍延续固有疆域；第三步，坚持"中华民国宪法"的唯一"法统"地位，使两岸之间大致形成"一宪各表"。其二，就两岸是非国与国关系而言，需要在此基础上明确排除"一国两府""一国两治"或"一国两体"等披着非国与国关系外衣的所谓"特殊关系"，想要做到这一步，其实也只需坚持"中华民国"的唯一"法统"地位即可。倘若蔡英文能够做到，那么必将实现两岸论述领域的质性飞跃，为两岸融冰做出历史性贡献。

（二）"听其言"，更要"观其行"

长期以来，"听其言、观其行"都是大陆观察"台独"走向的基本指针。在"5·20"之前，考虑到蔡英文尚未正式就职，大陆更偏重于"听其言"，期待她能首先在两岸论述上有所突破。遗憾的是，虽然蔡英文抛出了"宪法＋条例说"，但其种种行为证明了"守宪之言"只是"违宪之行"的掩护而已，在论述上靠拢是为了更自如地在行动上疏远。"5·20"之后，蔡英文甚至连表面工作都不愿再做了，一边在两岸论述上停滞不前，完全以敷衍之姿拖延大陆，另一边却在"台独"行动上愈发张扬。蔡英文的种种表现让大陆意识到，其言与行在很大程度上是割裂的，因此未来大陆在"听其言"的基础上将更加注重"观其行"。

今后，蔡英文若真有缓和两岸关系的诚意，那么不仅须在论述上做出升级，更要以实际行动证明其已经放弃"台独"。那么，蔡英文具体应如何做呢？笔者认为，当下就有几个极具标志性的动作可供蔡英文选择，例如冻结"台独党纲"或通过新的能够反映"弃独"态度的决议文（如一些绿营人士提出的"中华民国决议文"，当然，此类行为所体现出的善意程度不如直接冻结"台独党纲"）；或者公开与"深独"人士划清界限，例如与赖清德做切割，"迫使"其辞去"行政院院长"职务；或者立即停止对岛内"统派"人士的打压；抑或停止以台湾名义参加国际组织的所谓"正名"呼喊，不继续在美日的印太战略及其他遏制中国的政策中充当马前卒。

值得强调的是，大陆所谓的放弃"台独"是指一切形式的"台独"，不仅包含最为激进的"法理台独"，还包含"公投台独"和"文化台独"等其它形形色色的"台独"形式。就"法理台独"而言，蔡英文当然首当其冲要放弃围绕"中华民国宪法"展开的囊括"制宪台独""修宪台独"和"释宪台独"在内的"涉宪台独"，尤其是目前民进党正在大力推动的新一轮"宪改"，其中诸多议题都有以提振民主宪政之名行"修宪台独"之实的嫌疑，若蔡英文有心改弦易辙就应该慎重对待。此外，蔡英文还应停止"涉法台独"行为，即通过制定、修改和废除"宪制性法律"来挑衅与侵犯"中华民国宪法"。自蔡英文就职以来，"立法院"已废除了"蒙藏委员会组织法"并通过了"公投法修正案"，还有"立委"提议变更陆委会为"中国事务委员会"并裁撤"侨务委员会"，若蔡英文继续支持此类行为那么无疑是对大陆的极大挑衅。就"公投台独"而言，随着岛内"公投"门槛的下调，各种变相"主权性公投"如雨后春笋般涌现，如"和平中立公投"、"移除护照上 Republic of China 字样公投"和"东京奥运会正名公投"等，蔡英文应该坚决排除此类"公投"。就"文化台独"而言，蔡英文可以组织修订课纲，使其重新回归"大中国史观"，或者恢复此前被取消或降级的各类中华文化祭典仪式，不再继续用台湾少数民族文化、南太平洋文化和日本文化来稀释、肢解中华文化。

总之，蔡英文有无数条途径可以向大陆表达"弃独"决心，问题仅在于其是否意欲而已。不过，从目前的情势来看，蔡英文恐怕很难停止"台独"步伐，因此两岸之间的冷和平乃至冷对抗状态很可能还将延续相当一段时间，蔡英文究竟何去何从、两岸关系发展究竟是喜是忧还有待观察。

臺灣兒童讀經教育發展述論

林登順[*]

一、前言

臺灣位於中國東南海上，東臨太平洋，西隔一百五十公里的臺灣海峽與福建省望。在地質構造上，臺灣位於環太平洋新褶曲帶上，為太平洋西緣諸島弧之一部分，琉球與呂宋弧的匯合點。在二億二千萬年以前的"古生代"晚期，由海中褶曲隆起而成為海島。到了"中生代"，地殼發生劇烈變動，產生"南澳運動"，而完全陸化，此時大陸到臺灣成為一片陸地，即地質學上所稱"太魯閣大陸期"。此後，到了"更新世"，臺灣因數度的地殼、火山活動，產生沉降與上升，而在距今一萬年前，大陸與臺灣分離了。

在大陸與臺灣相連的時候，大陸的生物即可源源進入臺灣，因此，在生物地理學上，臺灣與大陸是屬於同一區。所以，臺灣西部出土的劍齒象、普通象、犀牛、劍齒虎、古鹿和野牛，這些"更新世"早期的動物化石，也可說明當時臺灣大陸是連在一起。

至於人類的活動，大約分為先農文化階段，以"長濱文化"為代表；原始根栽農業，以"大坌坑文化"為代表；初期稻作農業階段，以"圓山和芝山巖文化"為代表；鐵石器併用文化階段，其年代大約從西曆紀元前後，延續到漢人來臺之時。而漢人何時抵臺，有《史記‧越王勾踐世家》所云，古越人來臺之推測；有秦代瀛洲之傳說；也有《漢書‧地理志》東鯷人之說。直到《三國志‧吳書‧孫權傳》黃龍二年條，才有"夷州"較具體的記載。三國以降，直到《隋書‧東夷列傳》流求國條："流求人初見船艦以為商旅，往往詣軍中貿易。"臺灣開始與大陸有交通之證。據《諸羅縣志》云，鄭氏時，在目加溜灣開

---

* 林登順，台南大學國語文學系。

井，曾得唐宋以前古窯燒製的瓦瓶，雖未必然，或由商賈傳入，亦有可能。以後，宋、元、明、清，對臺灣則多有著墨。

而有"人"就有"文化"，自從漢人來臺後，就把他的血統、生活、語言、宗教、風俗習慣，帶來到臺灣。據乾隆二十八年癸未（一七六三年），鳳山知縣王瑛曾所撰《重建武廟碑記》云："神之志在『春秋』，功在名教；凡忠義志節之卿，尤心嚮往之。臺雖荒服，考自寧靖王竄跡以來，剩水殘山，崎嶇死所，幾視田橫義島而上之，亦名教地也。"

另外，《桃園縣志》卷二："本縣人民，除少數山地族外，多為閩粵祖籍，先民播遷居此，凡三百年，雖經日據五十載，折磨萬端，然總其平時生活習慣之理，尊卑長幼相處之道，婚喪慶弔儀式之節，喜怒哀樂表現之情，無不沿習故國遺風，至今奉行不墮。近世都市文明，日益發達；生產重心，逐漸進入工業化，進退揖讓，每嫌繁複，用是一切儀仗，略趨簡單，亦即禮所從於宜之意也。"

由上可見，即使離鄉背井，漂洋過海，但那種深沉的文化種子，依然深植人心。而這種文化的核心即是儒家精神。

至於儒學的傳佈，主要靠教育。早年移民人數少，又缺乏組織，因此，並無官設的教育機構，所以，應以家庭教育為主要方式。直到荷、西分據臺灣南北，才開始有教育設施，而在西班牙佔據十六年，荷蘭佔據三十八年中，所施行的乃是宗教教育，使學生成為順民，並信仰基督教。對於儒學教育毫無助益，一般漢人仍應以家庭式的傳承為主。真正對於儒學文教有創建者，應自明鄭時期論述。

二、臺灣儒學教育的承繼

鄭成功本以儒生出身，於人才教養，夙極注意。據楊英《從征實錄》所言，他曾於永曆八年（西元一六五四年），開設儲賢、育才二館，考諸生之優行者入館，以培養人才。而於南明桂王永曆十五年（西元一六六一年）渡海東征，驅逐荷蘭人，收復臺灣。但因戎馬倥傯，未及半年，即積勞成疾而亡。鄭經立，參軍陳永華力陳建學校，終在永曆十九年（西元一六六五年）籌建孔廟，立學校，振肅文教。永曆二十年（西元一六六六年）正月，聖廟成，旁設明倫堂，鄭經率文武僚屬行釋菜之禮。環泮宮而觀者數千人。雍雍穆穆，有禮讓之風。又命各社設學校，延中土通儒以教子弟。凡民八歲入小學，課以經史文章。一切施設，全因襲明代遺制。這是臺灣官立學校的矢。儒學教育也從此奠下官式的傳承。

此外，還有私人講學，據《臺灣通史》所言：「明季諸臣，懷忠蹈義，崎嶇海上，克臺之後，奉冠裳而渡鹿耳者，蓋八百餘人。」這些孤臣宿儒，飽學之士，或有與鄭經不合者，流於民間，設塾教書，對當時臺灣民間之儒學傳佈，應大有裨益。沈光文即是其中一位。

永曆三十七年（西元一六八三年，清康熙二十二年）鄭克塽降於清朝，成為福建省的屬府，於是乎，清朝一切的典章文物，遂全部施行於臺灣，教育宗旨與學校制度，自然不例外。我國歷朝教育宗旨，自三代以來，皆以儒家精神為依歸，以闡明人倫為最高目標。《孟子‧滕文公上》：「夏曰校，殷曰序，周曰庠；學則三代共之，皆所以明人倫也。」這種教育的根本精神，自三代傳至清朝，被遵循不移，所以，前清各省的府、縣儒學，都設有明倫堂，臺灣也不例外。因此，儒學精神得以深入人心，源遠流長。

除了正式的教育機構外，清初於鄉堡坊里，設置官塾，以便僻遠生童就學，名曰社學。社學有兩種，一為漢人而設；一為土番而設。康熙二十三年，臺灣知府蔣毓英於府治之東安坊建臺灣社學二所，於鳳山縣土墼埕建社學一所，是為社學建置之始。自是之後，社學之設，遍及中南部各地。至於土番社學則於康熙三十四年（西元一六九五年）臺灣知府靳治揚首創。據胡建偉《澎湖紀略》言，「《易》曰：『蒙以養正』，聖功也。社學雖小，實乃大學之根柢。此時入手一差，後即難挽，不可不慎也。」因此，對於社師的選擇亦要求淳篤，胡建偉曰：「學必有師，師必有法，然後可教可成而學可興⋯⋯選社師務取年四十以上，良心未喪，志向頗端之士，不拘已未入學。」而對於入社學者，「八歲以下者，先讀《三字經》以習見聞、《百家姓》以便日用、《千字文》亦有義理。⋯⋯每講書，就教童子向自家身上體貼⋯⋯他日違犯，即以所教之書責之，庶幾有益身心。至於作文、寫字，歌詩習禮，俱足以長其德性⋯⋯童子能背書、能解說，並能熟念「聖諭廣訓」者，即給予紙筆，以為鼓勵。否則，訓誨之，使有勸、有恥。」完全符合儒學之精神。至於土番社學中，番童有能背誦《四書》者，也有能讀《左傳》《漢書》者。臺灣儒學教育也因此更為普遍。

此外，另有義學，亦稱義塾，其意在延請名師，聚集清寒生童，勵志讀書。或由官司創立，或由為官民義捐而成，或屬個人私設，情形不一。據林衡道主編之《臺灣史》言：「康熙四十五年，始置臺灣府、縣及諸羅縣三處義學；⋯⋯朱一貴之役既平；時藍鼎元參贊南澳總兵藍廷珍戎幕，籌辦臺灣善後，謂臺灣之患，不在富而在教；乃首倡普設義學，其代擬復制軍臺疆經理書云：『興學校、重師儒、自郡邑以至鄉村，多設義學，延有品行者為師……以孝、悌、忠、信、禮、義、廉、恥八字轉移士習民風。』義學的設立，對儒學教育的普及，可說更進一層。

至於民間鄉人私設的學校，私塾或稱學堂、民學、書房、蒙館、書館。這項私學的設立，在明鄭時即有。其乃讀書人自設，或鄰保鄉井共捐貲而設，或殷戶宗族獨力經營。在大陸內地極為普遍，是初級教育的主流；在臺灣亦然。學生通常六至八歲入學，其教授課程不一定，約分四科：讀書、開講、習字、課功。讀書使用的教科書通常有一定，順序為《三字經》《大學》《中庸》《論語》《孟子》《四書集註》《詩經》《書經》《易經》《春秋左氏傳》《禮記》及其它詩文唐詩及律賦。教學法有點讀、背誦、默寫。至於開講，對小學生是摘取書中成句說明其在句中之意義；對大學生就是文章註釋的講授。由上可見，教育的主流，尤其是普遍性的傳授教育，乃以儒學教育為中心主軸。這是一貫的傳統。

最後要提的是書院之制，這種制度由來已久。名詞起於唐代，本指藏書之所，後演變成地方學校，至宋而盛，迄於明清不衰，其制介於官學與鄉學之間，以補府縣廳學之不逮，其創設由官司，或由民間義舉，而由各地長官管理之。而臺灣的書院，自康熙以降，志書、文獻出現者，共有六十八所。依劉良璧《海東書院學規》所言："書院之設，原以興賢育才。……延請師儒，崇為生童肄業，俾成人有德，小子有造。所有規條如左……一、明大義：聖賢立教，不外綱常；而君臣之義為達道之首……一、端學則……一、務實學……一、崇經史；六經為學問根源。士不通經，則不明理。……一、正文體……一、慎交友……"其後，臺灣道兼提學政覺羅四明又勘定八則："端士習、重師友、立課程、敦實行、看書理、正文體、崇詩學、習舉業。"以訓勉學生。所以，書院之制，在有清一代，實為臺灣重要的儒學教育傳承中心。

至於光緒十三年，巡撫劉銘傳試辦的新式教育，則與儒學教育毫不相合。到了光緒二十一年，日人佔據臺灣，遂在殖民政策下，從事皇民化教育。在前期由於佔領伊始，客觀條件不足下，只希望臺胞接受日本語文教育，有時還特別標榜我國固有文化道德，如在"國語（日語）傳習所"乙科的課程中，還有漢文科目（包含有《三字經》《孝經》《大學》《中庸》《論語》《孟子》）。但到了一九一九年（民國八年，日大正八年）《臺灣教育令》發布以後至九一八事變前，日本國勢蒸蒸日上，確立對臺政策，除了大量搜括外，並作永久佔領計之想，所以教育政策也隨之而定，完全以經濟目的為主，並進一步皇民化政策，把國民學校的漢文科取消，使臺灣同胞與祖國文化根本斷絕，不再存故國之思，而中國傳統文化的傳布隨之受到創擊。

小學教育又稱初等教育或基礎教育，乃是現階段國家學制中的第一階段。對象為六至十二歲的兒童。此階段的教育，對提昇國家民族文化素質極為重要。因此，在各國的文化發展中，都把它定為實施義務教育與普及教育的目標，以作為培養全民身心全面發展的基礎。台灣教育亦是如此，其教育內容包括德、智、體、群、美各大類。

而在台灣成立"小學堂"、"小學校"之後，引進歐美課程、教法。課程內容除了"國語"外，還有算術、自然、社會，以及音樂、美術、勞作、體育等課程。比起舊式私塾、蒙館所教的內容豐富了許多，但國人接受西式教育八十餘年來，整個社會的人文素養是否提高了呢？心量是否廣了？涵養是否更深？尤其近年來犯罪率的增高，犯罪年齡層的降低，校園暴力、社會逆倫事件頻傳，人人感受到社會正義日漸消亡，君子之風漸去，短視近利、爾虞我詐之氣日盛，人心極度空虛，人生方向無所依歸。這是只顧功利發展，而未能相對提昇國民文化素養所致的後果。

當我們澈底反省的結果，必定歸結於教育，尤其"文化教育"的落實。而要落實文化教育，須自小者近者著手，即是從兒童教育開始，因為等到高中，性情已變，到時再"揚湯止沸"，效果一定事倍功半。而"文化教育"最方便有效的教材就是"經書"。所謂"經書"，廣義的講，即是涵蘊常理、常道，天經地義，教導人生常則常行的書。包含經、史、子、集皆有這類"最有價值的經書"，中國有，印度有，西方也有。可惜，自民國元年元月十九日，蔡元培下令"小學讀經科一律廢止"，民國元年五月又下令。"廢止師範、中、小學讀經科"，同年七月，他又在全國第一屆教育會議上提出："各級學校不應祭孔"案。到了民國六年，胡適提倡白話文，詆毀古文。八年，五四白話文運動起，"全盤西化"響徹雲霄，及至九年，國小語文課全改為白話文，自此以後全國上下，皆以古文為惡。所以，八十多年來，老、中、青三代的中國人，語文、文化能力，一代不如一代，已經不敢，也不曾真讀經了。造成國民普遍不能讀本族的"經典"之作，這是民族文化的衰象。

三、台灣讀經教育之重振

1949 年國民黨當局來台後，仍承續 1922 年所制定的"國民小學"學制與教育政策，在體制內並沒有兒童讀經的課程，"國語"課文則全面採用白話文，學生對於文言文愈來愈感到陌生。

不過，1955 年至 1983 年期間，經由台中蓮教蓮社、一貫教、"教育部"與中華文化總會、孔孟學會分別開辦一系列的經學與國學班及其努力下，讀經活動開始在台灣民間中展露出一線曙光。到了 1990 年代，台灣進入社會轉型期，社會不正常現象紛繁凸顯，其所呈現的基本特點是亂局。有人把台灣社會所浮現的奇異現象和問題，解釋為"文化失調"。所謂失調，指的是台灣當局在危機意識下，長期偏重經濟發展，使經濟與政治、社會三者之間的發展失調，導致台灣社會心理混亂失落、文化脫序，價值觀念紊亂、各種規範準則都落入內外環境遽變的迷宮中（莊義仁，1991）。此時，台灣社會問題的根源在於文化，要有效地解決社會問題，就必須回去找出文化傳統，對於今日社會適應上不足之處，試著去補足，去完成，去豐富它（張維倫，2000）。

1994 年王財貴希望以中國文化寶典開啟兒童的純潔心靈，讓兒童從小在潛移默化的薰陶中，奠定優美人格的良好基礎，繼承中國文化傳統，開始在台灣大力積極提倡兒童讀經，經由王財貴於台灣各地巡迴演講，以及眾多民間讀經團體，不間斷地致力於宣導讀經與推動讀經後，使中斷 80 年的讀經教育再度重登台灣的文化舞臺。1989 年聯合國教科文組織召開"面向 21 世紀研討會"，特別指出，道德、價值、倫理，會是 21 世紀人類面臨的首要挑戰，這顯示出在 21 世紀推展讀經教育的重要性。

學校之設立，原以興賢育才為主，古人以明大義、端學則、務實學、崇經史、慎交友才是求學的最高目標，其中又以崇經史為骨幹中心，"六經"猶為學問的根源，士不通經，則不明理。可見經學教育的重要性，除了因為科考的需要外，《文心雕龍·宗經篇》說："經也者，恆久之至道，不刊之鴻教也。"經典的功能性極強，可以"洞性靈之奧區，極文章之骨髓者也。"這不就是教育的最高目標嗎？教你認識自我；讓你學好語言文字。才學與財富是不能等同而論，但什麼才是社會的底線、民族的良心、國家的根本，經典中都已完完整整的告訴你了。

筆者有幸在 1998 年協助第一個讀經協會的成立——"台南市讀經協會"。此後，各地陸續成立類似組織，並漸漸擴及港澳、東南亞、美加英歐等僑社，而在大陸配合其國學的復興風潮，迅速蔚成風氣，其讀經人口成長速率，約是台灣的百倍，如加上全球的華語學習熱浪，讀經人口至今已超過一億五千萬。

而在台灣超過百篇的博、碩士論文及期刊論文的研究中，藉由實務及學術的討論，可以看出讀經的理念、教學、教材、課程、活動、成效或營運組織都已有相當廣泛的發展。

四、兒童讀經成效例釋

在台灣超過百篇的博、碩士論文及期刊論文的研究中，藉由實務及學術的討論，可以看出讀經的理念、教學、教材、課程、活動、成效或營運組織都已有相當廣泛的發展。

根據美國心理學家的智力型態論來說，人類的智力可分為兩種不同的型態，流動智力與晶體智力，前者是受先天遺傳因素影響較大的智力，例如，空間關係的認知，對事物判斷反應速度，及機械式的記憶。後者是受後天學習因素影響較大的智力，如語文辭彙，數理知識等，也就是一般人說的理解力。依據研究，流動智力與結晶智力的發展隨年齡而產生的變化，流動智力是一種以生理為基礎的認知能力，其發展與年齡有密切的關係。一般人在 20 歲以後，流動智力的發展達於頂峰，30 歲以後將隨年齡的增長而降低。而結晶智力是以學得的經驗為基礎的認知能力，結晶智力在 20 歲左右發展成熟，成年後，這方面的能力不因年齡的增加而減低，甚至有些向度的結晶智力是隨年齡的增加而累積。基於兒童讀經教育強調記憶的誦讀，而不強調理解的讀經，它就是合乎兒童的智力發展之趨勢。其它如認知發展論、鷹架理論、吸收心智論等等琳瑯滿目的論述，多能與兒童讀經教育作鍥合。

所以，在人記憶力的黃金期，發揮其記憶能力的長處，把一些重要經典選編為教材，教導孩子反復熟讀，進而鼓勵背誦，以啟動兒童的腦力，並在潛移默化與薰陶作用下，建立其自我的認識，培養起對社會、民族、國家的感知；這才是經典教育的終極目標！而不是浮躁的改革，盲目的追求時髦！至於一般人質疑兒童讀經教育；根據上述研究，至少可歸結以下幾項，可以加以證其成效：

（一）讀經課程

讀經的課程包括讀經教育宗旨、教材選定、教學方法、教學時間、教學師資。首先，在眾多小學實施讀經教育計劃中，明確指出讀經教育的宗旨為啟發人性、傳承中華文化、涵養人文精神、開發潛能等。

第二，在讀經教材的選定方面，兒童讀經的教材相當多，各家的教材選擇說法不一。以下五本經典，《三字經》《唐詩三百首》《論語》《弟子規》及《大學》是教師為學生選出最值得讀的五本經書。王財貴主張，經是指最有價值的書，可以包括中外的哲學、史學、文學等經典名作，可隨個人的見識喜好而認定或安排，不過，他認為《論語》是民族文化之根本命脈所在，應以論語為優先。

第三，在教學方法方面，兒童讀經的教學基本原理就是讓兒童多接觸、多讀誦、多背誦經典，但是，不強求背誦，而是自然背誦。目前學校多以帶讀為主，再發展出接龍、輪讀、闖關等多變化的誦讀方式。對於經典内容的講解，有些教師堅持不必解釋，有些主張解釋時間不宜太長，有些認為簡單解釋就好，有些則提出視年級而定。獎勵的方式很多，最常用的是發卡、記點數、獎狀或獎品等，不過，有人強調多使用口頭稱讚方式，儘量減少物質性的鼓勵，以鼓勵代替懲罰。

第四，在教學時間方面，可以安排於晨間、課間、課餘時間或固定的時間。

第五，在教學師資方面，王財貴主張只要具熱忱且能發出正確讀音的教學者，就可以成為讀經教師，其資格不受學歷的限制。之後，王財貴修正先前主張，指出讀經宣導講師，須具備瞭解讀經教育的基本原理：一的、二性、三原則、四標準、五特質。一個目的：教育的目的，是為讓人性有良好而全面的發展；兩個性質：人性内涵的全面性和人性發展的歷程性；三個原則：教育的時機、教育的内容、教育的方法要把握；四個標準：及早、老實、大量、快樂讀經；五個特質：理論的深刻性、内容的完整性、操作的簡易性、驗證的廣大性和讀經教育的涵蓋性。讀經教師宜多重視文化涵養，得瞭解讀經教育的重要性與體會讀經教育的價值。研究結果指出，77%以上的教師認為讀經教師，須肯定經書的價值，認為兒童應愈早讀經成效愈好。

（二）兒童讀經之價值

1. 認識與傳承中華傳統文化

在中國的人文精神中，以道德精神、藝術精神為主，而宗教、政治之精神皆融入於其中。因此，中國文化蘊藏著和融貫通、充實圓滿的人文精神，富於寬平舒展、闊大厚重之氣象。如此豐厚的中華文化，當為現代的中國人所認識與傳承。經學奠定中國文化的基型，因而也成為中國文化發展的基線，而要深刻地認識中國文化，讀經是一個好方法，我們不僅可以藉著讀經來了解中國文化，更可以藉著讀經來保存申中國傳統文化，培養對傳統文化的認同感，中國儒、道、釋三家之經典自古流傳，為所有知識份子所必讀，以博成中國文化之特色，而且影響至東北亞、東南亞而及於全世界。藉由讀經才能深該認識中國文化，進而傳承於世代子孫。

2.體察永恆的價值，開展生命的智慧

經書是先民智慧的結晶，是先民對生命體驗的記載，它提供為後人之殷鑑，提示後人不變的常理，做為衡量事物的標準。經書更是一面鏡子，教導我們如何面對生命中的變異與衝擊，讓我們在面對困境時，能有所遵循與依歸，經書裡面也充滿了人文的思想，強調智慧能力的發揮，可以克服自然以及人事的災禍，從而掌握自己的命運，並開創新事物、新文化。劉勰在《文心雕龍·徵聖篇》指出："故知繁略殊制，隱顯異術，抑引隨時，變通適會。"可見聖人之經典，是順應不同的時機、場合而採用不同的體制，也能根據不同的情況際會來取捨變化。因此，當我們體會到經書中，永恆的道理時，我們就能接受挑戰，並做出適當地回應，生命的智慧便由此開展。

3.人格與生命教育的最佳教材

人格教育是中國傳統教育的主軸，經書自然就成為其主要的教材，而經書內容，諸多探討生命的意義，更是生命教育的良好教材。

經書裡面充滿仁愛的思想，不僅君臣之間當講禮義，就是其它各種人際關係也都應該如此，這就是所謂夫婦有義，父慈子孝，兄友弟恭，朋友有信。在這種思想的指導下，重視人格的養成與完美，人格教育比法律制裁，更能有效遏止罪惡發生。劉勰認為，聖人之文重"政化"、"事蹟"、"修身"。"修身貴文"是指文章在個人品行修養上的重要性，研讀經文可在社會生活中，得到人文的教化作用。

所以，在社會生活、思想道德的修養、感情的陶冶各方面，經書都有重要影響作用。讀經不但可以作為人格教育，還可作為生命教育，儒學大師牟宗三說："中國文化的核心是生命的學問。由真實生命的覺醒，向外開出建立事業與追求知識之理想，向內滲透此等理想之真實本源，以使理想真成其為理想，此是生命的學問的全體大用。"

4.反省教育政策，改革教育模式

文化本來是國家的大政，教育本來是政府的大策。文化的見識決定了教育的方向，教育的方向決了定國民的素質。近百年來，中華民族的文化方向，一直找不到定位，喪己媚人，進退失據。而當前教育政策令人徬徨不安，問題日益嚴重，國民的語文程度日漸低落，已呈不可挽回之勢；更嚴重的是，人心貪婪，風俗敗壞，社會亂象日益不堪。如今，讀經的教育，確實可以做為這一切問題的根本解決之道；從誠意正心到修身齊家，解決青少年問題，解決家庭問題，解決校園問題；乃至於治國平天下，解決政治紛亂問，解決兩岸緊張對立問題；讓人人有教養，個個有才學，能為天地立心，為生民立命，仍至為往聖繼絕學，進而為萬世開太平。

兒童讀經教育，在正式教育與非正式教育的改革中，無疑是最不起眼，但也最實在的改革。它簡單可行，又不花什麼錢，但成效卻相當顯著。然而，正因為它簡單又不花錢，反而沒有成為注意的焦點，總把讀經當作課外活動看待，只是兒童消磨時間的活動。單就此點，正足以說明教改的重點，應該在於態度上的轉變，而不只是制度上的改革。唯有在觀念上有所轉變，了解到兒童學習能力與限制，我們才能真正面對教育目的，設計合適的教育體制。只要觀念上轉變，讀經教育，很容易被納入正式教育的環節中來，與許多並無實效的課程安排相較，讀經教育，可能就顯得更有意義。

（三）兒童讀經之效能

對於兒童讀經教育的成效研究，已有非常具體實務的成果。以下將從品格教育、學習能力、其它等方面的成效加以探討。

1.品格教育方面

據王怡方（1999）的調查研究結果發現，親師認為，學生的行為表現在讀經後，變得乖巧懂事、比以前有禮貌、氣質變好、喜歡和同學合作。翟本瑞（1999）讀經成效的分析結果，讀經對於兒童的生活常規、行為儀節等德、群育方面，具有相當的成效，項目如下：涵養性情，修身養性，比較懂事不和別人計較，容易靜下心來，達到自我規範、自我要求，具有反省能力，易於接受他人的指正，懂得兄友弟恭、體諒別人，具有羞愧心，在家表現好，師生間互動和諧，同儕間互動密切，班級常規得以遵行，整潔、秩序得名，家長產生自信心，自己比較有自信心，增添生活情趣。

林登順（1996）則指出，兒童讀經後，在與人相處上，較不會與同學爭執、糾紛，且能知錯能改，虛心接受師長父母的開導，更有禮貌、懂事、貼心。張樹枝（2001）的研究指出，兒童於讀經後，在"吵架行為""問候別""主動做事""關心別人""亂發脾氣""上課態度"都有明顯改善；陳惠敏（2002）的研究發現，大部分的教師、學生及家長對兒童讀經後的行為改變情形，感到相當滿意，尤其是在"善行實踐"與"氣質變化"等方面，有較佳的評價；廖彩美（2003）的研究證實，讀經能改善不良行為、而偏差行為越少，其自我概念越高。

林淑夏（2004）的研究也發現，兒童讀經後，孩子的行為在人際互動、感恩惜福、合作行為三方面是有改善。楊欽助（2005）的研究也指出，讀經教育在透過老師適時的引導，兒童不論是在生活常規、感恩惜福或是在情緒控制方面，都有顯著的改善。鄭秀雪（2006）的調查研究結果顯示，約五成五的讀經學童認為，讀經對本身情緒智慧具有正面的影響，約八成五的讀經教師認為，讀經對學童情緒、智慧具有正面的影響，讀經教育，適合作為長期培養學童良好情緒智慧的情意課程。

綜合目前研究的發現，兒童讀經對於學生的品格教育都有著正面而顯著的影響，從內在心性的涵養，到外在行為的表現，都能在讀經後獲得良善的提昇。

2. 學習能力方面

以下將學習能力分成記憶、語文、專注、綜合學習等能力分別加以探討。

記憶能力，研究發現兒童在經過一年的讀誦活動後，一、三年級的學童，在記憶的廣度和理解、記憶方面均有顯著性的提高。林登順（1996）的研究指出，兒童在讀經後，記憶力明顯提高，兒童本身的背書速度增加。張樹枝（2001）的研究指出，在聽覺記憶方面，讀經兒童顯然比沒有讀經的小孩子，具有更進一步的成長，此現象與讀經每日高聲朗誦經文內容，豐富的文字，不斷在強化刺激與反應之聯結機制，應有密切的關係。

（1）語文能力，研究發現，無論是幼兒園中大班或是小學二年級的學生，經過八個月至一年，每天 15—20 分鐘的經典誦讀之後，識字量都有明顯、快速地增加。林登順（19996）針對國小四年級四個班進行讀經教學後，進行中文認字測驗及國語文成就測驗的結果顯示，兒童在讀經後，認字能力明顯提高；在閱讀能力上，也有顯著成效。受到讀經教學的顯響，兒童能瞭解更多歷史（文化）內容，對於其它課本意思更能自己瞭解。王怡芳（1999）的調查研究指出，親師生認為學習力最主要的改變是"認字能力增加"、"背書的速度變快"。李美昭（2003）的實驗研究結果顯示，施行讀經之實驗組學生在"字義評量"、"學習認字態度"、"國語成績"等項目，皆優於未讀經的控制組學童。陳珈合（2006）的研究發現，經典文化對讀經與閱讀動機，存在著重要的關係，其中營造經典文化環境，能夠影響閱讀的價值選擇，提供經典的文化刺激，能夠啟動讀經與閱讀的好奇心，而體認文化重要性，可以開展讀經與閱讀的效能。

（2）專注能力，研究結果顯示，讀經兒童在讀誦經典一年後，注意力均有顯著性的提高。林淑夏（2004）的研究，從多向度注意力測驗之分析發現，兒童讀經後，對於選擇性注意力、分離性注意力、持續性注意力三向度皆有顯著的提昇。

（3）綜合學習能力，翟本瑞（1999）讀經成效的分析結果，對於提昇學習能力，也有相當成效，項目如下：提升記憶力、增進日後的理解力、加強閱讀能力、思考的觸角更廣、提高語文的能力、口語表達能力好、提升作文能力、增加語彙、增加識字能力、較易瞭解文言文、提升專注力、持續力增加、開發理性等項目。

綜合以上的研究分析，讀經教育，對於學童學習能力的提昇，可以說是全面地，特別是記憶能力、語文能力、專注能力，更是學習的關鍵能力。

（4）親子家庭關係方面，讀經教育可增進親子與家庭關係，林登順（1996）指出，透過讀經教育的影響，親子之間的互動更密切，對於家庭親子教育，提供另一交流管道。這是學生內化經義，進而激盪家長的良性反應。翟本瑞（2000）的調查研究也指出，讀經的兒童回家後，多會與家人分享讀經的喜悅，關心子女讀經的父母也能和子女一同讀；年齡相近的兄弟姊妹，也以此為討論話題，相互影響，讓兒童離開讀經班之後，仍有學習模仿的對象，甚至帶動社區家庭親子和諧。柯欣雅（1991）也認為家長陪兒童一起讀經，不失為促進親子關係的好方法，親子活動共同成長，親子間也因為共同參與的歸屬感，而更佳融洽。

就以上的研究顯示，讀經教育只要家長願意，陪讀或帶讀對家長而言是很簡單而易行的，而且容易達成；不像學校課業或其它才藝教育，對部份的家長可能無力指導。讀經教育對家長而言，是很容易參與的，而參與投入的時間也相對的多，這就是讀經教育，可以增進親子或家庭關係的重要原因。

（5）班級經營方面，朱安邦（1998）在其讀經教學實施成果報告指出，在讀經的薰陶涵泳當中，感覺小朋友氣質逐漸改變，性情平和，班級氣氛融洽，生活常規進步，教室管理輕鬆，常獲得學校秩序、整潔競賽優勝；以及全學期表現績優的肯定。林登順（1999）也指出，實施讀經教學，學生行為舉止變得更好，生活常規進步，對於班級經營與管理上，更能事半功倍。學生在學校的一天中，有三個時段是教師最難控制班級秩序的時間，如果在這三個時段兒童讀經，將有助於班級的經營，此三個時段分別是：一早到校未進入正規作息前，學生到校時間不一樣，先到校的同學如果將時間花費在聊天、玩耍是相當可惜的，一日之際在於晨，請先到校的同學誦讀經典，如此才不致浪費寶貴的晨間。

其次，上課鐘響後，鐘響後，教師未進教室前，學生通常心浮氣躁，此時是班上最吵雜的時候，如果教師規定鐘響後，馬上回座讀經典，可以安定學生浮躁的情緒，幫助學生盡快進入學習情境。

第三，放學前五分鐘，學生抄聯絡簿、收拾書包的步調不一，且因即將回家，心情雀躍使班上更顯浮動，此時誦讀經典，除了可以複習今日所學，收溫故之效外，更可以安定兒童的心情，培養學生的耐性。

所以，在這三個浮動的時段實施讀經教學，對於老師而言，是一個不錯的班級經營策略；對於學生而言，則是一個幫助學習、修身養性的好方法。因此，教師若能結合讀經教學，不僅能提昇班級學生的學習能力，更可以發展出特殊的班級經營策略，可以說是一舉兩得。

從以上兒童讀經成效的文獻探討，讀經教育，對兒童本身的品格教育與學習能力，都有良好的助益，影響所及，更擴大至親子家庭，甚至班級學校。如此廣大的成效，無疑是最不起眼，但也是最實在的改革。它簡單可行，又不花什麼錢，但成效卻相當顯著。

五、結語

中華文化是一個有容乃大的文化。我們承繼孔子的教導，"學而時習之""見賢思齊焉""三人行，必有我師焉"，都指出尊重真理，好學不倦的精神。而在近百年來的教育中，我們卻只學到西方的學校教育，即以知識為標準的傳授方式，卻不知西方還有在教堂的文化教育；而我們的文化教養、品德熏習、美感陶冶的教育，卻也被歸為認知教育，一概以由淺到深，用說明、理解，甚至實用的方法來進行教育，完全忽略文化是一種熏陶，它是屬於一種潛移默化、心靈體悟、開發的教育。就如錢穆所說：

讀《論語》可分章讀，通一章即有一章之用。遇不懂處暫時跳過，俟讀了一遍再讀第二遍，從前不懂的逐漸可懂。[1]

朱光潛也說：

私塾的讀書程序是先背誦後講解。在"開講"時能了解的很少，可是熟讀成誦，一句一句地在舌頂上滾將下去，還拉一點腔調，在兒童時卻是一件樂事。我現在所記的書大半還是兒時背誦過的，當時雖不甚了了，現在回憶起來不斷地有新領悟，其中意味，確是深長。[2]

瑞典漢學家高本漢指出：

中國學生即使在低年級裡，必須背誦幾種大部的經典，並須熟記歷代名家所作幾百篇的文章和幾百首的詩歌。這種學習的課程，採用了已經二千年，養成大家對於古代文書具有特別的熟悉；⋯⋯以供中國著作家任意的使用，在文

---

① 錢穆《孔子與論語》（台北：聯經出版事業公司，1991年。）頁2。
② 朱光潛《朱光潛全集》（合肥：安徽教育出版社，1987年。）頁439。

辭的修飾上自然能得到有效的結果。[①]

兒童讀經教育總括來說，只有兩個重點："從教材說，自小就讓他接觸'最有價值的書'、'永恆之書'，只要有價值，不管艱深不艱深。從教法說，就是要他多唸多反覆乃至於會背誦！只要能背，不管懂不懂。"提倡兒童讀經教育，即是要利用兒童期的高記憶力，記下一些永恆的東西。讓兒童在語文學習上"死背"、"食古"，猶如電腦之輸入資料，愈多、愈珍貴愈好，"食古"多了自會有醞釀發酵，將來理解力發展成熟，或生活經驗恰合，即可觸類旁通，自然"活用"出來。因此，不必理會經書內容之深奧、艱難，只要有價值，就值得多唸多記誦，文化的內涵即深入兒童內心，默默的變化其氣質，提昇其品格。

此外，語言對意義的表述是整體性的，而文字只能表達語言的片面意義；表述意義的媒介，主要藉由語言。透過語言的韻律性，很容易掌握語言所表述意義的節奏性和音樂性。"讀"的目的在於使文字透過"讀"的歷程，回歸到"語言"的情境中，使我們能掌握意義的完整性，所以西方詮釋學提出：詮釋就是讀（說出來）（hermenuties is to speak）。讀誦的妙用在於使"文字"重建成"語言"的完整情境。倡導讀經的"讀"的用意，乃在於重建經典的"語言情境"，使我們如直接面對聖人般，更易於進入經典的情境中。

在語文的學習上，依兒童認知的發展，此時因記憶力強，應著重認字，字認多閱讀也多，閱讀時雖不太明白也沒關係，從大量閱讀中，自可培養出理解力，時候到了，自然有所體悟，自然會寫會用。誦讀、熟記大量的典範文章，是學語文甚至其他學科也必要的基本工夫。反覆誦讀、熟讀，有助於語感的培養，並使胸中材料積蓄更多，讀文章就易於聯想，寫文章就便於選詞擇句。語文的學習正是從背誦與使用過程中，自發習得句型與文法，利用兒童記憶力最好的階段，記下未來所需的句型，以待未來消化反芻之用。古人說："熟讀唐詩三百首，不會作詩也會吟。"即是如此。

從上述可知，兒童讀經教育，乃是在兒童記憶力最佳的時期，透過反覆誦讀的方式，長久、大量的接觸最有價值之書——經典，在長久的薰陶浸潤之中，不僅能提昇其語文能力，另一方面更可啟發思想，開拓胸懷，因為經典有極優美的文字詞語，所謂"大文皆自六經來"，有了經典語文訓練，不只文言文的能力增強，白話文的使用能力更可倍增，擴而充之，文化素養亦可厚實。喪失文化素養的人，很容易同時喪失理性的反省力及創造力。這對作文能力的提昇，

---

① 老志鈞《專家學者談背誦》《讀經通訊》第 10 期，1997 年 7 月，第 1 版。

是有極大的關係。胡適之提倡白話文，可知他從四歲開始，就熟讀中國經典數十部之多，卻也不妨礙其白話文的能力，我們反而要說，傳統經典厚實了他的基礎。甚至民國初期，掌控地方政府的軍閥，響應讀經的人亦大有人在，更不用說二三十年代的白話文建將，無一不是個個滿腹經典。日積月累則漸有理解、領悟，逐漸充實其文化素養，開啟理性、智慧，這種方式即是一種最經濟、有效，固本培元、文化扎根、落實文化教育的方式。

第四部分：

新时代大陆发展对

台湾青年的磁吸效应

近年海峡两岸经贸关系形势的发展变化、转折与新态势

王建民

一、海峡两岸经济合作形势与经济合作机制发生重要变化

马英九执政时期，是两岸经济交流合作发展的一个"黄金时代"（2008.5—2016.5），两岸两会恢复协商之后，建立了多个经济合作机制与平台，先后签署了包括通航、通邮、金融等在内的 23 项协议，并达成一系列经济合作共识。尤其是 2010 年 6 月《海峡两岸经济合作框架协议》（ECFA）的签署，成为两岸经济制度化合作与推进两岸经济整合的重要标志性事件。

2014 年春，台湾爆发的以反对《海峡两岸服务贸易协议》为核心的"太阳花学运"事件，成为两岸关系与两岸经贸关系发展的一个重要转折点。尽管随后两岸两会互动与沟通机制没有停止，仍在持续运作，但受这一事件的影响，两会协商的良好气氛与环境发生了重大变化，已影响到两岸协议的签署、落实与实施。同年 8 月 25 日，两岸两会负责人在福州举行两会恢复协商以来的第 11 次会谈，双方签署了《海峡两岸避免双重课税及加强税务合作协议》与《海峡两岸民航飞行安全与适航合作协议》。然而，由于"海峡两岸服务贸易协议"在台湾"立法院"审议受阻，台立法机构在社会政治压力之下达成所谓的"先立法、再审查"的"政治共识"，导致两岸两会新签署的经济协议无法在台湾完成法律程序，无法付诸实施，这是岛内政治对两岸经济合作制度化发展牵制与影响的典型表现。2016 年 5 月蔡英文上台执政后，不仅宣布放弃马英九时代推动多年、有意推动两岸经贸园区对接的经济合作示范区建设，而且经济主管部门于 2016 年裁撤 ECFA 小组，预示着两岸经济合作机制化与制度化发展的严重受挫。

民进党上台后，拒绝承认"九二共识"，导致两岸两会协商谈判失去既有的政治基础而宣告中断，无法再签署新的经济协议，尤其是两岸两会努力多年基本完成谈判的《海峡两岸货物贸易协议》胎死腹中，两岸经济合作机制运作受到很大冲击，宣告两岸经济合作制度化与机制化发展时代的暂时终结。

蔡英文当政后，采取了与马英九完全不同的两岸经贸政策与路线，一直明确反对马英九"从中国走向世界"的经济发展路径，而是主张与此相反的"从世界走向中国"的经济发展路径，即不是优先发展与大陆的经济关系或优先于大陆签署经济合作框架协议，而是绕过大陆优先发展台湾与其他国家或地区的经贸关系，尤其主张优先与美日签署经济合作协议，再通过美日等一道与大陆开展经贸关系或再签署经济合作框架协议。这一复杂、绕口的台湾经济发展路径成为蔡英文当政后处理两岸经贸关系的核心思想。

民进党上台近两年期间，蔡英文当局有关两岸经贸关系发展与两岸经济合作的论述很少，没有放在应有的执政视野中，而是把与其他国家或地区发展经济关系放在特别重要的地位，实质就是要弱化、淡化与边缘化两岸经贸关系。蔡英文在2016年"520"就职演讲中提出"告别以往过度依赖单一市场现象"的知名论断，就是这一经济战略的宣言书。就是在两岸及对外经济发展问题上，蔡英文当局不是积极推进两岸经济关系发展或经济合作，也不是简单地降低台湾经济对大陆的依赖，而是要台湾"告别"对大陆经济的依赖，也就确立了蔡英文当局消极、保守甚至反动的两岸经贸政策导向。实现这一经济发展思维的重要策略就是：一方面一直极力主张参与美国主导的TPP（跨太平洋经济伙伴协议），希望能够融入美日主导的西方经济体系，在美国总统特朗普上台宣布放弃TPP后，蔡英文当局又重新倡导加入日本主导的CPTPP；另一方面就是大力推进"新南向政策"，出台一系列有关加强与新南向国家或地区经济文化交流合作的政策措施，希望通过这一手段达到在经济上"疏中远中脱中"即"经济独立"之目的。在这种两岸经贸思维下，蔡英文上台近两年时间来，没有出台任何一项促进两岸经济交流合作的政策措施，即使原本计划在"立法院"审议通过"两岸协议监督条例"也没有排进议程，反而加大对两岸经贸往来的管制。

受两岸关系变化与蔡英文当局两岸经贸发展路线政策调整的影响，两岸经济合作机制尤其是两岸公权力或职能部门经济合作机制逐步中断，甚至一些重要的两岸民间经济合作机制也受到影响。于是，两岸经济交流合作重回民间轨道，两岸民间经济合作机制持续扮演更为重要的角色。其中，两岸企业家峰会成为民进党执政后海峡两岸民间规模最大、层次最高、并能发挥一定实效的两岸经济交流合作平台。2014 年，两岸企业家峰会转型，分别设立两岸企业家峰会台湾理事会与大陆理事会，同时各自设立了七个专业小组，成为两岸民间经济交流合作的重要平台，可实现一定程度的有效对接与制度化合作。

2017 年 11 月在南京举行的两岸企业家紫金山峰会，是现阶段海峡两岸层次最高、影响最大的两岸经济交流合作论坛。这次峰会的主题是"两岸产业融合发展：新形势、新商机、新思路"，会议签署了 29 项合作协议，尤其是在能源石化、装备制造与金融等领域取得重要进展。其中，由海峡两岸多家企业共同合资组建的福建古雷石化公司，经多年努力，大会正式宣布于 12 月 26 日正式动工，这是 2017 年两岸产业合作的重大突破，也是一个两岸多个企业共同参与的两岸石化业重大合作的一个里程碑。同时，峰会将机械智能制造列为两岸产业合作新项目，提出承认台湾金融研训院授予的专业金融执照、支持南京市探索设立台商银行倡议等。另外，峰会能源石化装备产业推动小组规划在河南省建立两岸机械智慧制造基地，提出按照产业集群发展模式，工业园或开发区形式建设机械装备智慧制造基地，吸引两岸相关产业链的优秀企业进入园区，同时推动建设智慧制造标准验证平台。尤其是两岸企业家峰会负责人发表的重要讲话以及峰会的共同倡议，指明了当前与未来较长时期两岸经济交流合作的基本方向与推进路径。

二、海峡两岸贸易与投资格局发展变化

海峡两岸贸易与投资是两岸经济关系发展的两个基本面向与主要内容，也充分揭示与体现两岸经贸关系发展的基本形势。

（一）两岸贸易发展呈现起伏波动状态

21 世纪以来，受国际经济景气循环、重大经济事件与两岸经济发展本身表现等多种因素影响，两岸贸易发展总体呈现起伏与波动态势。其中，2010 年到 2013 年是两岸贸易快速增长时期。2010 年，两岸贸易逐步走出国际金融危机影响，当年两岸贸易总额达 1453.7 亿美元，2013 年达到 1972.8 亿美元，2014 年两岸贸易总额为 1983.1 亿美元，创历史最高纪录，但增长速度开始放慢，仅较上年增长 0.6%。随后，受国际经济贸易环境变化以及大陆经济步入新常态等因素影响，两岸贸易连续出现两年下降，2015 年降为 1885.6 亿美元，同比下降 4.9%；2016 年两岸贸易额进一步为 1796 亿美元，同比下跌 4.5%。

2017 年，在国际经济景气复苏、外部需求增加与大陆经济稳步增长背景下，海峡两岸贸易出现恢复性增长。依商务部公布的资料，2017 年，两岸贸

易金额为 1993.9 亿美元，年增长 11.3%；其中对台出口 439.9 亿美元，年增长 9.3%；从台进口 1553.9 亿美元，年增长 11.9%。依台湾"财政部"统计，2017 年，海峡两岸贸易总额 1818.4 亿美元；其中，台湾对大陆（及香港）出口额合计 1302.8 亿美元，同比增长 16.0%，占台湾出口总额的 40.8%，其中 11 月出口占比达到 43.3%；台湾从大陆进口金额 515.6 亿美元，年增长 13.8%，占了台湾进口总额的 19.9%。两岸贸易尤其是台湾对大陆出口成为带动台湾经济增长的最重要拉动力。

海峡两岸不对称、不平衡贸易格局长期存在，大陆对台贸易自 20 世纪 80 年代初期以来一直保持逆差状态，逆差规模巨大。依商务部统计，2000 年，大陆对台贸易逆差突破 200 亿美元，2004 年突破 500 亿美元，2012 年达到历史最高点的 1219.7 亿美元，此后对台贸易逆差有所下降，但近年仍维持在 1000 亿美元上下。大陆对台贸易逆差，除了两岸市场规模差异大这一基本因素之外，与台湾当局对大陆产品进口长期限制密切相关。到目前，台湾对大陆产品进口货物限制品种仍超过 20%，阻碍了极具竞争力的大陆产品对台出口。

海峡两岸贸易持续发展，两岸市场相互依存度总体呈现上升趋势，近年则保持在一个相对稳定的水平之上，其中台湾对大陆市场依存度远高于大陆对台湾市场的依存度。依台湾"经济部国贸局"统计，近 10 年来（2008—2017 年），台湾对大陆（包括香港）出口市场依赖度一直保持在 40% 左右。其中，以 2010 年的 41.8% 为最高，此后缓慢下降，2015 年到 2016 年降到 39% 以下，2017 年又重新回升到 40% 以上。如果以台湾海关统计的两岸贸易结果计算，台湾对大陆出口市场（不包括香港）的依存度则相对较低，2002 年首次超过 20%（21.8%），2007 年创历史新高达到 30.1%，此后开始缓慢下降，多年保持在 26% 左右，2015 年降到 23.9%。如果以商务部统计的两岸贸易即以大陆从台进口额除以台湾出口总额计算，则台湾对大陆出口依存度有很大不同。1985 年，台湾对大陆出口比重只有 3.21%，2003 年超过 30%（32.3%），2007 年超过 40%，2013 年更达 51.3%，2015 年再度超过 50%。就是说，依大陆统计标准计算，过去有两年时间台湾对大陆出口占了台湾出口总额的一半以上。

（二）两岸相互投资呈现严重不对称发展状态

台商对大陆投资始于 20 世纪 80 年代初，30 多年来一直呈现平稳发展态势。不过，台湾与大陆对台商对投资统计结果相差甚大，台商投资项目数相差 7 倍之多，投资金额则相差 2 倍以上；而且有时呈现完全不同甚至相反的发展态势。依商务部统计，2010 年以来，每年台商对大陆实际投资金额（不包括经第三地或以外商名义的投资）并不大，一般在 20 亿美元上下波动，其中以 2012 年的 28.5 亿美元最高；到 2017 年 9 月底，台商对大陆累计投资项目达 10.1 万个，实际使用台资 660.7 亿美元。不过，若包括经第三地或以其他港资或外资名义的台商投资计算在内，则投资规模远高于这一统计数字。2017 年，商务部公布包括经第三地在内的台商对大陆实际投资金额为 47.3 亿美元，年增长 30.9%，约高于台商直接大陆金额一倍以上（2017 年 1—9 月为 14.1 亿美元）。

依台湾方面统计的台商对大陆投资规模则要大得多，近五年（2013—2017年），每年台商对大陆投资额在 100 亿美元上下，其中 2011 年创历史最高峰，达 131 亿美元，此后有所下降，2017 年为 87.4 亿美元；到 2017 年底，台商对大陆投资金额总计为 1827.2 亿美元。就台湾统计的台商对大陆投资及对境外其他地区投资变化趋势看，台商对大陆投资比重于 2010 年达到历史高峰，占了 80% 以上，此后对大陆投资比重在波动中持续下降，到 2016 年已降到 50% 以下；相对的，台商对境外其他地区投资则在 20 世纪 90 年代初达到高峰后，持续下降，2011 年后则持续上升，2016 年已达到近 57%。

相对于台资企业对大陆投资，大陆企业赴台投资赴起步晚，进展缓慢，投资规模不大。台湾当局长期不开放大陆企业赴台投资。马英九上台执政后，于 2009 年正式开放大陆企业赴台投资，但受岛内政治因素影响，对大陆企业赴台限制甚多，加上台湾市场相对较小，影响到大陆企业对台投资意愿。依台湾经济主管部门统计，到 2017 年底，大陆企业赴台投资项目累计 1087 个，投资金额 19.6 亿美元，投资产业主要为批发零售、银行、电子零组件制造、港口与机械设备制造等。其中 2017 年大陆企业对台投资 140 项，投资金额 2.66 亿美元依商务部统计，到 2017 年 9 月底，有 438 家非金融企业在台设立公司或代表机构（不完全是投资），投资金额 22.35 亿美元，主要行业为批发零售、通讯与餐饮等，创造了 1.6 万个就业岗位。

就近年台商对大陆投资发展观察，主要有如下几个特点与趋势。

一是台商投资区域布局发生一些新变化，但仍以东南沿海发达地区投资为主。生产成本上升与营商环境变化，台商加快了向内地尤其是中西部地区投资及对东南亚等海外地区的转移。年来台商在重庆、四川、安徽、湖北、广西、河南等地投资增长明显加快。国台办于 2017 年新设的两个海峡两岸产业合作区均位于西南地区的广西与四川。同时，部分台商在大陆营商环境与生产成本提高后纷纷回流岛内投资或转向海外的东南亚与美国等地投资，但台商重大投资项目或高科技产业仍集在大陆沿海地区，联电、台积电、鸿海、台塑与和硕等高科技企业重大投资项目均在沿海地区。目前沿海地区台商投资额约占对大陆投资总额的 70% 左右，其中 2016 年台商对江苏省投资比重达 30%。

二是台湾半导体与光电等产业转移大陆步伐加快，信息电子产业依然是台商投资主体。联电集团于 2013 年宣布在厦门投资设立联芯半导体公司，2017 年又增资 6 亿美元，公司持股达到 51%。台湾最大的半导体制造企业台积电在上海投资第一个半导体晶圆厂十多年后，于 2015 年宣布在南京投资 30 亿美元设立半导体晶圆制造厂，2016 年动工兴建，2017 年 11 又在南京购地扩大生产规模，标志着台湾两大半导体企业先后转移大陆。全球最大的电子零组件生产商鸿海集团持续布局大陆，有多个重大投资项目落地。2016 年 12 月，鸿海集团与广州市政府签署《第 10.5 代显示器全生态产业园区项目合作框架协议》，在广州增城投资 610 亿元人民币，兴建 10.5 代步 KB 显示器全生态产业园区，打造显示器、智能 TV 等产品。2017 年 9 月，鸿海集团旗下的富士康与南京市政府签署战略合作协议，计划在南京市投资建设手机制造中心、手机后段模组制造总部、液晶智慧电视制造及研发中心、半导体设备制造、智慧终端研发中心、物流供应链基地等六大项目，总投资达 375.6 亿元人民币。另外，全球第二大电子代工制造商台湾和硕集团在大陆投资多家企业（包括昆山世硕、上海昌硕、重庆旭硕、苏州名硕等）基础上持续扩大在大陆投资，2017 年上半年在昆山世硕厂区扩建 3 座新厂房，9 月又投资 7.6 亿元新台币增加 2 座厂房，一年有 5 座新厂房兴建，扩大产能。

三是投资产业结构集中化程度仍高，但呈现分散化与多元化态势。如上述所述，台商对大陆投资多年来一直以资通讯为代表的电子信息产业为主，但投资所占比重有所下降，服务业投资有明显增加。20 世纪 90 年代初（1992 年），传统制造业是投资主体，食品饮料占 18.8%，纺织服饰业占 20.3%，橡胶塑胶业占 17.4%，三者合计占了 56.5%[①]。后来电子计算机相关产业投资迅速增加，逐步成为投资主力，2000 年投资比重达到 33.2%。到了 2016 年，台商对电脑、电子产品及光学制造品制造业投资金额为 20.9 亿美元，电子零组件制造业投资 15.7 亿美元，分别居前两位，两者合计为 36.6 亿美元，占投资总额的 39.9%；金融保险业投资金额 13.6 亿美元，居第 3 位；化学材料制造业投资金额 7.9 亿美元，居第 4 位；批发及零售业投资金额 5.4 亿美元。可见，前五位产业投资金额达 63.5 亿美元，占 69.2%，仍高度集中。不过在前五大投资产业中，制造

---

① 熊俊莉：《台商投资大陆的五大特点》，《台湾周刊》，2017 年第 7 期。

业有三项，服务业两项，不像早期前五位投资产业全是制造业，制造业不再是绝对主力，制造业内部也日益多元化。

四是大陆台资企业联合投资经营成为新常态与新趋势。在大陆投资累计超过10万个项目（流量）的台资企业已成为大陆一个庞大的投资群体。在大陆投资发展30多年后，台资企业之间的合作与联合发展成为一种新趋势。近年来，东莞台商合作集资建立了台心医院、东莞第一高楼环球经贸中心、青创中心及多家台商子女学校，展现了台商的高度凝聚力与强大实力。2017年，台商合作、合资与联合发展又取得重大进展。首先是台商总部项目落户广东珠海横琴开发区。11月，由珠海台商投资企业协会会长叶飞呈、广州市台商投资企业协会王治中等21位台商，共同投资11亿元人民币，计划兴建高32层、建筑面积达5.5万平方米的横琴台商营运总部大厦，以经营公办、商业与酒店为主，标志着台商正式进驻横琴投资，特别是计划将设立台商经贸总部、台商金融中心、台商文化创意产业基地、台商青年创业基地、台商国际酒店、台湾名牌百货中心、台湾风情美食、台商活动中心等项目。该项目计划于2017年11月动工，2019年建成，希望打造成横琴最具标志性建筑，成为台商在珠海的新名片。其次，多家台资企业正联合筹设台商民营银行。台资企业希望在大陆筹设民营银行、以解决台资企业融资难与加快大陆的产融合作。经过多年的努力，台商民营银行的筹设有了重要进展。2017年2月，国台办主任张志军出席大陆台商春节联谊会时明确表示，大陆有关部门正积极研究允许台商民营银行成立一事，希望新的一年有突破。这一重要政策宣示信息，引起台商极大关注，沿海地区不同省市的台商均有意合作筹设台商民营银行。其中，全国台湾同胞投资企业联谊会（台企联）筹设进度最快，取得重要进展。台企联会长王屏生在2017年4月就公开透露，已经向大陆银监会申请，银行名称为"台商民营银行"，总部计划设在广东深圳前海。尽管在年底前，台商民营银行尚未正式成立，但2018年成立的可能性甚高，而且再次显示大陆台资企业的联合与合作投资发展成为一种新趋势。

五是受岛内政治与两岸关系形势的变化，台商对大陆投资愿意有所下降，对大陆投资步伐有所放慢。台湾电机电子产业公会于2017年8月底公布"2017年大陆投资环境与风险调查"报告，台商在大陆的经营呈现"三降"（对大陆投资意愿降、对未来经营预期下降与对经贸纠纷解决满意度降）与"三升"（经贸纠纷比率升、回台投资愿意升、回台上市意愿升）。

三、两岸经贸合作发展新特点、新趋势

尽管海峡两岸关系陷入僵局，两岸政治对抗升温，但两岸民间经济交流合作仍在持续发展，取得重要进展，并呈现一些新特点、新趋势。

（一）两岸经济融和发展成为两岸经济交流合作的重要新理念、新方向。中央对台经济工作理念与政策，是促进两岸经济交流合作发展的重要动力。十八大以来，新一届中共中央在总结过去两岸关系发展经验基础上提出了"融合发展"新理念、新思维，其中扩大两岸经济融合成为两岸经济交流合作的发引领。

2014年春，李克强总理在政府工作报告中首次明确提出了"促进（两岸）经济融合"主张，从此两岸经济融合发展成为两岸经济交流合作的新理念、新方向。经济融合发展较经济交流合作更具经济整合与经济一体化的思想内涵，就是要促进两岸经济实现"你中有我、我中有你"的相互依存与相互融合，建构两岸经济共同体意识。实现两岸经济融合，是振兴中华、共同实现中华民族伟大复兴的重要一环。事实上，两岸经济交流合作过程本身也是两岸经济融合过程，只是中央将经济融合发展上升到国家政策与战略层面，对推进两岸经济交流合作与经济融合发展更具有重要的指引作用。

2016年3月，习近平总书记在全国人大、政协两会召开期间参加上海代表团的会议时进一步明确提出要"深化两岸经济社会融合发展"。就是在推进两岸经济融合基础上又加入了两岸社会融合，于是经济社会融合成为两岸融合发展的两个重要面向与抓手。实现两岸社会融合是一个长期、复杂工程，需要逐步持续推动，需要两岸相互开放。经济社会融合密切相关，经济融合是两岸社会融合的重要基础。党的十九大延续了两岸经济社会融合发展的重要理念与思想，提出了新的、更为具体的政策思路与指向，其中包括了"愿意率先同台湾同胞分享大陆发展的机遇""将扩大两岸经济文化交流合作，实现互利互惠发展""逐步为台湾同胞在大陆学习、创业、就业、生活提供与大陆同胞同等的待遇"等。这预示着未来大陆会依据这一指导思想与精神，持续不断出有关台湾同胞的经济社会政策，以推进两岸经济社会融合发展。有关部门及部分省市先后出台多项惠及台湾同胞大陆就学、工作与创业的政策措施，其中12月18日住建部、财政部等联合制定了《关于在内地（大陆）就业的港澳台同胞享有住房公积金待遇有关部门的意见》即台湾同胞在大陆就业可缴存与取得住房公积金，这是一个在大陆工业生活台胞最为关注的最大福利。

（二）市场力量依然是维持与促进两岸经济交流往来的重要动力。尽管两岸关系陷入僵局，蔡英文当局对两岸经贸往来采取消极、保守政策，未有积极鼓

励与开放政策措施，但在台湾经济发展与民众生活现实需要之下，在市场力量作用下，两岸经济交流合作不仅得以持续发展，而且取得一些重要突破。尤其大陆盾构机打入台湾市场，是两岸经贸往来的一个重要突破，打破了日本企业对台湾这一市场长达30多年的垄断局面。2017年12月初，湖南长沙中国铁建重工集团与台湾荣工工程股份有限公司、台湾大陆工程股份有限公司签署盾构机供货协议，铁建重工集团向台湾方面提供两台6米级土压平衡盾构机，预计2018年交付使用，并提供相关安装、测试与后期服务等。这是两岸经贸合作的一个重要突破，涉及轨道建设的大陆重型机械首次实现出口台湾。

（三）台湾知名企业持续与大陆地方政府加强合作，实现互利双赢。台湾知名企业持续与大陆地方政府加强合作，实现互利双赢，"企地合作"成为一种新趋势。除了台积电与南京市政府、鸿海集团与广州市政府及南京市政府等签署投资合作协议外，还有许多知名台资企业与大陆地方政府合作，签署企地合作协议。曾以HTC手机打响当当知名度的台湾宏达电公司，于2016年11月与深圳市政府签订战略合作协议，共同建设项目虚拟实境（VR）中国研究院，联合发起设立人民币100亿元的"深圳VR产业基金"，合作重点包括发展显示器、显示荧幕、图形图像、数据可视化、人机互动等领域的核心持技术，建立企业、高校、科研机构和投资机构的共同参与、整体发展的创新体系，积极推动虚拟实境技术在医疗、军事、工程、设计、制造等领域的示范应用。2017年4月，台湾隆达公司与安徽滁州市政府签订投资合作协议，在苏滁现代产业园兴建LED一条龙产生项目；11月，隆达公司宣布增资2.5亿元人民币，扩建生产线。可见，在两岸公权力机构经济协商机制受阻或中止后，台资企业与大陆地方政府合作签署协议，扩大合作成为一种新趋势。

（四）两岸企业合作方式不断创新与发展。在两岸公权力主导的经济合作受挫受阻的情况下，台湾企业界在生存与发展压力下，则持续与大陆企业展开包括相互投资、交叉持股与转换企业身份等多种形式的新型经济合作。一是"化敌为友"合作模式，即由竞争对手变为合作伙伴的合作模式。二是"以债转股"合作模式，即由债主变金主的合作共赢模式。三是"外资转陆资"合作模式。受台湾当局有关政策制约与影响，严重制约两岸经济合作，尤其是大陆企业在岛内的经济合作。于是大陆企业通过并购国际跨国公司及其在台湾岛内的分公司，成为一种变相的两岸经济合作方式。四是"台资转外资"海外间接合作模式，也称"美律模式"。大陆企业投资入股台湾企业，实现合作，本身是一个好的路径选择，但受到台湾当局政策的严格限制。两岸企业为了共同的利益与发展，乃采取变通方式。

（五）两岸金融业合作经历了严重滞后到迅速发展再到放慢的曲折发展过程。长期以来，台湾当局对两岸金融合作限制严格，阻碍了两岸金融业合作，直到马英九上台执政后，两岸金融业合作才获得突破性发展。2009年，两岸金融主管部门签署两岸金融合作协议和金融协议，促进了两岸金融合作，尤其是台湾金融机构在大陆的投资布局。到2016年底，14家台资银行在大陆设立了3家法人银行、28家直属分行和3家代表处；5家大陆银行在台设立3家分行与2家代表处[①]。2012年8月两岸货币清算管理机构签署了两岸货币清算备忘录，建立货币清算机构，台湾地区人民币业务于2013年2月正式开办。中国银行台北分行是台湾地区人民币业务清算行，大大方便了两岸金融往来与人民币交易。据中国银行台北分行资料，2013年2月6日至2017年12月底，中行台北分行办理人民币清算业务148万笔，清算交易金额18万亿元人民币，其中两岸跨境人民币清算76万笔，1万亿元人民币，在两岸之间运送人民币现钞94亿元[②]。由于台湾开放人民币业务，台湾银行机构均开始开设人民币账户，民众可以存储人民币，使用人民币汇款，购买人民币金融理财产品。台湾地区人民币市场迅速扩大，到2017年12月底，台湾地区人民币存款余额达到3223亿元人民币，人民币存款余额在台湾外币存款中仅次于美元，升居第二位。不过，2016年以来，由于岛内政治环境变化，与台当局关系更为密切的台湾金融业对两岸金融交流合作变得低调，合作意愿下降，不仅两岸金融业重要合作计划受到冲击，台湾银行、保险等企业在大陆的投资布局显著减少，2016年金融保险业对大陆投资下降约45%。2017年只有彰化银行南京子行与国泰世华银行与上海子行两家获得大陆批准筹设及富邦金控公司取得富邦（香港）银行的厦门银行股权等个案性的进展。

（六）台湾青年赴大陆就业创业发展与台湾人才西进成为新潮流。近两年来，大陆积极推动与鼓励台湾青年到大陆创业、就业，有关部门与地方给予诸多优惠政策支持，加上受台湾岛内经济发展环境与薪资停滞不前双重影响，台湾青年赴大陆就业与创业意愿显著提升。大陆持续扩大设立两岸青年创业示范园或台湾青年就业创业基地，到2017年底，国台办先后授牌设立了41个海峡

---

① 柯文：《在新的历史起点上，深化两岸经济社会融合发展》，《两岸关系》杂志，2017年第9期。

② 柴逸扉：《一架金桥通两岸——人民币清算业务在台开办五周年》，《人民日报》（海外版），2018年2月7日。

两岸青年创业基地、12 个海峡两岸青年就业示范点，吸引数千名台湾青年到大陆实习、就业与创业。其中，江苏省已设立两岸青年就业创业平台近 50 个，累计入驻台湾青年创业项目近 200 个，实习就业的台湾青年近 1000 人，参与实习就业和创业创新活动的台湾青年达 7000 多人次 ①。特别是 2017 年以来，海峡两岸青年交流、创业相关活动非常频繁，成为两岸经贸关系一个显著特点。部分省市或地方出台具体政策，给更多优惠与待遇。特别是 2018 年 2 月 28 日，国台办与多个部委发布"关于促进两岸经济文化交流合作的若干措施"，提出 31 项惠台措施，强调积极促进在投资与经济合作领域快给予台资企业与大陆企业同等待遇，逐步为台湾同胞在大陆学习、创业、就业、生活提供与大陆同胞更大范围的同等待遇，不仅将会促进台商加大大陆投资布局，而且会带动台湾优秀人才尤其是青年到大陆创业与发展，并必将开创两岸经济合作新局面。

---

① 新华社南京电，《江苏已设立近 50 个两岸青创平台》，《人民日报》（海外版），2018 年 1 月 10 日。

臺灣青年赴大陸就學就業
對兩岸融合發展的意義

張壯熙

壹、臺灣青年赴大陸
就學就業情況的變化與發展

2018 年 2 月 28 日，國臺辦公布卅一條《關於促進兩岸經濟文化交流合作的若干措施》，被簡稱為《惠臺 31 條措施》。其中 12 條著眼於積極促進在投資和經濟合作領域中，加快給予臺資企業等同於大陸企業的同等待遇；另外 19 條則是宣示將逐步為臺灣同胞在大陸的學習、創業、就業、生活，提供與大陸同胞相同的待遇。[1]

緊接著廈門、福建、上海、江蘇崑山、浙江、江蘇、四川、山東、湖北、廣西等多個省市，陸續加碼推出了《廈門 60 條》《上海惠臺細項 55 條》等，用以落實上述《惠臺 31 條措施》的地方因地制宜政策。[2] 這些政策在低迷的兩岸關係現況中，對臺灣民眾尤其是面臨升學就業與創業抉擇的青年及臺商，迅速產生衝擊效應，或者可以說是誘發出許多原本尚在遲疑猶豫中的潛在想法。

到 2018 年 5 月底，臺灣地區各大學第一階段甄試申請入學放榜以後，確認臺灣地區許多大學新生流失、放棄報到，為數不少的優秀高中應屆畢業學生選擇離開臺灣地區升學，而其中有相當大的比例是流向大陸各地高校。根據教育部的數據顯示，2018 年赴大陸申請入學的臺灣學生，計有廈門大學 500 多名、

＊　張壯熙，華梵大學總務長兼人事室主任／人文教育研究中心副教授。

① 《一張圖看懂——大陸公布 31 條惠臺政策，臺商、產學、影劇全包了》，《聯合新聞網》，臺北，2018-03-01，https://www.cw.com.tw/article/article.action?id=5088435。

② 《廈門惠臺 60 條，從生到死全包》，《中時電子報》，臺北，2018-04-12，http://www.chinatimes.com/newspapers/20180412000528-260102。

上海交通大學 600 餘名、華東科技大學 500 餘名、四川大學與鄭州大學各有
200 名與 120 名。申請上海復旦大學的臺生人數也大約是往年的三倍以上，其
他像是安徽合肥大學之類、排名在全大陸前 20—50 的各地大學，也都有錄取零
星的臺籍新生。[1]

事實上自 2011 年起大陸高校即依據臺灣學測成績前標級分（top 25%）以
上高中畢業生，直接申請、面試後即可錄取。2017 年 10 月 1 日起放寬至學測
均標（top50%，約 44—45 級分左右）以上即可免試申請就讀，意即符合申請
赴陸校就讀之臺生人數倍增。以《惠臺 31 條措施》公布後臺生赴陸就學的踴躍
狀況觀察，臺灣當局或許企圖透過各種方式緩解、控制或勸阻，使之不致變成
一股熱潮。但看來除非近期赴陸就學就業之臺灣青年遭遇重大不公待遇或者發
生嚴重負面事件，否則似乎不太容易在一兩年內另這股熱潮退燒。[2]

過去的資料顯示：2017 年教育部國際合作與交流司港澳臺事務辦公室共開
放 307 所高校予港澳臺生報考。據統計臺生參加港澳臺聯招者 2006 年有 749 人，
2013 年突破 5 千人、之後逐年增加約 1 百人。

目前臺灣"教育部"承認大陸 155 所高校本科以上之學歷，大陸也都承認
臺灣所有高校學歷，赴大陸求學畢業臺生無論續留大陸或返回臺灣就業、升學，
基本上均無障礙。倘臺灣未繼續開放承認更多大陸高校學歷，大陸方面亦不會
再開放可來臺就讀高校之省市與生源名額。而以目前狀況判斷，臺灣事實上不
可能緊縮已承認其學歷的大陸高校數，因此估計未來臺生赴陸就學人數將至少
會有幾年持續增加，而大陸青年學生來臺就讀、交流或研修之總人數則可能逐
年緩步趨減。

至於前往大陸實習、就業或者嘗試創業的臺灣青年，從三四年前就開始以
穩健成長的數字在扎實進行著，究其原因不外乎大陸對臺工作的不斷檢討精進，
查覺到蜻蜓點水式的邀訪參觀或者文化旅遊、乃至各個面向的論壇交流，都不
如讓臺灣青年真正融入大陸職場中真實工作生活並交友來得有效。在真實工作
中，也是檢證一個人究竟是否真是具有解決問題能力的人才之最佳場域。加以
近年來大陸各地所開闢的各種文創園區亟需具有創意亮點的內容及人才進駐，
各行各業都需要"大眾創新、萬眾創業"，恰好同時期臺灣經濟總體成長態勢較

---

① 《惠臺發酵，臺生赴陸求學大增》，《經濟日報》，臺北，2018-05-23，https://money.udn.
com/money/story/11037/3157035。

② 《高中生赴陸成風潮？武陵高中校長遭調查》，《今日新聞》，臺北，2018-05-22，https://
www.nownews.com/news/20180522/2758690。

為沉悶遲滯，於是吸引臺灣青年前往大陸就業的作為就日益具體。上海、北京、重慶等主要省市臺商協會從 2016 年開始陸續接受當地臺辦的指導，以寒暑期實習的方式由各地臺資企業提供實習職缺，讓臺灣青年得以較長時間融入在地生活和工作，真實體驗並思考是否在畢業後適合轉往大陸就業。各地文創園區或者青年創業基地、青年人才公寓等，也紛紛以提供租金優惠、創業輔導、財稅服務等方式，大力向臺灣青年創業者、個人工作者招手，並給予落地後的實質協助。

國臺辦《惠臺 31 條措施》發布之後，各省市地方吸引臺灣青年前往落戶工作的努力明顯更加強了力道，也在法規、政策與實質建設層面等，做了相當程度的修正及配合。中共十九大後，對臺工作重心轉往"青年一代、基層一線"，除廣設青年創業園區外，也針對基層社區工作向臺青招手。例如《31 條惠臺措施》當中就有鼓勵臺灣民眾參與社區工作與公益事業的文字描述。落實到政策執行面，廈門海滄區從 2013 年起即聘有全大陸第一個臺籍"社區主任助理"熊麒，[①] 到 2018 年則開出更多社區主任助理職缺，以年薪 15 萬人民幣（相當月薪 5.3 萬臺幣）待遇，招募 45 歲以下臺籍青年前往廈門各區街道服務，一方面推動臺胞參與廈門各區的社區治理與服務，另一方面則也借重臺青對臺灣基層村里長和社區發展協會組織的經驗了解，對大陸街道社區進行環境改造、志工培訓等工作。[②] 據了解，截至 2018 年 6 月，應已有數十位臺籍青年在廈門市各區上崗擔任社區主任助理，預料此一模式倘若在基層社區獲得具體有助益之成效，也將會持續被拓展推廣至其他省市。[③]

貳、臺灣青年赴大陸就學就業之動機與目的

一、就學部分

分析歸納臺灣青年學生，尤其是數量日增、2018 年"惠臺卅一條"出臺後更明顯增爆的臺灣高中畢業學生前往大陸申請高校本科入學，其原因大略有以下幾類。

（一）臺灣政治社會與教育現況諸多紛擾且未見止息之機會可能性，令人煩

---

① https://www.facebook.com/straitstoday/videos/1841922359434564/。

② 《月薪 5 萬 3，廈門社區向臺青招手》，《中時電子報》，臺北，2018-02-02，http://www.chinatimes.com/newspapers/20180202000091-260301。

③ 《2018 廈門海滄區招聘臺胞擔任社區主任助理 35 名簡章》，《福建省公務員考試網》，福建，2018-01-23，http://fj.huatu.com/2018/0123/1518134.html（華圖教育福建分校）。

憂而選擇出走。

（二）大陸地區經濟社會崛起之態勢，以及高等教育、高校聲譽世界排名持續竄升，文憑之"含金量"與其未來增值潛力看漲，值得投資。[①]

（三）判斷未來世界整體產業經濟社會發展與個人職涯機會，在大陸的機會顯然較在臺灣的多，透過就讀大陸高校可設法及早接觸並接軌。

（四）大陸對於互聯網金融、大數據雲計算、區塊鏈、電商經濟等創新科技之市場、環境與法制鋪陳準備較為前端而且友善，研判未來各界就業機會亦應多係偏向此類領域，留在臺灣所能接觸學習到的不夠快也不夠多。

（五）大陸國際政經地位已然崛起，日益增多的美、歐、亞、非、大洋各洲國際學生紛前往大陸高校留學就讀，藉由遠較臺灣校園更為全球化的大陸校園作為 hub（連接阜），拓展個人視野並與世界其他洲青年連結交友，補足在臺灣閉鎖環境中成長的缺憾

（六）臺商、臺幹親友在大陸發展之社會經驗、各種連結、以及人脈培養，給予青年臺生更多鼓勵與支持，使其願意破除疑慮、減輕擔憂、勇敢跨出赴陸求學的大步。

（七）除北上廣等大城外，大陸高校平均學費、雜費與生活費甚至節假日往返兩岸交通支出之總和，與就讀臺灣公立大學相較仍屬便宜，相較於臺灣私立大學院校或者美歐日港澳等地高校，當然更是具有價格競爭優勢。

（八）申請臺灣高校同時試著申請大陸高校，藉以分散落榜風險、增加可能的優質選項機會。

（九）兩岸情勢變化快速，儘早利用尚有些許臺胞光環或者優惠、甚至為求落實吸引臺生政策而半掩的方便之門，趕緊為自己鍍金。

（十）臺灣私立大學聲譽不佳可能退場的校數似乎日增，公立學校因為數量亦仍太多、能享有的教學研究資源屢遭稀釋，倘能前往大陸排名在前的優質高校就讀，爭取享有的教育資源與機會可能更好。

（十一）盱衡兩岸實力消長之現實景況，越來越多的學生家長思維願意改變或至少願意嘗試、不反對，也不再害怕或者汙名化地誤解"統戰"，進而鼓勵子女赴大陸就讀高校、選擇務實的發展機會。

當然，大陸方面給予臺灣青年學生優惠政策、同等條件、臺灣學生獎學金、註冊學籍、管理檔案、畢業可簽發"就業報到證"或"就業協議書"等具體措

---

① 《留學文憑"含金量"幾何？》，《字媒體 ZiMedia》，2017-08-01，https://zi.media/@yidianzixun/post/AcvJJA。

施與作為，都是有助於臺灣青年選擇前往大陸就學的正面因素。

二、就業部分

前往大陸就業的臺灣青年目前大致可分為幾種基本類型：第一種是服務企業根源於臺灣或者來自美歐日韓港澳等其他國家或地區，這類人員可能長期在大陸工作甚至大江南北四處征戰，但心態上仍有基本的"根"，也就是雖然不排除、甚至可能已經在大陸地區落戶置產或成家，但仍有將來離職退休時不一定要留在大陸之可能。第二種是前期的臺商、臺幹甚至"臺留"，或者他們的下一代等，服務的企業也可能在時間、環境、股東、資本遞變演化之下逐漸"在地化"了，這些前期臺商臺幹臺留的下一代，除非在臺灣還有重大資產利益，絕大部分應該都會繼續前人、長期留在大陸發展，只待政策轉向或者時機成熟、必須，就會轉換身分。第三種是當前較為大陸當局所注重的，亦即近幾年透過各種優惠政策吸引而來的臺籍青年與人才。這類人員有部分是與赴陸就讀高校之青年選擇大陸一樣的原因理由和判斷，另一部分是在臺就業無望的一般青年、或者是在臺無法獲得良善發展機會與資源的潛力希望人才。

根據臺灣"內政部"的統計，從 2004 年到 2017 年，共有 567 名臺灣人因長期工作、生活、經商、求學等，在中國大陸設籍而喪失臺灣人民身分。英國廣播公司《BBC 中文網》在 2018 年 5 月 28 日的報導中，則比照朝鮮人民脫離朝鮮到韓國生活，或者英國人脫離歐洲的概念，創造出"脫臺者"一個新名詞，[①] 除大膽預測依當前趨勢發展，未來將有更多的臺灣人在大陸設籍而喪失臺灣身分，同時也引起兩岸許多關注。臺灣方當然不希望這樣的情勢惡化，大陸方則認為這樣的名詞是冷戰下的思維，挑撥兩岸人民感情，不如稱為"融陸者"較好。由此可見，長期赴大陸就業甚至為此放棄臺灣身分，對當前的臺灣人民、臺灣青年，心理障礙或者壓力仍然是相當大，大陸人則可能認為臺灣人本來就是中國人、沒有"脫離"的問題。兩岸人民看待這個議題的感覺和角度，是仍有些許差異的。[②]

---

① 《遊走兩岸之間的"脫臺者"》，《BBC 中文網》，2018-05-28，http://www.bbc.com/zhongwen/trad/chinese-news-44257712；《外媒創"脫臺者"一詞，陸委會駁：不適合用在臺灣》，《聯合新聞網》，臺北，2018-05-30，https://udn.com/news/story/7331/3172942。

② 《投共被叫"脫臺者"，盧麗安不開心：這個詞很不好》，《自由時報》，臺北，2018-06-02，http://news.ltn.com.tw/news/life/breakingnews/2444785。

叁、臺灣青年赴大陸就學就業之挑戰與調適

在生活經驗與價值觀念的差異及適應方面，由於兩岸政治發展經驗與現狀、生活與管理制度及其背後的價值思維、法令規章的制定與布置安排、乃至於社會發展過程與生活環境之差異，確實會對赴陸就學就業的臺灣青年帶來一些適應上的困擾和衝擊。當然，這些逐漸增多的在大陸生活工作或求學之臺灣青年，也必定會對大陸的社會內涵帶來一些些影響和刺激。

赴大陸就業之臺灣青年通常會比單純只是赴大陸就學者要更加深思熟慮過，年齡一般也會稍長，因此適應融入會比較快。總地來講赴陸生活或工作的臺青，只要對大陸近年強調並加強教育民眾的 "富強民主文明和諧美麗的社會主義現代化強國"、"中國共產黨領導是中國特色社會主義最本質的特徵" 等指導性思維論述，心態上不質疑、不挑戰、不挑釁，都不至於適應不來。而兩岸政治制度與法令規章等之差異，對於均標以上之臺灣學生，同樣只要其願意用心探究理解，並不困難可加以掌握進而適應、接受。

除上述心理性的適應以外，生理上的適應問題大概僅有部分地區季節性氣候條件不佳，甚至例如華北、東北或大西部地區之氣候、生活生態均迥異於東南海島生態的臺灣，可否生存適應，端視其個人生物本能及韌性而定。

至於在社會層面，臺灣青年赴大陸就學就業可能面臨的挑戰與問題大概有：（一）課業壓力、同儕競爭、情緒管理、生產或銷售業績績效評估等壓力，一般會比原先預期來得重。（二）校園生活與公司企業管理模式、宿舍定時會斷電斷網路斷熱水供應等生活常態，可能都需要一點時間才能調適。（三）同學、同事、師生、上司下屬間的社會生活經驗、基本認知與內化價值、溝通模式多少會存在有差異，但若能先互相包容、抱持尊重多元文化之心態，深入體驗理解而融入，假以時日甚至能夠進化到 "悠遊融入" 的境態，並不困難。（四）與留在臺灣升學或就業的中學小學乃至幼年時期同儕同伴之對照壓力，倘若在大陸的就學就業發展最後並未比留在臺灣之同儕夥伴更加亮麗成就，將會懷疑自己當初選擇之錯誤、甚至喪失面對的信心。

尤其臺灣當局近來為設法遏止大量青年學生選擇或者躍躍欲試於赴大陸求學或謀職之社會趨勢，也有意無意悄悄地鼓勵、發動媒體反擊，刻意釋放 "到大陸求學並不如傳聞或想像中美好" 之類訊息，企圖澆點冷水降溫。凡此，都容易對猶豫中或者選擇決策中的學生、青年和家長親人們，多少產生一些精神

上的壓力。[①]

肆、觀察心得與建議：

一、臺灣方面的因應之道：

（一）無論公私部門其軟硬體各個面向，政經社會文化教科研等，均需全方位提升臺灣之成績、成果與成就，創造臺灣人民更高密度的歸屬感與榮耀感，使其產生對未來之正向希望，才能遏止人才之流失。

（二）強化並深化臺灣有意義的國際連結與跨國具體合作，使臺灣人才、資金與技術、知識乃至創新，能保持與世界接軌的狀態，這樣臺灣的高教與人才培育，乃至於產業經濟持續發展，才有支撐的力道。

（三）不以偏差褊狹的情感或情緒看待兩岸互動關係，務實而平實地繼續推動一代接一代的兩岸青年交流、認識、合作與融合，這樣才能真正追求兩岸間的和平與健康正向發展。

二、大陸方面尚可努力調整的認知與作為：

（一）務實深入了解臺灣青年赴大陸就學與就業的抉擇掙扎與決策因子，真誠善待願意並且有勇氣離開故鄉前往大陸追求發展的臺灣青年，給予平等尊重和機會、協助輔導其融入適應，在其因生活文化價值制度差異，乃至於內心真正想法不如外界預期而遭遇各類問題時，給予適當協助疏處，儘量不使其心生怨尤、避免其負面感受宣傳擴大渲染。

（二）認知並了解青年世代反權威之心態舉世各國皆然，離臺赴陸之青年儘管心態上可能或者較有更多可能性願意接近大陸之各種發展與治理思維，卻不代表渠等必然是臺灣執政綠營的反對者或大陸社會主義的支持者。終究今日世界環境令各國青年投機與利益取向者比例日漸增多，敵人的敵人已不再是昔日必然可以統一戰線的對象，欲說服使其歸順必然要有好的說理以及具體的例證，理性的結合將比激情的湊合要來的持久永續。必須以更開放的態度來對待臺青，也只有在這樣的前提下才有可能教他們想懂並喜歡上為 14 億公民評分的"社會

---

① 《政大教授反對臺生赴陸求學，徐世榮：在中國，知識沒有靈魂》，《聯合新聞網》，臺北，2018-05-29，https://udn.com/news/story/6928/3168112；《赴陸念書就業要三思，過來人：想像與實際的落差》，《TVBS News》，臺北，2018-04-17。

信用系統制度"。[1]

（三）透過真實的一起工作、一起生活、共同發展、利益結合、共謀未來，確定是比強調意識形態投合更為具體有效而且緊固的合作與融合方式。同時在整個過程中，尚可注意順勢營造更友好與美好的氛圍，使更多友情有機會轉化為愛情、愛情得以鞏固為婚姻、婚姻產出共同下一代。歷史事實證明，通婚是解除敵意最佳的融合良方，是以在積極創造良善的就學就業環境之餘，似也可以更多不著痕跡、優雅的鼓勵兩岸青年培養愛情進而婚嫁。

以上各項善意的觀察與建議作為，後續均需要相當細膩的推動與進行，也均需避免因為追求績效的粗糙行動或大肆推動；越是細膩效果應當越是美好，假以時日定可有豐碩的交流融合收成。

---

[1] 《陸對公民打信用分數，遭質疑全面監控》，《中央通訊社》，臺北，2018-01-06。http://www.cna.com.tw/news/acn/201801060204-1.aspx

两岸青年政治价值观差异变动研究
——基于两波世界价值观调查的数据分析

于强[*]

交流是一个认识差异、理解差异、弥合差异的过程。两岸青年的交流的过程中，政治总是一个无法绕开的话题，这个话题也最容易产生分歧和争执，除了两岸关系这个非常敏感的领域，两岸的青年在政治态度和政治认知上也存在一定的差异，这种差异也在影响着两岸青年交流的效果和质量。那么，两岸青年在政治态度和政治认知上，到底存在哪些差异？这些差异随着两岸青年交流的进行，是在扩大还是在缩小？本文基于第五次和第六次世界价值观调查的数据，试图对这一问题做出回答。

一、文献综述

（一）两岸青年价值观差异的研究

对于两岸青年价值观的差异研究，根据研究方法和研究角度，主要分为以下几个层面：

第一，是从现象和体验来看两岸价值观的差异。杨敬峰（2009）从北京奥运会中的中华台北的队名之争，主场论，棒球比赛中中华台北与中国队的赛程之争三个侧面，来看两岸认同的差异。郭贞（2007）对比了两岸三大城市——北京、上海、台北的1043幅户外广告，通过对户外广告的内容分析，呈现三个城市代表的文化价值的异同。结果发现，相对于北京上海，台北的广告中更多的呈现"社会正义""爱的肯定""自我操练""多变化"的价值。而北京和台北都会在广告中突出历史传统及产品优越性，除此之外，上海的广告最突出的是"集体主义""阴柔"，北京则更强调"权威感"和"冒险"。

李鹏（2010）用对国际新闻的关注度、对外留学交流的人数和参与国际志

---

　　* 于强，国际关系学院公共管理系副教授。

愿服务的意愿三个维度来分析两岸青年国际观的差异，结果发现，台湾地区青年人的国际观具有一定的个人选择性和娱乐性，在多元性上不如大陆青年，但是参与交流能力较强。而大陆青年对国际事务的关注层面较宏观和公共性，对国际事务中的政治经济议题关注度较高。

张宝蓉（2014）对于在台陆生和在大陆的台湾青年进行调查，从他们的切身体会中看两岸价值观的差异，结果发现，接近六成的陆生认为两岸文化"差异很大"和"差异比较大"，56.9%的在大陆的台湾青年认为两岸社会文化"差异很大"和"差异比较大"。在对方的社会中生活过一段时间后，双方青年对于对方的政治体制均能更客观理性地看待，表现出一定程度上的理解和包容。在大陆的台湾青年有57.69%认为两岸青年价值观"差异很大"和"差异比较大"，深度访谈发现，这种差异体现在社会观、人生观等方面，台湾青年更加多元，注重追求自我、强调个性和自由，大陆青年比较有社会集体观念，比较有国际视野或国际意识。生活上，台湾青年比较自然、淳朴，爱"摆阔"的不多，这与大陆当前频繁出现的"富二代""星二代"等有显著差异。

对青年人影响较大的流行文化方面，陈孔立（2017）发现两岸流行文化的差异体现在：台湾的流行文化体现出多元、包容、在地化、"特色走向"、个性化、"活出自己"以及"小清新"、"小确幸"等特色。而大陆的流行文化起步较晚，大量引进、模仿外来流行文化的基础上，特别重视与主流文化、核心价值观的衔接，强调"励志效应""弘扬主旋律"和"正能量"。

第二种是利用问卷调查来看两岸青年价值观的差异。这方面研究的普遍性的问题是样本的代表性存在一定问题。比如袁虹（2002）针对两岸青年价值观问题做过对比研究，数据来源上，大陆方面主要是宁波大学的学生，台湾方面主要是参加甬台大学生交流活动的台湾高校的同学。周晓苏（2011）利用价值观量表（SVS）对两岸会计人员的价值观进行对比，但是这项研究的被试只有297人，其中大陆138人，台湾159人，论文中也没有说明问卷发放的过程和抽样方法。侯典牧（2017）对两岸大学生的择业价值观进行比较，发放352份问卷，其中大陆177份，台湾175份主要在两所公立大学和两所私立大学发放。因为样本的代表性不好，因此这些研究对于两岸价值观差异的结论多少会有不尽如人意的地方。

相对来说，陈晓晓（2017）以网络问卷滚雪球，纸本问卷随机抽样结合的方法，分析了两岸青年世代"两岸观"的差异，其代表性就会好得多。

第三种是从根源和成因上分析两岸价值观的差异。比如张宝蓉（2015）从学校教育的角度，探讨台湾青年文化认同的特征。她发现，台湾政权的更迭、文化政策的朝令夕改、教育体制的脆弱无力，使得台湾青年很难形成内在连续、稳定且多元的文化认同体系。台湾青年的文化认同在主体性缺失的情况下，呈现出"原生性文化认同的消退与建构性文化认同的张扬""单一文化认同秩序的崩解与多元文化认同的失衡"的特征。而刘国深（2012）发现，单纯问台湾民众对大陆的看法，其可信度很成问题。原因是早年两岸敌意强烈时，海峡两岸的政治社会化机构进行某些方面相互丑化的宣传，使得台湾民众对大陆政府的认知、情感和评价存在着一定程度上的扭曲。在这样的知识背景下对台湾民众进行"对大陆政府的印象"的民意调查，结果可想而知。

总体而言，对于两岸青年价值观差异的研究，现在多停留在定性的层面上，而已有的定量研究，由于受制于时间、成本等各方面因素，代表性上总是不尽如人意。

（二）世界价值观调查数据的应用

相对来说，世界价值观调查的数据，其实给我们提供了一个很好的比较两岸青年价值观的平台。其调查过程相对科学严谨，数据也具有很高的代表性。不过，大陆现有关于世界价值观调查的研究，其重点主要是利用世界价值观调查的数据，对大陆自身的民众的价值观进行研究。具体来说，分为以下几类：

第一类是分析大陆居民阶层认同、幸福感、生活满意度的影响因素。比如运用 2012 年世界价值观调查大陆区的数据，李强（2017）使用多元线性回归方法考察了职业特征和生活感知两组变量对大陆居民主观阶层认同的影响，艾洪山（2015）分析社会网络联系对居民幸福感的影响。运用 1995 年、2001 年和 2007 年的 3 次世界价值观调查大陆区的数据，彭代彦（2014）发现，大陆民众生活满意度与年龄之间呈 U 型关系，随着年龄的增长，生活满意度先减后增，临界年龄为 41.4 岁。同时他也发现，对于大陆中南北部人群、中低收入人群来说，社会信任感对生活满意度具有显著的促进作用，因此，增强社会信任感是提高大陆居民生活满意度的一个重要途径。

第二类是分析大陆居民对于公共政策态度的影响因素。比如运用 2007 世界价值观调查大陆区的数据，吕凯波（2017）从利他主义和利己主义两个角度分析社会公众对累进性税收政策和国家生活保障制度偏好的影响因素，朱婷钰（2015）利用 OLS 嵌套模型和 Logistic 嵌套模型，分析家庭收入程度、接触大众传媒程度、受教育程度、性别和年龄变量对环境关心的影响，张昊（2016）发现大陆目前中间阶层并未具备浓厚的政治兴趣与政治参与意识，但已经形成了较显著的集体行动意识。而谷成（2017）则是运用 1990、1995、2001、2007、2012 五次世界价值观调查的数据，分析大陆税收道德的变化趋势和影响因素。

另外，世界价值观调查的目的之一，是便于对于同一时期世界各国和地区之间的价值观差异进行对比，把视野放眼在大陆以外的区域的研究文献并不多。张远煌（2017）运用 2010—2014 第六轮世界价值观调查的数据，横向对比世界各国和地区腐败程度与民众对腐败的态度和民众抵制腐败的行动的关系。除此之外，梁江禄（2014）对印度 1989—2007 年世界价值观调查的数据，分析印度政治信任的影响因素及其世代变迁规律。

在应用世界价值观调查的数据对于两岸价值观的差异进行研究上，现在基本上还是空白，本文试图从此入手，来观察两岸青年在政治价值观上的差异。

二、研究设计与研究方法

（一）数据来源

我们的研究的数据来自第五轮和第六轮世界价值观调查。其中，大陆地区的调查，是由北京大学中国国情研究中心组织，采取入户问卷调查的形式，于2007 年和 2012 年两次组织实施。其中，第五轮实施的时间是 2007 年 3 月 25日至 2007 年 5 月 10 日，最终获得有效样本 1991 个。第六轮实施时间是 2012年 11 月 7 日至 2013 年 1 月 21 日，最终获得有效样本 2300 个。

台湾方面，第五轮的调查是由"中央研究院人文社会科学研究中心"杜素豪主持，于 2006 年 5 月 8 日至 2006 年 6 月 2 日间进行入户问卷调查，最终样本数为 1227 个。第六轮调查是由政治大学选举研究中心汤京平主持，于 2012年 6 月 23 日至 2012 年 9 月 23 日间进行入户问卷调查，最终有效样本为 1238个。

（二）数据处理

我们将调查中的数据取出来，从中挑选出 20—39 岁的年龄段的数据，并将其分成 20—29 岁和 30—39 岁两个年龄段，最终样本量如表 1 所示。

表 1 两波调查中大陆和台湾青年人的样本量

	第五轮大陆	第六轮大陆	第五轮台湾	第六轮台湾
总样本数	1991	2300	1227	1238
年轻人样本数	696	890	492	446

	第五轮大陆	第六轮大陆	第五轮台湾	第六轮台湾
20—29 岁样本数	264	417	245	239
30—39 岁样本数	432	473	247	207

然后我们挑选出与政治有关的价值观的 54 个问题，将第五轮大陆和台湾，第六轮大陆和台湾的数据，分别按照 20—29 岁和 30—39 岁两个年龄层分别作均值差异的 T 检验，析离其中出现显著性差异的组，其结果如表 2 所示。

表 2 两波调查互比中出现显著性差异的组数

	第五轮大陆对比台湾	第六轮大陆对比台湾
20—29 岁	41	35
20—39 岁	38	37

然后，我们在将这些有差异的组的数据进行均值的对比，来看看大陆和台湾到底在哪些价值观上存在明显差异。我们发现在两次的调查中，在相对应的年龄层中大陆和台湾的价值观都出现了差异的一共有 22 题，这些题和均值结果如表 3 所示。

表 3 两波调查中大陆和台湾两个年龄组中均出现差异的题目和结果

题目	测量尺度	第五轮				第六轮				差距变动趋势
		20—29		30—39		20—29		30—39		
		台湾	大陆	台湾	大陆	台湾	大陆	台湾	大陆	
政治在生活中的重要程度	1 很重要—4 不太重要	3.13	2.33	2.85	2.44	3.02	2.58	2.89	2.58	缩小
您对政治感兴趣吗？	1 很感兴趣—4 一点也不感兴趣	3.18	2.36	3	2.31	3.14	2.66	3	2.65	缩小
收入尽可能均等	1 收入均等—10 加大收入差距	7	6.48	6.94	5.75	5.94	4.64	6.17	4.61	扩大
信任军队么	1 很信任—4 不信任	2.92	1.88	2.84	1.88	2.56	1.82	2.63	1.76	缩小
信任电视么	1 很信任—4 不信任	3.13	2.28	3.26	2.24	2.76	2.25	2.8	2.15	缩小
信任警察么	1 很信任—4 不信任	2.77	2.05	2.75	2.11	2.35	2.15	2.35	2.13	缩小
信任法院么	1 很信任—4 不信任	2.56	2.04	2.72	2.06	2.44	2.03	2.5	2.01	缩小

信任中央政府么	1 很信任—4 不信任	2.89	1.79	2.93	1.78	2.63	1.81	2.74	1.68	缩小
信任政党么	1 很信任—4 不信任	3.38	1.94	3.37	1.95	3.04	1.99	3.02	1.91	缩小
信任议会、人民代表大会么	1 很信任—4 不信任	3.21	1.77	3.34	1.79	2.84	1.93	3.01	1.86	缩小
信任国家机关么	1 很信任—4 不信任	2.66	0.197	2.74	1.96	2.4	2.14	2.53	2.1	缩小
信任妇女组织么	1 很信任—4 不信任	2.3	2.01	2.32	2.03	1.98	2.11	1.97	2.1	缩小
信任慈善组织么	1 很信任—4 不信任	2.35	2.11	2.36	2.12	1.98	2.26	2.02	2.24	缩小
有一个不受选举干扰的强有力的领袖	1 非常好—4 非常不好	2.28	2.66	2.41	2.75	2.13	2.62	2.18	2.67	缩小
实行军事统治	1 非常好—4 非常不好	3.29	2.74	3.36	2.82	3.25	3.02	3.35	3.13	缩小
当政府无能时军队应该接管是不是民主的基本要素	1 不是—10 是	3.1	5.85	3.04	6.03	2.94	5.25	2.52	5.19	不确定
多大程度上能接受同性恋	1 不能接受—10 完全接受	5.61	1.86	4.3	1.66	6.06	2.99	5.69	2.28	缩小
多大程度上能接受卖淫	1 不能接受—10 完全接受	3.15	1.62	2.88	1.39	3.84	2.12	3.76	1.77	不确定
多大程度上能接受堕胎	1 不能接受—10 完全接受	3.81	2.23	3.47	2.03	3.93	3.18	3.69	3.15	缩小
多大程度上能接受离婚	1 不能接受—10 完全接受	5.4	3.05	5.31	2.72	5.62	4.19	5.54	3.63	缩小
多大程度上能接受安乐死	1 不能接受—10 完全接受	6.39	3.69	6.43	3.35	4.97	4.13	5.9	3.35	缩小
作为一个大陆人\台湾人，多大程度上感到骄傲	1 非常骄傲—4 根本不骄傲	2.51	1.98	2.49	2.14	2.18	1.91	2.32	1.89	不确定

三、研究发现与研究小结

从表 3 的数据上，我们可以看出，大陆和台湾在 22 个维度上的价值观存在明显差异，而且这种差异是在 20—29 岁和 30—39 岁两个组当中都存在明显差异。

把第六轮价值观的差异与第五轮数据做比较，可以发现，22 个存在价值观差异的维度当中，其中有 18 组显示两岸价值观的差异，第六轮的差异要小于第五轮，显示随着两岸交流的深入，两岸价值观正在快速接近中。比如问到是否对政治感兴趣，在这一维度上，无论第五轮还是第六轮，无论是 20—29 岁组还是 30—39 岁组，数据显示台湾青年对于政治的感兴趣的程度均比大陆要大，这等于也说明了曾盛聪（2001）认为大陆青年对政治较强的关心度和效能感，参与意识强烈，而台湾青年对政治问题关心热情低，参与意识淡薄是不对的，恰恰相反，在政治热情方面，台湾一直是高于大陆的。不过，两岸在政治上的兴趣程度的差异在逐渐缩小中。

只有 1 组价值观两岸的差异在扩大，当问到整个社会收入是否应该尽可能均等的时候，无论是第五轮还是第六轮，无论是 20—29 岁组还是 30—39 岁组，数据显示台湾青年比大陆青年更认为应该拉大收入分配差距，以鼓励人们努力工作，不过在这一维度上，两岸价值观的差异还有进一步扩大的趋势。

有三组价值观的变化在 20—29 和 30—39 岁两个年龄段的青年中呈现出了相反的变动趋势。

问到"当政府无能时军队应该接管是不是民主的基本要素"，相对于大陆来说，台湾在两次调查中都认为不可以这样做，但是在 20—29 岁青年人中，这一认知的差距在拉大，而在 30—39 岁年轻人中，这一认知的差距在缩小。

问到"多大程度上能接受卖淫"，台湾的接受程度一直比大陆要高，但是在 20—29 岁青年人中，这一认知的差距在缩小，而在 30—39 岁年轻人中，这一认知的差距在拉大。

问到"作为一个大陆人\台湾人，多大程度上感到骄傲"，大陆的骄傲感一直是比台湾要高的，但是在 20—29 岁青年人中，这一认知的差距在缩小，而在 30—39 岁年轻人中，这一认知的差距在拉大。

两岸互动逐渐热络，两岸青年交流的层次和规模逐渐扩大，加之网络让两岸青年有了更多的日常互动的可能，第六轮与第五轮相比，两岸青年价值观的差异正在逐渐缩小。这也从另外一个角度上证明了两岸青年交流的必要性和重要性。

本研究只是一个初步的研究，接下来还可以需要做的是，两岸青年这种认知差异弥合的过程，究竟是大陆青年的认知向台湾青年靠拢还是台湾青年认知向大陆青年靠拢？世界价值观调查一共有两百多道题目，本研究只是从中筛选了 54 个问题进行测量，那么其余的一百多个问题是不是也显示了与本研究相同的趋势，如果是，到底是什么因素弥合了这种差异？如果不是，那么哪些因素造成了两岸青年价值观的差距越拉越大？这对于我们将来设计两岸青年交流活动又有什么样的启示和影响。

我们过去的经验发现，两岸青年交流中，应该先从那些差异不大的话题起步，先积累两岸青年的善意，然后逐渐过渡到差异比较大的题目，最终达到互相理解，弥合差异的目的，因此期待在未来的研究中，将 200 多个题目全部进行统计分析，为将来两岸青年交流的话题提供一个完整的话题指引。

参考文献：

1. 张远煌，彭德才. 民众的腐败容忍度：实证研究及启示——基于世界价值观调查数据的分析 [J]. 厦门大学学报（哲学社会科学版）. 2017（01）：131-140.

2. 李强. 职业特征、生活感知与城乡居民阶层认同——基于 2012 年世界价值观调查数据的分析 [J]. 调研世界. 2017（01）：18-22.

3. 朱婷钰. 全球化背景下中国公众环境关心影响因素分析——基于世界价值观调查（WVS）2007 年的中国数据 [J]. 黑龙江社会科学. 2015（04）：97-102.

4. 艾洪山，袁艳梅. 社会网络联系对居民主观幸福感的影响——来自 2012 年世界价值观调查 WVS 的微观数据 [J]. 调研世界. 2015（12）：47-52.

5. 张昊. 中国中间阶层的政治态度——基于世界价值观调查数据的实证研究 [J]. 安徽行政学院学报. 2016（02）：5-10.

6. 彭代彦，闫静. 社会信任感与生活满意度——基于世界价值观调查（WVS）中国部分数据的实证分析 [J]. 当代经济研究. 2014（06）：29-34.

7. 梁江禄，胡涤非. 印度政治信任的世代变迁及其影响因素研究——基于世界价值观 1989—2007 年调查数据的分析 [J]. 世界经济与政治论坛. 2014（04）：1-19.

8. 任钊逸，范徽，李妍. 霍夫斯坦特国家文化模型与世界价值观调查的比较研究 [J]. 上海管理科学. 2014（05）：76-80.

9. 谷成，黄维盛. 中国居民的税收道德及其影响因素——基于世界价值观调查数据的分析 [J]. 财经问题研究. 2017（08）：52-59.

10. 严洁. 中国公民对民主政治体制态度的实证分析——就"世界价值观调

查"中"无回答"的处理与 Russell J. D alton 教授商榷 [J]. 华中师范大学学报（人文社会科学版）. 2005（06）：38-43.

11. 杨敬峰. 从文化认同到价值观认同——从北京奥运会看两岸求"和"之路 [J]. 社科纵横. 2009（03）：162-164.

12. 吕凯波，刘小兵. 公众收入再分配偏好及其影响因素分析——基于世界价值观调查的数据 [J]. 财政研究. 2017（01）：49-63.

13. 张宇，王冰. 观念改变世界——"世界价值观调查"研究评介 [J]. 华中科技大学学报（社会科学版）. 2012（04）：101-107.

14. 曾盛聪. 海峡两岸青年政治价值观异同比较 [J]. 中国青年政治学院学报. 2001（05）：1-5.

15. 田蕴祥. 海峡两岸政府公务员工作价值观之实证研究述论：结构、变量与展望 [J]. 华北电力大学学报（社会科学版）. 2011（02）：25-28.

16. 侯典牧，曾锦文. 两岸大学生择业价值观的对比研究 [J]. 人力资源管理. 2017（01）：268-270.

17. 刘国深. 两岸和平发展价值观社会化探析 [J]. 台湾研究集刊. 2012（06）：7-13.

18. 李鹏，杜谷文. 两岸青年国际观之特点及成因分析 [J]. 当代青年研究. 2010（10）：1-6.

19. 艾明江. 两岸青年群体心灵契合问题研究 [J]. 统一战线学研究. 2017（04）：83-89.

20. 陈孔立. 流行文化与两岸共同价值 [J]. 台湾研究集刊. 2017（02）：1-5.

21. 桂清萍. 论两岸媒体莫拉克风灾报道体现的媒体价值观 [J]. 声屏世界. 2010（02）：62-63.

22. 沈惠平. 社会认知与两岸互信的形成 [J]. 台湾研究集刊. 2013（01）：7-13.

23. 徐晓迪. 试析台湾部分民众国家认同的发展趋势 [J]. 福建省社会主义学院学报. 2013（01）：107-111.

24. 陈晓晓，李鹏. 台湾青年世代"两岸观"的内涵与特点分析 [J]. 太平洋学报. 2017（02）：71-87.

25. 岳谱. 台湾政治信任情况及影响因素——基于世界价值观调查的实证分析 [J]. 台海研究. 2016（01）：43-54.

26. 郭贞. 海峡两岸都会区户外广告中价值观与广告诉求之比较研究 [J]. 广

告大观（理论版）.2007（02）：76-84.

27. 李仕燕 . 台湾青年世代政治参与特征研究——以 2016 年台湾"大选"为视角 [J]. 现代台湾研究 . 2016（04）：43-48.

28. 张宝蓉 . 台湾青年文化认同的建构与困境——基于学校教育的视角 [J].台湾研究 . 2015（04）：14-22.

29. 张宝蓉，王贞威 . 在大陆的台湾青年社会适应性与满意度分析 [J]. 台湾研究集刊 . 2014（05）：1-8.

30. 张宝蓉，刘国深，肖日葵，等 . 在台湾高校就读陆生社会适应性与满意度研究 [J]. 台湾研究集刊 . 2014（04）：1-10.

31. 袁虹 . 海峡两岸大学生价值观比较研究 [J]. 宁波大学学报（教育科学版）. 2002（03）：78-80.

32. 周晓苏 . 海峡两岸会计人员价值观比较研究 [J]. 会计研究 . 2011（12）：15-19.

惠台政策變遷下的青年認知分析

黃清賢[*]

一、大陸惠台政策變遷

在台灣政治性濃厚的 2018 年 2 月 28 日，國務院台灣事務辦公室、國家發展和改革委員會，協調中共中央組織部、中央宣傳部、中央網信辦，以及教育部、科技部、工業和資訊化部、民政部、財政部、人力資源社會保障部、國土資源部、住房城鄉建設部、交通運輸部、水利部、農業部、商務部、文化部、衛生計生委、人民銀行、稅務總局、質檢總局、新聞出版廣電總局、林業局、旅遊局、銀監會、證監會、保監會、文物局、全國總工會、全國婦聯等 29 個機構，發布了《關於促進兩岸經濟文化交流合作的若干措施》，公告 31 項惠台政策。

事實上，這類惠台措施並非首次出現。以此次公布的惠台 31 項措施，指出率先同台灣同胞分享大陸發展的機遇，逐步為台灣同胞在大陸學習、創業、就業、生活提供與大陸同胞同等待遇的方向看來，與強調民間性的海峽論壇相近，該論壇發布的惠台措施即可看出相關政策變遷。

2009 年的第一屆論壇，時任國台辦主任的王毅，就曾經宣布了 8 項的惠台政策：（一）推動大陸企業赴台投資；（二）擴大對台產品採購；（三）鼓勵和支持有條件的台資企業拓展大陸市場並參與大陸擴大內需的基礎設施和重大工程建設；（四）增加大陸居民赴台旅遊；（五）推動協商建立兩岸經濟合作機制；（六）進一步向台灣居民開放專業技術人員資格考試項目；（七）加強兩岸農業合作平台建設；（八）許可台灣地區律師事務所在福州、廈門兩地試點設立分支

* 黃清賢，國民黨前主席特別顧問兼大陸事務部主任。

機構，從事涉台民事法律諮詢服務。[①]

到了 2013 年的第五屆論壇大會上，時任中共中央台辦主任張志軍等人，也發布 31 項對台惠民政策措施，内容涉及兩岸人員往來、赴台旅遊、就業、基層調解、文化交流、版權交易、兩岸直航、台企融資等多個領域，主要包括：（一）新增授權 11 個省區市公安機關為在當地的台灣居民換發、補發 5 年有效台胞證等；（二）開放 13 個城市作為第三批大陸居民赴台灣地區個人旅遊試點城市；（三）增加向台灣居民開放 10 類專業技術人員資格考試；（四）擬就認可和執行台灣地區鄉鎮市調解委員會出具的民事調解書發布司法解釋；（五）新設立 11 家海峽兩岸交流基地；（六）設立首批 10 家海峽兩岸文化交流基地；（七）同意福建省設立國家海峽版權交易中心、開展"加強國產網路遊戲屬地管理試點"等；（八）積極促進兩岸郵輪運輸經濟發展、支援兩岸客貨滾裝輪運輸發展等；（九）福建省向台北市立動物園贈送三隻自繁小熊貓、開展台資中小企業助保金貸款、在漳州設立海峽兩岸新型農民交流培訓基地等 7 項政策措施。[②]

至於台灣再次政黨輪替的 2016 年第八屆論壇大會上，全國政協主席俞正聲指出：（一）大陸將不斷完善政策措施，為台灣同胞在大陸工作、生活提供更多便利；（二）積極支持大陸台資企業轉型升級和參與"一帶一路"建設，促進兩岸產業融合發展；（三）熱忱歡迎廣大台灣青年來大陸施展抱負，為他們在大陸學習、就業、創業、交流搭建更多平台；（四）同時鼓勵開展兩岸科技研發合作，深化兩岸學術交流；（五）高度重視台灣同胞提出的希望在大陸出行更便捷的建議，將盡快出台實施辦法。[③] 對於上述措施，台灣有媒體表示，由於民進黨上台"執政"，所以此次海峽論壇已沒有新的具體惠台措施。

整體而言，在台灣有觀點認為，從 2009 年開始舉辦的海峽論壇，年年都有經貿領域的經濟"讓利"，也就是基於"讓台灣人民分享兩岸關係和平發展的紅利"；但從 2016 的第八屆海峽論壇起，到台灣的經濟上"讓利"已基本消失，改以頒布吸引台灣民眾西進大陸的"便民"政策，推動"體驗式交流"；中國大陸續以"去"的便利、"行"的便利、"住"的便利，促進台灣民間與大陸的

---

① 《兩岸攜手禦危機 國台辦宣布八項惠台新政策》，海峽論壇官方網站，2009 年 5 月 17 日，http://www.taiwan.cn/hxlt/shouquanfabu/fb1/201005/t20100520_1379332.htm。

② 《大陸宣布 31 項對台惠民新政策措施》，源自中國台灣網，海峽論壇官方網站，2013 年 6 月 17 日，www.taiwan.cn/hxlt/shouquanfabu/issuefive/201306/t20130617_4330424.htm。

③ 《俞正聲在第八屆海峽論壇開幕式上的致辭》，源自中國台灣網，人民網，2016 年 6 月 14 日，http://tw.people.com.cn/BIG5/n1/2016/0614/c14657-28444677.html。

實質關聯和情感。[1]

二、台灣青年認知分析

事實上，依據在台灣進行的民意調查結果顯示，2017 年有四成民眾願意西進就業，較 2016 年大幅增加九個百分點；另有三成八願意讓孩子去大陸念書，兩者都創八年來新高點。至於願意讓子女到大陸唸書的人，由 2016 年的三成二增為三成八，一成二民眾願意搬到大陸定居，也比 2016 年增加了五個百分點。

交叉分析發現，三十歲以下年輕人西進意願，由 2016 年的三成低點，增為五成三，三十至四十九歲青壯世代也有近半數願意西進就業，都比 2016 年增加九至十二個百分點。[2]

至於 31 項惠台措施公布後的民調則顯示，18 至 29 歲的年輕人、所謂 "天然獨" 世代，10 年前認為大陸對台不友善的比例，高達 50.8%，是所有年齡層中最高的，但 10 年後的今天，下降至 39.8%，成為所有年齡層中最低的。友善占比也從 35.5% 增加至 40.8%，也是所有年齡層中最高的族群，顯示年輕世代對大陸看法已大不同。[3]

問到如果有機會，願不願意去中國大陸發展，包括投資、工作或求學？願意的為 41.7%，不願意的為 47.4%，這結果與 2018 年 2 月的遠見 "2018 台灣民心動向調查" 36.6% 相比，僅一個半月時間，台灣民眾願意到大陸發展的比例竟然又成長 5.1 個百分比。其中，仍以年輕人願意赴大陸占比最高，近六成的 59.6% 願意到大陸發展，展現務實的態度。

由於 31 項惠台措施，因此增加赴大陸發展意願的為 38%，不受影響的為 56.4%，顯示惠台措施仍有一定催化效果。其中，仍以年輕人回答增加的比例最高，為 61.6%；如以縣市地區別來看，桃竹苗最高，為 51.1%。這可能與年輕人必須考慮未來前途，以及桃竹苗為高科技與產業群聚地，企業家與工作者較多有關，因此在務實思考惠台措施後，增加到大陸發展的意願。

縱使是被視為親綠智庫的 "台灣民意基金會" 民調結果都顯示，雖有 41.9% 民眾同意惠台措施是 "中共統戰花招"，但更有 30.1% 的人正面看待。其

① 陳子昂、何心宇，《"2017 年第 9 屆海峽論壇"：惠台政策觀察》，《展望與探索》，第 15 卷，第 7 期，2017 年 7 月，頁 12—13。

② 聯合報系民意調查中心、採訪中心、大陸中心：《挺獨的變少 願赴陸就業 念書的衝新高》，聯合報，2017 年 11 月 20 日，https://theme.udn.com/theme/story/6773/2828323。

③ 彭杏珠：《惠台 31 措施對台衝擊 執政黨面對一大隱憂、三大警訊》，《遠見雜誌》，2018 年 3 月 14 日，https://www.gvm.com.tw/article.html?id=43280。

中，年紀越輕的人有正面反應的比例越高，例如 20 至 24 歲的人有四成覺得那是中共的善意行為；教育程度愈高的人有較正面的解讀，例如大學及以上教育程度者近三成八認為那是中共善意的行為；中上階層有較正面解讀，例如三成八認為那是中共善意的行為。[①]

所以，在"太陽花學運"對於所謂的"反中""仇中""恨中"到達高峰後，辯證的物極必反；面對中國大陸的實力繼續上升，相對的，台灣在政黨再次輪替後卻發展受限下，亟需前景的青年，逐漸地轉向願意西進就業、願意到大陸發展、正面看待惠台措施、認為大陸對台友善，顯示了"和中""友中""親中"，有著升溫的樂觀期待。

因為同文同種、地緣相近、活動關聯等因素，更基於中華文化與華人社會的共同性，兩岸青年期待有機會建構相互信任的互惠合作；所以青年面對新的兩岸實力對比情勢發展，願意西進大陸"學習、就業、創業"，以大陸對台友善的觀點，正面看待惠台措施且運用。

換言之，如果這次的大陸惠台 31 項措施，可以全面落實，例如廈門、上海隨後也頒布配套的 60 條、55 條等實施辦法，各地充分實踐政策，讓兩岸青年能藉此建構網絡、型塑規範、強化信任，則官方之間的衝突將因人民良性互動而消弭，兩岸更可真正深化和平發展，為青年創造中華民族偉大復興的新時代。

---

① 崔慈悌：《逾 3 成民眾正面看待大陸惠台 愈年輕反應愈好》，《工商時報》，2018 年 3 月 19 日，www.chinatimes.com/realtimenews/20180319001288-260407。

道不远人：台湾人才西进大陆现象研析

王理万[*]

台湾人才西进大陆已然成为近年海峡两岸交流的"现象级话题"，公共舆论对此高度关注。目前公共舆论多从以下角度解读该现象：（1）从原因角度，人力资源流动的（台湾方面）推力和（大陆方面）拉力是导致人才西进的主要原因，岛内媒体据此还对台湾当局的教育和就业政策进行了批评；（2）从制度角度，内地多方面和持续性的惠台政策是形成台湾人才西进的主要制度基础，就目前来看还存在一些制度壁垒，这意味着接下来仍有释放制度红利的空间；（3）从结果角度，目前在大陆就业的各种台湾人才数量不断增长，但在大陆总体人才格局中的比例仍然很小，对台湾人力资源的冲击效应还未全面显现。

概而言之，目前对台湾人才西进大陆现象的解读和认识仍非常单薄，基本上把该现象视作临时性、政策性和非政治性的事件。但若将该现象放在两岸人文交流和大陆发展的"大历史"视角之中，则可以看到此现象有颇为复杂的制度基础，且从改革开放以来发生了诸多变化。目前以实现"同等待遇"为目标的政策措施和制度设计，仍面临着一些制度壁垒，亟需进行改革完善。更为重要的是，这些非政治性的措施，长远看来可能产生深远的政治效果。因而，下文将分为三个部分解析该现象，以期为理解该现象提供纵深认识：首先厘清台湾人才进入大陆的制度基础及其沿革；其次分析制度有待改进和完善之处，并提出改进建议；最后讨论该现象的长期政治影响，得出简短的结论。

一、台湾人才西进现象的制度基础

大陆有意识地吸引招纳台湾人才，最早可以追溯到 20 世纪 80 年代初期。1981 年大陆（内地）高校招录港澳台侨考生改为单独命题、考试、录取的形式，

---

　　* 王理万，中国政法大学人权研究院讲师，法学博士。

并根据"来去自由"的政策，学生毕业后，可以回原住地就业，愿意留在国内（内地）的，由国家统一分配工作。[1]1982年3月，时任福建省委书记项南在省人大会议上的发言也指出，"在民主人士、台湾同胞、港澳同胞、海外华侨中有许多优秀人才，对发展我省科学文化、经济建设是能够起到很大作用的，我们应该为发挥他们的作用创造必要的政治条件和生活条件"[2]。尽管如此，限于该阶段的两岸关系，以及彼时台湾对于人才的旺盛需求（台湾新竹科技园区在1980年底成立），台湾人才赴大陆求学和就业的人数很少。因此，早期大陆对台湾人才的开放政策，与其说是基于经济发展对人力资源客观需求，倒不如说主要是基于政治需要，以体现大陆的政治包容性和吸纳力。

大规模的两岸人才交流始于1987年台湾解除"戒严"和开放民众赴大陆探亲之后，特别伴随着台资企业在大陆的投资和生产规模逐步扩大，各类人才开始持续进入大陆。正如学者所指出的，彼时两岸人才结构呈现良好的互补结构：台湾人才结构呈"橄榄球"形，初级劳动力和高级人才相对短缺、中间的专业技术人才相对过剩；而大陆人才结构则呈"金字塔"形结构，即初级劳力供应充足、中间的专业技术人才短缺、高级人才总量相对较大，但比重较低——两岸人才交流具有很强的优势互补性，可以整合两岸的人才资源，充分发挥各类人才的作用，利于两岸人才资源的充分开发和使用。[3] 由此，伴随着改革开放的进程，对于台湾人才的需求就不再只是政治需要，同时也成为发展经济的内在需求，即通过引进台湾资金、技术和管理人才，助力大陆经济发展。

1988年《国务院关于鼓励台湾同胞投资的规定》首次规定"在大陆投资的台胞个人以及台胞投资企业从境外聘请的技术和管理人员，可以申请办理多次出入境的证件"，这为台湾人才进入大陆就业发展开启了制度之门。在1990年福建省人大常委会通过《福建省台湾同胞投资企业劳动管理规定》对聘任境外人员做出细化规定，旨在以福建优越的地理区位和充分的中央授权，大规模承接台商在大陆投资热潮。[4] 根据福建省的该项规定，台胞投资企业可聘雇外籍和港澳台地区的职工，并需向当地劳动部门申请就业许可证、向公安机关申请居留证或暂住证，其与企业签订的劳动合同也需要向劳动部门备案。这项制度在当时属于首创，其明确了台湾居民到内地就业的审批制度（就业许可证、居

---

① 《高校招收华侨、港澳、台湾省青年的办法》，载《高教战线》1982年第4期。

② 项南：《福建纪事》，人民出版社1999年版，第165—166页。

③ 杨晶华：《两岸往来十年：迅猛发展大势所趋》，载《法制日报》2012年12月11日。

④ 《福建省台湾同胞投资企业劳动管理规定》于2000年7月28日经福建省九届人大常委会第二十次会议决定废止。

留证和劳动合同备案制）——这些制度后来被吸收借鉴，推广成为全国性的规章制度。

1994 年 2 月，劳动部颁发的《台湾和香港、澳门居民在内地就业管理规定》就是吸收了福建的经验，正式确立了对台湾人才就业的审批制。"内地用人单位聘雇台、港、澳人员，须向劳动部门申报；台、港、澳人员在内地就业须填写《台湾、香港、澳门居民在内地就业申请表》，并经劳动部门批准。"值得注意的是，彼时台港澳人才仅是发挥补充作用，即在大陆（内地）缺乏相关人才时方可招录。根据《台湾和香港、澳门居民在内地就业管理规定》，聘雇台港澳人员需要满足以下特殊条件：（1）需聘雇的台、港、澳人员从事的岗位是用人单位有特殊需要，且内地暂缺适当人选的岗位；（2）有劳动部门所属职业介绍机构开具的，在辖区内招聘不到所需人员的证明，或在劳动部门指导下进行公开招聘三周以上，仍招聘不到所需人员；（3）用人单位聘雇台、港、澳人员，不违反国家有关规定。在满足上述条件时，经审批同意在内地就业的台港澳人员，可以获得省级劳动部门及其授权的地市级劳动部门发给《台港澳人员就业证》。

劳动部门在就业问题上，明确区分"台港澳人员"和"外国就业人员"，以防在该问题上出现"政治性误导"。1996 年 11 月，劳动部办公厅发布《关于做好台港澳人员和外国人在中国内地就业管理工作有关问题的通知》，做出了几项重要规定：（1）《台湾和香港、澳门居民在内地就业管理规定》《外国人在中国就业管理规定》是两个性质完全不同的规定，在实施中应分别按两规定严格执行；（2）《台港澳人员就业证》和《外国人就业证》是两种不同人员使用的证件，《台港澳人员就业证》应当使用相应印章，不得加盖外国人就业管理印章；（3）外国人和台、港、澳人员在中国内地投资，按照有关规定，不视为就业，不需办理就业审批手续。由此可见，大陆对台湾人才来内地投资和就业有非常清晰的法律定位，在实际操作中"大陆长期采取'同等优先，适当放宽'的原则，即给予台商较外商更优惠的待遇，在同样的条件下台商享有优先权"[①]。

在同时期，大陆开始陆续向台胞开放各种专业资格考试，使得台湾人才方便获得相关职业资格，助力其在大陆的发展。1994 年，财政部印发《港澳台地区会计师事务所来内地临时执行审计业务的暂行规定》，适用于来内地临时执行审计业务的港澳台地区会计师事务所和注册会计师，临时执业许可证有效期为半年。事实上，在 1994 年大陆也开放了律师资格考试，但是由于缺乏相应配套

---

① 王建民：《如何看待台商的"国民待遇"问题》，载《今日中国》2014 年第 10 期。

政策，次年就取消了，直至 2008 年才再次恢复台湾居民参加司法资格考试。从 1994 年至 2017 年间，大陆向台胞开放专业资格考试 40 余项。特别是 2018 年 2 月，国台办和国家发改委等部门联合发布《关于促进两岸经济文化交流合作的若干措施》（"惠台 31 条"），同时发布了《向台湾居民开放的国家职业资格考试目录》，台湾居民在大陆可报考 53 项专业技术人员职业资格考试和 81 项技能人员职业资格考试。①

2005 年 6 月，劳动和社会保障部制定发布了新的《台湾香港澳门居民在内地就业管理规定》。这项新规定虽然沿用了就业审批制度，但是降低和简化了审批标准和程序。2005 年 7 月，劳动和社会保障部办公厅在《关于贯彻实施台湾香港澳门居民在内地就业管理规定有关问题的通知》中概括了新规定的特点："《规定》放宽了台、港、澳人员在内地就业应具备的条件和在内地就业的岗位条件；简化了台、港、澳人员在内地就业的手续，将办理就业证的权限下放到地（市）级劳动保障部门；增加了用人单位应为被聘雇的台、港、澳人员缴纳社会保险费的规定；强化了用人单位聘雇或者接受被派遣台、港、澳人员实行备案制度；取消了台、港、澳人员就业证延期和年检手续"。（见表 1）这意味着，经过十余年的实践，大陆进一步放开了台湾居民在内地就业的限制，从管理思维正式转向服务思维，细化就业条件和审批程序，并在社会保险方面明确了台湾居民的同等待遇。

表 1：港澳台居民在内地就业管理规定新旧对比

条文	1994 年规定	2005 年规定	发展
立法目的	为加强对台湾和香港、澳门居民在内地就业及内地使用这类人员单位的管理，保护应聘受雇者和用人单位的合法权益，根据有关法律法规，制定本规定。	为维护台湾居民、香港和澳门居民中的中国公民在内地就业的合法权益，加强内地用人单位聘雇台、港、澳人员的管理，根据《中华人民共和国劳动法》和有关法律、行政法规，制定本规定。	从侧重管理到侧重服务

① 国务院台湾事务办公室、国家发展和改革委员会：《关于促进两岸经济文化交流合作的若干措施》，2018 年 2 月 28 日。

续表

条文	1994 年规定	2005 年规定	发展
适用范围	本规定适用于申请聘雇台、港、澳人员的所有用人单位，包括个体工商户，以及在内地就业的台、港、澳人员。	本规定所称在内地就业的台、港、澳人员，是指：（一）与用人单位建立劳动关系的人员；（二）在内地从事个体经营的香港、澳门人员；（三）与境外或台、港、澳地区用人单位建立劳动关系并受其派遣到内地一年内（公历年 1 月 1 日起至 12 月 31 日止）在同一用人单位累计工作三个月以上的人员。	保护范围扩大
批准程序	台、港、澳人员在内地就业实行就业证制度。持有就业证的台、港、澳人员可在内地就业并受法律保护。	台、港、澳人员在内地就业实行就业许可制度。用人单位拟聘雇或者接受被派遣台、港、澳人员的，应当为其申请办理《台港澳人员就业证》；香港、澳门人员在内地从事个体工商经营的，应当由本人申请办理就业证。经许可并取得就业证的台、港、澳人员在内地就业受法律保护。	细化规定
就业条件	台、港、澳人员在内地就业须具备下列条件：1. 年满18周岁，身体健康，持有内地主管机关签发的有效旅行证件。2. 具有所要从事工作的技能资格证明或相应的学历证明及从事本专业实际工作经历。	用人单位拟聘雇或者接受被派遣的台、港、澳人员，应当具备下列条件：（一）年龄 18 至 60 周岁（直接参与经营的投资者和内地急需的专业技术人员可超过 60 周岁）；（二）身体健康；（三）持有有效旅行证件（包括内地主管机关签发的台湾居民来往大陆通行证、港澳居民往来内地通行证等有效证件）；（四）从事国家规定的职业（技术工种）的，应当按照国家有关规定，具有相应的资格证明；（五）法律、法规规定的其他条件。	细化规定

条文	1994 年规定	2005 年规定	发展
聘雇条件	内地用人单位聘雇台、港、澳人员须符合下列条件：1. 需聘雇的台、港、澳人员从事的岗位是用人单位有特殊需要，且内地暂缺适当人选的岗位。2. 有劳动部门所属职业介绍机构开具的，在辖区内招聘不到所需人员的证明，或在劳动部门指导下进行公开招聘三周以上，仍招聘不到所需人员。3. 用人单位聘雇台、港、澳人员，不违反国家有关规定。	（取消关于聘雇条件的规定）	取消关于聘雇条件的规定
审批部门和期限	经审批同意在内地就业的台、港、澳人员，由各省、自治区、直辖市劳动部门及其授权的地、市级劳动部门发给《台港澳人员就业证》（见附件二，以下简称就业证）。就业证由劳动部统一制作。	香港、澳门人员在内地从事个体工商经营的，由本人持个体经营执照、健康证明和个人有效旅行证件向所在地的地（市）级劳动保障行政部门申请办理就业证。劳动保障行政部门应当自收到香港、澳门人员提交的文件之日起 5 个工作日内办理。	下放审批权力
办理程序	（无明确的办理程序规定）	劳动保障行政部门应当自收到用人单位提交的《台湾香港澳门居民就业申请表》和有关文件之日起 10 个工作日内作出就业许可决定。对符合本规定第六条规定条件的，准予就业许可，颁发就业证；对不符合本规定第六条规定条件不予就业许可的，应当以书面形式告知用人单位并说明理由。	增加程序性规定
社会保险	（没有规定社会保险）	用人单位与聘雇的台、港、澳人员应当签订劳动合同，并按照《社会保险费征缴暂行条例》的规定缴纳社会保险费。	增加关于社会保险的规定

条文	1994 年规定	2005 年规定	发展
管理制度	劳动部门对就业证实行年检制度。用人单位聘雇台、港、澳人员就业每满一年，应在期满一个月内主动到劳动部门办理年检手续。逾期未办的，就业证自动失效。	用人单位聘雇或者接受被派遣台、港、澳人员，实行备案制度。	年检制改为备案制

新规定颁行之后，2006 年"首届台湾地区专业人才暨大学毕业生大陆就业洽谈会"得以顺利举办。这次由海峡两岸携手在大陆举办的专门针对台湾专业人才及大学毕业生的供需见面、双向直接的就业洽谈会，拉开了两岸人才直接交流的序幕。来自上海、黑龙江、苏州、宁波、无锡、昆山及福州马尾、广东东莞等地的 60 多家单位携带 500 多个高薪职位到场招聘。据当时的不完全统计，有来自台湾的专业技术人才、毕业生，以及在大陆各地就学、工作的台籍学生和专业人才 200 多人赴会求职。① 与之同期，台湾农民创业园项目也在大陆勃然兴起，这表明大陆所定义的"台湾人才"显然不止包括了高学历人才，也涵盖了各类农业和技术人才。2006 年 4 月，农业部、国台办正式批准建立大陆首家"台湾农民创业园"——福建漳浦台湾农民创业园项目。2009 年福建出台《福建省促进闽台农业合作条例》，对台湾同胞的投资待遇、政府服务和保障职责、鼓励合作与交流、合作用地、贷款和融资、权益保障等方面做出了规定；2011 年 6 月，福建继续出台了《关于加快台湾农民创业园建设的若干意见》，其中的 10 条优惠政策，为在闽创业的台湾农民提供了更好的发展环境；2013 年 8 月，福建省政府专门出台《关于进一步深化闽台农业合作的若干意见》，强化台湾农民创业园建设的政策措施。② "台湾农民创业园"项目在各地生根发展，截止到 2017 年已经有 28 家之多，并得到了国家领导人的高度肯定——2011 年 1 月，时任中共中央总书记胡锦涛给福建漳浦和漳平永福台湾农民创业园的台商农民回信时指出"两岸农业合作大有可为，台湾农民在大陆发展空间广阔"③。

2009 年国务院印发《关于支持福建省加快建设海峡西岸经济区的若干意见》，在该项意见中专门提出"进一步拓展两岸职业教育合作，支持开展两岸校

① 林天宏：《大陆将为台湾人才举办就业洽谈会》，载《中国青年报》2006 年 2 月 12 日。

② 李锦华：《台创园 两岸农业合作的热土》，载《农村工作通讯》2017 年第 20 期。

③ 《胡锦涛给在大陆创业的台商农民回信 鼓励加强两岸农业合作发展》，载《福建日报》2011 年 1 月 31 日。

际合作、职业培训、资格考试和认证、职称评定、人才引进和人力资源开发等试点工作。健全人才政策体系，鼓励台湾科技、教育等领域人才到海峡西岸经济区创业，形成广纳群贤、充满活力的吸引人才和使用人才的良好风尚"。在此基础上，福建省委省政府在 2010 年 1 月发布《福建省引进高层次创业创新人才暂行办法》《海西产业人才高地建设实施办法》和《海西创业英才培养实施办法》三个文件，对台湾高层次人才提供包括资金、项目和职务方面的支持。特别是在《海西产业人才高地建设实施办法》中明确规定"在产业人才高地实施台湾专业人才参加专业技术资格考试和认证、职称评定等试点政策。加强两岸人才信息交流，建立台湾人才数据库，支持产业人才高地聘用台湾人才，鼓励在大陆高校毕业的台湾学生到我省产业人才高地就业"。①此后，福建基于"海峡西岸经济区"（2009 年）和福建自贸区（2015 年）等中央政策的充分授权，探索建立多元化引进台湾人才的制度，为出台全国性政策积累了大量的宝贵经验。

2010 年 4 月，中共福建省委组织部、福建省公务员局、福建省人民政府台湾事务办公室等九个部门联合发布《关于做好引进台湾地区高层次人才有关工作的通知》，对台湾高层次人才的范围、待遇、引进程序、税收优惠政策、子女就学问题、配偶工作问题等作出一揽子规定。学者对此指出，该项通知"为台湾地区人才，尤其是高层次人才进入福建企事业单位工作提供了良好的政策保障，有志于长期在大陆就业的台籍高层次人士有了进入编制内工作的机会，这为享有平等的劳动保障扫清了障碍，亦是贯彻落实《海峡西岸经济区发展规划》，在涉及两岸合作的各领域先行先试的一个表现"②。2010 年 7 月，福建省人力资源开发办公室发布《福建省关于选聘台湾专才担任管理职务的公告》，公开选聘 15 个管理职务，其中有 8 个系高校和科研院所的管理型职务。③因而自 2010 年以来，福建省就已经开始致力探索吸收台湾人才进入"体制内"的实验，给予台湾高层次人才获得编制和领导岗位的机会。但是这种实验面临着诸多制度壁垒，特别是台湾人才在当下人事制度中的身份问题，时至今日尚未得到完全解决。

2011 年福建省在"十二五规划"（2011—2015 年）中专门规定了两岸人才

① 中共福建省委办公厅、福建省人民政府办公厅：《关于印发〈福建省引进高层次创业创新人才暂行办法〉等三个文件的通知》，闽委办〔2010〕2 号，2010 年 1 月 24 日。

② 张廷君：《引进台湾高层次人才政策的运行现状及改进——以福建省为例》，载《福建行政学院学报》2013 年第 5 期。

③ 《福建省关于选聘台湾专才担任管理职务的公告》，载《福建日报》2010 年 7 月 15 日。

交流合作的举措,要点包括:(1)制定和完善台湾人才来闽通行、人事、税收、劳动和医疗保障等规范性措施;(2)完善在闽台湾人才评价政策和办法,开展台湾专业人才参加职称评定、资格考试和认证试点工作;(3)加强面向台湾人才的中介服务组织建设,推动闽台人力资源服务机构互设分支机构,建设海西人力资源服务产业园;(4)加强两岸人才信息交流,建立统一管理、为各行业服务的多层次台湾人才及其研究成果数据库;(5)支持省内企事业单位聘用台湾优秀人才,鼓励取得大陆高校学历的台湾学生来闽就业,鼓励台湾人才来闽创业、参政议政、参与社会管理。开展闽台专家两岸行、两岸大学生创业项目对接洽谈等活动;(6)建立闽台人才交流服务协调机制,维护台湾人才在闽合法权益。[①]该项规划全面涉及台湾人才赴大陆就业和创业的全过程,包括流入、发展和保障等各环节。这说明经过30余年的制度磨合,福建作为承接台湾人才流入的主要窗口,已经对相关问题有全面透彻的理解,并进行了全面的规划。由此,在2015年《国务院关于印发中国(福建)自由贸易试验区总体方案的通知》进一步对福建引进台湾人才提出新要求,"探索在自贸试验区内推动两岸社会保险等方面对接,将台胞证号管理纳入公民统一社会信用代码管理范畴,方便台胞办理社会保险、理财业务等;探索台湾专业人才在自贸试验区内行政企事业单位、科研院所等机构任职"[②]。由此可见,台湾人才进入内地就业发展相关制度的改革,已经进入攻坚期,政策目标开始由自由流动向"同等待遇"转型。

2017年党的十九大报告中明确提出,"我们将扩大两岸经济文化交流合作,实现互利互惠,逐步为台湾同胞在大陆学习、创业、就业、生活提供与大陆同胞同等的待遇,增进台湾同胞福祉"。基于十九大报告的明确要求和指引,国台办明确表示将陆续出台一系列便利台湾同胞在大陆学习、创业、就业、生活的政策措施。其中与吸引台湾人才直接相关的包括放宽台胞在大陆事业单位的就业领域、开放在大陆就业的台湾研究人员申请国家社科基金、扩大取得大陆律师职业资格的台湾居民执业范围。特别是教育部要求各地各高校为台湾毕业生在大陆就业提供针对性强的就业指导和咨询;为有就业意愿且符合条件的台湾毕业生发放就业协议书、签发就业报到证。2018年2月28日,国台办和国家发改委等部门联合发布的《关于促进两岸经济文化交流合作的若干措施》("惠

---

① 《福建省国民经济和社会发展第十二个五年规划纲要》,2011年1月18日福建省第十一届人民代表大会第四次会议批准。

② 《国务院关于印发中国(福建)自由贸易试验区总体方案的通知》,国发〔2015〕20号,2015年4月20日。

台 31 条"）——"惠台 31 条"成为引进台湾人才的最全面的高等级规范性文件，其中与吸引台湾人才直接相关的政策多达 19 项，涵盖职业考试、人才计划、基金项目、文化工程、奖项评定、电影电视、图书进口、参与社团、文化交流、公益事业、医师资格和金融资格认定、鼓励高层次学术人才来大陆任教等措施。在 2018 年 3 月 5 日国务院政府工作报告中也重申"扩大两岸经济文化交流合作，逐步为台湾同胞在大陆学习、创业、就业、生活提供与大陆同胞同等待遇"。上述这些措施的核心要旨在于分享大陆发展的机会，吸纳台湾优秀人才赴大陆就业创业，支持和鼓励台湾同胞参与到大陆经济和社会发展之中。

通过以上相关制度的历史梳理，可以看到从 20 世纪 80 年代至今近 40 年中，大陆通过不断优化制度举措，打破两岸人才交流壁垒，促进台湾人才不断西进。质言之，中国大陆在经济社会方面取得的发展既是台湾人才西进的主要原因，也当然是台湾同胞共同创造的结果，台湾的资金、人才、技术和管理经验是促进大陆发展的重要原因。近 40 年来大陆吸收台湾人才的制度发展，呈现出以下特点和规律。（1）由重资金到重人才：早期的制度侧重于引进台资，基于台资激活本地的人力和自然资源，实现大陆经济发展，而当下则关注吸收台湾人才，通过各项优厚待遇吸引台湾优质人才赴大陆发展。比如，福建省出台引进台湾高层次人才"百人计划"，每年遴选人数 25 名以内，入选的按照福建省引才"百人计划"和《福建省引进高层次创业创新人才暂行办法》给予支持（在原项目资金支持基础上由省级人才专项经费追加补助至人民币 200 万元，视同政府奖金。（2）由半封闭走向开放：大陆对台湾人才的态度不断走向开放，管制性措施不断演变为服务型措施。通过对比新旧两版《台湾香港澳门居民在内地就业管理规定》，就可以发现二者明显的区别：大陆对台湾人才来内地发展的限制越来越少、而制度激励越来越多，这使台湾人才有机会和有意愿到大陆发展。（3）由区别对待到同等待遇：早期赴大陆就业的台湾人才虽然可能获得竞争力的薪酬，但是存在诸如编制、社会保险、子女就学、单位福利、评奖评优、申请项目资助等方面的制度壁垒，无法得到同等的待遇。经由党的十九大提出的目标，通过"惠台 31 条"等政策措施，可期逐步实现同等待遇。在本文下一节也将对相关制度改进提出建议。（4）从地方经验到全国推广：福建省已经成为吸收引进台湾人才的政策实验基地，"长期以来，福建省地方涉台立法没有前例可循，许多法规条款都是自创性的，为国家层面涉台立法积累了大量的宝贵经验，发挥了很好的'试验田'作用"①。而在国家出台相关政策之后，福建及其所属各县市也是最快落实的，比如在此次"惠台31条"出台之后，厦门很快就颁布出台《关于进一步深化厦台经济社会文化交流合作的若干措施》（60条举措），其中许多举措属于厦门开拓创新、率先推出。

二、完善吸纳台湾人才制度的制度建议

大陆对台湾人才的吸纳机制，已经渐趋完善。特别是在"惠台31条"出台之后，大陆各地和各部门正在高效落实相关政策，并且涌现了诸多制度创新举措，这为更大规模、更高层次的人才流入铺垫了制度基础。但是毋庸讳言的是，目前制度并非足够完善，仍存在诸多制度壁垒，这意味着接下来的惠台举措仍有较大发展空间。第一，人事制度仍然是台湾人才进入大陆"体制内"的制度屏障，特别是台湾人才的编制问题。此前引进台湾高层次人才主要采用"人才柔性引进"方式，在难以解决编制前提下，以高薪和优厚待遇予以弥补。近年来，编制壁垒有所松动，福建省在2010年《关于做好引进台湾地区高层次人才有关工作通知》中也特意强调"引进到事业单位的（台湾地区高层次人才），不受本单位现有编制的限制；聘任时可不受评聘时限和岗位职数的限制"。事实上在该通知之前，福建省人事厅、省台办等五部门在2009年出台的"46号文件"就已经开始试验台湾人才获得政治编制问题，即规定"取得大陆高校硕士以上学位的台生，可应聘福建省内的事业单位"；2010年4月，福建省委组织部、省公务员局、省台办等九个部门出台的"68号文"，进一步规定台湾地区具有博士学位或专业技术的人员，可到福建省内的高等院校、科研院所、国有企事业担任中高级管理职务。②这意味着至少在福建，台湾人才在符合相关条件的前提下，可以获得编制内身份，但是在实际操作中却困难重重。以被媒体广泛报道的"首获大陆高校正式教师编制"的台籍北大博士陈经超为例，其在办理高校入职过程中就经历了诸多困难——"北京大学学生就业指导中心、北京大学新闻传播学院、北京大学港澳台办公室均尽所能提供全力支持，在现有政策允许的基础上，发挥主观能动性，积极协助陈经超克服面临的各种困难，并保持与国台办交流局、教育部港澳台事务办公室、福建省人事厅、福建省台办、厦门市人事局、厦门大学人事处等相关部门和单位的积极沟通，为陈经超最终取

---

① 李小健：《福建：涉台立法"试验田"》，载《中国人大》2014年第15期。
② 郑东阳：《福建试水聘任台胞公务员》，载《凤凰周刊》2011年第16期。

得体制内正式教师编制发挥了重要作用"①。此例证说明，即便是用人单位愿意为台湾高层次人才争取编制，也需要经历周折，此例证也难成为惯例，其后仍需以个案沟通、协调的方式来解决。而是否获得编制，也恰恰是台湾高层次人才较为关心的问题。在台湾中央大学中国文学系的网站上，有一则题为《应聘大陆高校教职之经验谈》的短文，其中对大陆人事编制问题做了详细介绍，指出"（柔性引进的人才）在服务时间、薪水待遇方面，都会和直接引进的方式有所差别，所以也需谨慎留意这方面的规定"②。为此，编制问题成为下一步完善引进台湾人才制度的重点和难点。建议应由国台办协调组织和人事部门，建立全国性统一的标准和程序，确定可以引进台湾人才的范围和界限，从而避免个案沟通协调带来的高昂的制度成本，为台湾人才赴内地事业单位甚或国家机关任职扫清制度障碍。

第二，在设计台湾人才的引进和支持制度时，初应向台湾高层次人才做政策倾斜之外，还应关注多元普通人才，为他们进入大陆就业发展提供制度便利。目前台湾居民在内地就业和创业还存在一些政策限制，包括从业领域和就业程序两个方面。（1）在从业领域方面，以台湾居民在内地申办个体工商户为例，根据国家工商总局2015年12月的规定，已经将从业领域从原来零售业和餐饮业两项，扩大至广告、包装服务、服装及家庭用品批发、文具用品批发等24项。③尽管如此，如果对比向港澳居民开放的135项行业范围，就显得对台湾居民开放的行业范围仍然过窄，有待进一步开放。④目前，台湾居民在福建自由贸易试验区注册登记为个体工商户，已经无需经过外资备案（不包括特许经营），并可在129个行业从事经营活动。⑤由此，应及时总结和评估和福建自贸区的经验，确定扩大对台湾居民开放注册个体工商户的范围。（2）在就业程序方面，根据当前的劳动法规，在内地就业的台湾居民，必须获得"港澳台就业证"等许可文件。在实践中，"港澳台就业证"需要由企业劳动部门进行申

---

① 《北京大学2010届台湾博士生陈经超首获大陆高校正式教师编制》，载"北京市港澳台侨学生教育管理研究会网站"：http://io.ruc.edu.cn/yjh/displaynews.php?id=1004028。

② 刘学伦：《应聘大陆高校教职之经验谈》，载台湾中央大学中国文学系网站：http://www.chinese.ncu.edu.tw/app/news.php?Sn=1175。

③ 《工商总局关于扩大开放台湾居民在大陆申报个体工商户登记管理工作的意见》，工商个字〔2015〕224号，2015年12月28日。

④ 《工商总局关于扩大开放港澳居民在内地申办个体工商户登记管理工作的意见》，工商个字〔2016〕99号，2016年5月31日。

⑤ 《关于发布中国（福建）自由贸易试验区台湾居民个体工商户营业范围的公告》，工商个字〔2015〕208号，2015年12月1日。

办，程序较为繁琐，这影响了企业招聘台湾人才的积极性，给台湾同胞在内地就业带来很大障碍。因此，应适时评估"台港澳人员就业证"的必要性问题——劳动部门在1994年确立该制度和2005年简化该制度时的经济社会环境已经发生巨大改变，是否可由按照《行政许可法》第13条之规定，改由行业组织或者中介机构自律管理或由行政机关采用事后监督。目前有两种思路可供直接借鉴：一是可借鉴深圳前海开发区为港澳居民免办"港澳台就业证"的做法，在福建自贸区试点取消"港澳台就业证"，组建在大陆就业的台湾居民协会进行自律管理，并由劳动部门进行监管；二是可借鉴南京市网上申办"港澳台就业证"的做法，招用台港澳人员的用人单位只需登录网上办事系统，即可在线提交申请材料的照片或扫描件，等待预审通过后，以快递方式递送材料原件即可办理就业许可申请，整个办理过程只需收发快递，无需奔波，提高了用人单位聘用台湾居民的积极性。

第三，目前各级台办和其他部门相继出台大量吸纳、鼓励和支持台湾人才赴大陆发展的政策，特别是在"惠台31条"公布之后，面向台湾人才的制度性福利纷纷出台。各个部门落实惠台政策的步伐并不一致，多地也有一些创新举措，但缺乏一个全面的、统一的、权威的惠台政策的发布和获取平台。近期国台办在召开例行新闻发布会时，常应记者要求介绍总结"惠台31条"的落实情况，不过明显的问题是信息并不集中，需要花费相当精力去查阅历次国台办的重要通知和发布内容，并结合各地的做法，才能对相关进展有全面了解。这造成了有意到大陆发展的台湾人才在获取信息时的困难，使他们面对新旧信息和各地做法时无法适从。由此建议由国台办牵头相关部门、各地政府设立惠台信息发布平台，整合相关信息并做精确分类，建成"一站式"政策信息获取平台，加大信息整合和公开的力度，并提供在线答疑和咨询。可以顺应移动互联网趋势，建立移动客户端（APP）、微信、微博，方便台湾人才（特别是台湾青年）便捷地查询获取相关的政策信息。此外，鉴于两岸之间客观存在的信息隔阂和心理差异，可以通过形式多样的线上或线下招聘会、洽谈会、宣讲会等方式，增进台湾青年对大陆各类惠台政策的知悉度。可进一步考虑建立专门面向台湾人才的招聘机构和网站，鼓励和支持商业性招聘中介机构开展涉台服务业务，促使吸纳台湾人才的方式趋于常态化和多元化。在这方面，江苏淮阴工学院的经验颇值得借鉴推广——淮阴工学院的经验可概括为"订单式、精准化、多元性"，其余台湾数家大圩联合成立"台商学院"，并依托淮安大学科技园为台湾青年创业提供配套设施，与台湾高校共建四个青年创新创业基地，吸收台湾青年来创业基地研习，举办了两岸青年创新创业论坛、两岸青年菁英研习营、两岸青年学术交流会等一系列以两岸青年创新创业为主题的交流活动，与台湾中华大学开展联合培养博士工作，为台资企业实行"订单式"人才培养等。这些多元化的合作措施，使淮阴工学院这所并不知名的大陆高校在两岸人才交流方面取得了不俗成绩。

三、台湾人才西进大陆的政治影响

两岸主流、理性的媒体多数对台湾人才西进大陆现象做"非政治性"解读，主要聚焦在现象发生的原因层面：比如全国政协机关报《人民政协报》刊文指出，大陆在科研经费、资源和生活待遇的大力支持是台湾"博士团"到大陆任教的主因[①]；而台湾《中国时报》的评述也很客观，认为"博士人才在台湾难以觅到大学教职，但大陆的大学开出近2倍薪资、住房福利等优惠条件，吸引众多台湾博士西进大陆教书"[②]。但是不可回避的问题是，设若台湾人才（特别是高层次人才）持续流向内地，则势必会产生相应的政治涟漪。因而在对台湾人才西进大陆的制度基础和改进空间进行探讨之后，有必要追问该现象的政治影响。

首先，台湾人才西进可视为大陆城市"抢人大战"的一部分，目前大陆很多城市处于扩张和产业转型升级期，亟需高层次人才作为城市发展的储备力量和新鲜血液。特别是在中国独特的"政治锦标赛"[③]模式之下，能够吸纳高层次人才成为地方经济发展的关键因素，因而各地竞相出台以户口、住房和创业有关的优惠政策，吸纳国际国内人才到该地发展。特别是从2017年开始中国内地的二线城市（武汉、长沙、成都、西安、天津等）纷纷推出包括安居落户、促进就业、支持创业、高效服务等方面的人才政策，旨在吸引优秀人才到本地就业、创业和置业。目前虽然台湾人才在内地广泛分布，但是仍集中在福建和江苏等地，这些地方也恰恰是台商和台资企业集聚地，客观上对台湾人才具有较为旺盛的需求，在制度上不乏创新之举。尤其是在"惠台31条"出台之后，各地更是纷纷跟进，出台形式各异的优惠政策，吸纳台湾人才到该地就业创业，这既是相应中央政府的政治举措，也可以实际推动本地的人才升级和产业转型，由此才产生了"厦门60条""温州24条""昆山17条""上海12条"等地方性惠台措施版本。就这点而言，台湾人才西进现象深受大陆独特政经格局的影响

---

① 孙权：《台湾"博士团"大陆高校任教调查》，载《人民政协报》2015年9月19日。
② 蓝孝武：《43名台湾博士 赴淮阴执教鞭》，载《中国时报》2017年5月8日。
③ 周黎安：《中国地方官员的晋升锦标赛模式研究》，载《经济研究》2007年第7期。

和支配，并且地方性的政策在具体化和实用性程度上显然优于中央政策。因此可以预期接下来的台湾人才西进现象将进一步发展为内地各城市对于台湾高层次人才的制度竞争，从而使得制度更加优化和合理。

其次，对于台湾当局而言，虽然台湾人才西进大陆是自发行为，目的也是解决个人的就业和发展问题，但是长远看来其政治影响不容低估。有赴大陆任教的台湾博士将"人才西进现象"描述为"一种良善的循环机制"，认为"现在的大陆，各行各业都很需要人才，各省市大学也急需大学教师，台湾博士西进贡献所学无失不尝是一种好方式，况且大陆是吸引全世界优秀人才至大陆不仅仅是台湾而已"①。但是这种双赢局面仅是发生在西进人才和大陆之间，而持续性的人才外流会削弱台湾当局在高学历人才中的支持度，台湾普通民众也将会质疑当局的教育和就业政策。有台籍大陆执业律师就指出，惠台政策是"官方冷对抗，政策挖热矿"，透过挖掘台湾的人才矿，以收空洞化台湾及落实"楚才晋用"的双重效益。②对于这种大规模人才外流现象，台湾地区教育部门副负责人蔡清华的表态显得真实而无奈，"尊重博士们的意愿，不过虽然现在少子女化，但其实台湾还是有些大学的确是招不到人的，可以多关注一下，还是希望他们留在台湾"③。相比台湾地区教育部门的态度，台湾当局的态度则显得"强硬"一些，其将"惠台31条"定调为"名为惠台，实则利中"，并提出"优化就学就业强化留才揽才、维持台湾在全球供应链的优势、深化资本市场；强化文化影视产业"四大方向和39点应对措施。④不过相对于大陆惠台措施的实际利好，台湾当局的应对策略显得过于空泛乏力，因而其预期效果难以期待，持续性的人才西进将成为接下来相当长时间内的趋势，也将会对台湾政局产生间接影响。

最后，对大陆而言，台湾高素质人才的持续流入将助力教育、科研和经济发展，推动大陆的经济发展和产业转型。与此同时，台湾人才西进将有利于大陆开展统战，有效争取台湾高层次人才对于大陆的了解和支持。甚至有台湾学者指出，"惠台政策表面上是各个不同的项目，但综合效应是政治性的，对促进

① 罗鼎钧：《西进大陆的台湾博士们》，载《多维CN》2017年第20期。
② 《大陆磁吸效应加速台湾空洞化危机》，载《工商时报》2018年3月9日。
③ 卢映慈：《国台办挖角高教人才　教部：流动是正常现象》，载"ETtoday"：https://www.ettoday.net/news/20180301/1121530.htm。
④ 《禁赴大陆学校任教 台师心寒"违法标签"》，载《星岛日报》〔新加坡〕2018年3月17日。

两岸统一、对天然独的冲击是有关的"[①]。虽然在现阶段台湾人才西进大陆主要是基于现实的利益驱动，但是随着交流深入则难免会发展到公共议题领域。比如学者在对两岸青年交流进行研究时发现，早期交流议题是基于个人利益基础上的交流，关注青年的情感个性、投资置业、婚姻家庭、就业创业、心理状态等个体性议题相关；但是经过多年发展，两岸青年个人或各种团体在交流互动过程中所关注的层面已经开始超越常规，逐渐转向公益环保、志愿服务、文化创意、青年认同、政治倾向等高阶议题。[②] 因而虽然目前多数赴大陆就业创业的台湾居民往往保持政治立场的中立，"来大陆实在无关乎背不背弃台湾，我不是共产党，我只是一个讨生活的外劳"[③]——但可以预见的是，随着更大规模、更深层面的人才交流，会逐步产生对岛内（特别是在青年学生和学者）政治倾向的影响，至少可以达到"增信释疑"的效果。此外需要提及的是，吸引台湾人才到内地发展也加重了大陆各级政府的审查负担，近期来被媒体和网络热烈讨论的"太阳花运动骨干到深圳就业""台独青年获得大陆政府创业资助"等新闻，显示了地方政府在引进人才时忽视了对其政治立场的调查。因而，大陆政府在收获台湾人力资源和人心支持的同时，也要完善各种制度和程序，防范可能带来的政治不良影响。

---

① 赵家麟：《廖坤荣：经济统一现在进行式　气势如虹》，中国评论通讯社，2018 年 5 月 4 日。

② 张宝蓉：《台湾青年与祖国大陆交流合作意愿分析》，载《统一论坛》2017 年第 4 期。

③ 李建兴：《我不是共产党 只是讨生活的外劳》，载《远见杂志》2018 年 4 月号。

兩岸青年創業之比較與交流合作機遇

李允傑 [*]

一、前言：從馬雲創業平台談起

阿里巴巴創辦人馬雲曾經拋出捐款百億，擬成立創業基金協助台灣年輕人創業。"行政院長"毛治國 2015 年 3 月 10 日在"立院"答詢時表示，馬雲願意提供百億青年創業基金，證明台灣是發掘創意人才的地方，但"錢不是創業過程中唯一重要的因素"，他強調"政府"做的比馬雲更多，盼創業青年能選擇"政府"、留在台灣。

"立委"蔣乃辛引用《"行政院""青年創業專案"績效表》指出，所有"部會"3 年的核貸金額僅 90 億，用於青年創業的只有 15 億，其他績效更是紛紛掛"零"，如何留住台灣人才。"毛院長"強調"政府"做的比馬雲多，他表示"政院"雖對馬雲的做法抱持開放態度，但台灣並不缺乏相關資源，而且通盤創造的環境條件會更完整；就算僅針對錢的部分討論，以"創新創業政策會報"（創創會報）中的創業拔萃方案為例，島內外募集的資金就超過 100 億。

國民黨"立委"廖正井則質疑，哪個市場大，年輕人就往哪裡走；馬雲的平台可深入大陸、亞洲，對年輕人吸引力很大，政府必須評估風險。"毛院長"回應，資金在台灣相對其他方面，並不是創業最主要的問題，還有很多環節，台灣有其優勢，"政府"要把優勢發揮出來。"立委"的質詢意見與"毛院長"的答覆都沒錯，兩岸青年創業各有擅長，兩岸青年創業氛圍有極大的差異。大陸年輕人敢於投入創業，大陸的市場大、資金雄厚，各地方政府創業措施因地而異；而台灣青年則是具有豐富的創意與軟實力，堅持夢想，有永續經營的理念；而台灣當局提供的創業配套措施也相對完備。

---

[*] 李允傑，空中大學公行系教授、原"行政院青輔會主任委員"。

二、全球創新創業的趨勢觀察

根據全球創業觀察（Global Entrepreneurship Monitor, GEM）2014年最新報告指出，台灣民眾想創業的比例為27％，是國際平均10％的2倍多，台灣18—34歲有創業意願的民眾更高達49.8％，創業意圖在創新驅動經濟體中排名第二，高於日本、韓國及中國大陸。

此外，全球創業精神暨發展指數（Global Entrepreneurship and Development Index, GEDI）自2011年開始進行全球創業發展評比，透過各種指標及問卷訪查，評析各國中小企業、微型企業狀況。GEDI指數包含創業態度、創業活動以及創業期待三大面向，2014年台灣在121個受評國家和地區中排名第七，較2013年進步2名，年續3年排名全球前10大。其中在"創業期待"的指標中，台灣則高居全球第一，顯示台灣對創業的高接受度度與開放性，同時也反應台灣是一個對創新產業熱忱友善的地區。對照目前台灣的創業環境，的確對於創業家有很高的評價，在文化與社會規範方面，也相當鼓勵創業與白手起家，因而有助於推動整體創業活動與氛圍。

由於創業前為準備階段，須確認是否具備創業者特質，並做好規劃紮下基礎，因此潛力創業者須完成創業適性評量，確定具備創業決心與特質，才可進入經濟部中小企業處的整體輔導體系；而潛力創業者與新生企業家之運作技能，則須透過創業計畫撰寫，盤點資源並銜接企業成立後續之需求；而企業在成立之後，則須著重在特定專業領域運作技能之加強，故除利用主題班加強管理技能外，也轉介至創業貸款；之資金挹注以及諮詢輔導機制補強；在企業經營一段時間後，也須深化其競爭力，因此主題班導入三業四化之政策內涵，期能有效引導島內企業朝向國際化、科技化、服務化的方向發展。

國內最近的新創事業已明顯由以往的製造業轉為以服務業為主，且有趨於微小化、由外銷轉內需為只的趨勢，每年新創中小企業出口值的比率，更呈現逐年下滑。不過，在全球化現象日趨明顯的今天，從科技業到服務業，青年創業家開門工作的第一天，面對的已經是來自世界的競爭對手。在台灣經濟成長逐漸趨緩，未來產業方面尚未明朗的關鍵時刻，他們面對的挑戰，嚴峻更甚上一代。

三、台灣青年創業之發展與配套措施

平心而論，台灣當局投注在青年創業的資金，或許不如大陸雄厚，但台灣在青年創業貸款及輔導等相關措施，發展的較為成熟與細緻完備。以青年創業為例，我任職"行政院青輔會主委"期間（2011—2012），與會內同仁透過青創貸款的積極宣導、強化青創組織聯繫，建構創業輔導平臺，整合相關資源網絡（包括青創總會與其各地分會、飛雁協會、青創輔導網、青創楷模等），協助青年創業圓夢。全年以走透透的精神，訪視出席全國 25 個青創分會、青商會，建立全島性創業青年組織網絡。

在青年創業方面，2010 年輔導 2,514 人獲貸，創造 12,832 個就業機會；2011 年輔導 2,661 人獲貸，創造 12,920 個就業機會，分別締造了青創貸款業務開辦 42 年來最佳成績，創下歷史新高紀錄。另一方面，在"青輔會"各項創業輔導配套措施的協助下，青年的事業經營能力已大幅強化及提升，貸款逾放比率也由 2007、2008、2009、2010 年的 7.54%、6.78%、5.22%、3.16% 下降至2011 年的 2.08%。

以青年就業而言，最重要是如何縮短"學用落差"，讓年輕人從校園畢業後，能順利與社會職場接軌。青輔會整合協調"教育部"、"勞動部"、"經濟部"等 7 個"部會"推動"協助青年就業接軌方案"，以校園接軌職場為主軸，2010 年至 2011 年，共協助就業、培訓及輔導達 309 萬人次。2011 年協助就業85,166 人次、培訓 150,004 人次及輔導 1,465,357 人次。根據主計處調查，98、99 年 20—29 歲平均失業率分別為 10.61%、9.84%，100 年 1—11 月則為 8.89%，青年失業率逐年下降。

由於"政府"組織改造緣故，2012 年"青輔會"走入歷史，"青年創業"整併到"經濟部"；"青年就業"移撥到"勞動部"。但青年就業與創業的環境挑戰日益嚴峻，"政府"更需要整合跨"部會"的資源，來解決全球化時代下青年的切身問題。

"青輔會"被整併後，"政府"在協助青年創業就業方面，仍亟思有所作為。自 103 年至 105 年推動施實"促進青年就業方案"與"青年創業專案"，整合"經濟部"、"教育部"、"勞動部"、"國發會"等各機關資源，投入約新臺幣 167億元，幫助青年人創業與就業。為了因應青年使用網路及資料方便取得，強化跨"部會"合作機制，並建置"青年圓夢網"單一入口平台，整合各機關單位及連結地方政府資源，提供青年人需求的協助與輔導，讓青年朋友們有機會實現希望與夢想。

目前台灣當局各機關所提供的創新創業計畫與措施整理如下表：

政府青年創業資源與整合

創業階段面	創意創新	創業團隊	新創公司
青創需求面	興趣摸索、尋找市場機會、尋找創業夥伴、群眾募資	共同工作空間、業師引路、市場驗證、天使資金	專家輔導、專利保障、島內外市場行銷、創業貸款、創投天使

功能輔導面	創夢啟發	圓夢輔導	投資融資	創新研發

"經濟部"

- 創夢啟發：創業知能養成計畫／中小企業數位學習計畫
- 圓夢輔導：創業諮詢服務計畫／創業圓夢計畫／微型及個人事業支援輔導計畫／新創事業獎及創業楷模選拔／網路社群創新服務計畫／育成中心
- 投資融資：青年創業及啟動金貸款／企業小頭家貸款／中小企業創新發展貸款／加強投資中小企業實施方案／加強投資策略性服務業實施方案
- 創新研發：中小企業創新服務憑證補捐助(SBIV)／中小企業創新研發計畫(SBIR)／服務業創新研發計畫(SIIR)／協助傳統產業技術開發計畫(CITD)／智慧財產價值創造計畫

"教育部"

- 婦女飛雁創業計畫
- 高中教師創意教學評選／高職學生專題暨創意製作競賽／大學校院創新創業扎根計畫／技職再造推動創新創業策略／智慧生活創新創業育成平臺計畫
- 大專院校畢業生創業服務計畫
- 創新創業激勵計畫

"國發會"

- 創業天使計畫

"勞動部"

- 創業諮詢輔導計畫
- 微型創業鳳凰貸款

"客委會"

- 客家產業創新育成計畫
- 客家青年返鄉創業啟航補助

"原民會"

- "原住民"創業育成補助作業計畫
- "原住民"青年創業貸款／"原住民"微型經濟活動貸款

"退輔會"

- 創業輔導活動計畫

"交通部"

- 提供青年創業空間

"財政部"

- 提供青年創業空間

四、中國大陸青年創業之發展與配套措施

中國大陸的市場大、資金雄厚，但沒有一套中央制定年創業統一輔導措施，因此各地方政府青年創業措施因地而異，僅以下列三地為案例。

（一）案例一：昆山

在大陸華東經營咖啡豆貿易，並成功進駐昆山兩岸青年創業園的鄭光益表示，兩岸創業氛圍有很大的不同之處，台灣人大多是自己專業技術或自有資金起家，但大陸則有較多資金操作，可快速擴大市場規模。

昆山青年創業園投入千萬基金來扶持新台商，期望透過新血加入，帶動更多產業發展。對每個進駐園區的創業項目，原則上將給予不低於 50 平方公尺的經營場所，並給予人民幣 20 萬元（約新台幣 100 萬元）的啟動基金。

大陸青年創業主要是在地化與取得地緣關係的優勢，並且很敢投入資金、很敢於創新，看準的產業投入就不會手軟，對公司布局的規劃格局也較大。不過，大陸人創業時細節做得比較不細心，容易流於浮躁，如果三個月沒營利，就直接轉讓掉；但是台灣人認定一個行業，就會堅持下去。在昆山專做團購的"佩姐豆花"尤淑蓉指出，她在昆山透過口碑行銷，每月營收已有人民幣 3 萬元（約新台幣 15 萬元），並在延伸至周邊商品的冰品、紅豆湯，不求瞬間訂單爆量，要逐步做大市場。

（二）案例二：遼寧（營口）

遼寧（營口）青年創業園 9 日正式奠基，瀋陽進化科技集團等 16 個項目簽署了意向性協議，入園青年企業家達 144 人。一期規劃 10 平方公里、總規劃 30 平方公里的遼寧（營口）青年創業園，旨在打造包括數位港、動漫城、外包服務中心、教育培訓基地等產學研一體的產業集群，助推新型工業化的進程。經過前期招商，目前創業園內儲備了 36 個項目，涵蓋了信息技術、技術研發、手工業製作等類別。

青年創業園建立"遼寧青年創業貸款貼息基金""遼寧青年創業貸款風險補償基金"及"遼寧青年創業培訓基金"共計 300 萬元，同時吸引小額貸款公司進駐園區，以支持青年創業的融資和擔保等方面。

營口市自 2008 年成為遼寧省中國青年創業國際計劃（YBC）的首批試點城市以來，通過成立擔保公司、小額貸款公司建立金融體系；通過建立青年創業基金、風險補償基金、培訓基金完善資金鏈條；依託 YBC 導師團隊建設，完善導師配備、輔導與培訓機制等，全面開展青年的就業創業工作，目前已有 149 個青年創業項目在 YBC 創業庫中登記，涉及果蔬種植、汽車修配、地熱管件等行業。

（三）案例三：廈門

廈門市團委與廈門建行在建行大廈簽訂了廈門市青年創業"快捷貸"項目

合作協議。根據該協議，今後 3 年，廈門建行將每年安排不少於 10 億元的信貸額度支持我市共青團組織推薦的優秀創業青年、青年企業家的創業發展，企業最高可獲 500 萬元貸款。

在廈門市青年創業"快捷貸"項目啟動儀式上，廈門金藏機電有限公司、廈門雅合紙塑符合材料有限公司、廈門東辰大酒店成為這個項目的首批受惠者，分別獲得了廈門建行 1400 萬元、400 萬元和 330 萬元的貸款額度。

貸款對象

年齡在 45 周歲（含）以下，具有完全民事行為能力，遵紀守法，誠實守信，無不良信用記錄，具有創業經驗、生產經營項目有一定的潛力並步入成長期，有經營性資金週轉需求的創業青年，或由其絕對控股、擔任實際控制人的小企業。

貸款額度

貸款額度最高可以達到 500 萬元，貸款期限一般在 3 年以內，最長不超過 5 年。在利率方面，引入相對獨立的利率定價機制，在社會責任和效益性之間尋找結合點，對各類青年創業類貸款提供利率優惠。貸款主要採取抵（質）押方式進行擔保。

貸款程序

創業青年向所在街道、區團組織或團市委、市青年企業家協會、青年商會秘書處提出申請，經團區委或團市委初審後推薦至廈門建行，廈門建行小企業中心將為此專門開闢"綠色通道"，簡化審批流程、提高業務處理效率，為優秀創業青年、青年企業家貸款審批提供快速通道。

團市委曾引進中國青年創業國際計劃（YBC），為 35 歲以下失業、半失業和待業青年提供 3 萬元至 5 萬元的免息免抵押擔保的創業啟動資金支持。團市委還啟動了青年創業小額貸款項目，為 40 歲以下的創業起步青年、青年個體工商戶提供 3 萬至 50 萬小額低息貸款支持。

五、尬創意 拼創業：兩岸創業競賽與交流

台灣創業競賽走過 10 餘年歲月，其衍生的"創新與創業精神"成果，已在台灣遍地開花，無論是研華文教基金會舉辦的 Tic100 創新競賽，台灣工業銀行舉辦的 We Win 創業大賽以及時代基金會舉辦的國際青年領袖計畫 YEF，除了吹響創業理念的號角外，對於島內創業教育的貢獻，成就斐然；然而，物換星移，時至今日，We Win 創業大賽靜悄悄拉下布幕、Tic100 競賽也將活動重心轉

向產學合作，而國際青年創業領袖計畫 YEF 也不斷加強與校園的緊密合作，三大創業競賽模式與理念，似乎與過去有所差別。

另一方面，隨著創業議題日益受到關注、"教育部"、"經濟部"、"國科會"及台北市商業處等單位，也紛紛推出各種創業競賽與配套措施，無非希望能夠藉此吸引欲創業者踏出成功的第一步，並且以完整培訓及輔導，降低失敗風險與機會。以下針對部分島內現行推廣之創業競賽活動內容與特色進行整理，一般來說，"政府"主辦之競賽大多著重與大專院校連結；民間主辦之競賽大多著重與企業連結，多數須籌組團隊報名參賽，但亦有報名後再組成團隊的形式。

最重要的是，不論最終選擇何種競賽、是否順利過關斬將，都能夠藉由參與過程實踐創業想法、開拓視野與人脈、累積產業實戰經驗並獲得各項資源挹注，更是一輩子難忘的美好經驗。

例如：

1. 台北市商業處主辦的 2013 亞太創業競賽

2. 研華文教基金會主辦的 Tic100 創新競賽

3. "國科會"主辦的創新創業激勵計畫試辦方案 - 創新創業競賽

4. "教育部"青年發展署主辦教育部大專畢業生創業服務計畫（U-START）

5. "經濟部"中小企業處主辦創業點子星光大道

參加創業競賽，還能夠有出境比賽及觀摩機會，是可遇不可求的難得經驗，由於現今兩岸交流頻繁，許多創業競賽對象均開放為兩岸四地的創業族群，讓創業團隊的夢想不再遙不可及。擁有豐富創業競賽經驗、現為 GroupPower 網站創辦人 Weiter 表示，透過這樣的經驗，更可以看到各地學生創業比賽的趨勢和風潮，例如：台灣前幾年都是科技創業為主、大陸是以實用性為止、香港是以服務業為止、新加坡以能源為止、印度以結合社會創業和非營利為止等等，學習他們創業構想的內容和呈現方式，可以讓自己的眼界變得更寬廣。

去年"中華民國青創總會"與福州市政府等單位合作，辦理首屆海峽兩岸（福州）大學生創業創新大賽，共計吸引大陸、台灣地區及海外 171 所大專院校的 768 個學生團隊報名，經過激烈的初賽與決賽評比，共計選出 30 個獎項，最高獎金 25 萬元，而台灣地區共有 9 個團隊榮獲特等獎和一、二、三等獎項，表現相當優異。

團隊負責人林英杰表示，"大陸這邊的創業環境，可能慢台灣一些起步，但是在硬體和投入可能已經超越了台灣當地的比賽，感覺這邊同學的創業概念和忍耐力都已經達到非常好的水準，他們很多觀點已經勝過台灣的一些同學，所以我們非常希望找他們來當我們的夥伴。我們的一些技術和經驗也許可以引進來和當地的夥伴、同學，參賽隊伍進行結合，事業更容易有較好的發展。"

青創總會長許登旺副總會長長期關注兩岸市場，在出席福州競賽頒獎儀式時指出，兩岸未來創業模式，"不只應鼓勵台灣的青年到大陸創業，也應該鼓勵大陸的青年到台灣創業，兩岸青年之間的創業交流，可以從兩岸學生的交流展開。"參加創業競賽後，除了實質的獎金能運用於開辦事業之外，同時也可享有其他配套方案，包含創業培訓課程、創業諮詢輔導、引薦創投媒合機會、政府獎勵補助計畫轉介、創業營運空間提供及國外參訪交流等。

創業競賽帶來最寶貴的收穫是可以得到許多在學校課堂中學不到的知識、拓展金錢買不到的珍貴經驗，包含團隊組成、分工合作、開會討論與簡報準備，透過一個從無到有的過程，所有計畫、決策、執行細節都不能一意孤行，更不能信手捻來，必須建立在團隊的資料蒐集、評估、判斷，激盪出創意與共識，不僅能快速訓練邏輯思考、系統分析能力，更能把夢想中的創意與創新完整呈現出來。

六、兩岸青年創業的交流合作機遇

央視 8 套曾播出福建本土劇《青春無極限》，內容講兩岸創業青年的故事。兩岸青年在創業時是給自己尋求一個機會，能夠像父母輩那樣的成功，大陸青年與台灣青年創業有所不同，大陸青年創業大多選擇在大陸創業為主，很少人去海外，畢竟大陸市場比較龐大資源多，而不少台灣青年會到大陸或海外創業，畢竟台灣內部市場小，資源比較缺乏，除非是小本經營，整體來說機會有限，競爭激烈。台灣創業青年在這種大環境下想要成功，就必須走出去開拓市場，這可能是兩岸創業者不同的地方。

長久以來，台灣經濟高度依賴外需成長引擎，然近 10 年來製造業大量外移，以製造業為主體的民間投資難以為繼，加上全球投資轉向服務業，各國間的生產和流通性服務需求和品質要求大幅增加，台灣經濟結構逐漸轉型。根據主計處的資料顯示，2011 年製造業占 GDP 的比重已經下降到 24.79%，反觀經過多年的發展，服務業占 GDP 的比重節節高昇，目前約 68% 左右。

中國大陸是臺灣最重要的市場，服務業占 GDP 比重目前僅約 42%，遠低於美國、日本及台灣近 70% 的水準。中國在十二五規劃中仍然強調"穩增長、調結構、擴內需"的主軸，為配合擴內需，大陸預計未來五年內把服務業占 GDP 比重的指標提高到 47%，服務業年增率必須維持 10% 以上，才有可能達成目標。

　　台灣服務業屬於相對成熟的經濟體，有技術、研發、人才與完善的培訓制度；大陸則擁有雄厚資金、廣大市場與人力，兩岸服務業合作空間很大。服務業需要大量的優質人力，而台灣與大陸有語言、文化的共通便利性，不但可以提供這些人力，也可提供培訓的機會。這是台灣在大陸發展服務業的一大優勢。

　　台灣應從三方面著手，積極發展"創新型服務業"，抓住兩岸服務業的市場機遇。第一，透過ECFA後續服務業協商，建立兩岸產業長期、制度性合作，以創新思維引導兩岸產業發展。關鍵在於將台灣和大陸產能視為整體一併考量，結合各自利基，如資金、技術創新、品牌建立、人才培育與通路經驗等，共同拓展服務業的全球市場。尤其不少新興服務業如醫療、教育、文創等，在兩岸都有相當大發展空間，未來將逐漸取代製造業，成為兩岸產業合作的新焦點。

　　第二，服務業的拓展經常涉及文化、語言、法規、制度、風俗習慣與在地化等問題。尤其是中國大陸缺乏開放經驗，其內部規定繁瑣，還存有各式各樣的"潛規則"文化。因此，兩岸雙方都需從目前防弊轉為興利的思維，配合法規鬆綁、人才移動的鬆綁、國際市場資訊的透明化、補助與租稅優惠、人才的培育、品牌通路布建的協助、上市／櫃的協助與輔導等措施。唯有如此，兩岸服務業才能充分運用合作機會，發揮兩岸產業合作的效益。

　　第三，提高服務業的研發資源及租稅優惠。長期以來，台灣重製造輕服務，絕大多數產業預算仍落在基礎研究、電子資訊業及代工研發之上，對服務業投入的資源及租稅優惠和其占國內就業、GDP的比重顯不相當。未來應大幅增加服務業創新、研發資源，才可凸顯服務業的重要性與加快服務業升級轉型的步伐。

　　未來兩岸青年創業的合作，或者台灣青年到大陸創業的機會，主要是在服務業。"太陽花學運"的爆發，讓當局驚覺與青年世代出現嚴重的思維落差。攸關台灣區域經濟整合的兩岸服貿協議與兩岸監督條例，至今仍卡在"立法院"。台灣如何透過兩岸服務業的市場開拓，提升台灣產業競爭力，創造更多青年創業與就業機會，解決閦世代的經濟壓力，是朝野必須共同思考的問題。

孙中山社会主义思想研究

刘舸[*]

在中山先生的革命理论与革命实践中，民族主义和民权主义是先于民生主义的，但民生主义却是民族主义和民权主义的奋斗目标和价值归宿，承载了中山先生对于建构中国人民的"大同社会"的殷切期盼。中山先生的民生主义主要论述了中国社会建设的四个重要问题，即民生主义的定义和一般解决之道、地权和资本问题、吃饭问题和穿衣问题。纵观民生主义的全部内容，虽然中山先生反对以暴力革命的方式消灭资本主义，但民生主义所承载的核心价值理念乃是社会主义（共产主义）的价值追求。中山先生并不在一般原则上反对马克思主义的科学社会主义思想，只是认为当时中国的经济与社会发展状况，尚不具有实施科学社会主义的条件。这一点不是中山先生借用哪个理论家的观点，完全是中山先生基于对中国实际情况的深刻把握，本着实事求是的原则，得出来的科学结论。在中山先生的有生之年，民生主义未能得到实现，但其未能实现的根本原因不在于民生主义自身的科学性，而在于不彻底的民族主义和民主主义革命。在未彻底打倒的帝国主义和封建专制主义的干涉与破坏下，共和国虽然推翻了帝制，但独立自主的国家主权依然没有实质性完整存在。打着"民主"旗号的专制、自私、腐败的政府，根本无法承担起"平均地权，节制资本，发展国家资本，造福人民大众"的社会责任。而彻底独立的国家主权和为人民服务、清正廉洁的政府，恰恰是从半殖民地半封建社会的国家走向民主共和乃至走向社会主义的关键环节。中山先生的民生主义，是中华民族如何在半殖民地半封建社会，走向国强民富的以社会主义为价值导向的理论与实践探索。这项探索对中国共产党人的革命与建设事业都产生了重大影响。

* 刘舸，1968 年出生，燕山大学文法学院政治学副教授，硕士研究生导师，清华大学哲学博士，燕山大学两岸关系与地区发展研究所所长，2009—2010 年度哈佛大学费正清中心访问学者。

一、民生主义的思想起点是资本主义引发的社会问题

中山先生出生在农民家庭。在清朝的专制统治之下，汉族农民所受到的压迫更为严重。特别是清朝末年，统治者的各级官僚无所不用其极地压榨盘剥占全国人口绝大多数的农民和小商品生产者。中山先生的出身决定了他对下层劳苦大众的疾苦多有体察。中山先生曾经讲到："中国的人口，农民是占大多数，至少有七八成，但是他们辛苦勤劳得来的粮食，被地主夺去大半，自己到手的几乎不能够自养，这是很不公平的。"[①] 因此，中山先生很早就得出的结论，农民的土地问题不解决，民生主义就不可能在中国得到彻底实现。

广州起义失败后，中山先生远赴美国，并于 1896 年到达英国。期间，中山先生不仅目睹了西方国家资本主义发展的成就和消极后果，而且广泛接触了欧美各种经济学理论和最新的社会主义思潮，这为中山先生民生主义思想的形成与发展提供了理论基础。从中山先生关于民生主义的论述可以看出，其民生主义的重要出发点乃是资本主义发展的消极方面所导致的社会问题，而思想的核心乃是社会主义思潮，特别是当时对全世界都产生重大影响的马克思的科学社会主义思想。中山先生在民生主义第一讲中指出："我现在就是用民生这两个字，来讲外国近百十年来所发生的一个最大问题，这个问题就是社会问题……为什么近代发生这个问题呢？简单言之，就是因为机器发明了之后，便有许多人一时失业，没有工做，没有饭吃。这种大变动，外国叫做实业革命。因为有了这种实业革命，工人便受很大的痛苦，因为要解决这种痛苦，所以近几十年来，便发生社会问题。这个社会问题，就是我今天所讲的民生主义。"中山先生进一步指出："民生主义就是社会主义，又名共产主义，即是大同主义。"[②] 那么中山先生为什么不学外国直接来讲社会主义，而要拿"民生"这个中国古名词来替代社会主义呢？这是因为科学社会主义当时还处在探索之中，现实中的社会主义国家还不存在。民生主义只是在中国进行社会主义的实践探索，还不能算是完全的社会主义。

中山先生曾经指出："社会主义（思想）之发生，已经有了几十年。但是这几十年中，欧美各国对于社会主义，还没有找出一种解决的方法，现在还是在剧烈战争之中。这种学说和思想，现在流入中国来了，中国一班新学者也是拿他来研究。社会主义之中，又有叫做共产主义；因为社会主义，现在中国很流行，所以共产主义之名现在中国也是很流行。中国学者拿社会主义和共产主义

---

① 孙中山:《孙中山文选》，北京：九州出版社 2012 年，第 166 页。
② 《孙中山全集》第 9 卷，北京：中华书局 1986 年，第 355—356 页。

来研究，想寻出一个解决的方法，也是很艰难的。因为外国发明这种学理，已经有了几十年，到现在还不能够解决，此时传入中国，我们就想要解决，当然是不容易的。"①中山先生接着又深刻指出，"今天我所讲的民生主义，究竟和社会主义有没有分别呢？社会主义中的最大问题，就是社会经济问题，这种问题，就是一班人的生活问题……故专就这一部分的道理讲，社会问题便是民生问题，所以民生主义，便可说是社会主义的本题。"②"我们中国国民党所提倡的民生主义，不但是最高的理想，并且是社会的原动力，是一切历史活动的重心，民生主义能够实行，社会问题才可以解决；社会问题能够解决，人类才可享很大的幸福。"③

中山先生的以上论述表明，民生主义的思想起点与马克思关于社会主义（共产主义）思想的起点是一致的。大陆学者皮明庥和李怀军明确指出，在1896年至1897年期间，中山先生已经"探讨了马克思主义，并知道了马克思"。宋庆龄也曾说中山先生密切关心着世界局势，马克思主义对中山先生产生过吸引力。④现在上海中山先生故居，陈列着中山先生的众多藏书，其中就包括"麦克唐纳的《社会主义运动》、C.H.纳尔《社会主义原理》以及亨利·乔治《社会问题》《社会经济学批判》《垄断集团与托拉斯》等书。这些书籍虽然不能断定中山先生究竟在多大程度上接受了社会主义思想，但是可以证明中山先生确实很早就接触了欧洲很多社会主义思想。除此之外，还有什么可以证明中山先生深受马克思的思想影响呢？

中山先生在《三民主义》中，曾经116次提到马克思的名字和他的相关理论思想，就足以证明马克思对中山先生的影响。中山先生在《民生主义》第一讲指出："实业革命以后，研究社会问题的人，不下千百家，其中研究最透彻和最有心得的，就是大家所知道的马克思（K. Max）。马克思对于社会问题，好像鲁索（Rousseau）对于民权问题一样"，"讲到社会问题，在马克思以前，以为是一种希望，是做不到的事。到马克思本人，也以为单靠社会主义的理想去研究，还是一种玄想，就是全世界人都赞成，也是做不成功，一定要凭事实，要用科学的方法去研究清楚，才可以做得到。所以他一生研究社会主义，便在科学方法上去做工夫。他研究社会主义的工作，更是很辛苦的。当他亡命在英国

---

① 《孙中山全集》第9卷，北京：中华书局1986年，第358页。
② 《孙中山全集》第9卷，北京：中华书局1986年，第360页。
③ 《孙中山全集》第9卷，北京：中华书局1986年，第381页。
④ 参见皮明庥，李怀军：《从首知马克思的中国人到马克思的好朋友——兼论孙中山的"社会主义"思想》，《武汉大学学报（社会科学版）》，1987年第3期，第93页。

的时候，英国是近代世界上顶文明的国家，没有那一国可以驾乎英国之上的；至于英国在当时，关于文化的设备，也是很齐备的；有一间图书馆，其中所藏的书籍，总有好几百万种，无论关于什么问题的书籍，都是很丰富的。马克思便每天在那间图书馆内去研究，用了二三十年的工夫，费了一生的精力，把关于社会主义的书籍，不管他是古人著作的，或者是时人发表的，都搜集在一处，过细参考比较，想求出一个结果。这样研究社会问题的办法，就是科学方法；故马克思所求出解决社会问题的方法，就是科学的社会主义。"[1] 这些论述，充分表明了中山先生对马克思及其科学社会主义思想的了解，也表明了马克思科学社会主义思想对中山先生的深刻影响。

二、民生主义的价值追求是社会主义

正因为中山先生民生主义的思想起点是资本主义发展所引发的社会问题，即资本主义发展所引发的两极分化所导致的劳工贫困问题，并且深受马克思科学社会主义的影响，中山先生的民生主义的价值追求便具有了社会主义属性，这主要表现在以下三个方面：

第一，中山先生的民生主义思想是在深刻反思当时欧洲各种经济学理论和最新的社会思潮的基础上提出来的，并对马克思科学社会主义思想有准确的把握。中山先生在民生主义中反复强调，他的民生主义就是社会主义和共产主义。比如在《民生主义》第一讲中，中山先生就开宗明义地指出："我现在就是用民生这两个字，来讲外国近百十年来所发生的一个最大问题，这个问题就是社会问题；故民生主义就是社会主义，又名共产主义，即是大同主义。"[2] 中山先生在《民生主义》第二讲中又说："民生主义究竟是什么东西呢？民生主义就是共产主义，就是社会主义；所以我们对于共产主义，不但不能说是和民生主义相冲突，并且是一个好朋友"，"我今天来分别共产主义和民生主义，可以说共产主义是民生的理想，民生主义是共产的实行；所以两种主义没有什么分别，要分别的还是在方法。"[3] "社会的文明发达，经济的组织改良，和道德进步，都是以什么为重心呢？就是以民生为中心；民生就是社会一切活动中的原动力。因为民生不遂，所以社会的文明不能发达，经济的组织不能改良，和道德退步，以及发生种种不平的事情；像阶级战争和工人痛苦，那种种压迫，都是由于民生

---

① 《孙中山全集》第9卷，北京：中华书局1986年，第360，363页。

② 《孙中山全集》第9卷，北京：中华书局1986年，第355页。

③ 《孙中山全集》第9卷，北京：中华书局1986年，第386，381页。

不遂的问题没有解决。所以社会中的各种变态都是果,民生问题才是因。……我们中国国民党的民生主义,目的就是要把社会上的财源弄到平均,所以民生主义就是社会主义,也就是共产主义,不过办法各有不同。"①

其次,中山先生强调,民生主义生产目的不是资本家赚钱,而是解决人民的物质需要。中山先生在《民生主义》第三讲中说:"我们的民生主义,目的是在打破那些资本制度。中国现在是已经不够饭吃,每年还要运送很多的粮食到外国去,就是因为一般资本家要赚钱。如果实行民生主义,便要生产粮食的目标不在赚钱,要在给养人民。……所以民生主义和资本主义,根本上不同的地方就是,资本主义是以赚钱为目的,民生主义是以养民为目的。有了这种以养民为目的的好主义,从前不好的资本制度,便可以打破。但是我们实行民生主义来解决中国吃饭的问题,对于资本制度,祇可以逐渐改良,不能够马上推翻。"②中山先生又进一步指出:"如果不用国家的力量来经营,任由中国私人或者外国商人来经营,将来的结果,也不过是私人的资本发达,也要生出大富阶级的不平均。""我们要解决中国的社会问题,和外国是有相同的目标,这个目标,就是要全国人民都可以得安乐,都不致受财产分配不均的痛苦,要不受这种痛苦的意思,就是要共产,所以我们不能说共产主义与民生主义不同。我们三民主义的意思,就是民有民治民享;这个民有民治民享的意思,就是国家是人民所共有,政治是人民所共管,利益是人民所共享。照这样的说法,人民对于国家,不只是共产,什么事都可以共的。人民对于国家要什么事都是可以共,才是真正达到民生主义的目的,这就是孔子所希望的大同世界。"③

第三,中山先生在民生主义中提出的社会主义思想,虽然不是完全意义上的科学社会主义,但却是从中国的实际情况出发,继承了马克思的科学社会主义的价值理想,与中国大陆当前所探索的有中国特色社会主义,具有很强的相通性。按照马克思和列宁关于共产主义的理论,社会主义不仅是共产主义的初级阶段,而且是一个由资本主义社会向共产主义社会过渡的历史时期。这一时期绝不是一个"纯而又纯"的阶段,而是一个兼具资本主义和共产主义特征的历史时期。更准确地讲,这是一个不断减少的资本主义因素与不断增加的共产主义因素共存斗争的历史时期,不仅依旧存在阶级和阶级斗争,而且这一时期还是一个非常漫长的过程。关于这一点,马克思1875年在《哥达纲领批判》中

---

① 《孙中山全集》第9卷,北京:中华书局1986年,第386页。
② 《孙中山全集》第9卷,北京:中华书局1986年,第410页。
③ 《孙中山全集》第9卷,北京:中华书局1986年,第391,393页。

曾经明确指出："在资本主义社会和共产主义社会之间，有一个从前者变为后者的革命转变时期。同这个时期相适应的也有一个政治上的过渡时期，这个时期的国家只能是无产阶级的革命专政。"①列宁根据俄国社会主义革命和建设的实践经验，进一步阐述了马克思的"过渡时期"理论。列宁1919年10月在《无产阶级专政时代的经济和政治》一文中深刻指出："在资本主义和共产主义之间有一个过渡时期，这在理论上是毫无疑义的。这个过渡时期不能不兼有这两种社会经济结构的特点或特性。这个过渡时期不能不是衰亡着的资本主义与生长着的共产主义彼此斗争的时期。换句话说，就是已被打败但还未被消灭的资本主义和已经诞生但还非常幼弱的共产主义彼此斗争的时期。"②马克思与列宁的论述表明，过渡时期存在于资本主义与共产主义之间，而不是存在于资本主义与社会主义之间；这个过渡时期既不是完全的资本主义，也不是完全的共产主义；这个过渡时期充满着资本主义与共产主义的斗争。那么，这个过渡时期究竟是一个什么性质的社会呢？只能是共产主义的"低级阶段"，即"充满着资本主义与共产主义的斗争"的社会主义社会。因此，列宁指出："一切关于非阶级的社会主义和非阶级的政治的学说，都是胡说八道。"③"小资产阶级民主派的特性就是厌恶阶级斗争，幻想可以不要阶级斗争，力图加以缓和、调和，磨掉锐利的锋芒。所以，这类民主派或者根本不承认从资本主义过渡到共产主义的整个历史阶段，或者认为自己的任务是设想种种方案把相互斗争的两种力量调和起来，而不是领导其中一种力量进行斗争。"④

三、民生主义是最早从中国实际出发的社会主义探索

中山先生早年游历欧洲时，就已经接触并且赞同马克思科学社会主义思想。他曾经称赞马克思是"社会主义中的圣人"，并认为马克思对资本主义导致的社会问题研究和解决，采取的是超越玄学的科学方法，即科学社会主义⑤。中山先生继承了马克思研究社会问题的科学方法，即从具体的事实出发，而不是从抽象的道德理念出发。因此，他在《民生主义》第二讲中指出："我们中国国民党在中国所占的地位所处的时机，要解决民生问题，应该用什么方法呢？这个方法，不是一个玄妙理想，不是一种空洞学问，是一种事实。这种事实，不但是

---

① 《马克思恩格斯选集》第3卷，北京：人民出版社1995年，第314页。
② 《列宁选集》第4卷，北京：人民出版社1995年，第59页。
③ 《列宁选集》第2卷，北京：人民出版社1995年，第306页。
④ 《列宁选集》第4卷，北京：人民出版社1995年，第60页。
⑤ 《孙中山全集》第9卷，北京：中华书局1986年，第363页。

外国所独有的，就是中国也是独有的。我们要拿事实做材料，才能够定出方法；如果单拿学理来定方法，这个方法是靠不住的。……科学上最初发明的许多学理，一百种之中，有九十九种是不能够实行的，能够实行的学理，不过是百分之一。如果通通照学理去定办法，一定是不行的。所以我们解决社会问题，一定是要根据事实，不能单凭学理"。①

正是在马克思科学研究方法的影响下，中山先生在充分了解中国经济与社会发展实际情况的基础上，提出中国实现社会主义的道路不能用激进的方法，即不用消灭资本的方法。他指出："现在一般青年学者信仰马克思主义，一讲到社会主义，便主张用马克思的办法来解决中国社会经济问题，……不知中国如今是患贫，不是患不均。在不均的社会，当然可用马克思的办法，提倡阶级战争去打他；但在中国实业尚未发达的时候，马克思的阶级战争和无产阶级专制使用不着，所以我们今日师马克思之意则可，用马克思之法则不可。"②

关于为什么中国不能采取激进的办法，中山先生又进一步指出，中国不能和外国比，因为外国富，中国贫，外国生产过剩，中国生产不足。所以中国要适度节制私人资本，同时大力发展国家资本；在中国结束四分五裂的状况后，要解决民生问题，一定要发展国家资本，振兴实业。振兴实业的方法很多，第一是交通事业；像铁路运河，都要兴大规模的建筑。第二是矿产；中国矿产极其丰富，货藏于地，实在可惜，一定是要开辟的。第三是工业，中国的工业，非要赶快振兴不可，中国工人虽多，但是没有机器，不能和外国竞争。全国所用的货物，都是靠外国制造运输而来，所以利权总是外溢。中国要挽回这种利权，便要赶快用国家的力量来振兴工业，用机器来生产，令全国的工人都有工作。到全国的工人都有工做，都能够用机器生产，那便是一种很大的新财源。"所以我们讲到民生主义，虽然是很崇拜马克思的学问，但是不能用马克思的办法，到中国来实行，这个理由很容易明白，就是俄国实行马克思的办法，革命

---

① 《孙中山全集》第9卷，北京：中华书局1986年，第381页。
② 《孙中山全集》第9卷，北京：中华书局1986年，第392页。

以后，行到今日，对于经济问题还是要改用新经济政策①。俄国之所以要改用新经济政策，就是由于他们的社会经济程度还比不上英国美国那样发达，还是不够实行马克思的办法。俄国的社会经济程度尚且比不上英国美国，我们中国的社会经济程度，怎样能够比得上呢？"②

中山先生还认识到，中国民生问题的真正解决必须依赖于中国未来发达的实业和发达的资本。比如，中国实业的发达需要发展中国的交通运输事业，开采中国的矿产，振兴中国工业，引进大机器生产，提高中国商品的竞争力；中国不存在像欧美那样的大资本家，国家要掌控资本的运作，最终利益所得大众共有；美国之所以发达，源于对铁路、工业和矿产的重视；中国的资本和技术都是远远落后于欧美国家的。因此，中山先生主张借助于外来资本发展中国实业，学习外国技术发展交通运输事业，引进外来人才经营中国实业。中山先生明确提出："照我们中国的资本学问和经验，都是做不到的，便不能不靠外国已成的资本。我们要拿外国已成的资本，来造成中国将来的共产世界，能够这样做去才是事半功倍。如果要等待我们自己有了资本之后，才去发展实业，那便是很迂缓了，中国现在没有机器，交通上不过是六七千英里的铁路，要能够敷用，应该十倍现在的长度，至少要有六七万英里，才能敷用。所以不能不借助外资，来发展交通运输事业，又不能不借外国有学问经验的人才，来经营这些实业。"③中山先生这段论述充分表明，中国当时的具体情况，不具有马克思提出的进行社会主义建设的条件，因此，在中国实现民生主义（社会主义），就要坚持马克思主义科学研究方法的精神实质，而不能形而上学地简单套用其具体办法。中山先生这种从实际出发、实事求是地对待马克思主义的态度，正是马

---

① "新经济政策"是列宁在 1921 年 3 月提出的关于苏联社会主义经济建设的重要策略。因为这种社会主义经济建设策略强调利用资本主义的市场和商品经济，允许资本家和私人资本参与经济建设，以促进苏联社会主义发展，因此被称为"新经济政策"，以区别于马克思主义经典作家提出来的、基于完全的生产资料公有制的社会主义经济建设思路。列宁领导的俄国十月革命胜利后，在苏维埃俄国内忧外患、经济极端困难的情况下，曾经实行严格的"战时共产主义"政策，这项政策有利于集中人力、物力和财力应对所面临的危机，曾经对于巩固苏维埃政权发挥了重要作用。然而，在苏维埃政权得到基本巩固并全面展开社会主义建设后，"战时共产主义"政策却越来越引起占人口多数的苏联农民的严重不满。列宁从当时国家实际情况出发，为了有效促进社会主义经济建设发展，调动各方面的积极性，逐渐放弃了"战时共产主义"政策，并实行"新经济政策"。事实证明，列宁的"新经济政策"，是适应现实社会主义经济建设和发展的科学决策，不仅有效地促进了苏联的社会主义经济恢复与发展，而且对于其它现实社会主义国家的经济建设与发展，也具有一般性指导意义。——作者注

② 《孙中山全集》第9卷，北京：中华书局1986年，第391—392页。

③ 《孙中山全集》第9卷，北京：中华书局1986年，第393页。

克思主义科学思想方法的体现。

四、民生主义触及民本政府的关键作用

在如何实现民生主义的问题上，中山先生认为，世界各国的发展情况是不一样的，因此，解决各国的民生问题所使用的办法也是不一样的。就中国而言，要用民生主义来解决中国社会问题，基本的办法就是：平均地权和节制资本。中山先生说："民生主义的办法，中国国民党在党纲里头，老早是确定了的。中国国民党对于民生主义，定了两个办法：第一个是平均地权；第二个是节制资本。"①

关于平均地权，中山先生认为，只有通过平均地权的方法，才能解决中国千百年来的土地问题；同时，为了防止中国地主转变为欧美国家那样的大资本家，要对中国的地价防患于未然。中山先生指出，地价的增长源于大众的努力，但是真正获利的是少数资本家。鉴于欧美国家的土地问题，中国要在工商业发达之前彻底解决好平均地权的问题，具体办法就是"地价让地主自己去定"，然后"政府照地价收税和照地价收买"：地主把地价定高了，政府便照价收税；地主把地价定低了，政府便照价收买。这样，地主在衡量利弊得失之后，就会定出一个比较折中的价格，以确保地价增长的那一部分收益由众人共享。基于这种办法，中山先生还指出："这在中国的大地主还没有成长为外国的大资本家的时候，土地问题的解决还是比较容易的。"②

关于节制资本，中山先生仔细考察了欧美资本主义的发展过程，认为西方国家在资本主义制度下，发展资本而同时又节制资本的方法主要是有四种：第一种是社会与工业之改良。即动用国家的力量去保障工人的利益，并且改革工厂制度，改良机器；这一方面可以调动工人劳动积极性，另一方面又可以极大地提高社会生产效率。第二种是国家收回运输与交通权。即交通和运输属于公共领域，只有国家的财力才足以支撑，若运输与交通被私人掌控，必然造成垄断。第三种是实行累进税，国家的财政税收尽可能的来自于大资本家，所得税收再用于社会公共事业，改善人民生活。第四种是分配社会化。由于商人作为生产者和消费者之间的桥梁，为赚取大量的中间差，会把成本转移到消费者身上，因此，应该由国家或者政府采取限价的方式来分配货物。中山先生把由国

① 《孙中山全集》第9卷，北京：中华书局1986年，第377页。
② 孙中山：《孙中山文选》，北京：九州出版社2012年，第157—158页。

家执行货物分配的模式称之为"社会主义分配货物"①。

中山先生关于"平均地权和节制资本"的民生解决办法，核心都是国家权力介入其中。在平均地权中，关键环节是"政府照地价收税和照地价收买"，并制定法律，以确保地价增长的那一部分收益由众人共享；而节制资本的关键，全部在于国家力量介入。因此，中山先生深刻指出："分配之公平方法，在私人资本制度之下，是不能够实行的：因为在私人资本制度之下，种种生产的方法，都是向同一个目标来进行。这种目标是什么呢？就是赚钱。因为粮食的生产是以赚钱做目标，所以粮食在本国没有高价的时候，便运到外国去卖，要赚多钱。因为私人要赚多钱，便是本国有饥荒，人民没有粮食，要饿死很多人，那些资本家也是不去理会。像这样的分配方法，专是以赚钱为目标，民生问题便不能完全解决。我们要实行民生主义，还要注重分配问题。我们所注重的分配方法，目标不是在赚钱，是要供给大家公众来使用。"②"如果不用国家的力量来经营，任由中国私人或者外国商人来经营，将来的结果，也不过是私人的资本发达，也要生出大富阶级的不平均"，"所以才用公家来分配货物，多征资本家的所得税遗产税来发达全国的运输和交通事业，以及改良工人的生活和工厂的工作，做种种大多数的经济利益相调和的事业。"③

中山先生这里对民生主义实现方法的分析，实际上触及一个非常有意义的问题，那就是：要在中国实现民生主义亦或社会主义，政府的角色非常重要，但如果政府不是一个真正民本、廉能的"公家"，便不能承担起为全体国民谋福祉的责任。这样，民生主义亦或社会主义是无法实现的。中山先生这样的观点，实际上与列宁关于革命和社会主义本质的看法是具有相通性的。列宁在十月革命前的1913年曾经指出："一切革命的根本问题是国家政权问题。不弄清这个问题，便谈不上自觉地参加革命，更不用说领导革命。"④列宁的这句话表明，经济文化比较落后的俄国社会革命要取得成功的根本问题，就是国家政权问题，只有政权掌握在真正执政为民的人手中，革命的目的才能真正实现。

关于民本政府对民生主义乃至社会主义的重要意义，中山先生还有一段值得注意的关于军阀"革命"特征的描述。中山先生在剖析革命屡遭失败的原因时，曾经提到了军阀"革命"行为的特征，即这些人既不懂也不真心信仰三

---

① 孙中山：《孙中山文选》，北京：九州出版社2012年，第143页。
② 《孙中山全集》第9卷，北京：中华书局1986年，第409页。
③ 《孙中山全集》第9卷，北京：中华书局1986年，第377页。
④ 《列宁选集》第3卷，北京：人民出版社1995年，第19页。

民主义。中山先生指出，许多人当初赞成民国，并不是真心为了施行共和，而是为了自己割据一方的私利；排满成功以后，各省同志，由革命所发生的新军人，或者由满清投降到革命党的旧军人，都是各据一方，成了一个军阀，做了一个地方的小皇帝，想用那处地盘做根本，再行扩充；扩充到极大的时候，羽毛丰满了之后，他们便拿自己的力量来统一中国，才明目张胆来推翻共和。因此，中山先生说："这种由革命所造成的军阀，或由满清投降到民国的军阀，在当时都是怀抱这种心事。他们以为自己一时的力量，不能统一中国，又不愿意别人来统一中国，大家心里便沉机观变，留以有待。所以这种军阀，在当时既不明白共和，又来赞成共和，实在是想做皇帝，不过拿赞成民国的话来做门面语，等待他们的地盘扩充到极大之后，时机一到，便来反对民国，解决国家问题。因为这个原因，所以当初的民国还能够成立。在这十三年之后的民国，便有许多人想来推翻，但是他们的力量，都不甚大，所以民国的名义还能够苟延残喘，继续到现在。由此便可见当时同盟会人的心理，对于民权主义，便有许多都是模棱两可；对于民生主义更毫无心得！"① 仔细想来，中山先生在这里虽然表面上将革命失败的重要原因归结为军阀们不懂民权主义、更不懂民生主义，但更深层的意涵则是这些军阀不能真正建立天下为公的民本政府，这是导致革命最终遭受失败和民生主义难以实现的根本原因。

在关于民生主义的讲解中，中山先生对国家政权的重要意义，还触及到了主权独立与政府对民生的义务问题。中山先生说："我们要解决民生问题，如果专从经济范围来着手，一定是解决不通的。要民生问题能够解决得通，便先要从政治上来着手，打破一切不平等的条约，收回外人管理的海关，我们才可以自由加税，实行保护政策。能够实行保护政策，外国货物不能侵入，本国的工业自然可以发达。"② 进而，中山先生指出，民生主义亦或社会主义国家对每一个恪尽国民义务的人，都承担着满足民生需要的义务。以人民的穿衣为例，"国家为实行三民主义，当本此三个穿衣的作用，在各地来开设大规模的裁缝厂，就民数之多少，寒暑之气候，来制造需要之衣服，以供给全国人民的使用。务使人人都可以得到需要的衣服，不致一人有所缺乏；这才是三民主义之国家的政府对于人民穿衣需要的义务。"③

由此可见，中山先生的民生主义，其核心内容虽然是针对社会问题和经济

---

① 《孙中山全集》第 9 卷，北京：中华书局 1986 年，第 385—386 页。

② 《孙中山全集》第 9 卷，北京：中华书局 1986 年，第 424 页

③ 《孙中山全集》第 9 卷，北京：中华书局 1986 年，第 426 页。

问题，但同时也触及到民本政府这个关键问题。

五、中山先生社会主义思想对中共革命与建设的影响

中山先生的三民主义特别是其中的民生主义与中国共产党的纲领，在本质上是相通的。中山先生提出的民族主义和民主主义被中国共产党人概括并引申为彻底的反对帝国主义、封建主义和官僚资本主义，建立人民民主专政的共和政府；而中山先生所提出的民生主义所承载的中国社会主义道路探索，也充分体现在中国共产党人建设有中国特色社会主义的理论与实践探索之中。

1924年1月20日，中山先生领导国民党召开了第一次全国代表大会，改组了国民党，发表了《中国国民党第一次全国代表大会宣言》，提出了联俄、联共、扶助农工三大政策，在有生之年开启了中国国民党与共产党团结赴国的伟大事业。毛泽东曾经对此评价道：联俄、联共、扶助农工三大政策的三民主义，才是革命的三民主义、真三民主义，是"中山先生亲自具体的规定于国民党第一次全国代表大会的宣言与纲领中"，"我们相信也只有从这种观点出发，才能真正保存与发展中山先生一切著作中的革命精神，使之成为中华民族解放斗争中一个思想的武器"。"中山先生的三民主义是半殖民地的中国民族解放的与民主主义的政治纲领"，"实为处在半殖民地国家的大革命家对于中华民族最伟大的贡献"，"新三民主义是在中国革命作为世界社会主义革命一部分的时代产生的，是旧三民主义的发展，是中山先生的大功劳"和"伟大的不朽的功绩"。[①]毛泽东的这段评述表明，中国共产党不仅充分肯定中山先生三民主义的历史地位和历史作用，而且也是中国共产党人继承三民主义思想，为实现新三民主义而不懈奋斗的历史依据。

1938年3月12日，毛泽东在纪念中山先生逝世13周年的大会上又说："孙先生的伟大在什么地方呢？在于他的三民主义的纲领，统一战线的政策，艰苦奋斗的精神。……我们纪念孙先生，如果不是奉行故事的话，就一定要注意这样的三项：第一，为三民主义的彻底实现而奋斗，第二，为抗日民族统一战线的巩固与扩大而奋斗；第三，发扬艰苦奋斗不屈不挠再接再厉的革命精神。我以为这三项是孙先生留给我们的最中心最本质最伟大的遗产，一切国民党员，一切共产党员，一切爱国同胞，都应接受这个遗产而发扬光大之，判断一个人究竟是不是孙先生的忠实信徒，就看他对这三项宝贵遗产的态度如何而定。"[②]

---

① 《毛泽东选集》第1卷，北京：人民出版社1991年，第111、102页。
② 《毛泽东文集》第2卷，北京：人民出版社1993年，第111—112页。

毛泽东还告诫中国共产党人，应该"好好研究三民主义，用马克思主义的眼光，研究如何用正确的三民主义思想教育人民大众，使之由了解而变为积极行动。"①1956年11月12日，毛泽东又在纪念中山先生诞辰90周年纪念会上指出，中山先生"在政治思想方面留给我们许多有益的东西。现代中国人，除了一小撮反动分子以外，都是孙先生革命事业的继承者。我们完成了孙先生没有完成的民主革命，并且把这个革命发展为社会主义革命。我们正在完成这个革命。"②

中山先生从中国具体国情出发，充分考虑到中国贫穷落后的现实，借鉴苏俄改行"新经济政策"的经验，提出"师马克思之意而不行马克思之法"的中国社会主义发展道路，与邓小平探索以国有制为主体、多种所有制形式并存的中国特色社会主义发展道路，具有相通性。在改革开放的新时期，邓小平通过总结和反思新中国成立后30年社会主义建设的经验和教训，反复强调要把马克思列宁主义的基本原理和中国的具体国情相结合，实事求是，走出一条有中国特色的社会主义建设道路。他要求全党切实关注中国人口多、底子薄、生产力发展不平衡这一基本国情，一切从实际出发，理论联系实际，在实践中坚持和发展马克思主义。邓小平一方面强调马克思主义"老祖宗不能丢"，马克思主义的基本原理不会过时，另一方面则强调要科学地对待马克思主义。邓小平说："多年来，存在一个对马克思主义、社会主义的理解问题。……马克思去世以后一百多年，究竟发生了什么变化，在变化的条件下，如何认识和发展马克思主义，没有搞清楚。绝不能要求马克思为解决他去世之后上百年、几百年所产生的问题提供现成答案。列宁同样也不能承担为他去世以后五十年、一百年所产生的问题提供现成答案的任务。真正的马克思列宁主义者必须根据现在的情况，认识、继承和发展马克思列宁主义。"③

中山先生从中国事实出发，不拘泥于资本主义还是社会主义的抽象概念，强调只要有利于中国振兴实业的都可以为我所用的观点，比如在民生主义中主张引进外国资本，学习外国先进的技术和引进外国人才，借助于外来资本、技术、人才振兴中国工商业等思想，中国特色社会主义几乎是一脉相承的（参见图表：孙中山民生主义与中国特色社会主义政策比较）。

---

① 毛泽东：《论新阶段》（抗日民族战争与抗日民族统一战线发展的新阶段——一九三八年十月十二日至十四日在中央扩大的六中全会的报告），《解放》周刊第57期，第26—27页。另见《中共中央抗日民族统一战线档选编》（下），北京：档案出版社1986年，第154页。

② 《毛泽东文集》第7卷，北京：人民出版社1993年，第156页。

③ 《邓小平文选》第3卷，北京：人民出版社1993年，第291页。

图表：孙中山民生主义与中国特色社会主义政策比较

	孙中山民生主义	中国特色社会主义
土地问题	平均地权（所有权、经营权）	家庭联产承包（使用权、经营权）
工商业	振兴工商业	工业、农业、国防和科学技术现代化
对外开放	借助于外来资本、技术、人才振兴中国工商业	引进国际资金、技术、人才和管理经验，把国民经济搞上去
节制资本	国家资本主导国家经济命脉、所得税	国营企业主导国家经济命脉、所得税

资料来源：《中山先生全集》第9卷，北京：中华书局，1986，第355—427页；《邓小平文选》第3卷，北京：人民出版社，1993，第62—66，136—147页。

进入21世纪以来，中国共产党人继续弘扬中山先生强国富民的伟大思想，不断实现和发展中山先生的伟大抱负。2011年10月9日，胡锦涛代表中共中央在纪念辛亥革命100周年大会上的讲话中指出：辛亥革命"开创了完全意义上的近代民族民主革命，极大推动了中华民族的思想解放，打开了中国进步潮流的闸门，为中华民族发展进步探索了道路。孙中山先生和辛亥革命先驱为中华民族建立的历史功绩彪炳史册！在辛亥革命中英勇奋斗和壮烈牺牲的志士们永远值得中国人民尊敬和纪念！辛亥革命永远是中华民族伟大复兴征程上一座巍然屹立的里程碑！……中国共产党人是孙中山先生开创的革命事业最坚定的支持者、最亲密的合作者、最忠实的继承者，不断实现和发展了孙中山先生和辛亥革命先驱的伟大抱负。"[①]

2016年11月11日，习近平在中共中央纪念孙中山先生诞辰150周年大会上的讲话中也指出："孙中山先生是伟大的民族英雄、伟大的爱国主义者、中国民主革命的伟大先驱，一生以革命为己任，立志救国救民，为中华民族作出了彪炳史册的贡献。……中国共产党人是孙中山先生革命事业最坚定的支持者、最忠诚的合作者、最忠实的继承者。……我们对孙中山先生最好的纪念，就是学习和继承他的宝贵精神，团结一切可以团结的力量，调动一切可以调动的因素，为他梦寐以求的振兴中华而继续奋斗。""孙中山先生具有高度的民族自尊

---

① 胡锦涛：《在纪念辛亥革命100周年大会上的讲话》，中国网，2011年10月9日，上网时间，2017年11月17日，http://www.china.com.cn/policy/txt/2011-10/09/content_23578757.htm。

和民族自信，不泥古、不守旧，不崇洋、不媚外，强调'中国的社会既然是和欧美的不同，所以管理社会的政治自然也是和欧美不同'；'发展之权，操之在我则存，操之在人则亡'。他从坎坷人生经历和长期斗争实践中得出一个道理，就是改造中国必须从中国实际出发，走适合中国国情的道路。"①

六、结束语

总而言之，三民主义理论是中山先生留给后人的宝贵思想遗产，是二十世纪影响中国历史进程最重大的理论成果之一。中山先生以民生主义为载体的社会主义思想，是在深刻反思近代以来西方资本主义经济与社会发展的经验与问题的基础上，把马克思科学社会主义与中国具体的实际情况相结合的产物，是中华民族最早的社会主义发展道路的理论与实践探索，具有极高的理论前瞻性。中山先生的三民主义特别是其中的民生主义思想，在问世的一百多年里，在推翻封建专制、引领中华民族走向共和政体以及启蒙民智、殖产兴业、追求民族振兴等方面都产生了巨大影响，对以后的毛泽东思想、中国特色社会主义理论和实践都产生了重要影响。中山先生作为中华民族伟大的民族民主革命和社会主义建设的先行者，已经成为中华民族追求国强民富、立党为公、执政为民等经济与政治理念的一面旗帜；其学说与思想特别是社会主义思想，在过去、现在和将来，都是凝聚两岸同胞共创中华民族美好未来的价值引导和精神纽带。

---

① 习近平：《在纪念孙中山先生诞辰 150 周年大会上的讲话》，新华网新闻，2016 年 11 月 11 日，上网时间：2017 年 11 月 21 日，http://news.xinhuanet.com/2016-11/11/c_1119897047.htm。

《告臺灣同胞書》四十年之檢視：
大陸對臺青年政策之探討

劉性仁 *

一、前言

1978 年 12 月 26 日，第五屆全國人民代表大會常務委員會第五次會議討論通過了《中華人民共和國全國人民代表大會常務委員會告臺灣同胞書》，1979年 1 月 1 日正式發表。在《中華人民共和國全國人民代表大會常務委員會告臺灣同胞書》即將滿四十年之際，回顧當時《告臺灣同胞書》的內容，正好與今年大陸推動三十一項惠臺措施相互輝映，具有特別的意義與價值，引發筆者此文的研究動機。

由於臺灣同胞的群體範圍過於廣泛，故將對象限縮至青年群體，透過大陸這些年來對臺青年，從"三中一青"的一青，到一代一線（青年一代、基層一線）中的"一代"，都可看出大陸對於臺灣青年的重視。

中共中央總書記習近平曾經多次提到兩岸交流時，強調要關注基層和青少年交流問題[①]。他所主張的理由不外乎為青少年是國家的未來，是推進兩岸關係和平發展的主力軍；他指出當代臺灣青年世代在中、小學階段，接受的是李登輝、陳水扁所推行的"去中國化"教育，這在一定程度上影響了臺灣青少年對祖國的認同；盡管大陸相關部門每年都組織兩岸青少年進行各領域的交流活動，例如夏令營、聯歡節、訓練營、青年論壇等，為兩岸年輕一輩提供了交流與學習的平臺，也創造機會使臺灣青年更多更深地瞭解大陸發展的歷史與現狀。但

---

* 劉性仁，中國文化大學國家發展與中國大陸研究所副教授。

① 《關於兩岸青年交流的幾點思考》，人民網，2015 年 3 月 16 日，http://tw.people.com.cn/BIG5/n/2015/0316/c104510-26700365.html。

是目前兩岸青年交流仍然存在一些問題，交流形式有待不斷創新，部分臺灣青少年反映，他們來參加大陸夏令營、青少年參訪團等活動大多看的多、聽的多，互動性差，參與度較低。顯見中國大陸對臺青年交流的相關態度及方式，值得我們檢視。

大陸前國臺辦主任張志軍也曾表示大陸對臺將堅持"三不會"和"四個繼續"，持續推動兩岸經濟交流合作、大陸居民赴臺旅遊、兩岸基層交流、爲交流和人員往來提供便利。他特別提出擴大兩岸青年交流規模，讓更多青年參與兩岸關係發展進程。其中在第三個繼續中點出繼續大力推動兩岸基層交流。大陸鼓勵兩岸青年和團體開展形式多樣的交流活動，如經驗交流、專題研討、基層實習、民間信仰、宗親聯誼、弘揚民俗等。青年充滿朝氣和活力，是兩岸關係的未來和希望。大陸將大力推動擴大兩岸青年交流規模、豐富交流內容，讓更多的青年參與兩岸關係發展進程。在大陸設立的兩岸交流基地爲兩岸民眾提供交流平臺，會進一步增加交流基地數量。[1]

全國政協委員、臺盟中央專職副主席楊健日前代表臺盟中央在政協十三屆一次會議第三次全體會議上發表了關於加強兩岸人才交流，推動兩岸融合發展的講話。楊健表示，祖國大陸對臺灣同胞吸引力越來越強，兩岸人才交流日漸緊密，更已成爲時代趨勢。呼籲臺灣當局重視兩岸同胞的心聲、要求，儘快回到兩岸關係和平發展的正確道路上來，取消各種不合理的政策限制。他更具體指出四項工作包括一是積極拓寬兩岸人才交流管道。設立臺胞就業服務中心，提供就業推薦、職稱評定、臺灣學歷認證等服務；建立微信公眾號等信息統合平臺，提供發展信息、實習就業等信息資源；推進各地的臺灣青年創業基地建設，提供政策、資金、稅收優惠和技術支持，鼓勵大陸企業與臺灣的高校和研究機構對接等，爲臺灣人才到大陸就業、創業創造條件。二是適當擴大臺灣同胞在大陸就業的職位類別和範圍。比如，在現有 12 省市試點高校、公立醫院等事業單位向臺籍人士開放，5 省市試點法律服務行業對臺籍人士開放的基礎上，總結經驗，擴大試點範圍和地域，特別是建議在臺灣專業人才聚集地區如江西、重慶等地實行率先開放。三是加強有針對性的宣傳引導。三十年來，兩岸交流交往主要集中在一線大城市和東部沿海地區。現在，隨着大陸產業轉型陞級，中西部地區的發展勢頭越來越強。因此，在兩岸人才交流工作中，也要解決好不平衡不充分的問題，鼓勵臺灣同胞把自身發展與祖國大陸貫徹新發展理念、

---

① 《張志軍四個繼續對臺交流》，中時電子報，2014 年 6 月 16 日，http://www.chinatimes.com/newspapers/20140616000405-260108

建設現代化經濟體系的宏偉目標結合起來，積極投身中西部地區建設，實現雙贏。四是爲臺灣同胞解決後顧之憂。如在醫保、社保、公租房方面一視同仁；擴大臺胞證在大陸的使用範圍，提昇便利程度，使其具有類似大陸居民身份證的功能等，幫助他們較快融入大陸社會。①從楊健的談話可以看出現階段大陸對臺青年政策仍是盡可能的創造條件，並致力於推動惠臺青年相關政策出臺。

十九大報告指出要擴大兩岸經濟文化交流合作，逐步爲臺灣同胞在大陸學習、創業、就業、生活提供與大陸同胞同等的待遇。目前在大陸工作、學習和生活的臺胞群體主要有兩大類，一是臺商，二是臺灣青年學生。這些群體大陸各相關部門對此都十分重視，紛紛開展許多工作。

本文主要探討大陸對臺青年政策之檢視，首先，從四十年前的《告臺灣同胞書》的內容，論述大陸對於臺灣青年的態度；其次，作者探討近年來大陸對臺青年交流的態度，作者選用科學發展觀理論來分析大陸對臺青年交流的指導意義；再者，作者探討大陸對臺青年交流的具體作法包括 2018 年所推出的惠臺措施，作者從學青及社青兩部分進行探討；最後作一結論，期盼透過《告臺灣同胞書》的檢視與紀念，觀察近年大陸對臺青年交流態度與方式及所推出的惠臺措施，使我們能更有系統的認識與理解，達成本文的研究目的。

二、《告臺灣同胞書》關於臺灣青年訴說內容檢視

（一）兩岸都是中國人，同屬中華民族

《中華人民共和國全國人民代表大會常務委員會告臺灣同胞書》內容中，提到我們中華民族是偉大的民族，占世界人口近四分之一，享有悠久的歷史和優秀的文化，對世界文明和人類發展的卓越貢獻，舉世公認。臺灣自古就是中國不可分割的一部分。中華民族是具有強大的生命力和凝聚力的。盡管歷史上有過多少次外族入侵和內部紛爭，都不曾使我們的民族陷於長久分裂。②近三十年臺灣同祖國的分離，是人爲的，是違反我們民族的利益和願望的，絕不能再這樣下去了。每一個中國人，不論是生活在臺灣的還是生活在大陸上的，都對中華民族的生存、發展和繁榮負有不容推諉的責任。

①《楊健：呼籲臺當局取消各種不合理政策限制》，中國評論新聞網，2018 年 3 月 13 日，http://hk.crntt.com/doc/1050/0/3/8/105003855.html?coluid=1&kindid=0&docid=105003855&mdate=0313003304

②《1979 年 1 月 1 日〈中華人民共和國全國人大常委會告臺灣同胞書〉發表》，人民網，1979 年 1 月 1 日，http://www.people.com.cn/GB/historic/0101/5549.html，擷取日期：2018 年 3 月 12 日。

（二）祖國和平統一是兩岸共同的願望與目標

《中華人民共和國全國人民代表大會常務委員會告臺灣同胞書》內容中，提到統一祖國這樣一個關係全民族前途的重大任務，現在擺在我們大家的面前，誰也不能迴避，誰也不應迴避。如果我們還不儘快結束目前這種分裂局面，早日實現祖國的統一，我們何以告慰于列祖列宗？何以自解于子孫後代？人同此心，心同此理，凡屬黃帝子孫，誰願成爲民族的千古罪人？

《告臺灣同胞書》同時指出近三十年來，中國在世界上的地位已發生根本變化。我國國際地位越來越高，國際作用越來越重要。各國人民和政府爲了反對霸權主義、維護亞洲和世界的和平穩定，幾乎莫不對我們寄予極大期望。每一個中國人都爲祖國的日見強盛而感到自豪。我們如果儘快結束目前的分裂局面，把力量合到一起，則所能貢獻於人類前途者，自更不可限量。早日實現祖國統一，不僅是全中國人民包括臺灣同胞的共同心願，也是全世界一切愛好和平的人民和國家的共同希望。

《告臺灣同胞書》也強調，實現中國的統一，是人心所向，大勢所趨。世界上普遍承認只有一個中國，承認中華人民共和國政府是中國唯一合法的政府。中日和平友好條約的簽定，和中美兩國關係正常化的實現，更可見潮流所至，實非任何人所得而阻止。目前祖國安定團結，形勢比以往任何時候都好。在大陸上的各族人民，正在爲實現四個現代化的偉大目標而同心戮力。我們殷切期望臺灣早日歸回祖國，共同發展建國大業。我們的國家領導人已經表示決心，一定要考慮現實情況，完成祖國統一大業，在解決統一問題時尊重臺灣現狀和臺灣各界人士的意見，採取合情合理的政策和辦法，不使臺灣人民蒙受損失。臺灣各界人士也紛紛抒發懷鄉思舊之情，訴述"認同迴歸"之願，提出種種建議，熱烈盼望早日回到祖國的懷抱。時至今日，種種條件都對統一有利，可謂萬事俱備，任何人都不應當拂逆民族的意志，違背歷史的潮流。

（三）兩岸交流勢在必行

《中華人民共和國全國人民代表大會常務委員會告臺灣同胞書》內容中，提到我們希望雙方儘快實現通航通郵，以利雙方同胞直接接觸，互通訊息，探親訪友，旅遊參觀，進行學術文化體育工藝觀摩。臺灣和祖國大陸，在經濟上本來是一個整體。這些年來，經濟聯繫不幸中斷。現在，祖國的建設正在蓬勃發展，我們也希望臺灣的經濟日趨繁榮。我們相互之間完全應當發展貿易，互通有無，進行經濟交流。這是相互的需要，對任何一方都有利而無害。

因此 1979 年的《中華人民共和國全國人民代表大會常務委員會告臺灣同胞

書》內容這些年來大陸逐步落實，反對"臺獨"、兩岸同屬中國人及中華民族、致力推動兩岸各項交流活動，這些內容都是大陸對臺灣青年的訴說，而祖國和平統一是兩岸共同的願望與目標也沒有改變，這些方向的預示，迄今都有相當大的啟發意義。

三、大陸近年來對臺青年交流的態度立場

（一）從科學發展觀來檢視對臺青年交流

大陸對臺青年交流，若以大陸科學發展觀理論來指導，正可說明大陸對臺青年交流的特點。2007 年，胡錦濤首次在中國共產黨第十七次全國代表大會，提及中國特色社會主義理論體系，就是包括鄧小平理論、"三個代表"重要思想以及科學發展觀等重大戰略思想在內的科學理論體系。

科學發展觀基本概念的形成在 1999 年 3 月，2003 年才正式提出。1999 年3 月 10 日，胡錦濤參加第九屆全國人大二次會議福建代表團審議時說："我們必須牢固樹立發展是硬道理的思想，樹立科學的發展觀。我們搞的是社會主義市場經濟，必須按照市場要求配置資源、組織生產和流通。……只有這樣，才能真正實現沒有水分的、實實在在的、有良好效益的、能給人民帶來實惠的發展"。[①] 這是中國共產黨歷史上第一次提出"科學"的"發展觀"的概念，可以說是"科學發展觀"形成以前最爲基礎的概念。

2003 年 10 月，中國共產黨的十六屆三中全會在北京召開，會議通過《中共中央關於完善社會主義市場經濟體制若干問題的決定》。闡述"深化經濟體制改革的指導思想和原則"之時，陳述了科學發展觀的基本內涵，明確提出了"堅持以人爲本，樹立全面、協調、可持續的發展觀，促進經濟社會和人的全面發展"，強調要"按照統籌城鄉發展、統籌區域發展、統籌經濟社會發展、統籌人與自然和諧發展、統籌國內發展和對外開放的要求"[②]，推進改革和發展。該次會議將胡錦濤的講話精神寫入最後決議，這是中國共產黨的文件當中第一次提出科學發展觀的概念，意義十分重大。

科學發展觀對大陸來說是一個內涵極其豐富，涉及經濟、政治、文化、社會發展各個領域，既有生產力和經濟基礎問題，又有生產關係和上層建築問題；

---

① 《胡錦濤參加福建代表團審議時強調：樹立科學的發展觀　保持良好精神狀態》，《人民日報》，1999 年 3 月 10 日，版 4。

② 中共中央文獻研究室，《十六大以來重要文獻選編》（上）（北京：中央文獻出版社，2005年），頁 465。

既管當前，又管長遠；既是重大的理論問題，又是重大的實踐問題。科學發展觀，第一要義是發展，核心立場是以人爲本，基本要求是全面協調可持續，根本方法是統籌兼顧。這是對科學發展觀的集中概括。[①]

科學發展觀的主要特點，包括下表內容，而將其套用在大陸對臺青年交流，具有相當的參考意義。

（二）大陸對臺青年交流的態度

大陸無論是哪一任領導人對臺青年交流的態度都是一致的，首先，大陸對於臺青年交流必須要繼續發展下去，並且以青年的需求及未來發展爲考慮，以青年需求爲本；並且針對不同類型的青年給予不同程度的滿足；全方位地推展對臺青年工作；遇到各項問題時臺辦便擔任協調者平臺角色；無不管論大陸或臺灣的局勢如何轉變大陸對臺青年工作將是持續下去；而大陸扮演政策由上而下頂層設計交由不同單位去執行對臺青年工作，有安全部門、學術部門、政策研究部門及聯絡部門　同來統籌推動對臺青年交流工作，因此十八大後大陸采以科學發展觀運用在對臺政策上，當然其中也包括對臺青年工作。

整體來看，大陸對臺青年交流的態度如下：

1.大陸對臺青年交流動作積極並創造條件

大陸方面對於兩岸青年的交流，不斷表示創造些條件，讓兩岸青年多來往、多交流。一方面寄希望于青年，另外一方面亦是表明青年交流的推動具有可持續性，必須不斷地來做，以加深認同，藉以改善臺灣敵對大陸社會的氛圍。

2.期盼臺灣青年加強以中華傳統文化及情懷爲主題的視野

大陸對學青部分除了全國臺聯千人夏令營及冬令營外，其主要目的一方面

---

① 中共中央宣傳部，《科學發展觀學習綱要》（北京：學習出版社、人民出版社，2013 年），頁 2。

可以充實及加強以中華傳統文化及西方優良文化爲主題的兩岸青年教育。更可開展教育機構間以形式多樣的合作方式進行辦學，亦鼓勵兩岸互設學生服務機構，以促進兩岸教育事業共同發展，造成教育機構與學青雙贏的局面．

3. 投其所好、日夜兼顧，使臺灣青年有賓至如歸的回家感覺

由於大陸對臺資源較爲充沛，特別是統戰單位，對臺青年進行交流自然在行程的安排及規劃上必須符合青年的需求，但由於不同類型及層次的青年各有不同的期待，故大陸會針對不同需求進行對待以投其所好，甚至安排臺籍大學生相陪伴，使臺灣青年有賓至如歸的感覺，使對大陸產生認同及好感。

四、大陸惠臺青年措施及具體作法

（一）大陸惠臺青年措施

2018 年 2 月 28 日爲深入貫徹黨的十九大精神和習近平總書記關於深化兩岸經濟文化交流合作的重要思想，率先同臺灣同胞分享大陸發展的機遇，逐步爲臺灣同胞在大陸學習、創業、就業、生活提供與大陸同胞同等的待遇，經商中央組織部、中央宣傳部、中央網信辦、教育部、科技部、工業和信息化部、民政部、財政部、人力資源社會保障部、國土資源部、住房城鄉建設部、交通運輸部、水利部、農業部、商務部、文化部、衛生計生委、人民銀行、稅務總局、質檢總局、新聞出版廣電總局、林業局、旅遊局、銀監會、證監會、保監會、文物局、全國總工會、全國婦聯同意，國務院臺辦、國家發展改革委牽頭研究出臺《關於促進兩岸經濟文化交流合作的若幹措施》。[①] 其中許多內容與臺灣青年有着密不可分的關係。

除了在第一部分涉及到全體臺灣同胞外，最主要的內容在第二部分。在第一部分中，臺灣青年在大陸投資的企業參與"中國制造 2025"行動計劃適用與大陸企業同等政策，相應享受稅收、投資等相關支持政策。而臺灣科研機構、高等學校、企業在大陸註冊的獨立法人，可牽頭或參與國家重點研發計劃項目申報，享受與大陸科研機構、高等學校、企業同等政策。受聘于在大陸註冊的獨立法人的臺灣地區科研人員，可作爲國家重點研發計劃項目（課題）負責人申報，享受與大陸科研人員同等政策。

在第二部分惠臺措施正逐步爲臺灣同胞在大陸學習、創業、就業、生活提供與大陸同胞同等的待遇。包括臺灣青年可報名參加 53 項專業技術人員職業資

---

① 《關於印發〈關於促進兩岸經濟文化交流合作的若幹措施〉的通知》，國務院臺灣事務辦公室網站，2018 年 2 月 28 日，http://www.gwytb.gov.cn/wyly/201802/t20180228_11928139.htm

格考試和 81 項技能人員職業資格考試（《向臺灣居民開放的國家職業資格考試目錄》附後，具體執業辦法由有關部門另行制定）；臺灣青年專業人才可申請參與國家"千人計劃"。在大陸工作的臺灣專業人才，可申請參與國家"萬人計劃"；臺灣青年可申報國家自然科學基金、國家社會科學基金、國家傑出青年科學基金、國家藝術基金等各類基金項目。具體辦法由相關主管部門制定；臺灣青年可參與中華經典誦讀工程、文化遺產保護工程、非物質文化遺產傳承發展工程等中華優秀傳統文化傳承發展工程。支持臺灣文化藝術界團體和青年人士參與大陸在海外舉辦的感知中國、中國文化年（節）、歡樂春節等品牌活動，參加"中華文化走出去"計劃。符合條件的兩岸文化項目可納入海外中國文化中心項目資源庫；對臺灣圖書進口業務建立綠色通道，簡化進口審批流程。同時段進口的臺灣圖書可優先辦理相關手續。鼓勵臺灣青年加入大陸經濟、科技、文化、藝術類專業性社團組織、行業協會，參加相關活動。

此外，對於臺灣青年，大陸也支持鼓勵兩岸教育文化科研機構開展中國文化、歷史、民族等領域研究和成果應用。並對臺灣地區從事兩岸民間交流的機構可申請兩岸交流基金項目。另外鼓勵臺灣青年和相關社團參與大陸扶貧、支教、公益、小區建設等基層工作。而正在大陸高校就讀臨床醫學專業碩士學位的臺灣學生，在參加研究生學習一年後，可按照大陸醫師資格考試報名的相關規定申請參加考試。取得大陸醫師資格證書的臺灣青年，可按照相關規定在大陸申請執業註冊；在臺灣已獲取相應資格的臺灣青年在大陸申請證券、期貨、基金從業資格時，隻需通過大陸法律法規考試，無需參加專業知識考試。

對於臺灣青年教師，鼓勵臺灣教師來大陸高校任教，其在臺灣取得的學術成果可納入工作評價體系。為方便臺灣青年在大陸應聘工作，推動各類人事人才網站和企業在線招聘做好系統陞級，支持使用臺胞證註冊登錄。大陸各項對於臺灣青年惠臺措施，站在惜才及替臺灣青年找出路的立場上，逐步放寬各項會臺青年措施。

（二）大陸惠臺青年具體作法

有鑒於兩岸青年交流的愈發重要，無論在學青或社青，隨着兩岸交流日趨頻繁，各種方式管道越來越多，無論青年在校園，或是在工作職場，交流都呈現多樣化的趨勢。所謂的社青指的就是已經畢業，踏入社會開始就業或已經就業的年青人，故其所關心的話題，與學青自然有很大的不同，他們多半是關注工作方面的議題；而還在學校讀書的年青人，就是學青其所關注的層面，除了未來的工作外，可能還有其他方面，諸如情感及娛樂方面的性質，因此兩岸的學青與社青，其交流的形式實際上存在着本質的差异性。而中國大陸對於學青與社青交流自然有不同的作法。

1. 學青部分

對於學青來說，兩岸青年交流可能基於以下幾項理由：一是出自好奇心；一是出自吸引力；一是出自家庭因素；一是出自個人的生涯規劃；一是出自個人生活經驗的歷練等因素。而在學青部分，有大學中學及小學的不同，更有研究生及大學生的差別，但總體來說，則以：（1）表演訪問、展覽。（2）比賽、觀摩、學習、講學、進修、訓練、研究。（3）透過學術會議、學術研討會或座談會。（4）大專以上學生之社會服務等形式來呈現。

而在學青方面，推動兩岸青年交流制度化，不僅是在學校與學校之間、學校與研究機構之間，更多的民間團體都可以扮演其中的角色。同時，建立兩岸學校、青年團體建立聯繫及交流互訪機制，更可利於兩岸青年社會團體，舉辦各項交流活動、寒暑假營隊活動，以促成更多兩岸青年參與。青年有熱情、有活力、可以共同投入小區服務及世界關懷的活動；更可藉由兩岸大專院校創業競賽活動交流，以進行經驗分享與實質性交流。大陸對學青部分除了全國臺聯千人夏令營及冬令營外，更透過各種協會與相關社團甚至政黨進行青年交流活動。

至於在教育機構上的合作，主要指大學院校間的合作，仍有很大的空間，一是考慮供需關係，一是彌補教學資源之不足，更重要的是，兩岸各大學可促成良性競爭與合作，在師資、設備、資源與教學成果等方面，提昇大學的教育水平與質量。

2. 社青部分

在社青部分，大陸對於青年交流，則通常以參訪、研討、觀摩、座談、訓練及研習活動、技術交流來體現，無論是民間企業或組織，學習管理經驗，共謀成長髮展。

對於社青來說，青年創業平臺的構建至爲重要，建構實質交流平臺，例如現有的青商總會及青年聯合會，就是一個很好的平臺；大陸大力支持兩岸青年就業創業與合作交流，鼓勵兩岸青年就職業生涯規劃議題進行交流座談；更針對兩岸青年提高就業競爭能力相關議題，進行交流座談；分享雙方創業及就業經驗分享；對於雙方產業發展趨勢與職涯規劃進行探討；加強及鼓勵兩岸青年創業團體互訪交流。

此外，大陸對於臺灣許多社青已經成爲傑出的企業家，希望吸納其力量，透過社青交流，一方面可以擴大大陸企業選才範圍，強化企業之體質：另一方面不斷甄補人才，以強化大陸企業體質，以利企業擴大人才晉用的管道與對象。社青透過交流可以使企業有更多進行產學合作機會，以創新育成（孵化器）新產品：透過產學合作與創新育成，以分享企業帶來的成果。大陸對於社青交流則以企業出發，透過臺辦系統經營，以提昇高科技研發與創造新價值，進而追求卓越目標。

五、結論

從 1979 年 1 月 1 日全國人大常委會發表《告臺灣同胞書》，首次以國家最高權力機關文告的形式，代表全國各族人民的意志，實現祖國和平統一的大政方針和推動兩岸關係發展的一系列主張，把解決臺灣問題的歷史進程推向一個嶄新的發展階段。四十年來，兩岸由於法令規範、意識形態、生活習慣及思維方式之不同，影響兩岸交流互動；又由於雙方隔絕過久，雖然過去"馬政府"執政時期兩岸交流日益熱絡，在兩岸雙方的努力下青年交流活動雖多，但始終無法達成有效的溝通效果。

從臺灣發生太陽花事件之後，大陸對臺青年交流的工作便更爲重視，據瞭解大陸臺辦系統及臺聯體系也在檢討各種交流的方式與型態，但大陸對於整體對臺青年交流，筆者認爲將秉持科學發展觀的重要精神進行各種層次及不同領域的交流，傳統的大拜拜如海峽論壇及千人夏令營、菁英式的例如青年學者論壇，以及各種不同層面針對學青及社青提供各種條件及機會，特別是在青年創業上，透過各種優惠措施吸引臺灣青年到大陸就業；更希望有越來越多的臺灣青年到大陸就學就業，使大中華生活圈能早日建立，中國認同及傳統文化能夠更深刻地留在臺灣青年心中；然而由於大陸方面針對性及目的性太強，往往反而造成臺灣年輕人的反感，甚至對於大陸各地不同的生活習慣產生質疑與批判，例如亂按喇叭、亂吐痰、不排隊不讓座及公共場所大聲喧嘩等行爲感到厭惡，因此這是目前大陸對臺青年交流中很難處理的部分。

對於高校進行青年交流工作大陸也積極鼓勵推動例如雙聯學位及姊妹校等工作，惟兩岸相關法制工作都並未完備，目前都隻能以摸着石頭過河的方式進行交流。

對於大陸整體對臺青年交流的情況，大陸方面當然希望加強青年交流的廣度與深度。讓沒來過大陸的臺灣學生、年輕人，尤其是中南部的青少年，讓他們有機會來大陸參訪，以瞭解真實的大陸，進行體驗式交流。值得注意的是，大陸注意到太陽花後臺灣大學生的政治態度難以改變，故將交流對象下修至兩岸青少年交流的形式，一方面在臺灣課綱爭議及"去中國化"教育的環境下，青少年交流更不可少。另一方面切入的角度可能從兩岸青少年都對新媒體感興趣，故利用一些新媒體手段或科技手段、社交軟件，增強彼此互動與瞭解，讓那些沒有來過大陸的臺灣青年及時獲得大陸各方面發展的真實情況與最新動態，才可能使其逐漸揚棄原有所謂的大陸刻板負面印象。

面對臺灣經濟發展面臨瓶頸，青年就業困難及人才外流嚴重，高等教育人才過剩，目前已有許多年輕人到大陸尋求就業機會，顯然大陸對於臺灣青年將以鼓勵與資助的方式，期待兩岸青年能不斷增進瞭解互信，密切骨肉親情，拉近心理距離，爲實現兩岸一家親的認同感，使兩岸關係確保和平發展。

此外，對於大陸惠臺青年措施的臺灣民意反映，根據臺灣《遠見》雜誌針對大陸三十一條惠臺措施進行的一項最新調查顯示，臺灣島內 18 至 29 歲年齡段的年輕人中，59.6% 的人願意到大陸發展（投資、工作、求學），61.6% 的人會因惠臺措施增加到大陸發展意願是所有受訪年齡段中比例最高的。充分說明臺灣青年已經充分感受到大陸諸多惠臺舉措，而對於大陸惠臺措施，僅有 3.3% 的受訪民眾希望臺灣當局"強硬反制"。其中年輕人甚至沒有人支持強硬反制，顯見臺灣青年面對攸關自身前途的問題時，展現務實態度。居住在桃園、新竹、苗栗的受訪者不僅願意到大陸發展占比超過半數，認同大陸對臺友善以及認爲惠臺措施對臺灣有益的比例均爲全臺各區域之冠。其原因當然是桃竹苗是全臺科學園區與工業區密度最高的縣市，當地民眾常因工作原因往返兩岸，並且這些縣市並沒有強烈的意識形態與政黨傾向，這使得他們更加務實看待大陸出臺的惠臺措施。

中國大陸降低赴大陸門檻，且提供在學習、創業、就業、生活方面與大陸同胞同等的待遇，大陸的拉力與臺灣的推力之間，使年輕人去中國大陸的意願是高的，大陸對於青年一代，對於社青之"產業"面也提出包括臺灣企業可參與"一帶一路"、"2025 工程"、參與中國大陸基礎建設和租稅優惠等政策，讓臺社會青年同樣享有同等待遇，這些都是自《告臺灣同胞書》四十年後的成果。

總之，大陸對於臺灣青年交流的動機與行動都相當積極，每年除瞭如夏令營、青年論壇等活動，替兩岸年輕一輩提供了交流與合作的平臺，也創造機會使臺灣青年多瞭解大陸發展的現狀，使融入大中華區的整體發展，大陸期盼兩岸青年多來往、多交流，未來必然會對臺灣青年創造更多的條件，但其統戰的目的性將是十分清楚。

　　從《告臺灣同胞書》四十週年我們得到的省思，青年交流同樣重要，形式多樣化，應當擴大更多年輕人參與甚至設計相關活動；透過良性的引導，將兩岸年輕人混合交流，不迷信人數及活動規模，隻關心是否能夠達成正向交流心靈相通的結果；更重要的是，兩岸青年交流的年齡層應下降至初中小學生青少年，使未來雙方有更多共同的生活經驗及對話交流的主題。